船舶与海洋工程系列教材

中国海洋大学教材建设基金资助

船舶辅助机械

主　编　蒋德志

副主编　谢迎春　田　哲　陈　琪

主　审　刘学广

哈爾濱工程大學出版社

Harbin Engineering University Press

内 容 简 介

本书着重阐述船舶辅助机械的基本组成、工作原理及性能参数。全书共分九章:第一章为船用泵;第二章为活塞式空气压缩机;第三章为液压元件;第四章为液压舵机系统;第五章为起货机、锚机和绞缆机;第六章为船舶制冷装置;第七章为船舶空气调节装置;第八章为船用海水淡化装置;第九章为船舶辅锅炉装置。

本书是轮机工程专业的专业教材,也可作为相关专业的本、专科学生的专业或参考教材,并可供轮机工程专业的设计、研究人员参考。

图书在版编目(CIP)数据

船舶辅助机械 / 蒋德志主编. —哈尔滨 : 哈尔滨工程大学出版社, 2024.1
ISBN 978-7-5661-4260-3

Ⅰ. ①船… Ⅱ. ①蒋… Ⅲ. ①船舶辅机-机械系统 Ⅳ. ①U664.5

中国国家版本馆 CIP 数据核字(2024)第 020119 号

船舶辅助机械
CHUANBO FUZHU JIXIE

选题策划 张林峰
责任编辑 丁 伟
封面设计 李海波

出版发行 哈尔滨工程大学出版社
社　　址 哈尔滨市南岗区南通大街 145 号
邮政编码 150001
发行电话 0451-82519328
传　　真 0451-82519699
经　　销 新华书店
印　　刷 哈尔滨午阳印刷有限公司
开　　本 787 mm×1 092 mm　1/16
印　　张 17.25
字　　数 421 千字
版　　次 2024 年 1 月第 1 版
印　　次 2024 年 1 月第 1 次印刷
书　　号 ISBN 978-7-5661-4260-3
定　　价 60.00 元
http://www.hrbeupress.com
E-mail:heupress@hrbeu.edu.cn

前　言

　　"船舶辅助机械"课程是轮机工程专业的核心课程,它融合了多学科的知识,内容涉及机械、流体力学、工程热力学及传热学等,知识覆盖面广。本书重点介绍船舶辅助机械的基本理论、基本计算及工作原理与特性。全书编写具有较强的针对性,力求符合船舶配套设计要求,同时便于读者自学,以适应混合式教学模式。

　　通过本课程的学习,学生可以系统地掌握船舶各类辅助机械的工作原理、主要性能、具体结构、典型实例、常见故障的分析和处理方法,为选用或配置相关的船舶辅助设备和科学研究工作打下基础。

　　本书第一篇由谢迎春教授编写,第二、三篇由蒋德志教授编写,第四篇由陈琪讲师编写,第五篇由田哲副教授编写。全书由蒋德志教授统稿、定稿。

　　本书由哈尔滨工程大学刘学广教授担任主审。刘教授对本书的编写内容提出了许多宝贵意见,在此深表谢意!

　　由于编者水平有限,书中谬误难免,恳请广大读者批评指正。

编　者

2023 年 10 月

目 录

第三篇 船舶制冷技术

第四篇 船舶制淡装置

第五篇　船舶辅助装置

第一篇 船用流体输送机械

　　流体输送机械是指能够将各种流体介质通过机械装置进行输送的设备。流体介质是液体或气体。通常,将输送液体的机械称为泵;将输送气体的机械按其产生的压力高低分别称为通风机、鼓风机、压缩机和真空泵。船用流体输送机械是指符合船舶规范规定和船用技术条件要求的各种流体输送机械。本篇主要介绍船用泵和活塞式空气压缩机。

第一章 船 用 泵

泵是输送流体或使流体增压的机械,它能将原动机的机械能或其他外部能量转换为液体机械能(压力能、动能和位能)。船用泵是指符合船舶规范规定和船用技术条件要求的各种供船舶使用的泵。

船用泵在船上经常需要输送海水、淡水、污水、滑油和燃油等各种液体。例如,有为柴油机服务的燃油泵、润滑油泵和冷却水泵等;有为船舶安全航行服务的压载泵、舱底泵、消防泵等;有为船员和旅客生活服务的日用淡水泵、卫生水泵等。另外,对于其他辅机装置,如甲板机械、海水淡化装置、辅助锅炉、船舶制冷和船舶空调,也需要专门的泵为它们服务。

第一节 船用泵概述

一、泵的分类

泵的种类有很多,根据其工作原理,一般可分为以下三种类型。

1. 容积式泵

容积式泵依靠工作部件的运动使工作容积周期性地增大和缩小来吸排液体,它是靠工作部件的挤压使液体的压力能增加。容积式泵又可分为往复泵和回转泵两类。往复泵主要有活塞泵和柱塞泵,回转泵主要有齿轮泵、螺杆泵、叶片泵和水环泵。

2. 叶轮式泵

叶轮式泵是通过工作叶轮带动液体高速转动,把机械能传递给液体,从而达到输送液体的目的。根据泵的叶轮和流道结构特点的不同,其又可分为离心泵、轴流泵、混流泵和旋涡泵。

3. 喷射式泵

喷射式泵依靠工作流体产生的高速射流引射流体,然后再通过动量交换使被引射流体的能量增加。根据所用工作流体的不同,其又可分为水喷射泵、空气喷射泵以及蒸汽喷射泵等。

二、泵的性能参数

泵的性能参数有流量、扬程或压头、转速、功率、效率和允许吸上真空度等。

1. 流量

泵的流量是指泵在单位时间内所输送的液体量,常用体积流量 Q 来表示,单位是 m^3/s

（公式计算时用）、m^3/h（水泵）或 L/min（油泵）；有时也用质量流量 G 来表示，单位是 kg/s、t/h 或 kg/min。两者之间的关系为

$$G=\rho Q \tag{1-1}$$

式中 ρ——液体的密度，kg/m^3。

泵铭牌上标注的流量是指泵的额定流量，即泵在额定工况时的流量，而泵实际工作时的流量则与泵的工作条件有关，不一定等于额定流量。

2. 扬程

泵的扬程是指单位质量液体通过泵后增加的能量，常用 H 表示，单位是 m。单位质量液体的能量又称为能头或水头，它包括压力能（压头）、位能（位置头）和动能（速度头），因此泵的扬程即为泵使液体所增加的能头。

泵铭牌上标注的扬程是指泵的额定扬程，即泵在设计工况时的扬程，而泵实际工作时的扬程取决于泵所工作的管路的具体条件，不一定等于额定扬程。泵的工作扬程可用泵出口和吸口的能头之差来求出（见图 1-1），即

$$H=\frac{p_\mathrm{d}-p_\mathrm{s}}{\rho g}+\Delta z+\frac{v_\mathrm{d}^2-v_\mathrm{s}^2}{2g} \tag{1-2}$$

式中 p_s、p_d——泵的吸入压力和排出压力，以泵吸入口和排出口处的压力表示，Pa；

Δz——泵排出口和吸入口处的高度差，m；

v_s、v_d——泵吸入口和排出口处的平均流速，m/s；

ρ——泵输送液体的密度，kg/m^3；

g——重力加速度，$9.8\ m/s^2$。

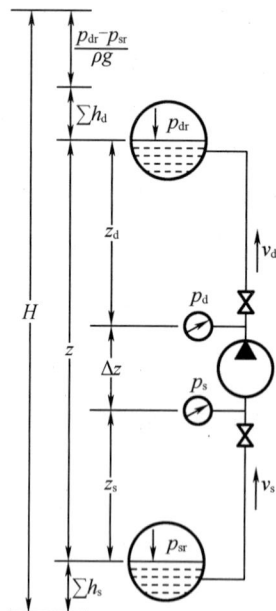

图 1-1 泵的扬程计算图

一般液体通过泵后速度头和位置头的变化都很小,且 p_d 远大于 p_s,故工作扬程

$$H = \frac{p_d - p_s}{\rho g} + \Delta z + \frac{v_d^2 - v_s^2}{2g} \approx \frac{p_d - p_s}{\rho g} \approx \frac{p_d}{\rho g} \qquad (1-3)$$

上式表明单位质量的液体通过泵后所增加的能量(即泵的压头 H)主要是单位质量液体所增加的压力能,并用压力水头来表示。

以上是我们从液体在泵获得多少能量的角度求得泵压头的表达式。从能量守恒的观点来看,液体在被输送过程中所消耗的能量一定来自所获得的能量并且是平衡的。因此,我们也可以从液体需消耗多少能量的角度求得泵的压头表达式。

液体通过泵及其管路系统从吸入液面被输送到排出液面的过程中需消耗的能量有三项:提升液体高度 z;克服吸、排液面的压差能 $\dfrac{p_{dr} - p_{sr}}{\rho g}$;克服吸排管路流动阻力损失 $\sum h$。由此可得

$$H = z + \frac{p_{dr} - p_{sr}}{\rho g} + \sum h \qquad (1-4)$$

式中　z——吸、排液面高度差,m;

　　　p_{sr}、p_{dr}——吸、排液面上的压力,Pa;

　　　$\sum h$——吸排管路中总流阻损失,m。

当吸、排液面上均为大气压时(或 $p_{dr} = p_{sr}$),且 $\sum h$ 很小时,$H \approx z$,即泵的压头(H)大体上等于泵使液体提升的几何高度,故压头又常称为扬程。

另外,容积式泵的铭牌上往往标注额定排出压力,而不标注额定扬程,它是按试验标准使泵连续工作时所允许的最高压力。容积式泵工作时的实际排出压力不允许超过额定排出压力。

3. 转速

泵的转速是指泵轴每分钟的回转数,用 n 表示,单位是 r/min。大多数泵是由原动机直接传动的,二者转速相同。但电动往复泵一般需经过减速,故其泵轴(曲轴)的转速要比原动机的低。

4. 功率

泵的功率有输出功率和输入功率两种。泵的输出功率又称有效功率,是指泵在单位时间内实际传给排出液体的能量,用 P_e 表示,单位是 W 或 kW。泵的输出功率可以用下式计算:

$$P_e = \rho g Q H \approx (p_d - p_s) Q \qquad (1-5)$$

式中　Q——泵的体积流量,m³/s;

　　　H——泵的工作压头,m;

　　　ρ——泵所输送液体的密度,kg/m³;

　　　g——重力加速度,9.8 m/s²;

　　　p_s、p_d——泵的吸入压力和排出压力,Pa。

泵的输入功率也称轴功率,即原动机传给泵轴的功率,用 P 表示。

泵铭牌上标注的功率指的是额定工况下的输入功率。

泵的配套功率是指所配原动机的额定输出功率,用 P_m 表示。当原动机通过传动装置与泵连接时,要考虑传动效率;另外,考虑到泵运转时可能超负荷等情况,泵的配套功率应大于额定功率,即

$$P_m = K_m P \qquad (1-6)$$

式中　K_m——功率储备系数,根据《船用离心泵、旋涡泵通用技术条件》(GB/T 10832—2008),$P = 0.5 \sim 5$ kW 时,$K_m \geqslant 1.42 \sim 1.25$;$P = 5 \sim 10$ kW 时,$K_m \geqslant 1.25 \sim 1.2$;$P \geqslant 10$ kW 时,$K_m \geqslant 1.2 \sim 1.1$。必要时允许适当降低 K_m 值。

5. 效率

泵在工作时内部存在着各种能量损失,所以泵的有效功率小于泵的输入功率,可用效率 η 来衡量。所谓效率就是指泵的有效功率与输入功率之比,即

$$\eta = P_e / P \qquad (1-7)$$

泵的能量损失包括容积损失、水力损失和机械损失。

(1)容积损失是指由于泄漏及吸入液体中含有气体等造成的流量损失,用容积效率 η_V(实际流量 Q 与理论流量 Q_t 之比)来衡量,即

$$\eta_V = Q / Q_t \qquad (1-8)$$

(2)水力损失是指液体在泵内流动由于摩擦、撞击、涡流等水力现象造成的扬程损失,用水力效率 η_h(实际扬程 H 与理论扬程 H_t 之比)来衡量,即

$$\eta_h = H / H_t \qquad (1-9)$$

(3)机械损失是指由于泵运动部件的机械摩擦造成的能量损失,用机械效率 η_m(按理论流量和理论扬程计算的水力功率 P_h 与输入功率 P 之比)来衡量,即

$$\eta_m = P_h / P = \rho g Q_t H_t / p \qquad (1-10)$$

由此可得

$$\eta = \frac{P_e}{P} = \frac{\rho g Q H}{\rho g Q_t H_t} \cdot \frac{\rho g Q_t H_t}{P} = \eta_V \eta_h \eta_m \qquad (1-11)$$

泵效率反映了泵工作的完善程度,铭牌上标注的效率是指泵在额定工况下的总效率。

6. 允许吸上真空度

泵工作时,吸入口处应有一定的真空度,当泵的真空度增高到一定程度时,液体就会因在泵内的最低压力降到其饱和蒸汽压力 p_v 而汽化,使泵不能正常工作。泵工作时所允许的最大吸入真空度称为允许吸上真空度,用 H_s 表示,单位是 MPa。

泵的允许吸上真空度是衡量泵吸入性能的重要标志,也是管理中控制最高吸入真空度的重要依据。它主要与泵的型式、结构和工况有关。例如:泵内流道表面不光滑,流道形状不合理,泵内液体压降大,都会使泵的允许吸上真空度减小;在船上对于既定的泵而言,大气压力 p_a 降低,泵流量增加(使泵吸入腔压降增大),液体温度升高(使饱和蒸汽压力 p_v 增大),也会使泵的允许吸上真空度减小。

泵铭牌上标注的允许吸上真空度 H_s,是由制造厂在标准大气压(101.325 kPa,760 mmHg)

下,以常温(20 ℃)清水在额定工况下进行试验得出的。按国标规定,试验时逐渐增加泵的吸入真空度,容积式泵以流量比正常工作时下降3%所对应的吸入真空度为 H_s 的标定值。而叶轮式泵则以扬程或效率下降规定值为临界状态,再留一定余量,以必需气蚀余量 Δh_r 的形式标示。

水泵的允许吸上真空度常用水柱高度来表示,称为允许吸上真空高度,用 $[H_s]$ 表示,单位是 m,即

$$[H_s] = \frac{H_s}{\rho g} \tag{1-12}$$

允许吸上真空高度可用来推算水泵的最大允许吸上高度(许用吸高)$[z_s]$:

$$[z_s] = [H_s] - \frac{v_s^2}{2g} - \sum h_s \tag{1-13}$$

式中　$\dfrac{v_s^2}{2g}$——泵吸入速度头;

　　　$\sum h_s$——泵的吸入管路阻力损失的水头。

三、泵的正常工作条件

掌握泵的正常工作条件,对于泵的设计安装和日常管理维护有着重要的意义。

1. 泵的正常吸入条件

尽管泵的结构设计是多种多样的,但是其正常吸入条件是一致的,包括如下两点。

(1)泵必须能形成足够低的吸入压力,其值主要取决于吸入液面压力、吸高、吸入管路中的速度头和管路阻力,即

$$p_s = p_{sr} - \left(z_s + \frac{v_s^2}{2g} + \sum h_s \right) \rho g \tag{1-14}$$

(2)泵吸入口处的真空度不得大于允许吸上真空度。这样可确保泵内最低吸入压力不低于所输送液体在其温度下所对应的饱和压力,否则液体就会汽化,使泵不能正常工作。

2. 泵的正常排出条件

泵的正常排出条件可表述如下。

(1)泵必须能产生足够大的排出压力,其值由排出条件所决定。稳定流动时所必需的排出压力为

$$p_d = p_{dr} + \left(z_d + \sum h_d \right) \rho g \tag{1-15}$$

式中,排出管路损失 $\sum h_d$ 中已扣除了排出管出口的速度头损失 $\dfrac{v_d^2}{2g}$。

(2)容积式泵的排出压力不得超过额定排出压力,叶轮式泵的扬程不能超过封闭扬程。

容积式泵的排出压力若超过额定值可能造成原动机过载,甚至使泵的密封或部件损坏。叶轮式泵的扬程若超过关闭扬程可能使泵排不出液体。

由式(1-15)可见,泵的排出压力主要取决于排出液面上的压力、排出高度、排出管路的阻力。

第二节 往复泵

往复泵是一种容积式泵,它利用活塞或柱塞的往复运动来输送液体,主要由活塞、泵缸、吸入阀和排出阀等部件组成,如图1-2所示。

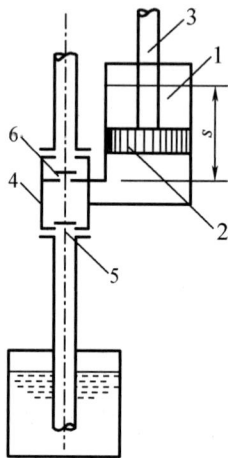

1—泵缸;2—活塞;3—活塞杆;4—液缸;5—吸入阀;6—排出阀。

图1-2　往复泵的工作原理图

一、往复泵的工作原理和作用数

1.工作原理

活塞在原动机的带动下在泵缸内做往复运动。当活塞从下死点向上运动时,泵缸内密闭工作腔室的容积逐渐增大,压力逐渐降低。在泵缸内外压力差的作用下,排出阀关闭,吸入阀打开,液体经吸入阀进入液缸内。当活塞到达上死点时,泵的吸入过程结束。当活塞从上向下运动时,泵缸内密闭工作腔室的容积逐渐减小,压力迅速升高。在泵缸内外压力差的作用下,吸入阀关闭,排出阀打开,液体从缸内经排出阀和排出管排出。活塞到达下死点时,泵的排出过程结束,这样往复泵完成了一个工作循环。活塞在原动机的带动下连续进行往复运动,不断地吸入和排出液体。活塞上死点与下死点间的距离称为行程,用 S 表示。

2.作用数

往复泵曲轴每转一周理论上排送液体的体积相当于泵缸平均工作容积(活塞杆侧略小于另一侧)的倍数,称为往复泵的作用数。单缸往复泵只有单侧工作,每往复行程吸、排一次,是单作用泵。往复泵每往复行程活塞两侧各吸、排一次,是双作用泵。由三个单作用泵缸或两个双作用泵缸配合同一曲轴组成的往复泵称为三作用泵和四作用泵。

往复泵的工作原理和作用数

二、往复泵的流量

1. 理论流量

往复泵的理论流量即活塞的平均有效工作面积在单位时间内所扫过的容积(单位是 m^3/h)：

$$Q_t = 60KA_eSn \tag{1-16}$$

式中　K——泵的作用数;

　　　S——活塞行程,m;

　　　n——泵的转速,r/min;

　　　A_e——活塞的平均有效工作面积,m^2。

对于两侧都工作的往复泵,平均有效工作面积

$$A_e = (D^2 - d^2/2)\pi/4 \tag{1-17}$$

式中　D——泵缸直径,m。

　　　d——活塞杆直径,m。一般 $d = (0.12 \sim 0.5)D$,低压泵 d 取小值。

上述流量的表达式,没有反映出泵流量的瞬时变化,实际上只是泵的平均流量。

2. 瞬时流量

当工作面积为 A (单位是 m^2)的活塞以速度 v (单位是 m/s)排送液体时,瞬时流量 q (单位是 m^3/s)就可表示为

$$q = Av \tag{1-18}$$

电动往复泵是通过曲柄连杆机构将电动机的回转运动转换为活塞的往复运动,活塞速度是周期性地变化的,故其瞬时流量也将周期性地变化。一般曲柄连杆长度比值 $\lambda = r/l \leqslant 0.25$,如图 1-3 所示。活塞速度 v 可以近似地用曲柄销的线速度在活塞杆方向的分速度来代替,即

$$v = r\omega\sin\beta \tag{1-19}$$

式中曲柄角速度 ω 可看作常数,则活塞速度随曲柄转角 β 近似地按正弦曲线规律变化,故单作用泵的流量也近似地按正弦曲线规律变化。当曲柄转角 β 为 0°和 180°时,活塞速度 v 为零,瞬时流量 q 也为零;当曲柄转角 β 由 0°转至 90°时,即活塞前半行程,v 和 q 将由零增至最大;而当 β 由 90°转至 180°时,v 和 q 则由最大降为零;当 β 由 180°转至 360°时,即活塞回行时,单作用泵处于吸入行程,没有液体排出,可见单作用泵的流量是很不均匀的。多作用往复泵流量的均匀程度显然要比单作用泵的强。由图 1-3 可以看出,三作用泵流量的均匀程度不但优于单、双作用泵,而且比四作用泵的强。

3. 流量不均匀度和流量脉动率

为表示往复泵供液不均匀的程度,可用流量不均匀度 δ_Q 或流量脉动率 σ_Q 表示,即

$$\delta_Q = \frac{q_{max} - q_m}{q_m} = \frac{q_{max}}{q_m} - 1 \tag{1-20}$$

$$\sigma_Q = \frac{q_{max} - q_{min}}{q_m} \tag{1-21}$$

式中　q_{max}——最大瞬时流量;

q_{min}——最小瞬时流量；

q_m——平均瞬时流量。

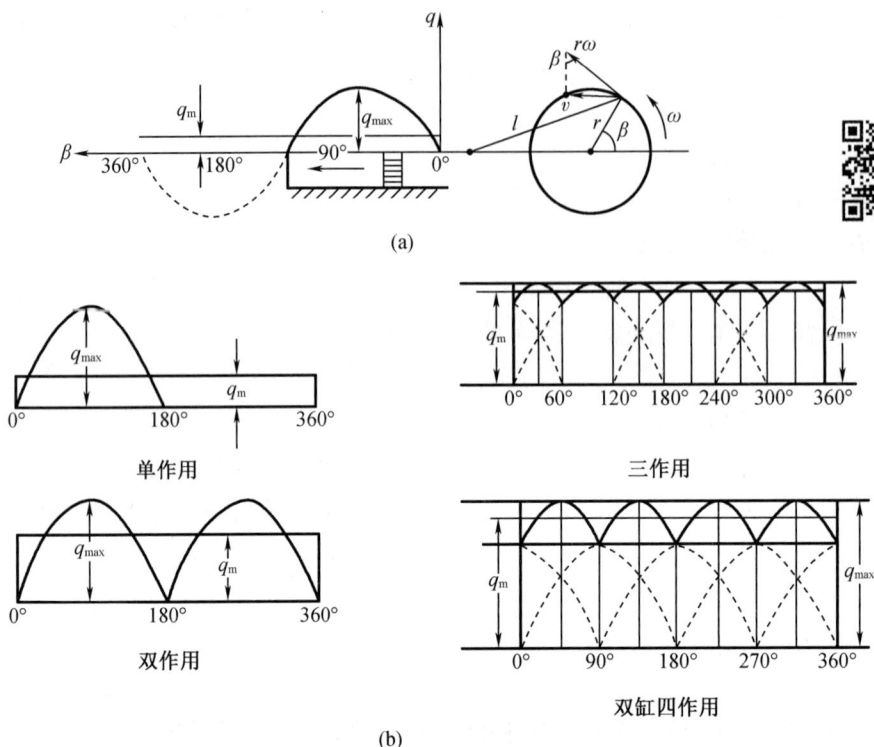

(a)

(b)

图 1-3　电动往复泵的瞬时流量变化曲线

表 1-1 列出了具有不同泵缸数的曲拐式单作用泵的 δ_Q 值。可以看出，总趋势是泵的缸数越多，流量越均匀，并且奇数缸比偶数缸的不均匀度小。

表 1-1　往复泵缸数与流量不均匀度

缸数	1	2	3	4	5	6	7	8	9
δ_Q 值	3.14	1.57	1.043	1.11	1.016	1.040	1.008	1.026	1.005

4. 实际流量

泵的实际流量总是小于其理论流量，它们之间的关系为

$$Q = \eta_V Q_t \tag{1-22}$$

式中，容积效率 η_V 和实际流量 Q 与泵内的密封性能和吸入条件有关。造成 Q 和 η_V 下降的原因是：

（1）活塞环、活塞杆填料等处由于存在一定的间隙以及泵阀关闭不严等会产生泄漏。

（2）活塞换向时，由于泵阀关闭迟滞造成液体流失。在排出行程终了开始吸入时，由于

排出阀关闭滞后,部分已排出的液体就会经排出阀漏回液缸;反之,吸入阀关闭滞后,又会使部分液体在排出行程开始时经吸入阀重新被排回吸入管。

(3)泵吸入的液体可能含有气泡,压力降低时溶解在液体中的气体会逸出,同时液体本身也可能汽化;此外,空气还可能从填料箱等处漏入。

往复泵的容积效率与泵的转速、液体的性质、工作压力、泵阀的加工精度、泵的装配质量等有关,其 η_v 一般为 85%~95%。

三、往复泵的特点和性能曲线

1. 往复泵的特点

(1)有较强的自吸能力。所谓泵的自吸能力,是指泵靠自身抽出泵内及吸入管路中的空气而将液体从低于泵的地方吸入泵内的能力。自吸能力可用自吸高度和吸上时间来衡量。泵在排送气体时在吸口造成的真空度越大,自吸高度就越大,造成足够真空度的速度就越快,则吸上时间越短。自吸能力与泵的型式和密封性能有重要关系。当往复泵的泵阀、泵缸等密封性变差,或余隙容积较大时,其自吸能力就会降低。故泵起动前如能将缸内灌满液体,则可改善泵的自吸能力。

(2)理论流量与工作压力无关,只取决于转速、泵缸尺寸和作用数。因此,往复泵要调节流量不能采用调节排出阀开度的节流调节法,只能采用变速调节法或回流(旁通)调节法。对于有些特殊结构的往复泵,可以通过调节活塞的有效行程来改变流量。

(3)额定排出压力与泵的尺寸和转速无关,主要取决于泵原动机的功率、轴承的承载能力、泵的强度和密封性能等。为了防止过载,往复泵起动前必须打开排出阀,且在排出阀的内侧必须装设安全阀。

以上是容积式泵共有的特点,往复泵的运动方式和结构形式使它还有以下特点:

(4)流量不均匀,从而会导致排出压力波动。为了改善供液的均匀性,常采用多作用往复泵或设置空气室。

(5)转速不宜过高。电动往复泵转速多在 300 r/min 以下,一般不超过 500 r/min,高压小流量泵不超过 700 r/min。因为,若转速过高,泵阀迟滞造成的容积损失就会相对增加,泵阀撞击更为严重,引起的噪声增大,磨损也将加剧;此外,液流和运动部件的惯性力也将随之增加,从而产生有害的影响。

(6)运送含固体杂质的液体时,泵阀容易磨损和泄漏,所以必要时应加装吸入滤器。

(7)结构比较复杂,易损件(活塞环、泵阀、填料等)较多。

由于往复泵的上述特点,故在流量相同时它与其他泵相比显得笨重,造价较高,管理维护比较麻烦,因此在许多场合已被离心泵所取代。但舱底水泵和油轮扫舱泵等在工作中容易吸入气体,需要具有较好的自吸能力,故常采用往复泵;在要求小流量、高压头时,也可采用往复泵。

2. 往复泵的性能曲线

如果要定量地了解往复泵的性能特点(又称特性),就得借助通过试验获得的性能曲线。所谓往复泵的性能曲线,是指流量 Q、功率 P、效率 η 等特性参数与压头 H 之间的关系曲线,如图 1-4 所示。

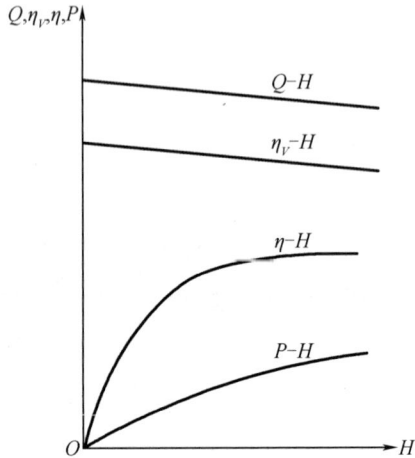

图 1-4　往复泵的性能曲线

当泵轴转速一定时,理论流量是一条与压头无关的直线。但实际上压头 H 增高时,由于泄漏量增加,实际流量略有减小。功率曲线是一条随压力增大而上升的近似直线。效率曲线是一条上拱曲线,且在一个相当宽的压头范围内保持较高值,最高效率点对应的压头即为泵的额定工作压头。

四、往复泵的结构

1. 阀与阀座

(1)泵阀的类型与特点

往复泵的泵阀包括吸入阀和排出阀,它们的作用是使泵缸工作腔交替地与吸排管接通或隔断,以完成泵的吸排过程。常见的泵阀结构形式有盘阀、环阀、锥阀、球阀等,如图 1-5 所示。

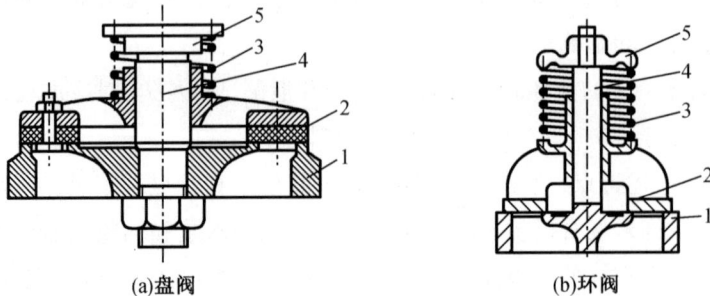

(a)盘阀　　　　　　　　　　(b)环阀

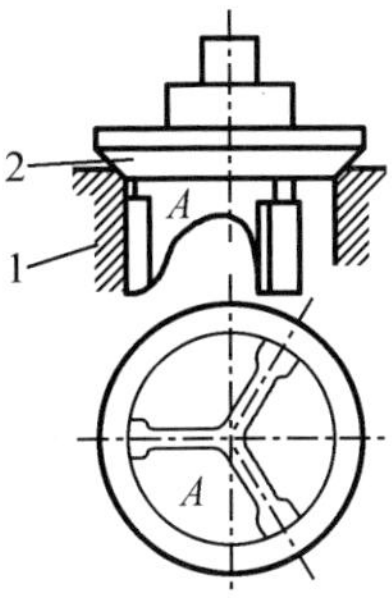

(c)锥阀 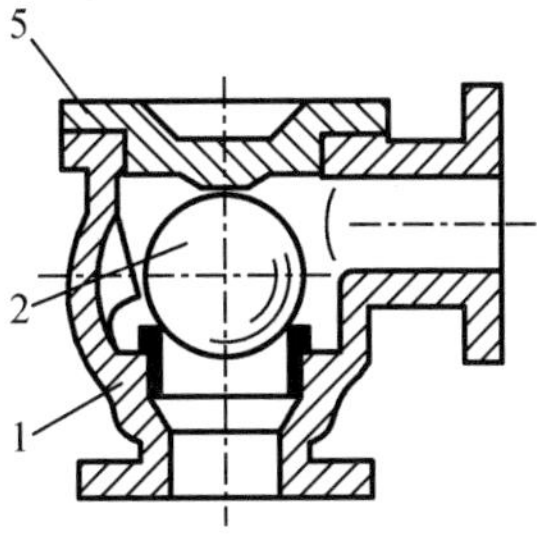   (d)球阀

1—阀座;2—阀芯;3—弹簧;4—导向装置;5—升程限制器。

图1-5　往复泵泵阀的结构形式

盘阀:结构简单,易于加工,经久耐磨,应用广泛,但水力损失较大,适用于吸排清水、低压液体的场合。

锥阀:关闭迅速,无需弹簧,密封性好,流阻较小,但加工要求高,适用于吸排高黏度、高压液体的场合。

球阀:结构简单、磨损均匀、密封性好,流阻较小,但尺寸不宜太大,适用于吸排高黏度、低压、小流量和泵速不高的液体场合。

环阀:结构简单,易于加工,流阻较小,应用较广,但刚性较差,适用于吸排低压、大流量的液体场合。

(2)泵阀阻力

阀盘和弹簧自重、弹簧张力在阀盘单位面积上产生的压力称为阀的比载荷,即

$$H_v = \frac{G_{vs} + R_s}{\rho g A_v} \tag{1-23}$$

式中　H_v——阀的比载荷,以压力水头表示,m;

G_{vs}——阀盘和弹簧在液体中的重力,N;

R_s——阀盘加装的弹簧的张力,N;

ρ——液体的密度,kg/m³;

A_v——阀盘面积,m²。

上式表明,如果增大弹簧张力使阀的比载荷增加,则有利于泵的密封性(因为泵阀与阀座的预压力增加),但泵阀的阻力(启阀阻力和开启后的流阻)也增大。此外,泵阀阻力还与盘阀在启闭过程中的不等速运动惯性力有关。阀开启后由于弹簧受到进一步压缩,其张力略有增加,使比载荷 H_v 也略有增加。比载荷 H_v 与阀的惯性力共同构成启阀阻力。阀开启后,阀盘的上下压力差 Δp 即为阀的流阻损失。

(3)对泵阀的要求

泵阀要有足够的强度和刚度,并且结构简单、工艺性好、检修方便,对工作性能方面的要求则主要是关得严、关得轻、关得快、阻力小。

①关闭严密。关闭不严不仅会使容积效率降低,还会使泵的自吸能力变差,甚至根本无法自吸。密封性主要靠阀与阀座的加工精度及接触面的研配质量来保证。当接触面因

出现伤痕或磨损不均匀而严重泄漏时,就须重新研磨或更换新阀件。根据《船用电动往复泵》(GB/T 11034—2008)的要求,对阀与阀座的接触面必须进行密封试验,即将二者倒置后注入煤油,5 min 内应无渗漏。

②关闭时撞击要轻,工作平稳无声。否则会加剧阀的磨损。

为减轻阀关闭时的撞击,须限制阀落到阀座上的速度。而阀落到阀座上的速度与阀的最大升程 h_{max}(单位是 mm)和泵转速 n(单位是 r/min)的乘积成正比。试验得出泵阀无声工作的条件:

$$nh_{max} \leq 600 \sim 650 \tag{1-24}$$

当 n 较高时,nh_{max} 可提高到 700~750;对有橡胶密封面的阀,nh_{max} 允许提高到 800~1 000。

③启闭迅速、及时。关阀滞后角过大,将会降低泵的容积效率和自吸能力。由前述可知,低转速,增大比载荷,采用流量系数大的锥阀、球阀,或采用环阀、群阀来增大阀隙周长,可以限制阀的最大升程,从而减轻关闭时的滞后现象。

④泵阀的阻力要小。这不仅可以提高泵的水力效率,而且吸入阀阻力小还有助于使泵的允许吸上真空度增大。这就要求泵阀的质量和泵阀的比载荷都不宜过大。

综上所述,提高泵的转速将会使泵阀的升程加大,并使关闭滞后和落座敲击加重,严重时还会使泵阀撞击升程限制器损坏。故除惯性水头外,泵阀是限制往复泵转速提高的另一个主要原因。

减轻泵阀比载荷 H_v 虽可减小阀的阻力,但会使 h_{max} 加大,并使关闭滞后和敲击加剧。H_v 一般取 2~3 m,最大取 4~6 m。通常,低压泵 H_v 可选得小些,以免 η_h 过低;高速泵 H_v 则应选得大些,以减小 h_{max},使阀关闭及时、减轻撞击;此外,吸入阀的 H_v 常比排出阀的小,以利于提高泵的允许吸上真空度。

2. 活塞环与缸套

活塞环又叫胶木胀圈,是往复泵重要的密封件之一,也是易损件。它开有呈直口或斜口(45°或60°)的搭口。在自由状态下其搭口张开,环外径略大于泵缸内径,以使其在装入泵缸后被压缩,具有一定的弹力。胀圈工作过久会磨损过度,以致放入缸内时开口间隙超过规定值,则表明其弹性下降,密封性变差,应予换新。新装胀圈与环槽的轴向和径向间隙也应符合要求。表1-2列出了非金属胀圈的安装间隙。如新装胀圈是胶木胀圈,应注意其浸水后会膨胀的特点,新换时应先将它在热水中浸泡一段时间,待其变软后取出,使开口撑开到 8 mm 左右,等冷却后放入缸内及环槽内,检查各间隙值,合适才可装入使用。

表 1-2　非金属胀圈的安装间隙　　　　　　　　　　单位:mm

胶木胀圈直径	<100	101~150	151~200	201~300	>300
开口间隙	1.5	2.0	2.2	2.5	3.0
轴向间隙	0.15	0.2	0.25	0.30	0.40
径向间隙	1.5	2.0	2.2	2.5	3.0

泵缸缸套的圆度和圆柱度应符合要求。胀圈装入后用灯光检查，整个圆周上漏光不应多于2处，且距离开口处圆周角应不小于30°，每处径向间隙弧长不大于45°。必要时应该用内径千分卡测量缸套的圆度和圆柱度，如发现磨耗超过标准，即须镗缸，并换新活塞。假如缸套磨损或镗缸后，其厚度减小超过15%，则应换新。

3. 填料函与填料

填料函的构造如图1-6所示，接触填料的压盖端面处和内套都做成倾斜面的称为双斜面式，仅压盖做成倾斜面的称为单斜面式。做成斜面形式是为了便于上紧压盖螺母时把填料函挤向活塞杆，保持密封，在船用泵的管理中经常要做此项工作。常用的填料材料有石棉织物、碳纤维、橡胶、柔性石墨和工程塑料等。

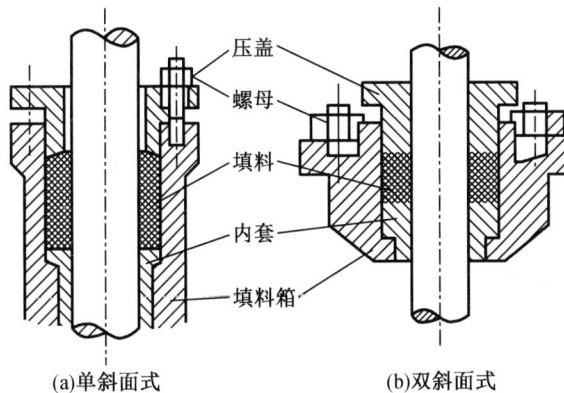

（a）单斜面式　　　　（b）双斜面式

图1-6　填料函与填料

填料函与填料的作用是防止泵缸中液体沿活塞杆孔处漏出，或外部空气从杆孔漏入，以保证泵的正常吸、排工作。当填料用久变质发硬而失去密封作用时，必须更换。

更换填料时，新填料的宽度应按活塞杆与填料函的径向间隙选取，稍宽可适当锤扁；长度应根据活塞杆直径周长截取，切口最好成45°。填料要逐圈安装，相邻填料的切口要错开。填料圈数不要随意增减。填料装满后其松紧可借压盖螺母进行调整。上螺母时要注意用力平均，防止单边用力而使压盖倾斜碰到活塞杆。填料的松紧以填料箱不发热，并能有少许液休渗出以满足活塞杆的润滑和冷却为宜。

更换填料

4. 空气室

往复泵由于活塞的变速运动，造成吸、排液体时流量和吸、排压力的波动。这不但不适用于要求流量均匀的场合，而且恶化了原动机的工作条件，还会引起管路振动，降低了装置和仪表的工作可靠性。吸、排压力的剧烈波动还可能造成活塞和液流的暂时脱离，引起液击；而且使泵的吸入性能变差，限制了泵转速的提高。装设空气室是往复泵减小流量和压力波动的常见措施之一。

（1）空气室的工作原理

往复泵的空气室是一个充有空气的容器,装设在泵的吸入口或排出口附近,分别称为吸入空气室和排出空气室。图1-7是其工作原理图。

下面以排出空气室为例来说明空气室的工作原理。当往复泵的瞬时流量 q 大于平均流量 q_m 时,排出管流动阻力较大,泵的排出压力 p_d 较高,空气室内气体被压缩,液缸所排液体一部分进入空气室储存;当瞬时流量小于平均流量时,排出管流动阻力较小,排出压力 p_d 较低,空气室内气体膨胀,一部分空气室中的液体流向排出管,从而使排出管路中的流量接近均匀。

由以上分析可见,装设空气室后,虽然空气室和泵之间的流量仍然是不均匀的,但空气室之外的排出(或吸入)管路

图1-7 往复泵的空气室

中的流量较为均匀。这就减少了液流的惯性水头,使泵的排出(或吸入)压力波动大为减轻。当然,工作过程空气室中的气体体积是变化的,因此,空气室压力也是变化的,管路中的流量不可能绝对均匀。但只要空气室中气体体积足够大,其体积和压力的相对变化率就小,流量脉动率 σ_Q 或压力脉动率 σ_p 就可降低到允许范围内(通常 $\sigma_Q \leqslant 0.5\% \sim 4\%$,或 $\sigma_p \leqslant 1\% \sim 5\%$)。我国规定船用双缸四作用电动往复泵排出空气室容积应大于液缸行程容积的4倍。

船用往复泵一般排出管路较长,为了减小排出压力和流量的脉动,常装设排出空气室。而吸入端只要压力波动不致使吸入真空度超过允许吸上真空度,一般不装设吸入空气室。

（2）空气室的安装和管理

空气室安装时应尽量靠近泵的排出(或吸入)口,以缩短泵和空气室之间仍做不稳定流动的液段长度。

图1-8示出排出和吸入空气室安装实例。

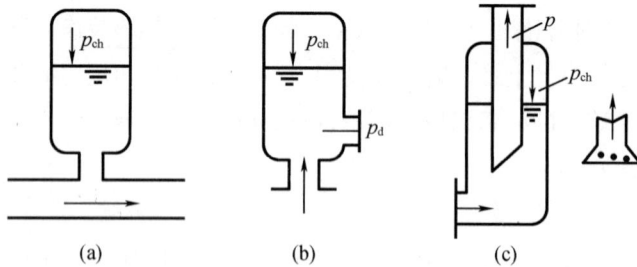

(a)　　　　　　(b)　　　　　　(c)

图1-8 空气室安装实例

图1-8(a)所示的三通连接,其效果较差,尤其是连接空气室和主管路的支管不宜太长,否则支管引起的管路阻力和惯性水头较大,这样,即使空气室中的压力 p_{ch} 波动较小,主管路中仍会有较大的压力波动。

泵在具有正吸高的情况下工作时,由于吸入空气室中的压力要比吸入液面的低,所以

在工作过程中溶解在液体中的气体就会不断逸出,使空气室中的气体逐渐增多。为防止空气室内的液面一旦低于进泵的吸入短管的吸口时,泵吸入大量气体而导致吸入间断,常在该吸入短管下端钻出许多小孔或做成斜切口,如图 1-8(c)所示。这样,在吸入空气室液面降低时,少量气体就可以不断地随吸入液体吸出。另外,吸入空气室的下端离进泵短管的管口不能太近,否则,液体就可能从吸入管直接流进液缸,从而使空气室失去作用。泵排出空气室内的平均压力与泵的平均排出压力相近,由于空气在液体中的溶解量随压力的提高而增加,故排出空气室内的气体就会因逐渐溶入液体而减少,从而使空气室的稳压作用降低。故当发现排出压力波动增大时,即应向排出空气室补气。

五、电动往复泵典型结构

图 1-9 所示为国产 CDW25-0.35 电动双缸四作用往复泵。其型号含义为:C—船用;D—电动;W—往复泵;25—额定流量,m^3/h;0.35—额定排出压力,MPa。

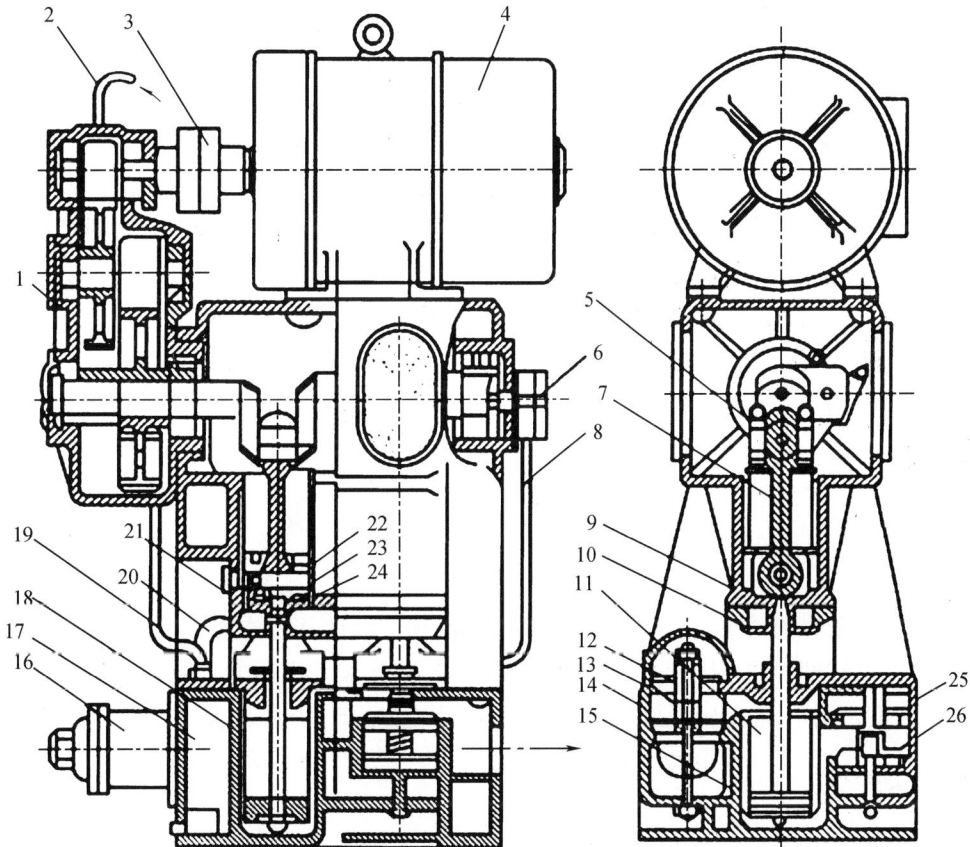

1—减速器;2—油管;3—联轴器;4—电机;5—曲轴;6—滑油泵;7—连杆;8—吸油管;9—十字头;10—油盘;
11—泵缸;12、25—排出阀;13—固定螺栓;14、26—吸入阀;15—活塞;16—安全阀;17—滑油箱;
18—泵缸体;19、20—油管;21、22—十字头销、套口;23—锁紧螺母;24—螺塞。

图 1-9　CDW25-0.35 电动双缸四作用往复泵

在该往复泵中,电机 4 通过挠性联轴器 3,再经两级圆柱齿轮减速器 1 减速后,带动曲轴 5 回转。拆卸曲轴时必须拆卸减速器壳体,才能将曲轴经减速器侧的圆孔取出。曲轴由三个滚柱轴承支承,其中最后一个是定位轴承。曲轴有两个曲拐,互成 90°角,以减小流量和功率的脉动。连杆 7 的大端轴承与曲柄销相连,小端经十字头 9 与活塞杆相连。通过曲柄连杆机构即可将曲轴的回转运动转变为活塞 15 往复运动。

泵缸 11 的泵缸体 18 由灰铸铁或黄铜浇铸而成,内镶青铜或不锈钢缸套,以防海水腐蚀。活塞由铜或不锈钢制成。在活塞外周装有密封用的活塞环,其常用材料有金属(灰铸铁、青铜、钢)和非金属(夹布胶木、塑料等)两类,可根据所输送液体的性质、温度和压力选用。当采用青铜和非金属材料时,活塞环内侧常加衬弹簧,以增强弹力。

泵阀的阀箱分成两组,位于泵缸前后,上下被隔成三层。上层为排出室,与泵的排出管相通;下层为吸入室,与泵的吸入管相通;中层被隔成单独的小室,前后各两个,分别通两泵缸的下部和上部工作空间,并各自在上部有排出阀与排出室相通,下部有吸入阀与吸入室相通。吸、排阀皆为盘阀。泵采用强力润滑。齿轮滑油泵 6 安装于曲轴右端,由曲轴直接带动回转,经吸油管 8 从滑油箱 17 吸油,排油一路经曲轴和连杆中的孔道润滑曲轴轴承和连杆大、小端轴承,另一路经油管 2 去润滑减速齿轮,并分别由油管 19、20 流回油箱。滑油一般采用 40 号机油。泵出口设有安全阀 16,能在排出压力过高时自动开启,使吸、排室相通。调整安全阀弹簧即可改变其开启压力。GB/T 11034—2008 规定安全阀的开启压力应为泵额定排出压力的 1.1~1.15 倍。当泵排出管路阀门全闭时,安全阀的排放压力(全流压力)一般应不大于额定排出压力加 0.25 MPa。安全阀在泵出厂时即经试验合格并加以铅封,必要时也可重新验证,即在泵运转时逐渐关闭排出截止阀,提高排出压力,在压力达到规定的开启压力时,安全阀即应开启,在全关排出截止阀时,泵的排出压力(即安全阀全流压力)也应符合前述规定。

泵缸、缸盖、安全阀阀体、阀箱等受压零件在工厂应进行水压试验,试验压力为前述安全阀排放压力的 1.5 倍,试验时间不少于 5 min,且不应有渗漏现象。

第三节 回 转 泵

回转泵属于容积式泵,它是利用工作部件的回转运动使其工作容积发生变化来进行吸排的。根据回转部件的不同,回转泵的结构形式较多,在船上常用的有齿轮泵、螺杆泵和叶片泵等,它们常用于输送各种油液或作为液压传动装置的动力油泵。

一、齿轮泵

齿轮泵按齿轮形状分为正齿轮泵、斜齿轮泵和人字齿轮泵;按可否逆转分为可逆转齿轮泵和不可逆转齿轮泵;按啮合方式分为外啮合齿轮泵和内啮合齿轮泵。

1.齿轮泵的结构和工作原理

(1)外啮合齿轮泵的结构和工作原理

图 1-10 为外啮合齿轮泵的工作原理图。一对具有相同参数的齿轮装于泵体 3 内部,

主动齿轮1和从动齿轮2分别用键安装在平行的轴上。其中主动齿轮的转轴一端穿过泵端盖,由原动机驱动做单向等速回转。齿轮的齿顶和两侧端面,由泵体和前后端盖所包围。由于相啮合的轮齿 A、B、C 的分隔,吸入腔和排出腔彼此隔离、互不相通。

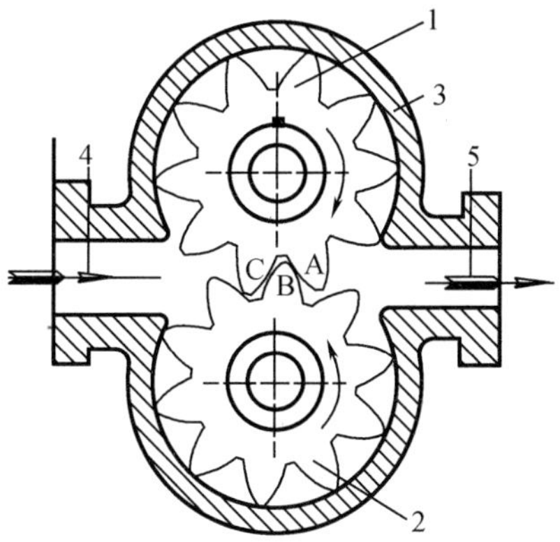

1—主动齿轮;2—从动齿轮;3—泵体;4—吸入口;5—排出口。

图 1-10　外啮合齿轮泵的工作原理图

当齿轮按图示方向旋转时,轮齿 C 逐渐退出啮合,其所占据的齿间的容积逐渐增大,形成低压,于是液体在吸入液面上的压力作用下,经吸入管进入吸入腔。随着齿轮的回转,一个个吸满液体的齿间陆续转离吸入腔,沿泵壳内壁转到排出腔,依次重新进入啮合,齿间的液体受啮入的轮齿挤压从排出口排出。由于齿轮始终紧密啮合,而泵体内壁与各齿顶以及端盖与齿轮端面的间隙都很小,故排出腔中压力较高的液体不会大量漏回吸入腔。普通齿轮泵如果反转,其吸、排方向也就相反。

由于齿轮泵摩擦面较多,一般只用来排送有润滑性的油液。

(2)内啮合齿轮泵的结构和工作原理

内啮合齿轮泵主要有带月牙形隔板的渐开线内啮合齿轮泵和摆线转子泵两种。

①带月牙形隔板的内啮合齿轮泵

图 1-11 所示为一种带月牙形隔板的可逆转渐开线内啮合齿轮泵。它被用作轴带的润滑油泵。

齿环3与图中右侧的圆盘、泵轴做成一体,泵轴由机械本身带动。而位于图中左侧的底盘6上有月牙形隔板2和与泵轴偏心的短轴,短轴上空套着齿轮1。当泵轴带齿环转动时,与齿环呈内啮合的齿轮也随之转动,产生吸、排作用,其工作原理与外啮合齿轮泵相似。

底盘6的背面圆心处带有带弹簧的钢球,帮助其与带齿环的圆盘贴紧;此外底盘背面还有一个偏心的销钉4,卡在盖板5的下半部的半圆形环槽内。当泵轴逆时针旋转时,啮合齿的作用力传到底盘6的偏心短轴上,将产生逆时针的转矩,使底盘6转至其背面的销钉卡到半圆形环槽的最右端位置为止。这时,齿轮与齿环的相对位置如图 1-11 的右上图所示,泵是下吸上排。当泵轴改为顺时针旋转时,啮合齿传至偏心短轴上的力则产生一顺时针转矩,使底盘6转过180°,直至其背面的销钉卡到半圆槽的左终端为止。这时齿轮与齿环的相对位置变成如图 1-11 右下图所示那样,从而使泵的吸排方向保持不变。

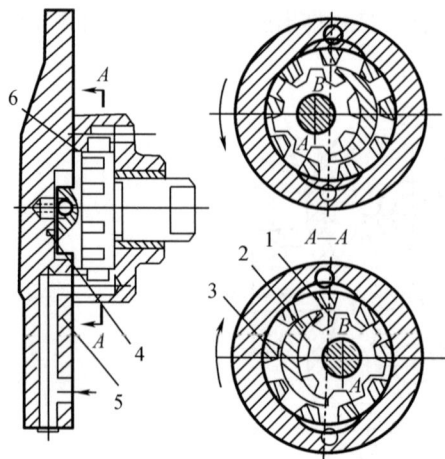

1—齿轮;2—月牙形隔板;3—齿环;4—销钉;5—盖板;6—底盘。

图 1-11　带月牙形隔板的可逆转渐开线内啮合齿轮泵

与外啮合齿轮泵相比,带月牙形隔板的内啮合齿轮泵的吸油区大、流速低、吸入性能好,流量脉动小,流量脉动率 $\sigma_Q = 1\% \sim 3\%$,仅为外啮合齿轮泵的 $1/20 \sim 1/10$,而且其啮合长度较长,工作平稳,还可采用特殊齿形显著减轻困油现象,或在齿环的各齿谷中开径向孔来导油,从而完全消除困油现象,故噪声很低。其缺点是制造工艺较复杂,且泄漏途径多,容积效率比外啮合式的低,一般为 $65\% \sim 75\%$。

②转子泵

图 1-12 所示为转子泵。其外转子 2 比内转子 1 多一个齿,且二者轴线偏心,异速转动。内外转子均采用摆线齿形。工作时所有内转子的齿都进入啮合,相邻两齿的啮合线与泵体和前盖、后盖形成若干个密封腔。转动时密封腔的容积发生变化,通过端盖上的吸、排口即可吸、排油液。

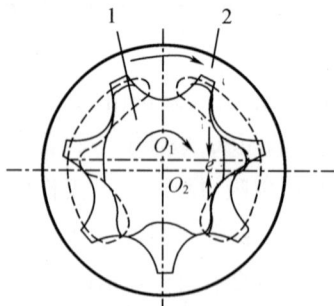

1—内转子;2—外转子。

图 1-12　转子泵

与其他齿轮泵相比,转子泵配流口的中心角较大(接近 145°),且为侧向吸入,不受离心力影响,故吸入性能好;能用于高速(常用转速 1 500~2 000 r/min,最高可达 10 000 r/min 以上)运转,而且齿数较少,工作空间容积较大,结构简单、紧凑;此外,由于两个转子同向回转且只差一个齿,故相对滑动速度很小,运转平稳,噪声低,寿命长。转子泵的缺点是齿数少时流量和压力脉动较大,而且密封性较差,η_V 较低,制造工艺不如渐开线齿轮简单。

2.齿轮泵流量和影响因素

(1)流量

假设各齿谷内的油液能够全部排出,并设齿谷工作容积等于轮齿的有效体积,则泵的每转理论排量 q_t 即为一个轮齿扫过的环形体积。故平均理论流量 Q_t(单位是 L/min)可以按下式计算:

$$Q_t = q_t n \times 10^{-6} = \pi D h B n \times 10^{-6} = 2\pi D m B n \times 10^{-6} = 2\pi m^2 Z B n \times 10^{-6} \tag{1-25}$$

式中　D——齿轮分度圆直径,mm;

　　　h——齿轮的有效工作高度($h = 2m$),mm;

　　　B——齿宽,mm;

　　　n——转速,r/min;

　　　m——模数($m = D/Z$,Z 为齿数),mm。

实际上,齿间工作容积大于轮齿有效体积,因此,上式需要利用修正系数 K 进行修正。修正系数 K 与齿数有关,中、低压齿轮泵齿轮齿数较多,$Z = 13 \sim 20$,$2\pi K$ 取 6.66;高压齿轮泵齿轮齿数较少,$Z = 6 \sim 14$,$2\pi K$ 取 7。同时,考虑到容积效率 η_V 的影响,所以,齿轮泵的实际平均流量 Q(单位是 L/min)为

$$Q = 2\pi K D m B n \eta_V \times 10^{-6} \tag{1-26}$$

一般外啮合齿轮泵 $\eta_V = 0.7 \sim 0.9$;采用间隙液压补偿装置时,η_V 可达 0.8~0.96。

(2)影响齿轮泵流量的因素

由上面的公式可知:

①齿轮泵转速越高,流量越大。但转速太高会因油液来不及充满齿谷,而使泵的容积效率下降。

②在齿轮分度圆直径不变的条件下,齿轮泵的齿数越少,模数越大,泵的流量就越大。

③齿轮泵的流量与齿宽成正比,流量与模数的平方成正比。

④容积效率对既定的泵的实际流量影响最大。

影响齿轮泵容积效率的因素主要有:

a.密封间隙。齿轮泵主要的内泄漏途径是齿轮端面和两侧盖板(或轴套)间的轴向间隙以及齿顶和泵体内侧的径向间隙。尤以齿轮端面与盖板间的轴向间隙为甚。此外,通过轮齿的啮合线也会产生泄漏。这些泄漏量占总泄漏量的 70%~80%。

b.排出压力。泄漏量与间隙两端的压差成正比。

c.吸入压力。当吸入真空度增加时,由于吸油中气体的析出量增加,容积效率亦将降低。

d.油液的温度和黏度。所排送油液的温度越高,黏度越低,泄漏量就越大。但油温过低则黏度太大,又会使吸入条件变差,吸入真空度变大,析出气体增多,也会使容积效率

下降。

e. 转速。由于齿轮泵的间隙为一个定值,因此泵无论处于高转速还是低转速,泄漏量差别不大,而转速低,理论流量减小,故容积效率降低。但转速过高又会使油液来不及充满齿谷,也会使容积效率降低。

3. 齿轮泵的困油现象

(1) 困油现象的产生原因

外啮合齿轮泵的轮齿,一般都采用渐开线齿形。为了运转平稳,要求齿轮的重叠系数 ε 大于1,也就是前一对轮齿脱开之前,后一对轮齿已进入啮合。于是,在部分时间内相邻两对轮齿会同时处于啮合状态,它们与端盖之间形成一个封闭空间,而该封闭空间的容积又将随着齿轮的转动而变化(先减小,然后增大),从而产生困油现象。

(2) 困油现象的危害

图1-13可以说明齿轮泵的困油现象。图(a)表示一对轮齿刚啮合时,前一对轮齿尚未脱开,于是它们之间形成了一个封闭容积 $V = V_a + V_b$,齿侧间隙使 V_a 与 V_b 相通。当齿轮按图示方向旋转时,V_a 逐渐减小,V_b 逐渐增大,它们的容积之和 V 开始逐渐减小,当齿轮转到图(b)所示位置时,封闭容积 V 达到最小,再继续旋转,V_a 继续减小,V_b 继续增大,而 V 则逐渐增大,直至前一对轮齿即将脱开啮合的瞬间,V 增加到最大,如图(c)所示。

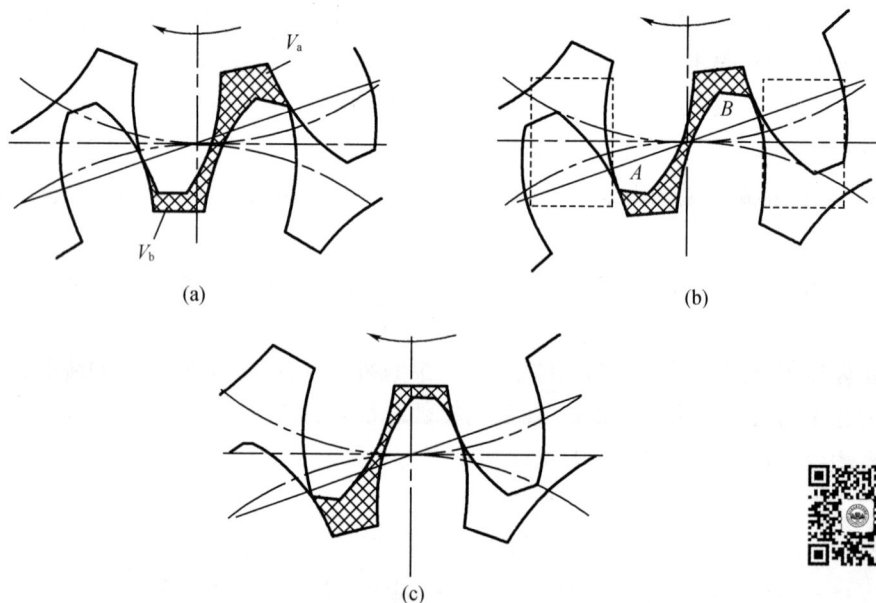

图 1-13 齿轮泵的困油现象

当封闭容积减小时,其中的油液受到挤压,压力急剧升高,油液从密封间隙中被强行挤出,产生噪声和振动,同时使轴承受很大的径向力,功率损失增加。而当封闭容积 V 增大时,其中的油压下降,溶于油中的气体析出而产生气泡,这些气泡被带到吸入腔,使泵的容积效率降低,振动和噪声加剧。

（3）困油现象的消除

由此可见，困油现象对齿轮泵的工作性能和使用寿命都是有害的，必须消除。目前，常用在端盖上开卸荷槽的方法来消除。

①对称卸荷槽法

该法就是在与齿轮端面接触的两端盖内侧，各挖两个矩形凹槽，位置如图1-13（b）中虚线所示。各卸荷槽的内边缘正好与封闭容积 V 最小时两对啮合齿的啮合点 A、B 相接，这时 V 与任何一个卸荷槽都不通。在封闭容积达到最小值前，始终能通过右边的卸荷槽与排出腔相通，以使多余的油液得以排出；而在齿轮转过图1-13（b）所示位置后，封闭容积 V 又逐渐增大，则又能通过左边卸荷槽与吸入腔相通，使油液得以补入。这种卸荷槽结构简单，容易加工，且对称布置，泵正、反转时都适用，因此被广泛采用。

②不对称卸荷槽法

不对称卸荷槽法就是将对称卸荷槽向齿轮泵吸入口移动一定的距离。当齿轮转过图1-13（b）所示位置时，容积 V_a 仍在继续减小，由于齿侧间隙一般较小，V_a 中的油液来不及排到 V_b 中去，V_a 中压力仍会升高，噪声和振动还较大。为了更好地解决这个问题，可使同一端盖上的两个卸荷槽同时向吸入侧移过适当距离，这样就延长了 V_a 和排出腔相通的时间。虽然这样会推迟 V_b 与吸入腔相通的时间，且由于齿侧间隙较小，V_b 中可能出现局部真空，但这种吸空现象并不十分严重，故可以允许其存在，但采用这种卸荷槽的泵不允许反转使用。

③修正齿形法

该法就是在从动齿轮的工作齿廓上加工一个成50°角的卸压斜面，使齿轮在相互啮合时线性接触点变成点性接触，从而不能形成齿封空间，达到卸压目的。

既然将齿廓加工成斜面可以消除困油现象，那么采用斜齿轮和人字齿轮也能消除困油现象。困油现象仅产生于正齿轮泵中。

4. 齿轮泵的径向力

齿轮泵工作时，吸、排两端液体存在压差，作用在齿轮四周的液体压力是从排出腔到吸入腔沿齿轮外周逐级降低的，如图1-14所示，作用在每一齿轮外周的液体压力的合力 F_0 大致上是通过齿轮中心指向吸入端的。而啮合齿因传递转矩而在主、从动齿轮上产生的径向力 F_m 大小相同、方向相反。这样，主动齿轮和从动齿轮所受径向力的合力 F_1 及 F_2 不仅方向不同，而且后者将大于前者。精确地说，齿轮泵由于流量及排出压力的脉动和啮合位置周期性地变化，其径向力的大小和方向都是周期性地变化的。

齿轮泵工作时所产生的径向力增加了轴承的负荷，它是影响齿轮泵寿命的主要原因之一。显然，泵的工作压力越高，该径向力就越大。因此，对高压齿轮泵来说，设法限制径向力，提高轴承寿命，是其必须解决的主要问题之一。

5. 齿轮泵的特点

齿轮泵与往复泵同属容积式泵，但齿轮泵的工作部件是做回转运动的，其泄漏途径多，密封性较差，结构上的差异使其有自己的特点。

（1）齿轮泵有一定的自吸能力，能在吸口形成一定程度的真空，但因其排送气体时密封性差,故自吸能力不如往复泵。

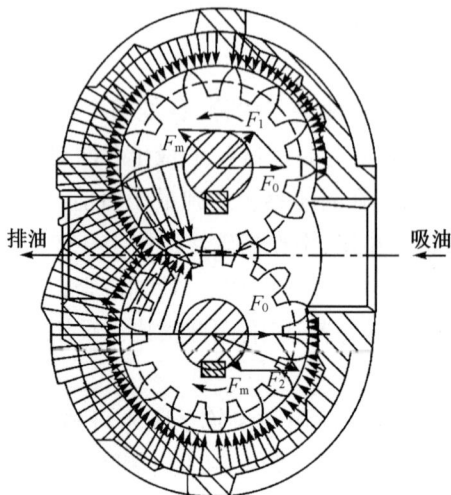

图 1-14 齿轮泵的径向力

(2)理论流量是由工作部件的尺寸和转速决定的,与排出压力无关。

(3)额定排出压力与工作部件尺寸、转速无关,主要取决于泵的密封性能和轴承承载能力。为了防止泵在超过额定排出压力的情况下工作,一般应设安全阀。

(4)流量连续,但有脉动。外啮合齿轮泵流量脉动率 σ_0 在 11%~27% 范围内,噪声较大。内啮合齿轮泵流量脉动率较小,一般为 1%~3%,噪声也较小。

(5)结构简单,价格低廉。因工作部件做回转运动,又无泵阀,允许采用较高转速,通常可与电动机直联,故与同样流量的往复泵相比,齿轮泵的尺寸、质量小得多。

(6)因摩擦面较多,故适用于排送不含固体颗粒并具有润滑性的油类。

在船上,齿轮泵一般被用作排出压力不高、流量不大,以及对流量和排出压力的均匀性要求不是很严的油泵,常用作滑油泵、驳油泵以及液压传动中的供油泵等。由于齿轮泵结构简单,价格低廉,又不易损坏,因而已开发了高压齿轮泵,在船上用作液压泵。

二、螺杆泵

1. 三螺杆泵的结构和工作原理

螺杆泵是利用螺杆的回转来吸、排液体的。根据泵内工作螺杆的数目,可有单螺杆泵、双螺杆泵、三螺杆泵和五螺杆泵之分。商船以三螺杆泵应用最为普遍。下面以三螺杆泵为例进行讲述。

图 1-15 示出船用三螺杆泵的典型结构。其主要由固定在泵体 6 中的缸套 7,以及安插在缸套中的主动螺杆 4 和与其啮合的从动螺杆 3、5 组成。三螺杆泵的主动螺杆是凸螺杆,从动螺杆是凹螺杆,它们都是双头螺杆。主、从动螺杆转向相反。各啮合螺杆之间以及螺杆与缸套内壁之间的间隙都很小,并可借啮合线从上到下形成 Ⅰ、Ⅱ、Ⅲ、Ⅳ 等多个彼此分隔的容腔。当螺杆转动时,与吸入腔相通的螺杆脱开侧的空间体积由小变大(见图中 Ⅳ 位

置),将液体吸入,然后封闭。这个封闭容腔沿轴向不断向上推移直至排出端,此时,螺杆啮合侧的空间的体积由大变小(见图中Ⅰ位置),将液体挤入管路中去。如果螺杆反转,则泵的吸、排方向也就相反。

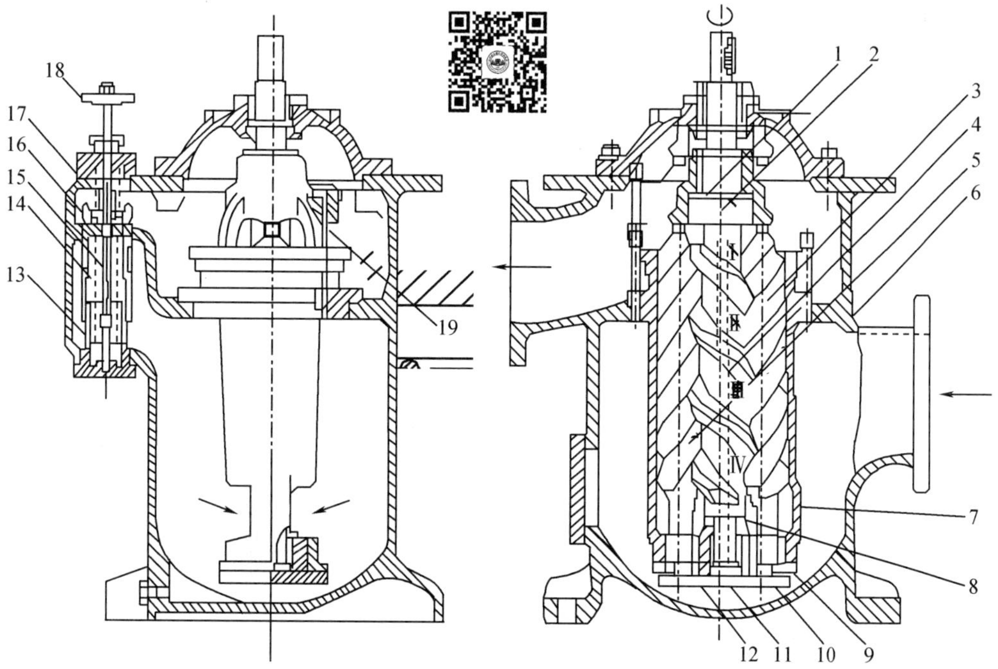

1、8—推力垫圈;2—平衡活塞;3、5—从动螺杆;4—主动螺杆;6—泵体;7—缸套;9、10—平衡轴套;11—盖板;
12—推力垫块;13—端盖套筒;14、17—弹簧;15—调节螺杆;16—安全阀阀体;18—调节手轮;19—泄油管。

图1-15　船用三螺杆泵的典型结构

为避免吸、排两端直接沟通,理论上螺杆的最小工作长度为$1.09t$(t为导程),泵套的最小工作长度为$0.932t$,通常泵套与螺杆的最小长度取$(1.2 \sim 1.5)t$。

为防止泵的排出压力过高,图1-15所示的三螺杆泵中还装有安全阀。由图可见,安全阀阀体16是一个带有导向肋片的中空圆筒形滑阀,其下端插套在与安全阀端盖连成一体的端盖套筒13上。在阀体16的顶部还钻有小孔,它可将泵排出端的液体引到阀的内腔,但因阀的上侧面积大于下侧面积(差值为滑阀壁厚所形成的圆环面积),故当排出压力超出整定值时,阀体16就会克服弹簧14的张力而下移。当阀上端的导向肋片移至泵体隔板位置时,泵的吸、排两侧也即沟通。该阀也常作为调压阀使用,即借助调节手轮18来调节弹簧14的张力,从而改变泵的排出压力(使部分液体回流)。这种安全阀属双向作用型。泵下部空间的油压作用在阀体16下端的圆环面积上,该油压如果比上部空间的油压超出一定数值,即会克服弹簧17的张力而使阀体上移,直至阀体中部的导向肋片上移至泵体隔板位置时,也会使上下两侧沟通而限压。

这种泵的吸、排口分别设在泵体中部和上部,可保证每次停用后泵内都存有部分液体,以免下次起动时干转。主动螺杆的轴伸出端设有机械轴封。

2. 螺杆泵的流量

由螺杆泵的工作原理可知,在泵运转时,液体将从缸套与螺杆端面之间的空隙部分连续流出,因此,其过流面积 A(单位是 m^2)就应为缸套内腔横截面积与螺杆端面横截面积之差,而轴向流速则为导程 t(单位是 m)与转速 n(单位是 r/min)的乘积。由于过流面积 A 和轴向流速都不随时间而变,故螺杆泵的流量十分均匀,其理论流量(单位是 m^3/h)为

$$Q_t = 60Atn \tag{1-27}$$

对于标准三螺杆泵来说,$A = 1.243d_H^2$,$t = 10d_H/3$,故其理论流量应为

$$Q_t = 248.6d_H^3 n \tag{1-28}$$

式中　d_H——主动螺杆根圆直径。

单螺杆泵过流面积 $A = 8eR$,其理论流量为

$$Q_t = 480eRtn \tag{1-29}$$

式中　e—偏心距;

R—螺杆断面圆半径。

螺杆泵的主要内泄漏途径是螺杆顶圆与泵缸或衬套的径向间隙 δ,其次是啮合螺杆之间顶圆与根圆以及螺旋面之间的啮合间隙。在螺杆泵中,三螺杆泵的密封性能较好,$\eta_V = 0.75 \sim 0.95$;单螺杆泵 $\eta_V = 0.65 \sim 0.75$。

3. 螺杆泵的受力及转矩

(1)轴向力

螺杆泵工作时,两端分别作用着液体的吸、排压力,因此对螺杆产生轴向推力。

为了平衡螺杆上的轴向力,通常可采用的措施有:

①设置止推轴承。止推轴承通常装在轴向推力较大的凸螺杆上,而凹螺杆则靠螺杆端面来承受轴向力。这种方法适用于工作压力小于 1.6 MPa 的泵。

②采用双吸形式。即每根螺杆都由两段长度相等、旋向相反的螺旋组成,泵从两端吸入、中间排出。这样不仅可平衡轴向力,还可降低吸入流速,改善吸入性能,适用于大流量泵。

③采用液力平衡装置。如图 1-15 所示,凸螺杆在排出端带有平衡活塞 2,其背后设有泄油管 19,以便漏油泄回吸入腔,保持背压稳定。这样,平衡活塞所受的向上作用力即可将大部分轴向力平衡。此外,在凸螺杆中还钻有油孔,用以将排出端的压力油液引入各螺杆下端的平衡轴套 9、10 之中,以便在螺杆的下端产生一个与轴向力方向相反的平衡力。此外,泵还装有推力垫圈 1、8 和推力垫块 12,以弥补液力平衡系统可能出现的平衡不足。

(2)径向力

图 1-16 所示为螺杆在不同轴向位置上的横截面图。图中有小点的空腔液压高于无小点的空腔。由图可见,作用于凸螺杆各处的径向液压力是完全对称的。而在空转时,两根凹螺杆对凸螺杆的作用力也都对称。因此当凸螺杆直立布置时,无论在空转或是排油时,径向力都完全平衡,故工作时不会弯曲,对轴承也不会产生额外的力。

凹螺杆只有一边处于啮合状态,同时由图 1-16 可见,同一截面处两边凹槽中的液压力不同,因此,凹螺杆无论在空转或是排液时,都将承受径向的不平衡力。两根凹螺杆所受径

向力的大小相等、方向相反,所构成力偶方向与凸螺杆转向一致。但因凹螺杆所受的径向力由较大的衬套工作表面来承受,故比压不大,磨损较轻,而且一般不会引起螺杆变形。

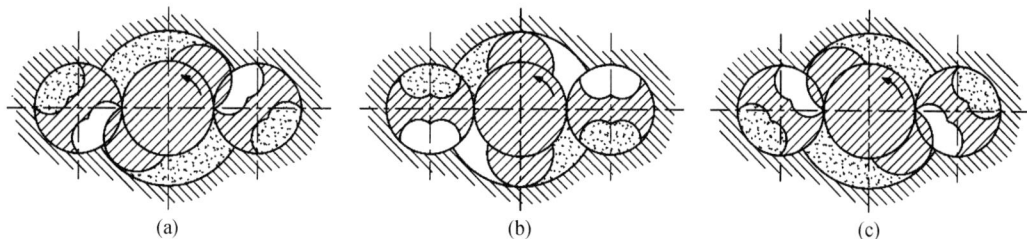

图 1-16 三螺杆泵的径向力

(3)转矩

对凸螺杆来说,由于工作时螺旋面上的液压力除产生指向吸入端的轴向力外,还将产生切向分力,因而也就会形成阻碍螺杆转动的阻转矩。此外,泵在空转期间,主动螺杆直接向从动螺杆传递转矩,其本身也会受到阻转矩的作用。

对凹螺杆来说,油液作用在凹槽下螺旋面上的液压力将会产生阻碍螺杆转动的力矩,而作用在凹槽上螺旋面上的液压力则产生帮助螺杆转动的转矩,这两个转矩的大小一般因作用面积不同而不等。但是设计良好的螺杆泵,在开始排油后,凹槽中的油液除了产生指向排出端的轴向推力外,还能产生一个正好可以克服凹螺杆摩擦力矩的转矩。这样,泵工作时凹螺杆不是靠凸螺杆直接传递转矩而驱动,而是通过压力油驱动,从而可大大减轻啮合线的磨损。

4. 螺杆泵的特点

螺杆泵属于回转型容积式泵。它有自吸能力;理论流量取决于运动部件的尺寸和转速;额定排出压力与运动部件的尺寸和转速无直接关系,主要受密封性能、结构强度和原动机功率的限制。同时它又具有回转泵无需泵阀、转速高和结构紧凑的优点。此外,螺杆泵还有以下特点:

(1)没有困油现象,流量和压力均匀,故工作平稳,噪声小,振动很轻。

(2)吸入性能好。因为从轴向吸入的液体,不受离心力影响,三螺杆泵在一定条件下允许吸上真空高度可达 8 m 水柱,单螺杆泵可达 8.5 m 水柱。

(3)流量范围大。三螺杆泵常用转速为 1 450~3 000 r/min,由透平驱动的螺杆泵转速甚至高达 10 000 r/min 以上,流量一般为 0.6~750 m³/h;非密封型双螺杆泵流量一般为 5~2 000 m³/h;单螺杆泵由于采用橡胶泵缸,转速一般不超过 1 500 r/min,而且随黏度的增大而降低,故一般流量较小,目前多为 0.3~40 m³/h,最大可达 200 m³/h。

(4)三螺杆泵允许的工作压力高。三螺杆泵受力平衡,而且密封性能好,η_V 高,故额定排压可达 20 MPa,特殊的可达 40 MPa。单螺杆泵和非密封型双螺杆泵额定排出压力不宜太高,前者最大不超过 2.4 MPa;后者通常不超过 1.6 MPa。

(5)对所输送的液体搅动少,水力损失可忽略不计,故适用的黏度范围也很宽(1~10⁴ mm²/s)。除了三螺杆泵适合输送润滑性好的清洁油类外,单螺杆泵、双螺杆泵还可用于输送非润滑性液体和含固体杂质的液体。

（6）零部件少，相对质量和体积小，磨损轻，维修工作少，使用寿命长。

（7）螺杆泵的缺点是螺杆的轴向尺寸较大，刚性较差。此外，加工和装配要求较高。三螺杆泵的价格较高。

在船上，三螺杆泵常用作主机的滑油泵、燃油泵、货油泵和液压泵。单螺杆泵多用作油水分离器的污水泵、废物焚烧炉的输送泵、粪便输送泵、渣油泵、污油泵，也可用作海水泵和甲板冲洗泵等。

三、叶片泵

叶片泵属于回转型容积式泵，它是依靠工作容积的改变来吸、排液体的，一般都用作油泵。叶片泵按其工作容积每转的循环次数可分为单作用叶片泵和双作用叶片泵。

1. 叶片泵的结构和工作原理

（1）单作用叶片泵的结构和工作原理

图 1-17 所示为单作用叶片泵工作原理图。定子的内表面为圆形，转子由原动机驱动，偏心安装于定子内，偏心距为 e，转子上开有均匀分布的径向槽，矩形叶片安放在转子的径向槽内。当转子回转时，叶片由于离心力以及排出腔通向叶片根部的液压力（有的是依靠弹簧力）的作用，顶端将紧贴定子而滑动。当转子如图示做逆时针方向回转时，右边的叶片将从转子槽中逐渐向外伸出，每两叶片之间的容积逐渐增大，并通过弧形吸油窗口吸入油液；当叶片转至左边时，叶片逐渐缩入槽内，叶片间容积逐渐缩小，因而油液受到挤压并从弧形排油窗口排出。在吸油窗口与排油窗口之间有过渡区，它把二者隔开，转子转一周，每一工作容积完成一次吸、排工作，因此称为单作用叶片泵。这种泵由于转子受到进、排出腔油压差的作用，存在径向不平衡力，导致轴受交变负荷，所以这种泵亦称为非平衡式叶片泵。它不宜在高压下工作，同时流量也不均匀；但结构简单、轻巧、易于制造，尤其是因定子内表面为圆形，便于制成变向变量泵，因而在低压液压系统中得到广泛的应用。

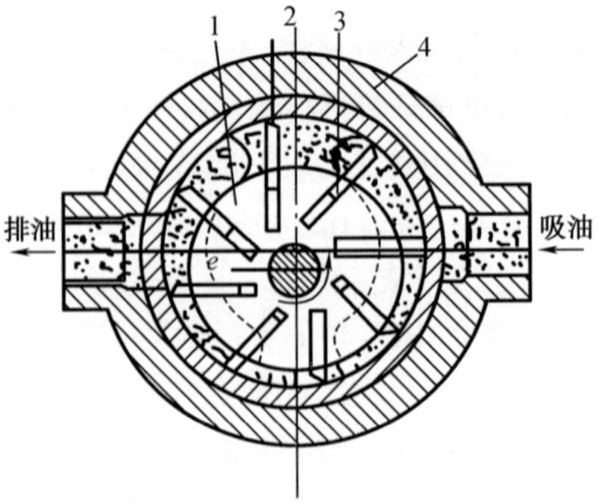

1—转子；2—定子；3—叶片；4—泵体。

图 1-17 单作用叶片泵工作原理图

单作用叶片泵可实现油液的变向变量。当转子中心与定子中心重合（即偏心距 $e=0$）

时,叶片间容积不发生变化,这时泵处于零流量的工作状态。当定子中心相对于转子中心向上产生一个偏心距 e 时,右半周为吸油过程,左半周为排抽过程。当定子中心相对于转子中心向下产生一个偏心距时,左半周为吸油过程,右半周为排油过程。由此可见,改变定子中心相对于转子中心的偏心方向,即可改变泵的吸、排油方向,且偏心距的大小决定了泵排量的大小。

单作用叶片泵
的变向变量

（2）双作用叶片泵的结构和工作原理

双作用叶片泵也是由转子、定子、叶片和泵体等组成的,如图1-18所示。但转子和定子是同心的,其定子内表面近似椭圆,由2段大圆弧、2段小圆弧和4段过渡曲线组成。在转子如图示方向旋转一周的过程中,叶片间容积在扫过吸入过渡曲面的时候逐渐变大,并从吸油窗口吸入油液;在扫过排出过渡曲面时,叶片间容积逐渐缩小,油液因受挤压而从排油窗口排出。转子每转一周,每一工作容积完成两次吸油和排油过程,因此称为双作用叶片泵。

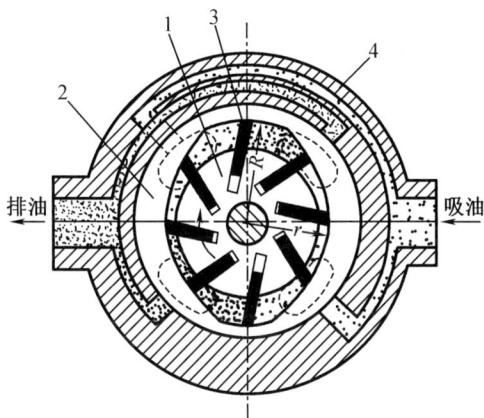

1—转子;2—定子;3—叶片;4—泵体。

图1-18　双作用叶片泵工作原理图

双作用泵转子圆柱面承受的径向力能相互平衡,轴和轴承不承受交变负荷,有利于提高工作压力。定子与转子保持同心,不能制成变向变量泵。

2.叶片泵的流量

（1）单作用叶片泵流量计算

图1-19为单作用叶片泵流量计算图。从图中可知,单作用叶片泵每个密闭容积完成一次吸油和排油过程的排量是容积 V_1 与 V_2 之差。

由图可知:

$$V_1 = B \left\{ \frac{\pi}{Z} \left[(R+e)^2 - r^2 \right] - (R+e-r)\delta \right\}$$

$$V_2 = B \left\{ \frac{\pi}{Z} \left[(R-e)^2 - r^2 \right] - (R-e-r)\delta \right\}$$

式中　Z、B、δ——叶片数、叶片宽度和叶片厚度;

R、r——定子和转子的半径；

e——偏心距。

单作用叶片泵的几何排量为

$$q = (V_1 - V_2)Z = 2(2\pi R - Z\delta)Be \tag{1-30}$$

实际流量为

$$Q = nq\eta_V = 2(2\pi R - Z\delta)Ben\eta_V \tag{1-31}$$

式中　n——转速。

（2）双作用叶片泵流量计算

图1-20为双作用叶片泵流量计算图。从图中可知，双作用叶片泵每个密闭容积完成一次吸油和排油过程的排量是容积V_1与V_2之差。

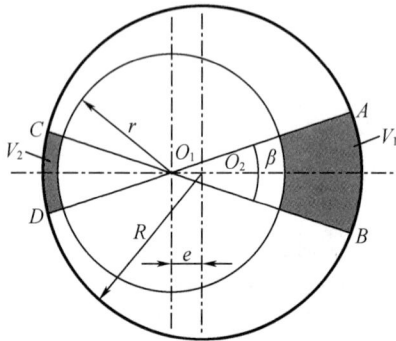

图1-19　单作用叶片泵流量计算图　　图1-20　双作用叶片泵流量计算图

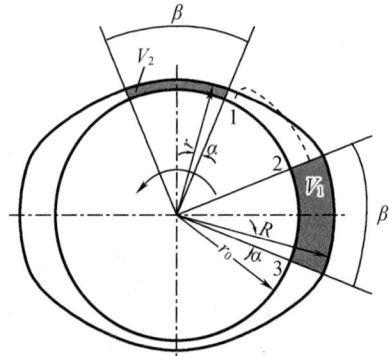

由图可知：

$$V_1 = B\left[\frac{\pi}{Z}(R^2 - r_0^2) - (R - r_0)\delta\sec\alpha\right]$$

$$V_2 = B\left[\frac{\pi}{Z}(r^2 - r_0^2) - (r - r_0)\delta\sec\alpha\right]$$

式中　Z、B、δ——叶片数、叶片宽度和叶片厚度；

　　　R、r、r_0——定子长半径、短半径和转子半径；

　　　α——叶片与转子的径向夹角。

双作用叶片泵的几何排量为

$$q = 2(V_1 - V_2)Z = 2B\left[\pi(R^2 - r^2) - (R - r)\delta Z\sec\alpha\right] \tag{1-32}$$

实际流量为

$$Q = nq\eta_V = 2B\left[\pi(R^2 - r^2) - (R - r)\delta Z\sec\alpha\right] \tag{1-33}$$

式中　n——转速。

3.叶片泵的配油盘和叶片倾角

图1-21为普通双作用叶片泵吸、排侧配油盘结构图。吸入和排出侧的配油盘都有两个吸入口 S，使叶片间腔室在吸入区可两侧同时吸入，以降低吸入流速和流阻，减少产生气

穴现象的可能性。排油则仅通过排出侧配油盘的排油窗口 d。为使叶片两侧所受轴向液压力平衡,在吸入侧配油盘上对应排油窗口的位置开有形状相同但不通的"盲孔"d′。

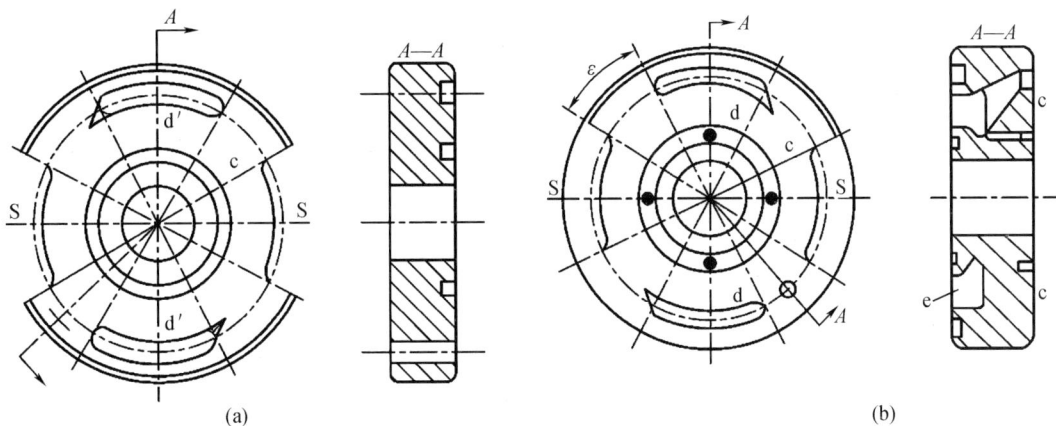

(a)　　　　　　　　　　　　　　　(b)

图 1-21　双作用叶片泵吸、排侧配油盘结构图

配油盘端面开有环槽 c,排出侧配油盘的环槽 c 有小孔与排出腔相通,将压力油通过环槽 c 引入叶槽内叶片底部空间。这样,在吸入区叶片顶部作用的是吸入油压,所以底部的排出油压可帮助离心力克服惯性力和摩擦力,使叶片迅速伸出而贴紧定子。

配油盘的排出窗口在叶片转入端处开有三角槽。它可使叶片间容积从密封区转入排出区时,能逐渐与排出窗口相通,以免压力骤然增加,造成液压冲击和噪声,并可防止因液体高压时稍微压缩而引起流量脉动。

如图 1-22 所示,双作用叶片泵在高压区工作时,定子内表面将叶片压进叶片槽内。如果叶片是径向布置的,这时定子对叶片的作用力 N 与叶片的运动方向不一致,它们之间的夹角即压力角为 β。压力角 β 越大,叶片受的摩擦力也越大,致使叶片动作不灵活,严重时叶片甚至被卡死。为了减轻叶片所受弯曲应力和在叶槽中缩回时的摩擦阻力,叶片按转向向前倾斜角度 θ,即前倾角,此时压力角为 α。这样的泵不允许反转。

图 1-22　双作用叶片泵叶片的倾角和倒角

叶片顶端的一侧加工成倒角,安装叶片时按转向看倒角朝后,这样可使叶片在从吸入区转到排出区前的密封区时,顶端有相当一部分面积朝向吸入区,承受吸入压力,有助于叶片贴紧定子。

4.叶片泵的特点

叶片泵除了具有容积式泵的一般特点外,还具有如下一些特点:

(1)流量比较均匀,运转平稳,噪声较小。

(2)双作用叶片泵因转子所受的径向力平衡,轴承寿命较长,内部密封性好,容积效率较高,故可用于较高的压力。一般叶片泵额定工作压力不超过 7 MPa,高压叶片泵额定工作压力可达到 14~21 MPa。

(3)结构紧凑,尺寸较小,流量大。

(4)单作用叶片泵可以实现变向变量调节。

(5)对工作条件要求较严。因叶片抗冲击性较差,又易卡阻,故对油液的清洁程度和黏度较敏感,端面间隙或滑槽间隙也须配置适当,此外,转速过低时,叶片可能因离心力不够而不能压紧定子表面,而过高又会产生气穴现象。叶片泵的转速一般为 500~1 500 r/min。

(6)结构较复杂,对零件的制造精度要求较高。

在船上,叶片泵多用作液压系统中的工作油泵或低黏度清洁油类的输送泵等。

第四节　离　心　泵

离心泵是一种叶轮式泵,叶轮在泵内高速旋转产生离心力作用,在叶轮之间的液体受到叶片强制转动和能量传递,使液体压力能和动能增加,在经过动能转换压力能装置后,达到输送液体的目的。

一、离心泵的工作原理和扬程方程

1.离心泵的工作原理

图 1-23 为悬臂式单级离心泵简图,其主要部件包括叶轮 1 和泵壳 3。泵壳 3 呈螺旋形,称为蜗壳或螺壳。叶轮是由若干个弧形叶片 2 和前后盖板所构成,并用键和固定螺母 7 固定在泵轴 6 的一端。轴的另一端经填料轴封装置从泵壳中伸出,由原动机带动按标示的方向旋转。固定螺母 7 通常采用左旋螺纹,以防反复起动因惯性而松动。

离心泵工作时,预先充满在泵中的液体受叶片的推压,随叶轮一起回转,产生离心力,从叶轮中心向四周甩出,于是在叶轮中心处形成低压,液体便在吸入液面气体压力的作用下,由吸入接管 4 被吸进叶轮。从叶轮流出的液体,压力和速度都比进入叶轮时增大了许多,由蜗壳的蜗室部分汇聚,平稳地导向扩压管。扩压管流道截面逐渐增大,液体流速降低,大部分动能变为压力能,然后进入排出管。叶轮不停地回转,液体的吸、排便连续地进行。

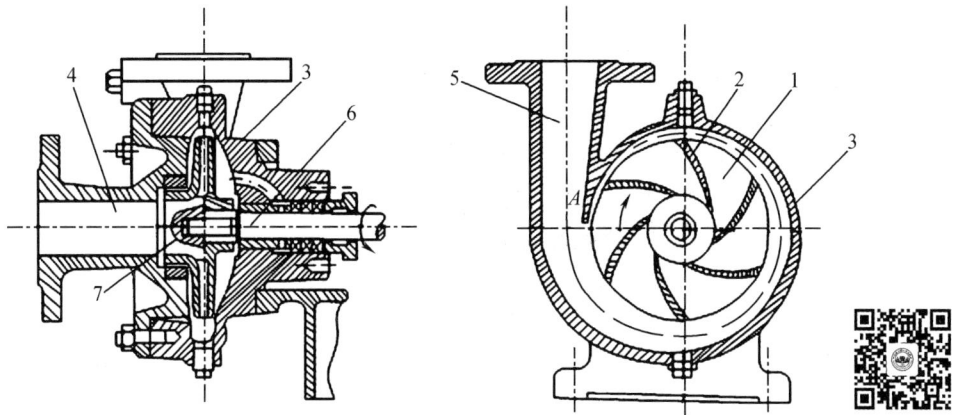

1—叶轮;2—叶片;3—泵壳;4—吸入接管;5—扩压管;6—泵轴;7—固定螺母。

图1-23 悬臂式单级离心泵

2.离心泵的扬程方程

(1)液体在叶轮内的流动

液体在叶轮内的流动情况比较复杂,为了使研究方便,做以下假设:

①叶轮的叶片无限多、厚度无限薄且断面形状完全相同。这样,我们便把流过叶轮的液体质点看作由无限多个完全相同的单元流束所组成,即所有液体质点在叶轮内的运动轨迹都相同,并且在相同半径的圆柱面上各液体质点的流动状态(压力、流速)均相同。

②液体为无黏性的理想液体——流动时没有摩擦、撞击和涡流等水力损失。

根据上面的假设,当叶轮以角速度 ω 回转时,处在叶轮流道中的任一液体质点都将同时做两种运动:一方面液体的质点随叶轮一起旋转,以圆周速度 u 做圆周运动,方向与该点的圆周相切;另一方面液体在离心力的作用下,以相对速度 w 沿叶片向外做相对运动,方向与叶片的型线相切。相对于泵壳的质点 A 的绝对速度 c 是 u 和 w 的向量和,即 $c = u + w$。液体质点 A_0 进出叶轮的绝对运动路径即可由图1-24中的 A_0c_0 所表示。

因此,液体在叶轮中的流动情况,可用 u、w 和 c 三个速度构成的速度三角形来表示,如图1-24所示。绝对速度 c 和圆周速度 u 之间的夹角是液流角,用 α 表示,决定了液体质点的绝对运动方向。相对速度 w 与圆周速度 u 反方向的夹角是安装角,用 β 表示,由叶片的弯曲情况决定。通常将绝对速度 c 分解为相互垂直的两个分速度:一个是与圆周速度 u 方向一致的周向分速度,用 c_u 表示;另一个是与圆周速度 u 方向垂直的径向分速度,用 c_r 表示,$c_r = Q_t / (\pi Db\psi)$。式中,Q_t 为流过叶轮的理论流量;D 为质点处的叶轮直径;b 为质点处的叶轮宽度;ψ 为考虑叶片厚度影响的排挤系数;各符号分别以下标1、2代表液体进叶轮后及出叶轮前的参数。

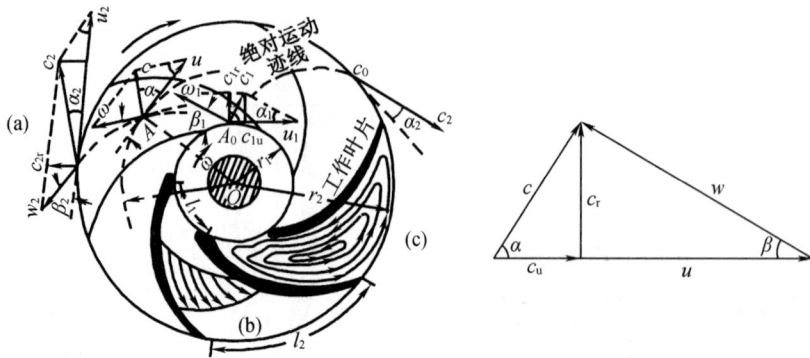

图 1-24 液体在叶轮中的流动

（2）扬程方程

离心泵的理论扬程 $H_{t\infty}$ 就是液体离开叶轮和进入叶轮时所具有的能头之差，即

$$H_{t\infty} = \left(z_2 + \frac{p_2}{\rho g} + \frac{c_2^2}{2g} \right) - \left(z_1 + \frac{p_1}{\rho g} + \frac{c_1^2}{2g} \right) = （ z_2 - z_1 ） + \frac{p_2 - p_1}{\rho g} + \frac{c_2^2 - c_1^2}{2g} \qquad (1-34)$$

首先假定叶轮不转动，而液体以与叶轮回转时的相同相对速度通过叶轮。在理想情况下，液体在叶轮进、出口处的能量相等（无任何能量损失），即为

$$z_1 + \frac{p_1}{\rho g} + \frac{w_1^2}{2g} = z_2 + \frac{p_2}{\rho g} + \frac{w_2^2}{2g}$$

而实际上叶轮是回转的，受单位重力作用的液体通过叶轮时，由于离心力的作用而获得一定的能量，设其等于 A。叶轮中液体位能的变化因液体随叶轮一起回转而正负抵消，那么，此时液体的能量平衡方程式即可改写为

$$z_1 + \frac{p_1}{\rho g} + \frac{w_1^2}{2g} = z_2 + \frac{p_2}{\rho g} + \frac{w_2^2}{2g} - A \qquad (1-35)$$

叶轮的回转角速度为 ω，单位重力的液体从半径为 r_1 的叶轮进口运动到半径为 r_2 的叶轮出口时，离心力对液体所做的功 A 为

$$A = \int_{r_1}^{r_2} \frac{\omega^2 r}{g} \mathrm{d}r = \frac{\omega^2}{2g} [r^2]_{r_1}^{r_2} = \frac{（\omega r_2）^2 - （\omega r_1）^2}{2g} = \frac{u_2^2 - u_1^2}{2g} \qquad (1-36)$$

将式（1-36）代入（1-35）整理得

$$\frac{p_2 - p_1}{\rho g} = （ z_1 - z_2 ） + \frac{w_1^2 - w_2^2}{2g} + \frac{u_2^2 - u_1^2}{2g}$$

将上式代入式（1-34）求得离心泵扬程方程式：

$$H_{t\infty} = \frac{u_2^2 - u_1^2}{2g} + \frac{w_1^2 - w_2^2}{2g} + \frac{c_2^2 - c_1^2}{2g} \qquad (1-37)$$

上式是由欧拉最先推导出的，故又称为欧拉方程。

方程右边最后一项表示液体流经叶轮后因绝对速度增加而提高的速度头，其余两项即为液体所增加的静能头（主要是压头）。静能头中第一项是离心力所做的功，占绝大部分；第二项是因从叶轮进口到出口叶片流道截面扩大、相对速度降低转变成的静能头，一般不大。

根据进、出口速度三角形和余弦定理可知：

$$w_1^2 = c_1^2 + u_1^2 - 2c_1 u_1 \cos \alpha_1$$

$$w_2^2 = c_2^2 + u_2^2 - 2c_2 u_2 \cos \alpha_2$$

将以上两式相减，并除以 $2g$，代入式（1-37）后整理得

$$H_{t\infty} = \frac{c_2 u_2 \cos \alpha_2 - c_1 u_1 \cos \alpha_1}{g} = \frac{u_2 c_{2u} - u_1 c_{1u}}{g} \qquad (1-38)$$

从上式可以看出，要想增大 $H_{t\infty}$ 值，就要设法使 $c_{1u} = 0$，也就是使 $\alpha_1 = 90°$。因此，在大多数离心泵中液体都被尽量地沿径向引入叶轮（实际上是不可能的），故有

$$H_{t\infty} = \frac{u_2 c_{2u}}{g}$$

而由速度三角形可知，$c_{2u} = u_2 - c_{2r} \cot \beta_2$，代入上式可得

$$H_{t\infty} = \frac{u_2 c_{2u}}{g} = \frac{u_2^2}{g} - \frac{u_2 c_{2r}}{g} \cot \beta_2 \qquad (1-39)$$

（3）影响离心泵扬程的因素

①叶轮的尺寸和转速

由式（1-39）可知，$H_{t\infty}$ 与 u_2 有关，而 $u_2 = \dfrac{\pi D_2 n}{60}$（式中，$D_2$ 为叶轮外径），要想增大离心泵扬程，就必须增大叶轮外径或提高叶轮的转速。但是，叶轮外径的增大，将会导致泵的外形尺寸和质量增大，同时还会使泵的圆盘摩擦损失增大。提高转速 n，则无上述弊端，但却受泵的气蚀性能和材料强度的限制，因此，离心泵的转速一般在 10 000 r/min 以下。因此，欲获得更高压头，需采用多级离心泵的形式。

②叶片出口角 β_2

离心泵的扬程随流量而变，并与叶片出口角 β_2 有关。采用径向叶片，即 $\beta_2 = 90°$ 时，如图 1-25（a）所示，$\cot \beta_2 = 0$，$H_{t\infty}$ 与 c_{2r} 无关，即扬程与流量的改变无关；采用后弯叶片，即 $\beta_2 < 90°$ 时，如图 1-25（b）所示，$\cot \beta_2 > 0$，流量增大，c_{2r} 增大，则 $H_{t\infty}$ 减小；采用前弯叶片，即 $\beta_2 > 90°$ 时，如图 1-25（c）所示，$\cot \beta_2 < 0$，流量增大，c_{2r} 增大，则 $H_{t\infty}$ 增大。

可见，尺寸和转速相同的离心泵，叶片出口角 β_2 越大，则能达到的扬程越高。但图 1-25 所示为理论扬程 $H_{t\infty}$，实际上 β_2 越大，出口速度 c_2 也越大（见图 1-25）；扬程中速度头所占比例较大，动能在扩压管中转换为压力能的水力损失较大；而且前弯叶片流道更弯曲，流动的水力损失更大。总之，采用前弯叶片虽比后弯叶片所能达到的扬程高些，但功率要大得多，水力效率低。故离心泵普遍采用效率较高的后弯叶片。

此外，欧拉方程还表明了离心泵的压头与被输送液体的性质无关。在扬程方程式中，并没有反映出所输送流体性质的参数，故离心泵输送不同的流体时，只要理论流量相同，所产生的理论扬程 $H_{t\infty}$ 就相同。这样，当叶轮回转时，由于空气所产生的离心力很小，在泵吸入口处只能产生很小的真空度。故在大气压力的作用下，离心泵只能把水吸上 12.9 cm 的高度，因此即使不计蜗壳喉部的漏气影响，离心泵也远不能把液体吸入叶轮，所以离心泵没

有自吸能力。

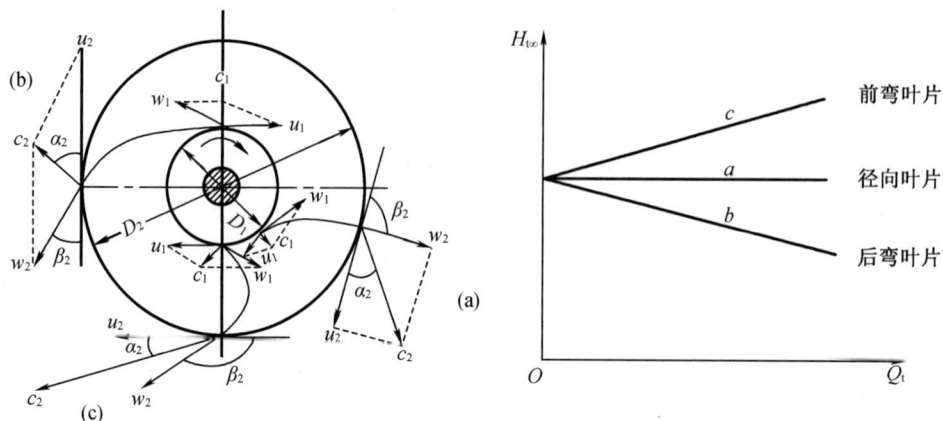

图 1-25　叶片出口角对理论扬程的影响

二、离心泵流量

由速度三角形可以看出,绝对速度 c 的径向分量 c_r 的大小,取决于叶轮的尺寸和泵的流量。泵内液体的流动是连续的,在不考虑叶片厚度影响的情况下,泵的流量与叶轮外径 D_2、叶宽 b_2 和出口绝对速度的径向分量 c_{2r} 有关,即

$$Q_t = \pi D_2 b_2 c_{2r} \tag{1-40}$$

式中　Q_t——泵的理论流量,$\mathrm{m^3/s}$。

泵的实际流量(单位是 $\mathrm{m^3/s}$)为

$$Q = \pi D_2 b_2 c_{2r} \eta_V \tag{1-41}$$

式中　η_V——泵的容积效率,一般取 $0.80 \sim 0.97$。

离心泵的估算流量(单位是 $\mathrm{m^3/h}$)可由下式得到:

$$Q = 5 D_1^2 \tag{1-42}$$

式中　D_1——离心泵吸入口的直径,in(英寸),$1\ \mathrm{in} = 25.4\ \mathrm{mm}$。

三、离心泵性能

1. 离心泵定速特性曲线

离心泵的特性曲线是指泵的压头 H、输入功率 P、效率 η、必需气蚀余量 Δh_r 相对于流量 Q 的一组关系曲线。它们通常是在泵定速情况下测定的,所以也叫作定速特性曲线。到目前为止,还不能用纯理论的方法精确地计算出这些特性曲线,而是通过实验方法来测定的。在恒定转速下,定速特性曲线是通过改变排出阀开度,分别测出泵在不同工况下的 Q 与 H、P、η、Δh_r 之间的关系,然后将所得的对应点用光滑曲线连接而成,如图 1-26 所示。

由离心泵定速特性曲线可见:

(1)离心泵采用后弯叶片,随着流量的增大,其工作扬程降低。因叶片出口角不同,

$H-Q$ 曲线大致可分为三类, 如图 1-27 所示。

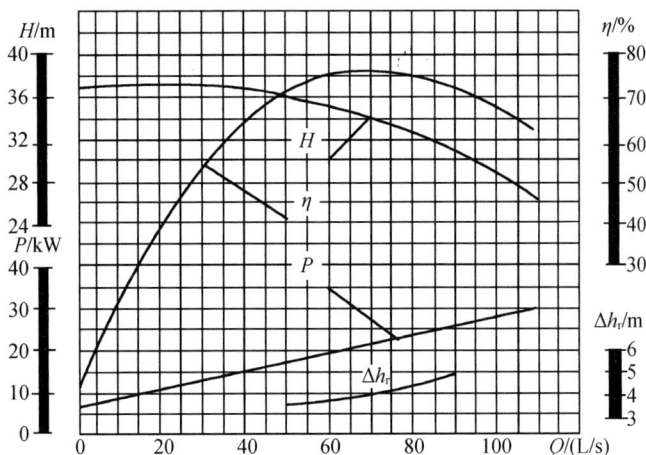

图 1-26　离心泵定速特性曲线

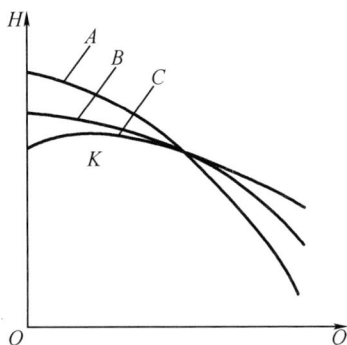

图 1-27　离心泵 $H-Q$ 曲线的不同形式

①陡降形(叶片出口角较小)。如图 1-27 中 A 线所示, 叶片出口角较小, 扬程变化时流量变化较小。适用于扬程变动较大, 容易保持在额定流量附近的高效区工作的场合, 如舱底水泵、压载泵等。

②平坦形(叶片出口角稍大)。如图 1-27 中 B 线所示, 叶片出口角稍大, 扬程变化时流量变化较大。适用于经常需要调节流量而又不希望节流损失太大的场合, 如凝水泵、锅炉给水泵等。

③驼峰形(叶片出口角较大)。如图 1-27 中 C 线所示, 叶片出口角较大, 随着流量的增加, 压头先是上升, 继而下降, 形成驼峰的形状。在同一扬程下, 曲线上峰点 K 的左右可能出现两种流量, 左边区段可能存有两个工况点, 工况不稳定, 工作时可能发生喘振, 某些小流量高扬程的驼峰形 $Q-H$ 曲线的泵, 应尽量避免在静压头过高的场合下使用。

(2)泵的输入功率随流量增大而增大。在泵流量为零时, 其输入功率最小, 一般仅为额定功率的 35%~50%, 这时泵的扬程(亦称封闭扬程)也不是很高, 故离心泵可封闭起动, 以减小起动功耗;但不可长时间封闭起动, 因为封闭运转时, 消耗的功率用于搅动液体, 从而使泵发热。

（3）泵在额定工况附近工作时有较高的效率，它所对应的工况即为最佳工况。因为叶轮和压出室等是按额定工况设计的，非额定工况下在叶片进出口处的冲击损失较大。一台良好的离心泵应具有较宽的高效率区。

2. 离心泵的相似理论

液体在离心泵中的流动十分复杂，不能直接进行精确的计算，因此，在离心泵的设计和制造中，对大型泵来说，往往需要缩小尺寸做成模型泵来进行试验，取得模型泵的性能参数后，利用相似理论把有关数据换算到设计和制造的泵中。

（1）离心泵的相似条件

要保证液体流动相似，必须满足三个条件：几何相似、运动相似和动力相似。对于离心泵来说，就是模型泵和实型泵之间任一对应点上的物理量之间存在着一定的比例关系。

①几何相似

两泵过流部件结构相似，主要是叶轮相似，如图 1-28 所示。在叶片数和对应的叶片安装角相等的条件下，各相应的几何尺寸比值相等，即

$$\frac{D_1}{D_1'}=\frac{D_2}{D_2'}=\frac{b_1}{b_1'}=\frac{b_2}{b_2'}=J \tag{1-43}$$

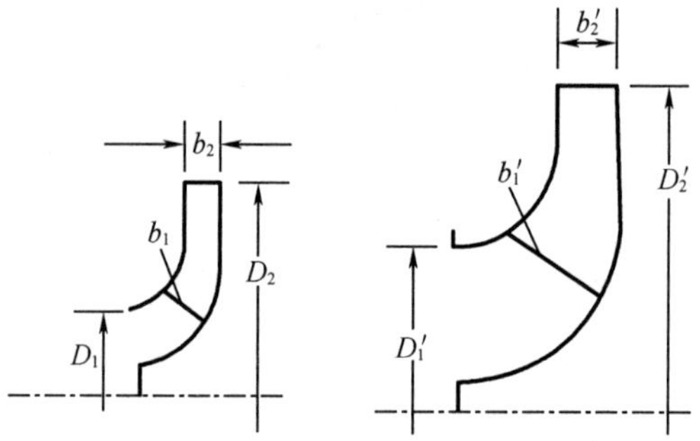

图 1-28 叶轮主要相似尺寸

②运动相似

两泵各对应点的液体质点速度方向相同，大小成比例，即各对应点的速度三角形相似，有

$$\frac{c_1}{c_1'}=\frac{u_1}{u_1'}=\frac{w_1}{w_1'}=\frac{c_{1r}}{c_{1r}'}=\frac{c_{1u}}{c_{1u}'}=\frac{c_2}{c_2'}=\frac{u_2}{u_2'}=\frac{w_2}{w_2'}=\cdots=J\cdot\frac{n}{n'} \tag{1-44}$$

③动力相似

两泵各对应点作用于流体质点上的同名力（如重力、压力、黏性力和惯性力）方向相同、比值相等。对于水泵来说，起主导作用的力是黏性力和惯性力，只要这两个力相似，就可以认为动力相似。只要几何相似和运动相似，一般都认为满足动力相似的要求。

（2）相似定律

对于工况相似的泵，具有下列关系：

①流量

$$\frac{Q}{Q'}=\frac{D_2 b_2 c_{2r} \eta_V}{D_2' b_2' c_{2r}' \eta_V}=J^3\frac{n}{n'} \tag{1-45}$$

②扬程

$$\frac{H}{H'}=\frac{u_2 c_{2u} \eta_h}{u_2' c_{2u}' \eta_h}=J^2\left(\frac{n}{n'}\right)^2 \tag{1-46}$$

③功率

$$\frac{P}{P'}=\frac{QH}{Q'H'}=J^5\left(\frac{n}{n'}\right)^3 \tag{1-47}$$

式(1-45)~式(1-47)表示了两台相似的泵在工况相似时各主要性能参数间的关系,这三个关系式称为相似定律公式。

若上述公式中,结构常数 $J=1$,即两泵的叶轮尺寸相等,或者说就是同一台泵,则相似定律就变为下列三式:

$$\frac{Q}{Q'}=\frac{n}{n'} \tag{1-48}$$

$$\frac{H}{H'}=\left(\frac{n}{n'}\right)^2 \tag{1-49}$$

$$\frac{P}{P'}=\left(\frac{n}{n'}\right)^3 \tag{1-50}$$

式(1-48)~式(1-50)称为比例定律公式,它是相似定律公式的特例。

（3）比转数

比转数是按水力学相似定律推导出来的,区别离心泵水力特性的相似特征数。在离心泵中,比转数理解为泵在最高效率下运转,产生扬程为 1 m、流量为 0.075 m³/s,所消耗的功率为 0.735 kW 时所必须具有的转数,习惯上以 n_s 表示。比转数用于水泵分类(离心泵 $n_s=50\sim300$,混流泵 $n_s=300\sim500$,轴流泵 $n_s=500\sim1\ 000$)、选择泵型、设计新泵、分析水泵性能曲线等,是评定水泵叶轮几何特性和工作特性的综合判据。

在我国,比转数计算公式为

$$n_s=\frac{3.65n\sqrt{Q}}{H^{\frac{3}{4}}} \tag{1-51}$$

式中　n——转速,r/min;

　　　Q——流量,m³/s(双吸泵取总流量的1/2);

　　　H——扬程,m(多级泵取每级叶轮的扬程)。

由上式可见,比转数与被输送的液体性质无关,仅与泵的主要性能参数 Q、H、n 有关。在泵效率最高时,比转数高的泵,流量大,扬程小;比转数低的泵,流量小,扬程大。几何相似的泵在额定工况下输送同一种液体,其比转数相等;但比转数相等的泵可设计成叶片数、叶片出口角不同,因此不一定几何相似。

（4）比转数与叶轮形状和性能曲线的关系

比转数与叶轮形状和性能曲线的关系如表1-3所示。

表 1-3　比转数与叶轮形状和性能曲线的关系

泵的类型	离心泵			混流泵	轴流泵
	低比转数泵	中比转数泵	高比转数泵		
比转数	30~80	80~150	150~300	300~500	500~1000
叶轮简图	D_2, D_0	D_2, D_0	D_2, D_0	D_2, D_0	D_2, D_0
尺寸比	$D_2/D_0 \approx 3$	$D_2/D_0 \approx 2.3$	$D_2/D_0 \approx 1.8\sim1.4$	$D_2/D_0 \approx 1.2\sim1.1$	$D_2/D_0 \approx 1.0$
叶片形状	圆柱形叶片	进口处扭曲形 进口处圆柱形	扭曲形叶片	扭曲形叶片	轴向翼形叶片
性能曲线形状	H,P,η－Q 曲线	H,P,η－Q 曲线	H,P,η－Q 曲线	H,P,η－Q 曲线	H,P,η－Q 曲线
流量-扬程曲线特点	封闭扬程为设计工况的1.1~1.3倍,扬程随流量增加而增加,n_s增大,曲线变化较缓,n_s增加,曲线变陡			封闭扬程为设计工况的1.5~1.8倍,扬程随流量增加而减小,n_s减小,曲线变陡	封闭扬程为设计工况的2倍,扬程曲线呈马鞍形,变化较急
流量-功率曲线特点	封闭功率较小,输入功率随流量增加而增加,n_s越大,曲线越趋平坦			输入功率增加,输入功率略为减小	封闭功率最大,设计工况附近功率曲线呈驼峰形,流量再增大功率又下降
流量-效率曲线特点	曲线比较平坦,n_s增大,高效区变窄			高效区比离心泵窄,比轴流泵宽	急剧上升后又急剧下降

①比转数的高低与叶轮形状的关系。

低比转数泵,叶轮径向剖面叶形"窄长",即叶轮外径 D_2 与进口直径 D_0 之比越大,叶片呈圆柱形;中比转数泵,叶片进口扭曲;高比转数泵,叶轮叶形"短宽",即 D_2/D_0 比值较小,叶片进、出口都扭曲。

②转速相同时,低比转数泵,H/Q 较大,即扬程相对较大,流量相对较小;高比转数泵,H/Q 较小。

③比转数的高低与泵特性曲线的关系。

比转数相同的泵,特性曲线相似。低比转数泵,$H-Q$ 曲线较平坦,$P-Q$ 曲线较陡,适合节流调速和封闭启动。随着比转数的增加,$H-Q$ 曲线下降趋势变陡,$P-Q$ 曲线上升趋势变缓,混流泵和轴流泵的 $P-Q$ 曲线甚至向下倾斜,高效率工作区变窄。

总之,窄长叶形叶轮,n_s 小,流量不大,扬程高,H 线平,功率陡,高效区宽,宜节流。

四、离心泵结构

离心泵的类型多样,主要结构有叶轮、压出室、泵轴、密封装置等。

1. 叶轮

叶轮是将原动机的机械能传递给被排送液体的工作部件,对泵的工作性能有决定性影响。

叶轮可分为闭式、半开式和开式三种,如图 1-29 所示。兼有前、后盖板的叶轮称为闭式叶轮,如图(a)所示。它工作时液体泄漏少,效率较高,使用最普遍。只有后盖板的叶轮称为半开式叶轮,如图(b)所示。而开式叶轮则只有叶瓣和部分后盖板,如图(c)所示。后两种叶轮铸造比较方便,但工作液体容易泄漏,多用于输送含固体颗粒或黏性较高的液体。

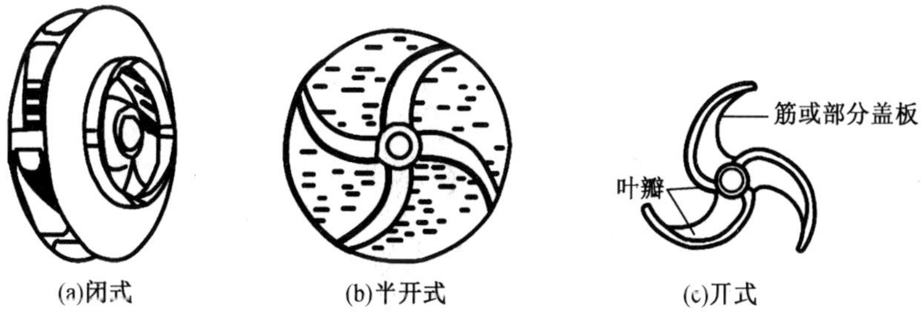

(a)闭式   (b)半开式   (c)开式

图 1-29 离心泵的叶轮

叶轮又可按吸入方向分为单侧吸入式和双侧吸入式两种,如图 1-30 所示。为了降低吸入管阻力,吸入管中的流速不能太高,一般为 3 m/s。当流量小于 300 m³/h,吸入管径不超过 200 mm 时,一般采用结构较简单的单吸式叶轮。当流量较大、吸入管径超过 200 mm 时,则需采用双吸式叶轮,以增大叶轮进口处的流通面积,降低叶轮进口处的流速,提高离心泵的抗气蚀性能。理论上,双吸式叶轮可以平衡叶轮上的轴向推力。如果双吸式叶轮装反,那么后弯叶轮就变成前弯叶轮,运行时会过载。

(a)双侧吸入式

(b)单侧吸入式

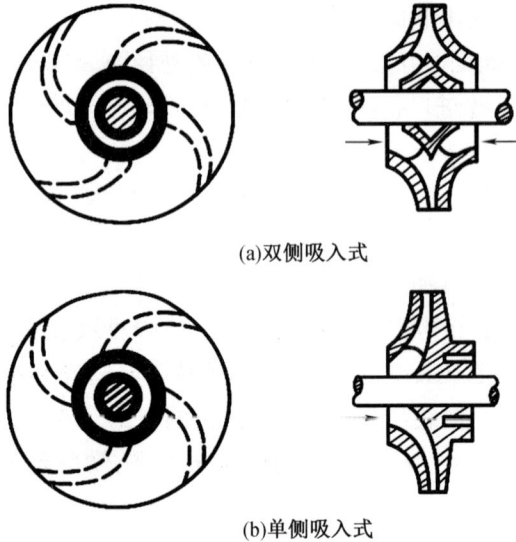

图1-30　单侧吸入式和双侧吸入式叶轮

2. 压出室

压出室又称能量转换装置。压出室的主要任务就是以最小的水力损失汇聚从叶轮中流出的高速液体,将其引向泵的出口或下一级,并使液体的流速降低,将大部分动能转换为压力能。

离心泵的压出室主要有蜗壳和导轮两种。

(1)蜗壳

蜗壳包括螺线形蜗室和扩压管两部分(见图1-23),这两部分的分隔处(见图1-23中 A 处)称为泵舌(喉部)。蜗室的作用是汇集从叶轮中流出的高速液体,并将少部分动能转换为压力能。为了使液体能无撞击地从叶轮进入蜗室,蜗室螺旋线起点的切线与泵舌部基圆切线间的夹角一般与叶轮出口绝对速度 C_2 间的夹角相等。由于离开叶轮进入蜗室的流量将随离开喉部的距离增大而逐渐增多,因此蜗室横断面积就须按叶轮的回转方向均匀增大。扩压管的作用是使蜗室排出管的液体继续降速增压,将其中的大部分动能进一步转换为压力能。扩压管的扩散角一般为 $6° \sim 8°$ 。

(2)导轮

采用导轮作泵壳的离心泵称为导轮泵。如图1-31所示,导轮安装在叶轮的外周,由两个圆环形盖板(或只有后盖板)、夹在其间的 $4 \sim 8$ 片导叶及后盖板背面的若干反导叶构成。导叶数目与叶轮中的叶片数应互为质数,否则运行时可能会产生共振。导轮外径一般为叶轮外径的 $1.3 \sim 1.5$ 倍。

导轮兼有汇集液体和扩压的作用。导轮背面的反导叶用于将处在泵壳内壁区域的排出液体引导到下一级叶轮的中心吸入区。

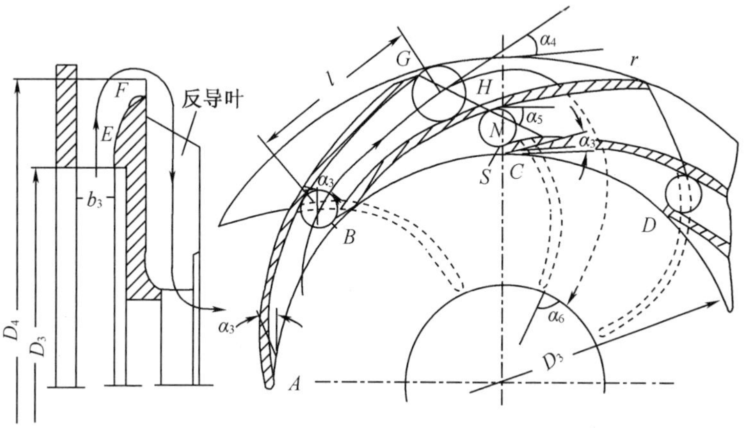

图 1-31　离心泵的导轮

3. 泵轴

泵轴一端(或一段)用于安装叶轮,另一端通过联轴器与电动机相连,是接受原动机输入功率,并向叶轮传递转矩的部件,应具有足够的强度和刚度,一般用碳钢或合金钢制成。用于输送海水时,常在轴外加装青铜轴套以防腐蚀。

叶轮与泵轴的周向位置采用键与键槽方式固定。叶轮与泵轴的轴向位置,小型悬臂式单级离心泵,通过泵轴端部锥面和反向细牙螺母固定;多级泵采用定位套固定,且每个叶轮两侧均有轴承支撑。

4. 密封装置

离心泵叶轮所排出的液体可能会从叶轮与泵壳之间的间隙漏向吸入口,这种内部泄漏会降低泵的容积效率,使泵的流量和扬程减小,因此在泵壳和叶轮进口处装设密封环。

泵轴伸出泵壳处也有间隙,叶轮排出的液体可能由此漏出泵外,称为外漏。外漏不仅会降低容积效率,还可能污染环境;有时泵壳出轴处的内侧压力低于大气压,这时空气可能漏入,进而增加噪声和振动,严重时甚至会使泵失吸。因此,在泵轴伸出泵壳处都设有轴封装置。

(1)密封环

密封环又称阻漏环或口环,安装在叶轮进口处和相对应的泵壳上。安装在叶轮与泵壳上的密封环分别称为动环和静环,它们可成对使用。较小的叶轮,也可只装设静环。密封环是离心泵的易损件,通常用铜合金制成,也有用不锈钢或酚醛树脂(泰氟隆等)制作的。密封环有平环和曲径环两种型式,如图 1-32 所示。曲径环越多,阻漏效果越好,但制造和装配的要求也越高。因此,曲径环多用在单级扬程较高的离心泵中。

离心泵转子在工作中难免有抖动和偏移,排送热的液体时还会受热膨胀,若密封环的径向间隙过小,则容易产生摩擦,甚至咬死;但若径向间隙过大,泄漏又会显著增加。实验表明,当密封环径向间隙由 0.30 mm 增至 0.50 mm 时,效率一般下降 4%~4.5%。密封环的径向间隙应符合表 1-4 的规定。

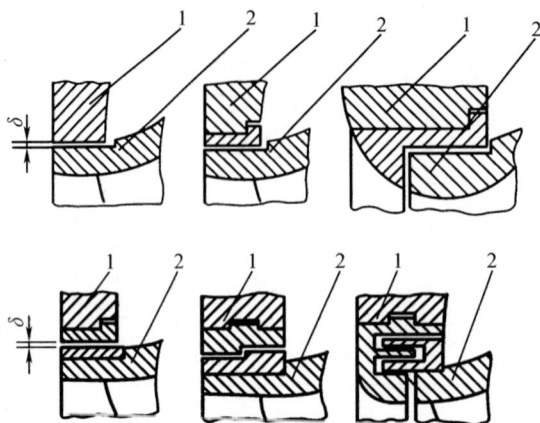

1—泵壳;2—叶轮。

图 1-32　离心泵密封环的型式

表 1-4　离心泵密封环径向间隙　　　　　　　　　　　　单位:mm

名义直径	半径方向安装间隙的允许值	半径方向磨损后间隙的允许值
50~80	0.06~0.36	0.48
>80~120	0.06~0.38	0.48
>120~150	0.07~0.44	0.60
>150~180	0.08~0.48	0.60
>180~220	0.09~0.54	0.70
>220~260	0.10~0.58	0.70
>260~290	0.10~0.60	0.80
>290~320	0.11~0.64	0.80

（2）轴封

离心泵常用的轴封装置有填料密封和机械密封两类。

①填料密封装置

填料密封结构简单、成本低、更换方便,目前仍普遍应用。其缺点是磨损和泄漏相对较大,使用寿命较短,一般只能用在低速(泵轴的回转线速度≯20 m/s)、低压(≯3~5 MPa)和液体温度不高(≯200 ℃)的场合。船用离心泵为防止填料密封内腔的压力低于大气压时空气漏入泵内,多采用带水封的密封结构。如图 1-33 所示,在填料之间加装了一个水封环 2,它是由断面呈 H 形的两个半圆合成的圆环,与泵轴(或轴套)之间留有 0.40~0.50 mm 的径向间隙。水封环的安放位置应对准轴封壳体上的水封管,以便引入压力水,然后沿泵轴向两端渗出,从而既能防止空气吸入泵内,又能给泵轴和填料以适当的润滑和冷却。填料密封合理的泄漏量是:泄漏液体应保持每分钟不超过 60 滴。

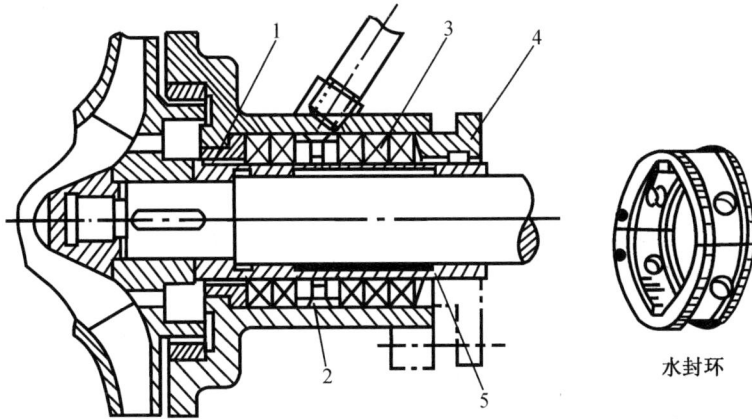

1—填料内盖;2—水封环;3—填料;4—填料压盖;5—轴套。

图1-33 离心泵的填料密封

②机械密封装置

机械轴封结构如图1-34所示,主要由动环、静环、橡胶密封圈、压紧弹簧、弹簧座、防转销、紧定螺钉等组成。静环上开槽,然后通过防转销与静环座固定,而静环座又与设备连在一起。紧定螺钉把压紧弹簧固定在轴上。

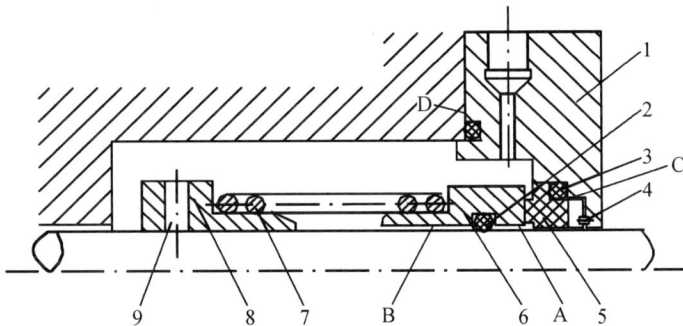

1—静环座;2—动环辅助密封圈;3—静环辅助密封圈;4—防转销;
5—静环;6—动环;7—压紧弹簧;8—弹簧座;9—紧定螺钉。

图1-34 机械密封的结构

机械密封主要是将较易泄漏的轴向密封改为不易泄漏的端面密封。如图1-34所示,当轴转动时,带动弹簧座、弹簧压板、动环等零件一起转动,弹簧力的作用使动环紧紧压在静环上。轴旋转时,动环与轴一起旋转,而静环则固定在座架上静止不动,这样动环与静环相接触的环形密封面阻止了介质的泄漏。机械密封一般有四个密封处,即动环与静环之间的密封处(A)、动环与轴或轴套之间的密封处(B)、静环与静环座之间的密封处(C)、静环座(压盖)与设备之间的密封处(D)。A为动密封,B、C、D为静密封。

与填料密封相比,机械密封泄漏量少,摩擦损失功率小,使用寿命长。所以,机械密封广泛用于输送高温、高压和强腐蚀性液体的离心泵中。但机械密封制造复杂,安装精度要求高,损坏时更换不如填料密封方便,且不适于输送含有固体杂质的液体。

五、离心泵的不平衡力及其平衡

1. 轴向力

(1)轴向力的产生及其危害

叶轮回转时,叶轮与泵壳间的液体也将随之回转,因而产生离心力,使叶轮与泵壳间的液体压力沿径向按抛物线规律分布,如图 1-35 所示。由图可见,在密封环半径 r_w 以外,叶轮两侧的压力对称;而在密封环半径之内,作用在进口侧的压力 p_1 较低,两侧的压差可由面积 abcd 来表示。因此,单级叶轮工作时将受到由叶轮后盖板指向进口端的轴向推力 F_A 的作用。液体在叶轮进口处从轴向变为径向流动时,还会对叶轮产生一个方向与 F_A 相反的轴向动反力。动反力与轴向力 F_A 相比数值较小,但在泵刚起动时,由于泵的排出压力还未形成,动反力作用较明显,可能引起转子窜动。

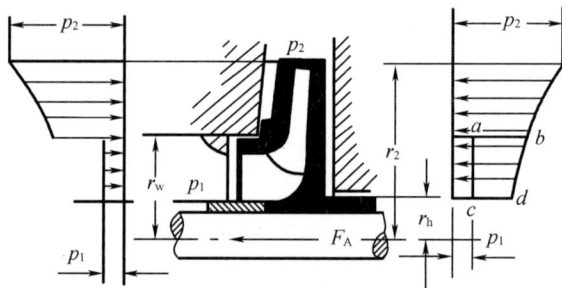

图 1-35 叶轮两侧的压力分布

轴向力 F_A 的大小与叶轮两侧的不对称面积、泵的级数、每级扬程、液体密度有关,关系式如下:

$$F_A = kHi\rho g\pi(r_w^2 - r_h^2) \qquad (1-52)$$

式中　k——系数,当 $n_s = 40\sim200$ 时,k 一般为 $0.6\sim0.8$;

　　　H——单级扬程,m;

　　　i——泵级数;

　　　ρ——液体密度,kg/m^3;

　　　r_w——密封环半径,m;

　　　r_h——轮毂半径,m。

(2)轴向力平衡方法

轴向推力可能引起转子窜动、叶轮与壳体磨碰以及破坏机械轴封等,因此要采取一些有效措施来平衡它,常用的有以下几种。

①止推轴承

止推轴承虽能承受一定的轴向推力,但承受能力有限,故只有小型泵才能用它来承受全部轴向推力,而在大多数泵中仅将其用作平衡措施的补充手段,以承受少数剩余的轴向推力,并起轴向定位作用。

②平衡孔或平衡管

平衡孔法是在叶轮后盖板上加装后密封环(见图1-36),并在后密封环以内的后盖板上开出若干个圆孔(平衡孔),孔的流通面积应为密封环间隙流通面积的3~6倍。这样,在后盖板密封环之内的压力与吸入压力大致相等,从而使轴向力基本平衡。此法比较简单,但却会使泵的容积效率降低,而且由平衡孔漏回叶轮的液体会干扰主流,使泵的水力效率降低。

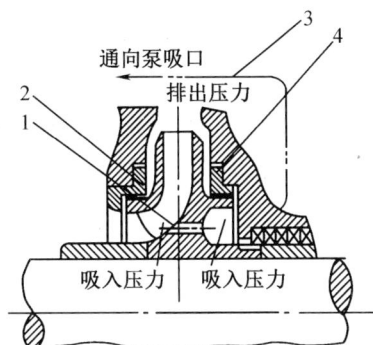

1—平衡孔;2—前密封环;3—平衡管;4—后密封环。

图1-36 离心泵的平衡管和平衡孔

平衡管法在叶轮后盖板上不开平衡孔,而是将从排出端漏入叶轮后密封环之内的液体用平衡管引回叶轮吸口,既可平衡轴向力,也不会使水力效率降低,但仍使容积效率下降。

③双侧吸入式叶轮或叶轮对称布置

双侧吸入式叶轮因形状对称(见图1-30),故两侧压力基本平衡,多用于大流量的离心泵。

采用上述②③项方法平衡轴向力,由于叶轮两侧密封环制造和磨损情况难免有差别,叶轮加工也会有误差,故轴向力不可能完全平衡,仍需设置止推轴承。

④平衡盘

多级泵轴推力较大,可采用平衡盘来平衡轴向力,这是一种液力自动平衡装置,如图1-37所示。

多级离心泵

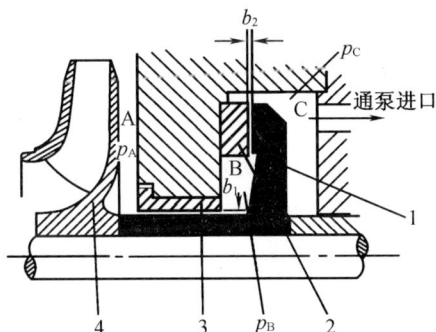

1—平衡盘;2—平衡板;3—平衡套;4—末级叶轮。

图1-37 离心泵的平衡装置

在末级叶轮 4 外侧有平衡板 2 固定在泵壳上，紧贴着它的平衡盘 1 用键装在泵轴上，随泵轴一起转动。当泵工作时，末级叶轮背面的空间 A 处的压力 p_A 较高，有少量液体经平衡套 3 的间隙 b_1 流到空间 B，压力下降为 p_B，再经平衡板与平衡盘之间的轴向间隙 b_2 流到盘后的平衡室 C。C 室有泄放管通泵的吸入端，其压力 p_C 接近吸入压力。这样，在平衡盘两侧存在着压力差（p_B-p_C），就有一个与叶轮所受轴向力方向相反的平衡力作用在平衡盘上。

当泵扬程增加，向左的轴向力大于平衡盘的平衡力时，泵的转动组件就会被推着左移，使轴向间隙 b_2 减小，泄漏量随之减小，于是压力 p_B 增加（更接近 p_A），直至（p_B-p_C）增加到使向右的平衡力与轴向推力相等时，泵转子也就在 b_2 较小的位置上达到新的平衡；反之，当轴向力小于平衡力时，转动组件就会右移，使轴向间隙 b_2 增加，p_B 下降（更接近 p_C），从而在 b_2 较大的位置上达到平衡。由以上可知，转子的轴向位置随工作扬程的变动而自动调整，因此，采用平衡盘的泵不能使用有轴向定位作用的滚动轴承，而应采用滑动轴承。

2. 径向力

（1）径向力的产生及其危害

蜗壳式离心泵通常设计成额定流量时蜗室中靠近叶轮出口的流速与叶轮出口绝对速度 c_2 大致相等，且方向一致。即在设计工况下，自叶轮流出的液流不会与蜗室中的液流发生撞击。这时，叶轮周围的压力大体上是均匀的，在叶轮上不会产生径向力。

然而，离心泵经常以非额定流量工作。这时，蜗室中的流速和叶轮出口的绝对流速的方向不再一致，从叶轮甩出的液流便会与蜗室中的液流发生撞击，叶轮周围的压力分布不再均匀，而且叶轮各处液体的流出量也不再相等，在叶轮周围产生的动反力也不一样。作用在叶轮上的径向力是叶轮所受液压力和动反力的合力。流量偏离额定流量越多，泵的扬程越高，或叶轮的尺寸越大，则产生的径向力也越大。

对于转动的泵轴来说，径向力是个交变负荷，它可能使泵轴因疲劳而破坏；同时径向力还会使泵轴产生挠度，甚至使密封以及其他间隙较小的部件发生擦碰。由于船用泵经常在非额定流量下工作，因此在设计和计算泵轴和轴承时，应计算和考虑径向力的影响。只有扬程和尺寸特别大的离心泵，才采用特殊的平衡径向力的措施。

导轮式离心泵由于导叶沿圆周均匀分布，理论上无论在何种工况下运行，各导叶产生的径向力都将平衡。但实际上转轴难免存在一定的偏心，因此无论其是否在设计工况下工作，总会有一些径向力产生，会使转轴产生振动。

（2）径向力平衡方法

平衡径向力，除了合理的设计和采用导轮式外，还可以采用增加泵轴刚度、双层蜗室、双蜗室结构，而在多级泵中可将相邻蜗室 180° 布置等（见图 1-38）。

由图 1-38 可见，双层蜗室是将蜗室分为两个对称部分，虽然每层蜗室的压力分布仍然是不均匀的，但因两层蜗室相互对称，因而作用在叶轮上的径向推力就可相互平衡。这种方法，流道结构复杂，一般小型泵不宜采用，较适用于大中型泵。此外，尺寸较大的开式多级离心泵，也可采用双蜗室结构来平衡径向力。而在多级离心泵中，如果相邻蜗室互成 180° 布置，虽不能消除单个叶轮的径向力，但对泵轴来说，仅剩一个力偶作用，且力臂一般不可忽略。

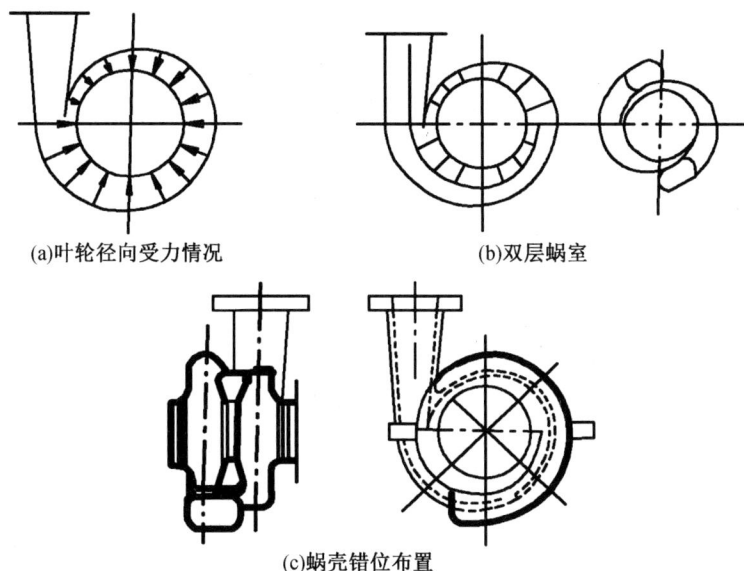

(a)叶轮径向受力情况　　　　　(b)双层蜗室

(c)蜗壳错位布置

图 1-38　径向力平衡法

六、离心泵的工况调节

1. 管路特性曲线

一台泵必须与一定的进出水管路系统相连才能工作,这样泵的运行工况不仅取决于泵本身的性能曲线,也取决于管路特性曲线。

所谓管路特性曲线,就是液体通过管路所需的压头与流过这一管路的流量间的函数关系曲线。这时泵的压头 H 用来克服流经管路的流动损失,即等于管路系统所消耗的压头 H_c。由泵的压头公式可知,管路系统消耗的压头为

$$H_c = z + \frac{p_{dr} - p_{sr}}{\rho g} + \sum h = H_{st} + kQ^2 \qquad (1-53)$$

式中　z——吸、排液面高度差;

P_{sr}、P_{dr}——吸、排液面上的压力;

ρ——泵输送液体的密度;

g——重力加速度,9.8 m/s^2;

H_{st}——静压头,$H_{st} = z + \dfrac{p_{dr} - p_{sr}}{\rho g}$;

$\sum h$——流动损失,$\sum h = kQ^2$;

k——管路特性系数;

Q——流量。

式(1-53)为管路特性曲线方程,它表示了管路系统消耗的压头 H_c 与流量 Q 之间的关系。它是一条顶点为 H_{st} 的抛物线,如图 1-39 中曲线 H-Q。该抛物线称为管路特性曲线。

2. 离心泵的工作点

泵的特性曲线 H-Q 和管路特性曲线 H_c-Q 的交点 M 为离心泵的工作点,如图 1-39 所示。交点 M 所表明的参数即离心泵在该管路条件下的工作参数,此时,泵所产生的压头正好等于液体流经管路所需要的压头。

离心泵有自动平衡的能力。如图 1-39 所示,当泵的工作点 M 向右移动时,则泵产生的扬程将减小,不能满足液体以该流量流过该管路所需的压头,则液体流过泵的流量将减小,直到流量回到 Q_M,即工作点 M 为止;反之亦然。这样的工况是稳定工况。

若关小排出阀,管路阻力系数 k 变大,工作点左移,则泵的流量减小,扬程增大,泵在新的工作点下稳定工作。

具有驼峰形 H-Q 曲线的泵具有不稳定工作区域,如图 1-40 所示。管路特性曲线与驼峰曲线相交时可能具有两个交点 A 和 M。当工作点位于驼峰曲线峰值点 C 的左边时,泵处于不稳定工作区域。若泵的工作点由 A 向右偏移时,泵产生的压头 H 大于管路系统所需要的压头 H_c,泵的流量就会沿着泵的 H-Q 性能曲线增加,工作点向右偏移,直到到达稳定工作区域的工作点 M,泵的工况才稳定下来。反之,泵的工作点由 A 向左偏移时,泵产生的压头 H 小于管路系统所需要的压头 H_c,泵的流量就会沿着泵的 H-Q 性能曲线减少,工作点向左偏移,直到泵的流量为零,泵停止工作为止。所以 A 点处于泵的不稳定工作区域。泵在该区域工作时,工作点无论向左还是向右偏移,都不能自动恢复到原工作点位置,因此,应尽量避免在该区域工作。当工作点位于驼峰曲线峰值点 C 的右边时,泵处于稳定工作区域。

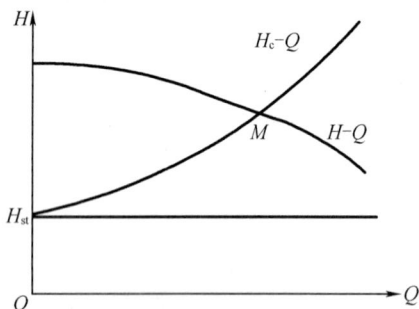

图 1-39 管路特性曲线与泵的工况点

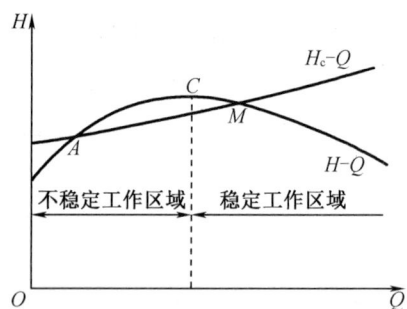

图 1-40 泵的不稳定工作区域

3. 泵的工况调节

在实际工作中,离心泵的工作点要随着工作的需要或外界负荷的变化进行调节。改变泵的工作点可以通过改变泵的性能曲线或改变管路特性曲线来实现。具体来说,离心泵的调节主要有以下几种方法。

(1)节流调节法

节流调节是通过调节离心泵出口处的阀门开度来改变管路流动损失,以达到改变管路特性曲线的目的。如图 1-41 所示,出口处的开

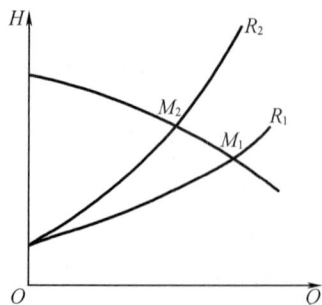

图 1-41 节流调节

度关小时,管路特性曲线由 R_1 变为 R_2,泵的工况点由 M_1 移至 M_2,这时泵的流量减小,泵的压头因流量的降低而提高。若阀门继续关小,管路特性曲线继续变陡,工作点沿泵的性能曲线向左移动。

这种方法简单易行,但要损失一部分能量,仅应用在中小型离心泵上。

（2）回流调节法

回流调节是通过改变旁通回流阀的开度以改变液体从泵排出口流回吸入管路的流量,从而调节主管路的流量。

图 1-42 示出回流调节时泵工作点的变化情况。当回流阀全关时,泵只向主管路供液。假设泵在某一转速下的特性曲线为 $A_1A'A$,主管路的特性曲线为 R_1,则工作点就是二者的交点 A_1,流量和扬程分别为 Q_1 和 H_1。当回流阀开启后,泵同时向主管路 1 和回流管 2 供液,而回流管的特性曲线为 R_2。这时,液体向两条管路流动都是靠泵所产生的同样的扬程,而两条管路的流量之和就等于泵的流量。因此,根据并联管路"压头相等、流量相加"的原则,总管路(两条管路并联)曲线 R 由 R_1 和 R_2 横向叠加而成。它与泵特性曲线的交点 A 就是回流阀开启后的工作点。这时,泵的扬程由 H_1 降为 H_A,流量由 Q_1 增加为 Q_A,但主管路的流量却由 Q_1 减少为 Q_3,其中 $Q_A-Q_3=Q_4$ 的流量则经回流管返回吸入侧。

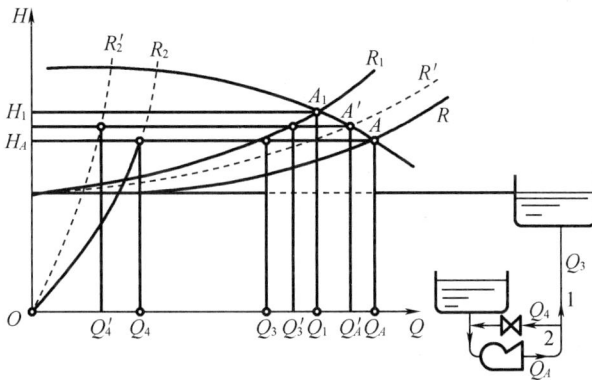

图 1-42　回流调节

关小回流阀,回流管的特性曲线变陡,变为 R'_2,总的管路特性曲线变为 R',这时工况点移至 A',泵的流量由 Q_A 减为 Q'_A,回流量相应由 Q_4 减为 Q'_4,主管路流量则由 Q_3 增为 Q'_3。相反,若开大回流阀,则主管路的流量减小。

回流调节法对离心泵来说经济性很差。因为开大回流阀,减小了主管路中的流量,泵的流量和输入功率反而增加,相当部分功率浪费于液体回流的阻力损失上了。而且随着泵的流量增大,允许吸入真空度降低,而实际吸入真空度却增大,如后者超过了前者,即可发生气蚀。因此,只有在某些特殊场合下,例如锅炉给水泵有时要求将流量调到很小,而单用节流调节难以精确,这时可用回流调节作为补充调节手段。

（3）变速调节法

变速调节是在管路特性曲线不变的条件下,通过改变泵的转速来改变泵的性能曲线。

如图 1-43 所示,当转速从 n_1 依次变为 n_2、n_3 时,工作点也从 M_1 依次变为 M_2、M_3。

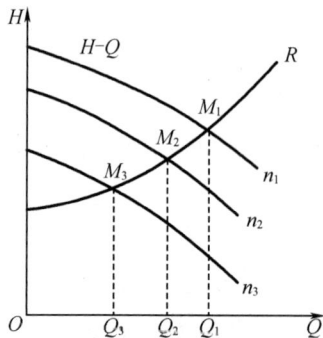

图 1-43 离心泵的变速调节

变速调节的优点是能量损失少,运行费用低,但必须配备变速原动机或变速装置。当采用直流变速电动机、汽轮机等作为泵的原动机时,可采用这种调节方法。

4. 泵的并联和串联工作

(1)离心泵并联工作

当一台离心泵单独工作时的工作扬程满足要求,而流量达不到要求时,可将两台泵并联使用以增加流量。

两台泵并联时排出压力必然相同,而吸入压力一般不会相差太大,故可认为泵的工作扬程相同,而总的流量则为两台泵在并联工作扬程下各自流量之和。因此,泵并联后的扬程特性曲线可按"并联泵在各扬程的流量叠加"的原则,由每台泵的扬程特性曲线横向叠加而成。

如图 1-44 所示,H_1、H_2 及 H_b 分别为两台泵及并联后的泵的特性曲线。管路特性曲线与它们的交点 A、B 及 C 分别代表各泵单独工作时以及两台泵并联工作时的工作点。可见,泵并联工作时的总流量 Q_b 比每台泵单独工作时的流量 Q_1 或 Q_2 大,但却小于两泵单独工作时的流量之和,即 $Q_b < Q_1 + Q_2$。这是因为并联时管路系统中流量增大,流阻增高,泵是在比单独工作时更高的扬程下工作,因而每泵的流量 Q_1'、Q_2' 都比单独工作时的流量 Q_1、Q_2 减小,故两台离心泵并联后的总流量 Q 达不到各泵单独工作时的流量之和。

当两并联泵的扬程特性曲线不同时,若扬程较高的泵在该系统单独工作时的工作扬程大于另一台泵的最高扬程(管路特性曲线如 R_2 所示),则泵并联后,扬程较低的泵可能发生倒灌(如出口没有止回阀),或在零流量下运转而发热。因此泵并联运行时一般都采用型号相同的泵,或至少是扬程相近的泵,而管路也应以阻力较小(特性曲线较为平坦)为宜。

(2)离心泵串联工作

如果离心泵的流量满足要求,而扬程无法满足所在系统的需要,则可通过采取将两台或几台泵串联工作的方法来解决。

串联工作时,各泵的流量相等,而总的扬程则等于串联后各泵工作扬程之和。因此,泵串联工作的扬程特性曲线 H 可按"相同流量下各串联泵的扬程叠加"的原则,由各台泵的扬程特性曲线纵向叠加而成,如图 1-45 所示。

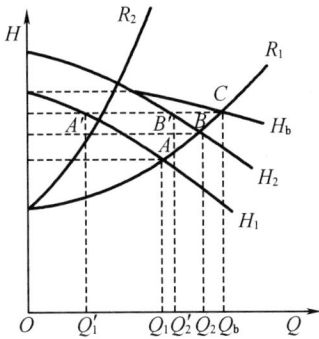

图 1-44 离心泵的并联工作

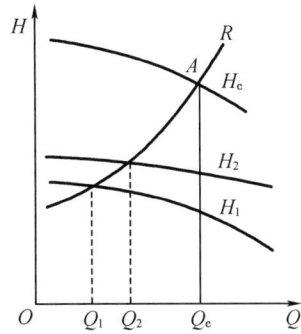

图 1-45 离心泵的串联工作

串联时的工作点是泵的特性曲线与管路特性曲线的交点 A。由图可见,串联后的总扬程 H_c 比每台泵单独工作时的扬程 H_1、H_2 高,但却小于两泵单独工作时的扬程之和,即 $H_c < H_1 + H_2$;而泵串联工作时的总流量 Q_c 比每台泵单独工作时的流量 Q_1 或 Q_2 大。

串联时,各泵的型号不一定要相同,但其额定流量应相近,否则就不能使每台泵都处于高效率区工作。此外,串联在后面的泵,其吸、排压力都将比单独工作时的高,故应注意其密封情况和强度能否允许。

若特性相同的两台离心泵在某管路中单独工作时,各泵的流量为 Q、扬程为 H,在同管路中串联工作时,其流量为 Q_c、扬程为 H_c,关系为 $H < H_c < 2H$,$Q < Q_c$。

🚢 第五节 旋 涡 泵

船舶上的某些场合要求泵具有小流量、高压头和小功率的特点,根据性能参数所计算的比转数 $n_s < 40$,在这种场合下需要使用旋涡泵。旋涡泵属于叶轮式泵,比转数通常为 6~50。在船上,旋涡泵常用作锅炉给水泵、中小型柴油机冷却水泵、卫生泵和生活水泵等。

一、旋涡泵的工作原理

旋涡泵的主要结构如图 1-46 所示。它的主要部件有叶轮 1、泵体 2 和泵盖 3,它们之间的空腔构成了流道 4。泵工作时,叶轮在原动机的带动下旋转,叶轮叶片间的液体也随之旋转,并产生一定的离心力。由于叶片间液体的圆周速度大于流道中液体的圆周速度,产生的离心力也大,因此,液体被从叶片间甩出,迫使流道中的液体产生向心流动,并进入叶片间,这样产生一个旋涡,其轴线沿流道纵长方向,称为纵向旋涡。在纵向旋涡的作用下,液体质点从入口至出口,多次进入和流出流道(见图 1-47),每流入叶轮一次,即获得一次能量,压头就升高一次,最后以一定的压头排出。液体在叶片和环形流道中的运动轨迹就是绕泵轴的圆周运动和纵向旋涡的叠加,对固定的泵壳来说,它是一种前进的螺旋线;而对转动的叶轮来说,则是一种后退的螺旋线。

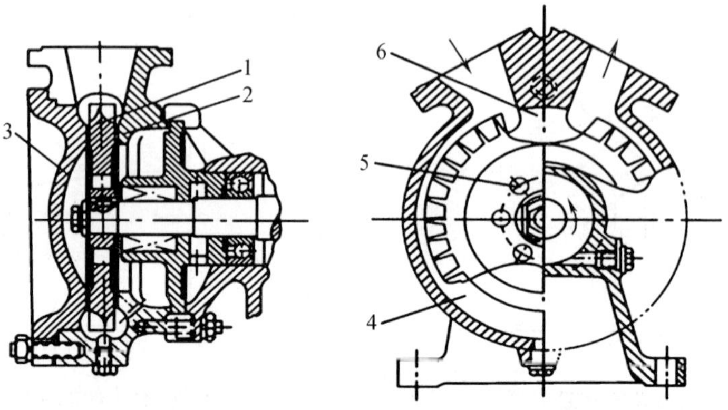

1—叶轮;2—泵体;3—泵盖;4—流道;5—平衡孔;6—隔舌。

图 1-46 旋涡泵结构

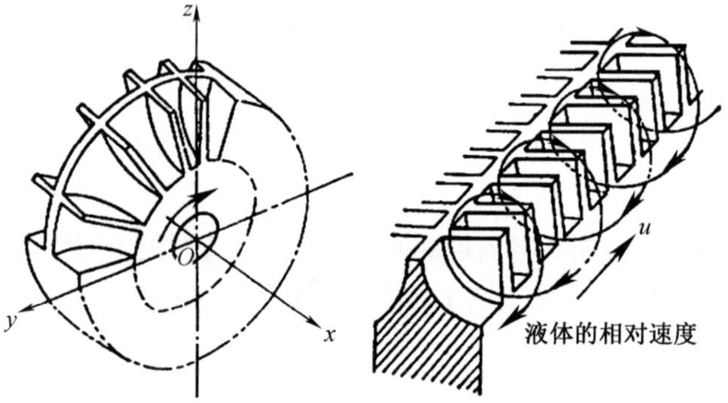

液体的相对速度

图 1-47 液体在旋涡泵中的运动

旋涡泵在工作时,叶片把能量传递给液体,主要是通过以下途径实现的。

1. 叶轮的引导作用

叶轮带动流道中的液体一起转动。一般认为流道中液体转动的方向与叶轮转动的方向一致,转速约为叶轮转速的一半。

2. 纵向旋涡的作用

如图 1-48 所示,在纵向旋涡的作用下,叶轮中高速流出的液体质点撞击着流道中低速的液体质点,产生动量交换,使流道中液体的能量增加。旋涡泵主要是依靠纵向旋涡的作用来传递能量的。

3. 径向旋涡的作用

如图 1-48 所示,在高速运动的叶轮叶片后面,因液体分离而形成旋涡,这种旋涡的轴线与叶片的进口边是平行的,故称为径向旋涡。径向旋涡也将部分能量传递给流道中的液体。

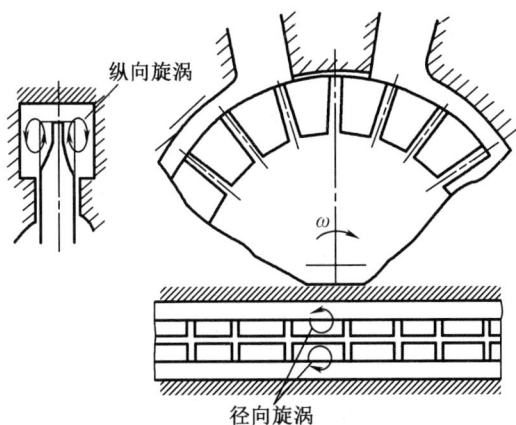

图 1-48　旋涡泵的纵向旋涡和径向旋涡

二、旋涡泵的类型

1. 闭式旋涡泵

如图 1-49 所示,闭式旋涡泵采用的是闭式叶轮和开式流道。闭式叶轮的叶片部分设有端盖板或中间隔板,叶片较短,分布在叶轮外周两侧。闭式叶轮的内径等于流道的内径,流道占据了大半个圆周,其两端顺径向外延形成吸、排口,而圆周的剩余部分则由泵体上的隔舌将流道的吸、排两方隔开。这种两端(或一端)直通吸、排口的流道称为开式流道。

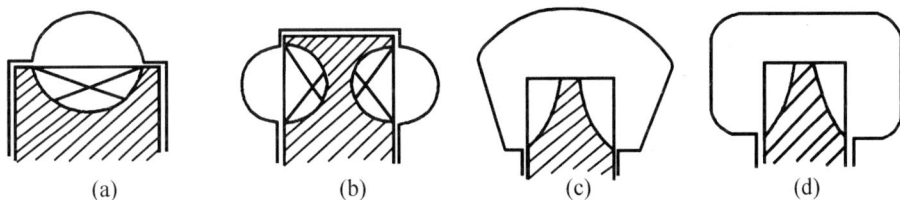

图 1-49　闭式旋涡泵叶轮和流道

图 1-49 所示为闭式旋涡泵叶轮和流道。流道为矩形断面时,纵向旋涡的流阻较大,扬程和效率相对较低,但流量较大;流道为半圆形断面时,扬程和效率相对较高,但流量较小。旋涡泵中闭式旋涡泵效率较高,一般为 30%~45%,但抗气蚀性能差,没有自吸能力。

2. 开式旋涡泵

开式旋涡泵采用的是开式叶轮和闭式流道。开式叶轮的叶片较长,叶片部分没有端盖板和中间隔板,并且叶片根径小于流道内径。流道两端不直接沿径向外延至吸、排口,而是将吸、排口开在侧盖靠叶片根部处,如图 1-50(a)所示。它们不直接相通,液体先从吸入口进入叶片,在离心力的作用下,液体被甩入流道,随着叶轮回转,液体的压力将变大。当液体随叶轮一起转到流道尽头时,就会急剧地变为向心方向流入叶片间,将气体从排出口挤出。采用闭式流道,能量损失较大,故开式旋涡泵也可以采用吸入端为闭式、排出端为普通开式的向心开式流道,如图 1-50(b)所示。另外一种是在排出端采用开式流道并附加辅助闭式流道,如图 1-50(c)所示,即在主流道的排出端让大部分液体从排出口 a 排出,而使其余一部分液体进入辅助闭式流道 c,再让这部分液体进入叶片间,把气体从压出口 b 排出。

开式旋涡泵的抗气蚀性能较好,有自吸能力,但效率较低,一般为 20%~40%。

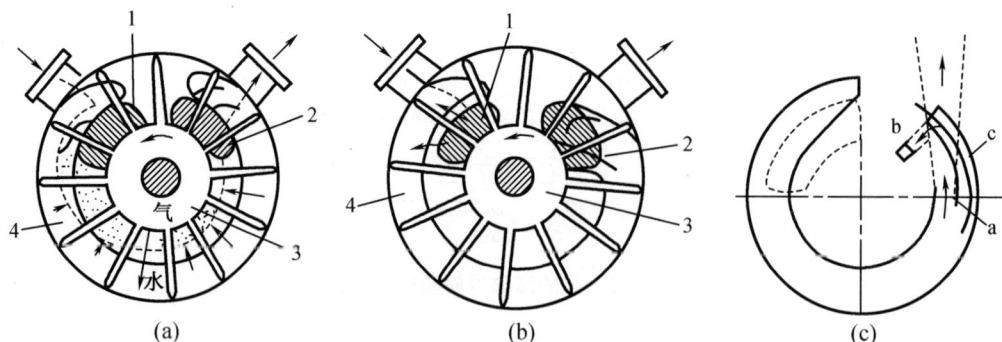

1—吸入口;2—排出口;3—叶轮;4—流道。

图 1-50　开式旋涡泵

三、旋涡泵的性能和特点

1. 旋涡泵的性能

(1)压头

旋涡泵的压头为

$$H = K \frac{u^2}{2g} \qquad (1-54)$$

式中　K——压头系数(表 1-5 所示为压头系数与比转数的关系);

　　　u——流道截面重心处的圆周速度。

表 1-5　压头系数与比转数的关系

n_s		6	10	20	30	40	50	60
K	开式			4.3	3.6	3.0	2.3	
	闭式	9	7	5	4	3.2	2.5	2.0

旋涡泵的比转数 n_s 一般为 6~40。$n_s > 40$ 时,其效率远低于离心泵,故较少使用。

(2)流量

旋涡泵的流量为

$$Q = cvA \qquad (1-55)$$

式中　c——流量系数,闭式泵 $c = 0.45 \sim 0.56$,开式泵 $c = 0.44 \sim 0.58$,n_s 大时应取大值;

　　　v——液体在流道中的平均圆周速度;

　　　A——流道面积。

在最佳工况时,液体在流道中的平均圆周速度约为流道重心处圆周速度的一半。

(3)特性曲线

旋涡泵特性曲线如图1-51所示。

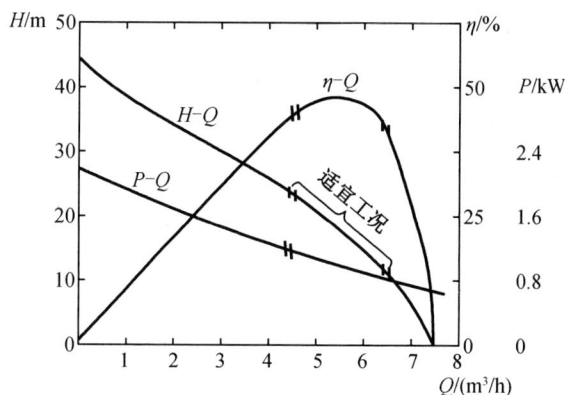

图1-51　旋涡泵特性曲线

从曲线可以看出:

$H-Q$ 曲线较为陡降,压头对流量不敏感。在相同转速下,闭式旋涡泵的压头要比开式旋涡泵的高 $0.5\sim2$ 倍。

$\eta-Q$ 曲线较尖陡,调节范围不大,由于旋涡泵依靠动量交换来传递能量,损失较大,效率一般较低。

$P-Q$ 曲线亦呈下降的趋势。当流量减小时,功率将增大,并且曲线上凹,流量为零时,输入功率最大。因此,旋涡泵启动时应打开排出阀,并且不宜采用节流调节的方法来调节流量,而应采用旁通调节的方法来调节流量,同时应设置安全阀。

2. 旋涡泵的特点

(1)结构简单、紧凑,体积和质量小,制造容易,造价低。用作耐腐蚀泵时,叶轮、泵体可用不锈钢制造,亦可用塑料或尼龙模压。

(2)在流量较小的范围内具有较高的压头。在相同的叶轮直径和转速下,旋涡泵的压头比离心泵高 $2\sim4$ 倍。

(3)要求输送的液体清洁,不含有固体颗粒;要求输送液体的黏度不大于 $114\ mm^2/s$,液体黏度过大,旋涡泵的压头和效率下降较多。

(4)效率较低。因为液体多次进出叶轮时存在很大的撞击损失,使泵的水力效率很低。

(5)抗气蚀性能比离心泵差。特别是闭式旋涡泵,由于其进口处叶轮圆周速度很大,抗气蚀性能更差。

(6)叶轮承受不平衡径向力,有时还承受轴向力。

综上所述,旋涡泵因其小流量、高压头、体积小、结构简单并具有一定的自吸能力,在船上常用作辅锅炉的给水泵、压力水柜给水泵和卫生水泵等。

第六节　喷　射　泵

喷射泵的工作原理与前述的容积式泵和叶轮式泵完全不同,它是靠高压工作流体经喷嘴后产生的高速射流来引射被吸流体,与之进行动量交换,以使被引射流体的能量增加,从而实现排送的目的。喷射泵常用的工作流体有水、压缩空气和蒸汽,分别称为水喷射泵、空气喷射泵(器)、蒸汽喷射泵(器)等。被引射的流体可以是液体、气体以及具有流动性的固液混合物。喷射泵用于引射水的,称为喷射水泵;用于引射气体的,称为喷射真空泵。在船上,水喷射泵常用作应急舱底水泵及各种真空泵。

一、喷射泵结构和工作原理

以水喷射泵为例,其基本结构如图 1-52 所示,其主要部件有喷嘴、吸入室、混合室和扩压室等。

喷射泵
工作原理

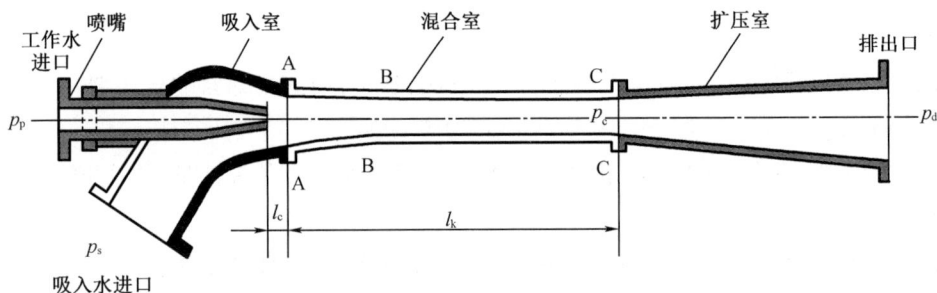

图 1-52　水喷射泵结构

喷射泵工作原理大致可分为三个过程:喷射、引混(引射、混合)和扩压。

1. 喷射过程

压力为 p_p 的工作水经喷嘴喷入吸入室,因喷嘴断面的急剧收缩,工作水的速度迅速增加,喷嘴出口处压力相应下降到低于吸入压力 p_s,在喷嘴出口周围的吸入室形成一个低压区。

2. 引混过程

由于喷嘴出口处的吸入室中形成低压区,吸入水被引射进泵内,与高速工作水流同时进入混合室。在混合室内两种不同速度的水流因相互碰撞而进行动量交换。工作水流速度下降,吸入水流速度上升,混合水流的压力变化至 p_c。

3. 扩压过程

由于扩压室的截面积逐渐扩大,混合水流的速度下降,压力由 p_c 升至 p_d。在扩压室内水流的部分动能转变为压力能,最后以一定的压力将混合水流排出泵外,达到输送液体的目的。

二、喷射泵的性能

喷射泵的性能采用以下参数表示。

1. 喷射系数 μ

被引射液体的质量流量 M_i 与工作液体的质量流量 M_p 之比称为喷射系数,即

$$\mu = \frac{M_i}{M_p} \tag{1-56}$$

被引射液体的体积流量 Q_s 与工作液体的体积流量 Q_p 之比称为容积喷射系数,即

$$\mu_0 = \frac{Q_s}{Q_p} \tag{1-57}$$

2. 扬程比(相对压力差) h

喷射泵所形成的压力差 Δp_d 与工作液体的压力降 Δp_p 之比称为扬程比,即

$$h = \frac{\Delta p_d}{\Delta p_p} = \frac{p_d - p_s}{p_p - p_s} \tag{1-58}$$

根据动量方程可导出相对压力差与喷射系数间的关系:

$$h = \frac{\Delta p_d}{\Delta p_p} = \frac{1}{(1+\mu)^2} \tag{1-59}$$

式(1-59)表明:扬程比越大,喷射系数越小;扬程比越小,喷射系数越大。在喷射系数一定时,喷射泵形成的压力差(即喷射泵压头)与工作液体的压力降成正比。

3. 效率 η

被引射液体通过喷射泵后所获得的能量与工作液体所失去的能量之比称为喷射泵效率,它表示了喷射泵的完善程度。

$$\eta = \frac{\rho g Q_s \dfrac{p_d - p_s}{\rho g}}{\rho g Q_p \dfrac{p_p - p_d}{\rho g}} = \frac{Q_s(p_d - p_s)}{Q_p(p_p - p_d)} = \frac{Q_s}{Q_p} \cdot \frac{p_d - p_s}{(p_p - p_s) - (p_d - p_s)} = \mu_0 \cdot \frac{h}{1-h} \tag{1-60}$$

4. 喉嘴距 l_c

喷嘴出口至混合室进口截面的距离 l_c 称为喉嘴距。l_c 太大时,由于与壁面相交前的流束太长,被引射进入混合室的流量就太多,以致不能将其增压到足够的排出压力,混合室外周就会出现倒流现象,使能量损失增加;l_c 太小时,引射流体流量太小,会使混合室的有效长度缩短,不能充分进行动量交换,以使流束的流速更趋均匀,也会使摩擦损失增加。此外,喷嘴与混合室的同心度对喷射泵的性能也有重大影响,必须予以保证。

5. 面积比 m

混合室圆柱段截面积与喷嘴出口截面积之比称为喉嘴面积比,简称面积比。它是影响喷射泵性能的最重要的尺寸参数。水喷射泵面积比范围是 $1.5 \sim 25$,图 1-53 所示为几种面积比不同的水喷射泵的无因次特性曲线。图上部的扬程比曲线的包络线和下部效率曲线

的包络线分别表示不同 m 值的喷射泵所能达到的最大扬程比和最高效率。

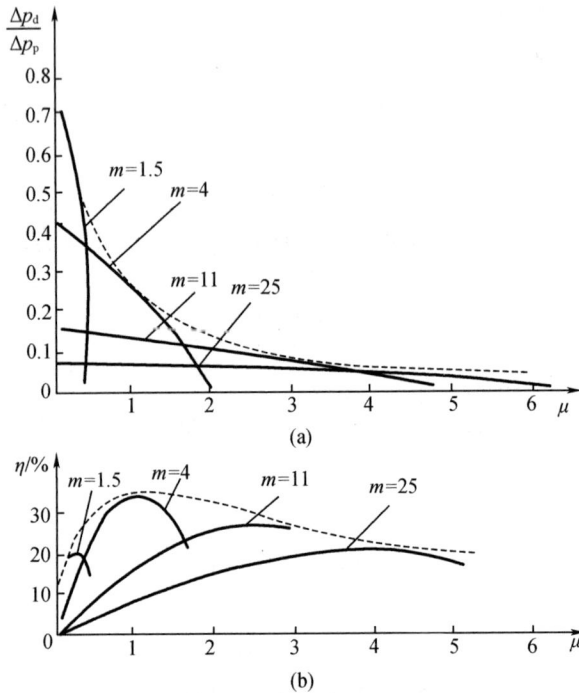

图 1-53 水喷射泵的无因次特性曲线

面积比不大的喷射泵压头较高,产生较大的扬程比,但喷射系数较小。增大面积比,相对压力差降低,而喷射系数增大。

6. 喷射泵性能曲线

图 1-54 所示为一喷射泵 $\dfrac{\Delta p_d}{\Delta p_p} - \mu$ 性能曲线。从图中可以看出,当相对压力差降低到一定值后,喷射系数就不再增加,效率急剧下降,泵处于气蚀状态,此时的喷射系数称为临界喷射系数。

根据分析可以知道,当喷射泵的排出压力 p_d 降低时,喷射系数 μ 会随之增加,泵的被引射液体质量流量 M_i 将会增加;反之,M_i 将会减小。因此,喷射泵工作时应防止排出管被部分堵塞而导致被引射液体流量下降。如果吸入压力 p_s 降低,则相对压力差增加,喷射系数随之减小,也会导致被引射液体流量减小。如果工作压力 p_p 降低,则相对压力差增加,喷射系数随之减小,同时,因 p_p 降低,工作液体质量流量 M_p 也下降,M_i 将会迅速下降。

当工作液体或被引射液体的温度增加时,由于临界喷射系数的降低,喷射泵可能发生气蚀,流量急剧下降。

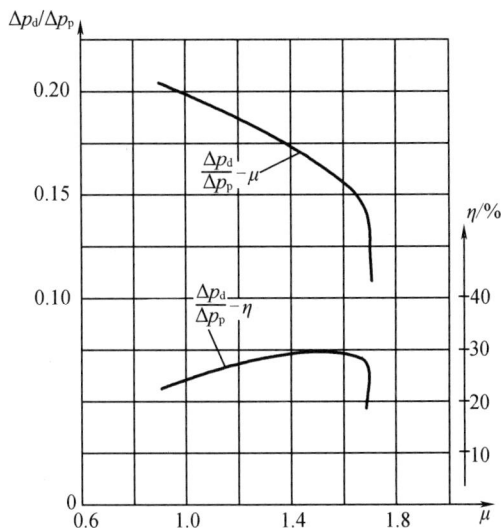

图 1-54　喷射泵 $\dfrac{\Delta p_{\mathrm{d}}}{\Delta p_{\mathrm{p}}} - \mu$ 性能曲线

三、喷射泵的特点

（1）效率较低。

（2）结构简单，体积小，价格低廉。

（3）没有运动部件，工作可靠，噪声很小，使用寿命长。只有当喷嘴因口径长期使用后，过分磨损导致性能下降时，才更换备件。

（4）具有自吸能力。

（5）可输送含固体杂质的污浊液体，即使被水浸没也能正常工作。

习　　题

1. 何谓泵的性能参数？主要的性能参数有哪些？说明其含义。

2. 影响往复泵正常吸入的因素有哪些？

3. 影响齿轮泵容积效率的主要因素有哪些？怎样提高齿轮泵的容积效率？

4. 齿轮泵困油现象是怎样形成的？有何危害？如何消除？

5. 简述螺杆泵的优缺点。

6. 叶片泵配油盘上的三角槽有何功用？

7. 叶片泵叶片端部与定子内壁的可靠密封，常采用哪些方法？

8. 离心泵气蚀的原因是什么？说出几种减小离心泵气蚀的措施？

9. 离心泵的轴向推力是怎样产生的？与哪些因素有关？有哪几种平衡方法？

10. 离心泵的定速特性曲线如何测定？测定哪些内容？

11. 为什么两台性能相同的离心泵,并联输出时其流量并不等于单泵工作时流量的两倍,串联输出时其扬程也不等于单泵工作时扬程的两倍?

12. 旋涡泵有何特点?

13. 喷射泵有何特点?它存在哪些能量损失?

第二章　活塞式空气压缩机

气体输送机械是船舶必不可少的辅助设备,其作用是输送气体或提高气体压力,以满足各种不同的需要。气体输送机械的种类很多,按照排气压力的高低,气体输送机械可分为空气压缩机、鼓风机和通风机。空气压缩机还可细分为低压、中压、高压和超高压四种类型。空气压缩机主要用来提高气体压力,通风机和鼓风机主要用来输送气体。在船上,广泛使用活塞式空气压缩机、离心式和轴流式通风机。

活塞式空气压缩机可向全船高压、中压和低压压缩空气系统和内燃机空气启动系统提供气源。压缩空气的主要用途如下:

(1)启动柴油机;

(2)操纵大型柴油机的换向机构和轴系离合器;

(3)吹洗精密机件、管路、海底阀和清洁锅炉烟道;

(4)充填压力水柜;

(5)作为报警系统、自动控制系统和风动工具的能源;

(6)舰艇上的火炮操纵和鱼雷发射。

第一节　活塞式空气压缩机的工作原理

空气压缩机压缩气体,按最终压力的高低,可采用二级压缩或多级压缩,但各级的工作过程是类似的。下面以单级过程作为典型对象来进行分析。

一、理论工作循环

活塞式空气压缩机压缩气体的部件是活塞和气缸,气缸头部装有按一定规律自动开、关的进、排气阀。随着活塞往复运动,缸内气体的状态不断变化。空气压缩机的理论工作循环是建立在如下假定基础上的:(1)气缸没有余隙容积且密封性能好,气阀开、关及时;(2)气体在吸、排气过程和压缩过程中没有摩擦损失;(3)气体压缩过程中按不变指数值进行压缩。符合以上三条假设的循环称为理论工作循环。

如图2-1所示,当活塞在气缸中从上死点向右移动时,活塞左侧的气缸容积增大,压力为 p_s 的空气顶开吸气阀进入气缸,直至下死点为止,这是等压吸气过程,在 p-V 图上以直线4—1表示。当活塞从右向左移动时,吸气阀关闭,活塞左边容积减小,压力升高,直至2点,压力为 p_d,这是绝热压缩过程,在 p-V 图上用曲线1—2表示。如果压缩过程冷却良好,缸内气体温度不变,用等温压缩线1—2″表示。通常缸壁有一定的冷却,实际压缩过程介于等温压缩与绝热压缩之间,称为多变过程,用曲线 1—2′ 表示。活塞由 2 点继续左移,排气阀开启,缸内空气等压排出,直至上死点为止。这是等压排气过程,在 $p\text{-}V$ 图上以直线 2—3 表示。在这一过程中,气体的压力和温度保持不变。在活塞接着从左极点 3 的位置向右端移动的瞬间,k_2 关闭,k_1 打开,气体在缸内的压力由 p_d 降到 p_s,活塞处在位置 4 上,位置 4 和位置 3 实际上认为是同一位置,这一过程用线段 3—4 表示,是瞬间进行的。

以上四个过程 4—1—2—3—4 称为空气压缩机的理论工作循环过程。根据热力学知识,在 $p\text{-}V$ 图上循环线 41234 所包围的面积代表空气压缩机的一个理想工作循环所消耗的功。

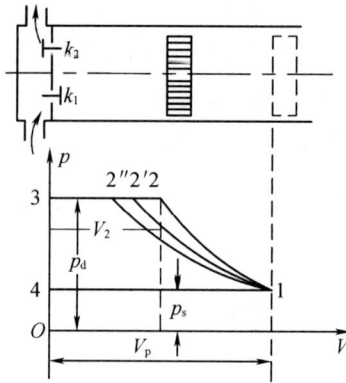

图 2-1 活塞式空气压缩机的理论工作循环

二、实际工作循环

在实际工作循环中,上述几点假设并不成立,活塞式空气压缩机的实际工作循环在 $p\text{-}V$ 图上如图 2-2 所示。造成实际过程不同于理论过程的各种因素如下:

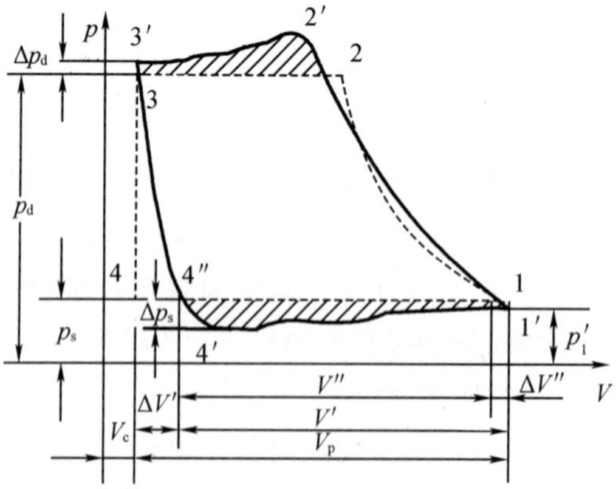

图 2-2 活塞式空气压缩机的实际工作循环

1. 余隙容积的影响

余隙容积是指活塞在上死点时,气缸内第一道活塞环以上包括气阀通道的残留容积。

活塞式空气压缩机必须有余隙容积,以免活塞与缸盖撞击或发生液击。由于余隙容积的存在,排气过程结束时,缸内会残留一部分压缩空气 V_c。

如图 2-2 所示,当活塞从上死点右移时,残存在余隙容积的压缩空气首先膨胀,直至缸内压力降至低于吸入管中压力 p_s 一定值时,吸入管内的气体才顶开吸气阀进入气缸。实际工作循环的这一降压膨胀过程在 p-V 图上由 3′—4′ 表示。吸气行程由 4—1 缩短到 4″—1,吸气容积由 V_p 减小到 V',空气压缩机每转减少的排气体积是按气体进口状态计算的,如图 2-2 中 $\Delta V'$ 所示。余隙容积的影响用容积系数 λ_V 衡量,即

$$\lambda_V = \frac{V'}{V_p} = \frac{V_p - \Delta V'}{V_p} \tag{2-1}$$

相对余隙容积 V_c/V_p 一般低压级为 7% ~ 12%,中压级为 9% ~ 14%,高压级为 11% ~ 16%。V_c/V_p 越大或压力比 p_d/p_s 越高,则 λ_V 越小。一般 $\lambda_V = 0.65 \sim 0.90$。

各种型号的船用空气压缩机对气缸余隙都有具体规定,其一般范围如表 2-1 所示。

表 2-1　船用空气压缩机气缸余隙的一般范围

气缸直径	余隙
55 ~ 90	0.40 ~ 0.55
90 ~ 120	0.50 ~ 0.65
120 ~ 150	0.60 ~ 0.75
150 ~ 200	0.70 ~ 1.00

2. 进排气阻力的影响

在吸气过程中,气流要克服气阀弹簧力、阀片运动的惯性力和气体流经通道的阻力,实际的进气压力低于进气管中的名义进气压力。如图 2-2 所示,吸气的开始点不在 4″ 点,而是在 4′ 点开始的。在吸入行程终了时,缸内压力是 p_1',活塞回行必须走过一段行程后,缸内压力才能升高到吸入压力 p_s,这相当于每转排气体积又减少了 $\Delta V''$,气缸有效工作容积减小到 V''。吸气过程的压力损失使空气压缩机流量减少的程度可用压力系数 λ_p 来衡量,即

$$\lambda_p = \frac{V''}{V'} = \frac{V' - \Delta V''}{V'} \approx \frac{p_1'}{p_s} \tag{2-2}$$

影响 λ_p 大小的两个主要因素是进气阀的弹簧力和进气管中的压力波动。空气压缩机第一级 $\lambda_p = 0.95 \sim 0.98$,第二级因弹簧力相对气体力要小得多,$\lambda_p = 0.98 \sim 1.00$。

同样,在排气过程中,缸内压力高于排气管压力 p_d,这使余隙容积中存留气体压力升高,膨胀行程加长,容积流量进一步减小,这种损失已由 λ_V 计入。这样,由于吸、排气阻力的影响,空气压缩机每转耗功将增加,如图 2-2 中阴影部分所示。

3. 热交换的影响

在压缩开始阶段,因缸壁温度高于气体温度,热量从缸壁传给气体,成为吸热压缩;压缩后期因气体温度高于缸壁温度而成为放热压缩;排气过程气体温度高于缸壁温度,气体

放热而降温;余隙容积中的残余气体在膨胀初期因温度高于缸壁温度而成为放热膨胀,后期则因气体温度低于缸壁温度而成为吸热膨胀。在吸气过程中由于气体温度低于缸壁温度,气体从缸壁吸热,温度高于进气管中的温度,比容较大,折算到名义吸气压力和名义吸气温度时,吸入气缸的气体体积 V_s 将比 V'' 小,因而使气缸行程的吸气能力再次下降,这种损失称为预热损失。吸气过程中因气体吸热而对气缸吸气能力的影响,用温度系数 λ_T 来衡量,即

$$\lambda_T = \frac{V_s}{V''} \approx \frac{T_s}{T''} \tag{2-3}$$

式中　T_s——进气管中气体的温度;

　　　T''——吸气终了时缸内气体的温度。

4. 泄漏的影响

气阀、活塞环等密封不严会造成泄漏,使排气量进一步损失。泄漏使空气压缩机排气量减少的程度可用气密系数 λ_τ 来衡量,一般 $\lambda_\tau = 0.90 \sim 0.98$。

此外,在压缩过程和余隙容积气体的膨胀过程中,由于气体温度不断变化,与缸壁热量交换的多少及热量的流向也在不断变化,其过程指数是不断改变的,在理论研究时为方便计算起见,都以恒定的多变过程指数来代替。

三、多级压缩

活塞式空气压缩机排出压力较高时都采用多级压缩,并设有级间冷却器。船用空气压缩机一般采用二级压缩。图 2-3 所示为二级空气压缩机流程示意图。

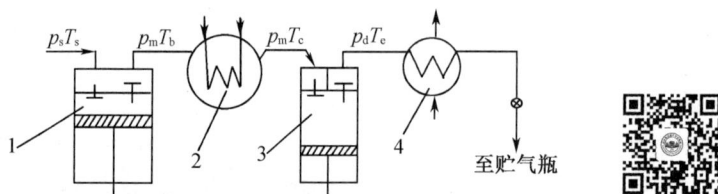

图 2-3　二级空气压缩机流程示意图

图 2-4 示出单级和二级压缩在 p-V 图上的理论工作循环。当吸入压力为 p_s、排出压力为 p_d 时,如采用单级空气压缩机,则理论工作循环如 $padfp$ 所示。如采用二级空气压缩机,低压缸将空气由吸入压力 p_s 压缩至级间压力 p_m,其理论工作循环如 $oabno$ 所示。低压缸排气经中间冷却器等压冷却后,温度降低,体积由 V_b 减为 V_c,然后进入高压缸再次压缩至排出压力 p_d,高压缸理论循环如 $cefmc$ 所示。

压力比较高时采用多级压缩和级间冷却的原因是:

1. 降低排气温度

单级压缩在压力比较高时压缩终点 d 的温度可能接近或超过滑油闪点,会使缸内滑油变质或结焦,加剧磨损,甚至引起爆炸。二级压缩由于经过中间冷却,其压缩终点 e 的温度比单级压缩终点 d 的温度要低得多。

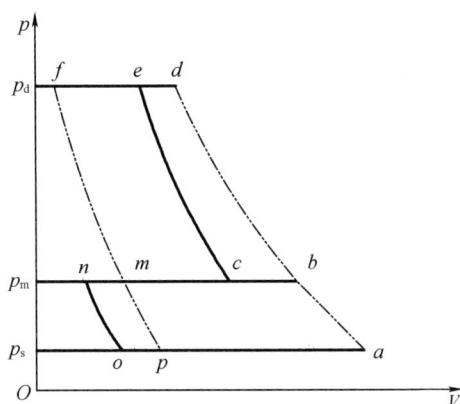

图 2-4　单级和二级压缩在 p-V 图上的理论工作循环

2. 提高输气系数

采用单级压缩时,输气系数随压力比增加而迅速下降。这主要是因为余隙容积等实际因素的影响使气缸有效工作容积减小。如图 2-4 所示,二级压缩时,代表气缸有效工作容积的线段由 pa 增长至 oa。

3. 节省压缩功

由图 2-4 可见,二级压缩每工作循环(曲轴每转一周)理论上所节省压缩功为面积 $cbde$ 与 $opmn$ 之差。

4. 减轻活塞上的作用力

单级空气压缩机要一次达到要求的排气压力,活塞受力较大,运动部件就会做得笨重,轴承负荷大,维修也不方便。而多级压缩只有尺寸较小的高压级承受高压。

当然,级数增加也使装置构造变得复杂,体积和质量增加;而管路、级间冷却器和进、排气阀阻力增加,机械效率也会降低,因而实际效益比理论的低。如果级间冷却不良,则降低排气温度和减少压缩功的效果就会变差。

如果以最省功为原则确定空气压缩机的级数,级数越多,再加上良好的级间冷却,就越可能接近等温压缩,但考虑实际因素引起的功率损失,据测算每级压力比为 2~4 时,功最省,但这样会使级数太多。商船的空气压缩机额定排出压力多在 3 MPa 左右,为使空气压缩机的体积、质量较小,装置不太复杂,一般不以省功原则确定压力比,而是在排气温度允许的范围内,尽量采用较少的级数,一般为两级。

理论分析证明,当各级压缩功耗相等时,空气压缩机的总功耗最省。这就是说,各级压力比应相等,即最佳压力比

$$\varepsilon = \frac{p_{m1}}{p_s} = \frac{p_{m2}}{p_{m1}} \cdots = \frac{p_d}{p_{m(z-1)}} = \sqrt[z]{\frac{p_d}{p_s}} \tag{2-4}$$

式中　z——空气压缩机级数;

　　　p_{m1}、p_{m2}——第一、二级后的级间压力(绝对);

　　　p_s、p_d——吸入和排出压力(绝对)。

实际上，一般后级压力比选得比前级的小，原因如下：一是后级比前级冷却效果差；二是中间冷却不充分，后级吸气温度比前级高；三是若采用同样压力比，后级的功耗会较大，总功耗不会最省；四是高压缸相对余隙容积一般比低压缸的大，若采用同样压力比，其容积损失会较大。

实际运转时，末级压力由排出容器的压力加上排出管路的阻力而定，而级间压力及各级压力比按流量连续性原理自动调整。当前、后级的流量出现非正常改变时，即会影响级间压力和各级压力比，从而影响空气压缩机的功耗。

第二节　活塞式空气压缩机的热力性能

活塞式空气压缩机的热力性能包括排气压力、排气温度、排气量、输气系数、功率和效率等。

一、排气压力

空气压缩机的排气压力是指最终排出空气压缩机的气体压力，应在空气压缩机末级排气接管处测量。多级空气压缩机末级以前的各级的排出压力称为该级的排气压力或级间压力。

一台空气压缩机的排气压力并非恒定。铭牌上标出的排气压力是指额定排气压力。空气压缩机排气压力的高低并不取决于空气压缩机本身，而是由空气压缩机排气系统内的气体压力（即"背压"）决定的；而排气系统内的气体压力又取决于在该压力下空气压缩机排入系统的气量与从系统取走的气量是否平衡。若系统在某压力下气量供求平衡，空气压缩机便稳定在某个排气压力下运行；若供过于求，系统内的气体质量不断增加，压力不断升高，于是空气压缩机的排气压力也就相应升高；若供不应求，则系统内的气体质量逐渐减少，压力逐渐降低，于是空气压缩机的排气压力也就相应降低，一直降到供求平衡为止，空气压缩机才稳定在新的压力下运行。

二、排气温度

空气压缩机的排气温度是指最终排出空气压缩机的气体温度，应在排气接管处测量。排气温度不同于压缩终了的温度，受排气过程中节流和热交换的影响，排气温度要比压缩终了的温度低。

各种气体空气压缩机的排气温度都须加以限制。当气缸使用一般空气压缩机油润滑时，排气温度一般限制在160 ℃以内；对于气缸无油润滑的空气压缩机，排气温度一般限制在180 ℃以内；对于压缩特殊气体的空气压缩机，视气体性质而异，要把排气温度限制在更低的范围内。所以空气压缩机的排气温度是一个很重要的指标，有时甚至因为排气温度的限制而不得不采用较多的级数。

三、排气量和输气系数

活塞式空气压缩机的理论排气量就是活塞行程容积——单位时间内活塞所扫过的容积。对单作用气缸来说,有

$$V_T = \pi D^2 Sni/240 \tag{2-5}$$

式中 D——气缸直径,m;

S——活塞行程,m;

n——空气压缩机转速,r/min;

i——第一级气缸数目。

由于余隙容积、吸气阻力、吸气预热和泄漏的影响,空气压缩机的实际排气量 Q 小于空气压缩机的活塞行程容积 V_T。两者的比值 Q/V_T 称为输气系数,用 λ 表示,则空气压缩机的实际排气量为

$$Q = V_T\lambda = V_T\lambda_V\lambda_p\lambda_T\lambda_\tau \tag{2-6}$$

输气系数 λ 一般为 $0.65 \sim 0.80$。在空气压缩机本身没有变化时,压力比 p_d/p_s 增加, λ 迅速下降。因为这不仅使余隙容积和泄漏引起的流量损失增加,而且会使气缸的平均温度升高,预热损失也增加。

四、功率和效率

空气压缩机中直接消耗于压缩气体的功率称为指示功率,用 P_i 表示。它可以用示功器在运转的空气压缩机上测出示功图(压容图)来计算。

按空气压缩机理论循环计算出的所需功率称为理论功率。理论功率小于指示功率,它与指示功率之比称为指示效率,用 η_i 表示。理论功率可以按等温理论循环或绝热理论循环计算,分别称为等温理论功率(用 P_T 表示)和绝热理论功率(用 P_S 表示)。相应求出的指示效率称为等温指示效率(用 η_{iT} 表示)和绝热指示效率(用 η_{iS} 表示),即

$$\eta_{iT} = P_T/P_i \quad \eta_{iS} = P_S/P_i \tag{2-7}$$

指示效率反映了实际气体在工作过程中由吸、排气阻力及气体的摩擦、旋涡等造成的总的能量损失的大小。其中等温指示效率除了反映上述损失外,还反映冷却达不到理想的等温压缩而附加的能量损失,故比绝热指示效率更低。

空气压缩机由轴所得到的功率称为输入功率,用 P 表示。由于空气压缩机运动部件摩擦及附属设备(滑油泵、风机等)要消耗功率,输入功率大于指示功率,二者之比称为机械效率,用 η_m 表示,即

$$\eta_m = P_i/P \tag{2-8}$$

据统计, η_m 一般为 $0.82 \sim 0.90$(微型), $0.85 \sim 0.92$(小型), $0.90 \sim 0.96$(大、中型)。无油润滑的空气压缩机的 η_m 比同类的有油润滑的空气压缩机的 η_m 低些。原动机一般应留有 $5\% \sim 15\%$ 的储备功率。

空气压缩机总效率为理论功率与输入功率之比。由于等温理论功率和绝热理论功率不同,又有等温总效率和绝热总效率之分。根据式(2-7)和式(2-8)得

$$\eta_T = P_T/P = \eta_{iT}\eta_m$$

$$\eta_S = P_S/P = \eta_{iS}\eta_m \tag{2-9}$$

一般空气压缩机 η_T 为 0.60~0.75；η_S 为 0.65~0.70（小型），0.70~0.80（中型），0.80~0.85（大型）。水冷式空气压缩机以 η_T 为评价指标。

第三节 活塞式空气压缩机的结构

活塞式空气压缩机的基本结构大致可分为三部分。

（1）基本部分：包括机身、曲轴、连杆等部件，其作用是传递动力，连接气缸和基础部分。

（2）气缸部分：包括气缸、气阀、活塞、填料以及装在气缸上的排气量调节装置等部件，其作用是形成压缩容积和防止气体泄漏。

（3）辅助部分：包括冷却器、气液分离器、滤清器、安全阀、油泵、注油器及管路系统，是保证空气压缩机正常运转的必需部件。

下面以 CZ60/30 型空气压缩机为例说明空气压缩机的结构。CZ60/30 型空气压缩机是一种船用二级空气压缩机，如图 2-5 所示。这种空气压缩机的排气量为 60 m³/h，转速为 750 r/min。一级额定排气压力为 0.64 MPa，二级额定排气压力为 3 MPa。

曲轴 17 只有一个曲拐，输入端装有兼作联轴器的飞轮 24，电动机通过弹性联轴器带动曲轴旋转，再经连杆、活塞销带动活塞 6 在气缸 8 内上下往复运动。气缸及铝合金铸造的活塞都分成直径上大下小的两段，活塞顶部以上为气缸的低压级工作空间，活塞不同直径段过渡锥面以下的环形空间为高压级工作空间，这种型式称为级差式。活塞上段有 6 道活塞环，下段有 6 道活塞环和 1 道刮油环。活塞销用经表面淬火的 20 号钢制造，与活塞上的销孔静配合（因为铝合金活塞热胀系数比钢大），而与连杆小端有 0.025~0.077 mm 的配合间隙。

空气经空气滤清器 1 吸入气缸上部，滤清器用金属丝网或化学纤维层滤出气体中的灰尘等固体杂质，以减轻缸内磨损。一级吸气阀（低压级）4 和排气阀 7 装在气缸盖 5 上，升程为 3 mm。一级安全阀（低压级）10 装在高压级入口处，开启压力 0.7 MPa；二级吸气阀（高压级）9 和二级排气阀 23 装在气缸中部的阀室内，升程为 2.1 mm。二级安全阀（高压级）22 装在排气阀室出口处，开启压力为 3.3 MPa。

级差式空压机工作原理

气缸 8 与曲轴箱之间的垫片厚度可影响两级工作空间的余隙容积，气缸与气缸盖间的垫片厚度可影响第一级工作空间的余隙容积，活塞在上止点时与缸盖间隙应保持 0.5~1.0 mm。

船用二级空气压缩机除采用级差式外，也可以高、低压缸分开，采用并列直立式（曲轴双曲拐）或 V 形布置。

空气压缩机结构上的其他特点，结合本例说明如下：

一、气阀

气阀是空气压缩机中重要而易损坏的部件，它主要由阀座、阀片、弹簧、升程限制器等组成。气阀是靠阀片上、下的压差作用而自动启闭的。吸气阀的弹簧装在阀片下面，排气阀的弹簧装在阀片上面，弹簧的作用力始终是将阀片压在阀座上。弹簧太强则启闭阻力增加,且关闭时对阀座冲击大,影响使用寿命;太弱对升程限制器冲击大,而且关闭不及时,使流量降低。升程限制器用于限制阀片升程,并兼有阀片导向和弹簧轴承座的功用。升程过大,关闭时冲击大,且关闭延迟;升程过小,气流经阀时阻力损失大。升程一般为 2~4 mm,随着转速增加,气阀的升程应减小。气阀性能的优劣直接影响到空气压缩机的排气量和效率,因此要求气阀具有寿命长、阻力小、关闭严密、开关及时、结构简单、易于加工、安装维修方便等特点。

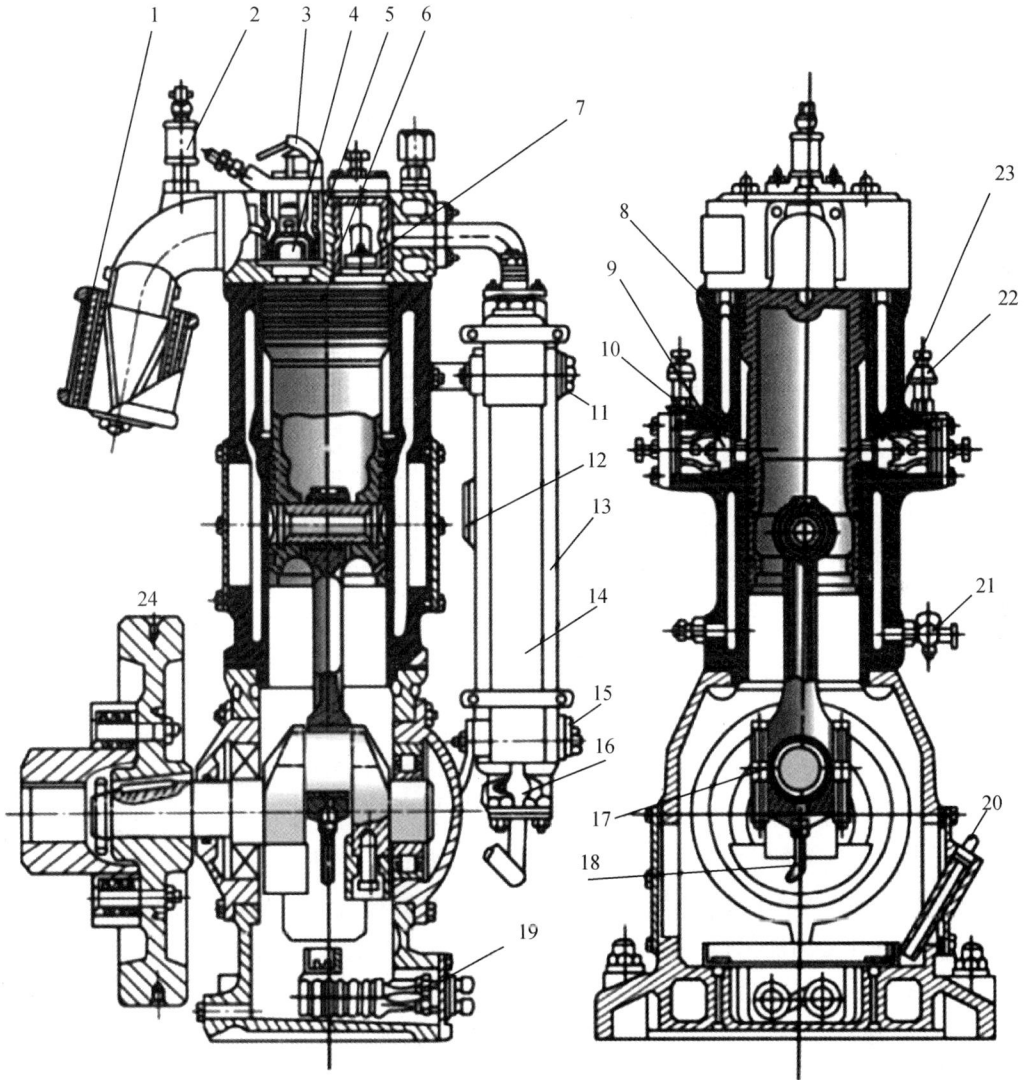

1—空气滤清器;2—滴油杯;3—卸载机构;4——级吸气阀;5—气缸盖;6—活塞;7——级排气阀;
8—气缸;9—二级吸气阀;10——级安全阀;11、15—防腐蚀锌棒螺塞;12—安全阀;13—冷却器;
14—气液分离器;16—泄放阀;17—曲轴;18—击油勺;19—滑油冷却器;20—油尺;21—泄水旋塞;
22—二级安全阀;23—二级排气阀;24—飞轮(兼联轴器)。

图 2-5 CZ60/30 型空气压缩机结构图

根据形状不同,气阀可分为环阀(包括环状阀和网状阀)、孔阀(包括杯状阀、菌状阀、碟状阀)、直流阀等。船用空气压缩机多用环状阀和碟状阀。

图 2-6 所示为本例所用的单环(高压级)和双环(低压级)环状阀。环状阀结构简单,工艺性好,价格低廉,维修方便,且便于顶开吸气阀卸载。缺点是阀片运动的导向摩擦较大,而且为了保持足够的刚性导致阀片稍厚,质量较大,不适合太高转速($n<1\ 500$ r/min)。

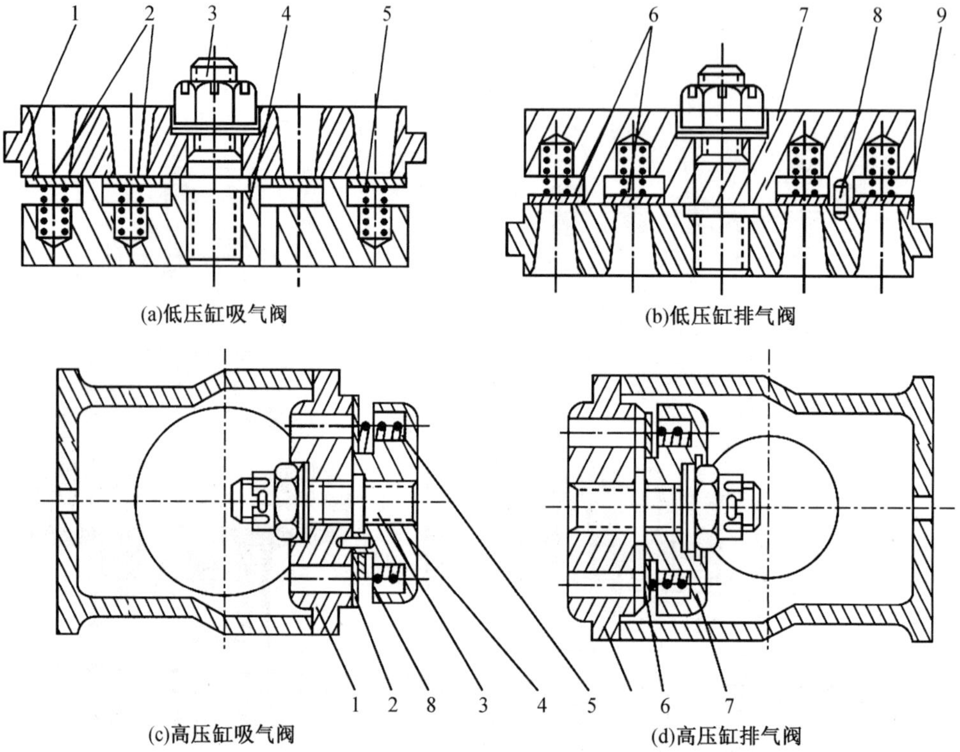

(a)低压缸吸气阀   (b)低压缸排气阀

(c)高压缸吸气阀   (d)高压缸排气阀

1—吸入阀阀座;2—吸入阀阀片;3—固定螺栓;4—吸入阀阀盖(升程限制阀);5—弹簧;
6—排出阀阀片;7—排出阀阀盖(升程限制器);8—定位销;9—排出阀阀座。

图 2-6 环状阀

低转速大排气量的空气压缩机可采用网状阀,如图 2-7 所示,其阀片相当于将多环环状阀的各环阀片以筋条连成一体,中心环处被夹紧在阀座与升程限制器之间,不再需要对阀片导向。各环运动能保持一致,且无导向摩擦;但结构复杂,价格较高,而且工作寿命较短。图 2-8 所示为碟状阀,其气流转向缓和,阻力损失小,阀片强度高;但流通面积小,质量大,多用于转速不太高的小型空气压缩机的高压级。转速较高的空气压缩机可采用条状阀(中、小型)、舌簧阀(微型)。

二、气液分离

各级气缸的排气都含有细小的油滴,而且排气中水蒸气的分压力也较高,冷却后会析出凝水。第一级冷却后气体中含有的油和水存于级间冷却器和高压缸进气口之间的空气管路里,通常用泄放阀泄放。在末级冷却器后常设有气液分离器,以提高充入气瓶的压缩空气的品质。本例的气液分离器如图2-9所示,它安装在冷却器后。

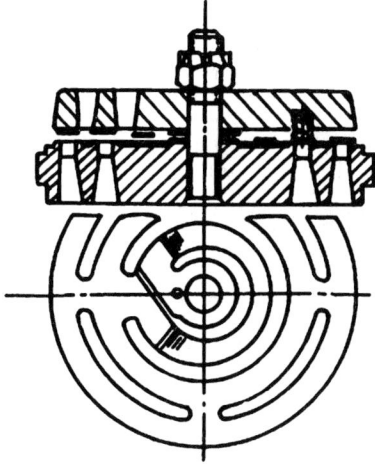

图 2-7　网状阀

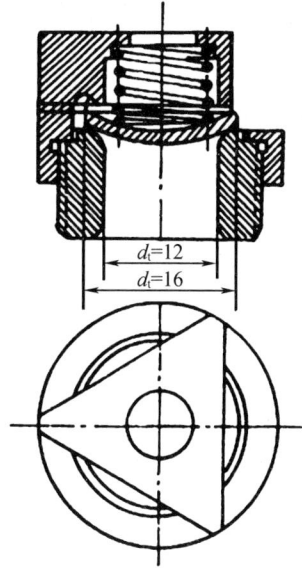

图 2-8　碟状阀

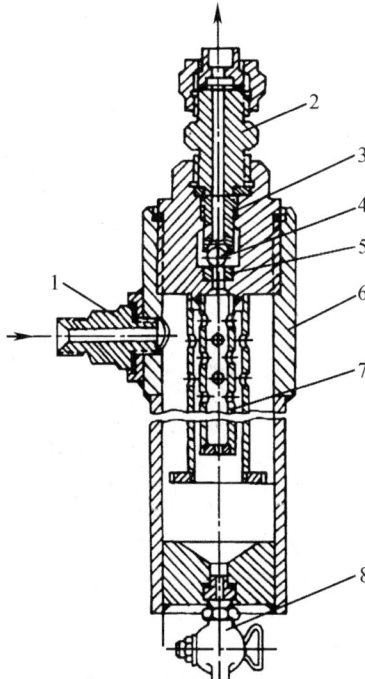

1—进口接头;2—出口接头;3—升程限制器;4—止回球阀;5—阀座;6—壳体;7—芯子;8—泄放阀。

图 2-9　气液分离器

气液分离器按工作原理分为惯性式(利用液滴和气体分子质量不同)、过滤式(利用液滴和气体分子大小不同)、吸附式(利用液体的黏性)三种。图 2-9 所示气液分离器为惯性式。压缩空气进入分离器后,由于液滴比气体分子质量大,故运动惯性大,在多次改变流动方向的过程中,撞击并附着在芯子 7 的壁上,聚集而流到壳体 6 的下部空间。为避免停车时气流返回空气压缩机,分离器出口有止回球阀 4。分离器下部的泄放阀 8 用来排放分离出来的油和水。

三、卸载机构

空气压缩机起动期间必须卸载,以减小起动电流。常用的卸载方法有顶开吸气阀和截断进气两种。前者是使第一级吸气阀常开,后者是关闭第一级吸气通道,从而使排气量为零而卸载。

本例所用的启阀式卸载机构如图 2-10 所示。提起偏心手柄 2,使顶杆 3 下移,通过活塞 5、弹簧 6、导筒 7 和顶爪 9 等,强行顶开一级吸气阀片;放下偏心手柄,顶爪等即可在弹簧作用下向上脱离阀片使空气压缩机正常工作。也可用压缩空气经管接头 1 接通活塞 5 的上部来实现卸载,这时,就可用电磁阀或其他方法控制空气压缩机的有载或卸载运行,实现卸载自动化。

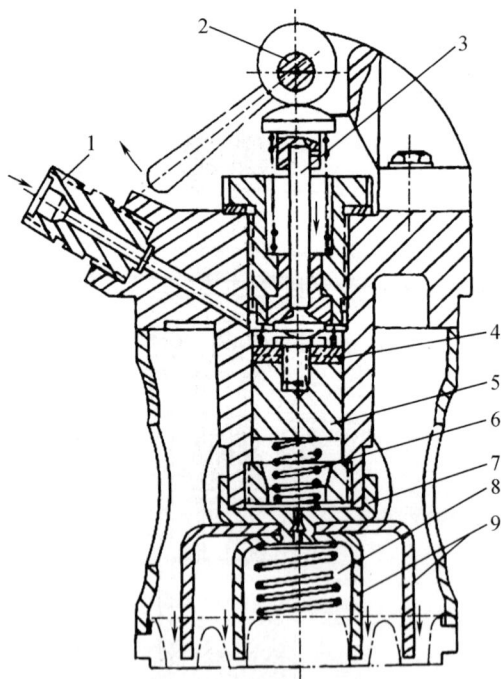

1—管接头;2—偏心手柄;3—顶杆;4—橡皮圈;5—活塞;6、8—弹簧;7—导筒;9—顶爪。

图 2-10　启阀式卸载机构

四、润滑和冷却

空气压缩机冷却方式有水冷和风冷两种。船用空气压缩机多数采用水冷,所需冷却水来自机舱海水系统。有中央冷却系统的船舶可采用淡水循环冷却。冷却系统由级间冷却器、气缸中的水套、润滑油冷却器、后冷却器、冷却水管路及其他附件组成。设置润滑系统的目的是减少摩擦，延长运动零件寿命，导出热量，从而保持运动部位的间隙，并防止零件生锈。空气压缩机的润滑方式有飞溅润滑和压力润滑两种。船用小型空气压缩机多采用飞溅润滑。

第四节　活塞式空气压缩机的自动控制

为了满足柴油机的操纵和其他场合的用气，应保证空气瓶的压力始终维持在某一调定的压力范围内。由于船舶不断地用气，空气瓶内的空气压力在调定值的上限与下限之间波动，空气压缩机也在间歇式工作。为了减轻轮机人员的劳动强度，保证空气压缩机安全可靠运行，对空气压缩机要实行自动控制，其自动控制内容有：空气压缩机自动起停；自动卸载和泄放；空气压缩机排量自动调节；自动保护。

1. 自动起停

利用装在空气瓶上的压力继电器即可控制空气压缩机起停。通常设两个压力继电器分别控制两台空气压缩机，其接通和切断的整定压力值都相差一定数值。例如一台2.5 MPa起动，3.0 MPa停车；另一台则2.4 MPa起动，2.9 MPa停车。当前者单独工作不足以维持气缸压力在2.5 MPa以上，气压降至2.4 MPa时，另一台空气压缩机起动加入工作。如需要转换两台空气压缩机的主次关系，可利用次序选择装置将两个压力继电器与其所控制的空气压缩机互相调换。

2. 自动卸载和泄放

空气压缩机控制箱中设有定时器，它能控制卸载机构（如果有的话）电磁阀的开启，与停车时保持常开的级间冷却器、后冷却器、气液分离器后的泄放电磁阀一起延时至转速正常后再关闭，实现卸载起动；运行期间则上述泄放电磁阀和空气瓶底部的泄放电磁阀都定时开启一段不长的时间以泄放油、水；而在停车时同时使泄放电磁阀开启，定时器也停止工作。

3. 空气压缩机排量自动调节

空气压缩机是根据船舶的最大耗气量来选用的，但在使用过程中耗气量将随耗气设备的使用情况变化而变化。若供过于求，系统中的压力便不断升高，如不进行调节，不仅耗功增加，还会出现安全事故。因此空气压缩机要设置调节装置来调节排气量，以适应耗气量的变化。

调节排气量的理论基础是公式 $Q = V_T \lambda = V_T \lambda_V \lambda_p \lambda_T \lambda_\tau$，只要改变式中任意一个量，即可改变排气量。由于气缸直径和活塞行程不能改变，实际上只有各系数和转速可以改变。除了温度系数改变会使经济性变差而不采用外，其他都可用来进行排气量调节。空气压缩机排量调节的主要方法有停转调节、改变转速的调节、控制吸入的调节、吸入与压出连通的调节、压开进气阀的调节、连通补助容积的调节等。

4. 自动保护

通常设有下列自动保护：

(1)排气高温保护。在高压缸排气管上设温度继电器，当空气压缩机排温达到设定值时，空气压缩机自动停转，实现保护性停车。

(2)滑油低压保护。当曲轴箱油位过低或油压低于设定值时，空气压缩机自动停转。

(3)冷却水自动供停保护。空气压缩机运行中，冷却水自动供停，如发生冷却水压力过低，水源中断现象，空气压缩机则自动停车。

(4)滴油润滑的自动供停油。当低压缸吸气管设有滴油润滑时，可设供油电磁阀和空气压缩机同步起停。

习　　题

1. 与活塞式空气压缩机理论循环相比较，阐述其实际工作循环的特点。

2. 活塞式空气压缩机气阀泄漏有哪些主要迹象？

3. 影响空气压缩机排气量的因素有哪些？

第二篇　液压甲板机械

　　甲板机械是保证船舶安全航行、系泊、营运和作业的设备。甲板机械的任务有所不同,它们的品种和式样也是多种多样的,如操舵装置、锚装置、起货装置、减摇装置、舱盖装置等。按动力源不同,甲板机械主要有人力、蒸汽、电动和电液传动四种。其中,电液传动具有体积和质量小、调速范围大、工作寿命长与操纵方便等多种优点。目前,各类甲板机械已逐步采用电液传动。

第三章 液 压 元 件

液压技术一般分为液体传动和液压控制两种类型。船舶上主要以液压传动为主。液压传动是以油液作为工作介质,通过动力元件将原动机的机械功率转变为油液的压力能,再借助辅助元件、控制元件和执行元件将油液的压力能转变为机械功率,驱动负载,实现直线运动或回转运动。通过对控制元件的操纵,可以调节执行元件的力(或力矩)和速度。在液压传动系统中,油泵为动力元件,各种阀件为控制元件,油管和蓄能器为辅助元件,油缸(或油马达)为执行元件。

第一节 液压控制阀

液压控制阀在液压系统中是用来控制系统中液压油的通断、流向、压力和流量等的液压元件,按其基本功能分为方向控制阀、压力控制阀和流量控制阀三大类。此外,还有一些专用于甲板机械的特种阀,如平衡阀、换向调速阀和舵机专用阀等。

一、方向控制阀

方向控制阀用来控制系统中的油流方向,包括单向阀、换向阀等。

1. 单向阀

(1)普通单向阀

单向阀又称止回阀,它可以保证油液按单一方向流动,不能反向流动。图 3-1 所示为单向阀的结构和图形符号。单向阀一般由阀体、阀芯、弹簧和阀座组成。弹簧保证阀芯移动后复位,通常很软。油液正向流动时,阻力很小;油液反向流动时,阀芯复位并被弹簧和油液紧紧压在阀座上,使油液不能通过。

单向阀有时也装设在回油管路中作为背压阀用,以使回油保持一定的压力,以免漏入空气或适应某些执行机构的需要;此外,还可与细滤器等附件并联,在滤器堵塞时能够自动地起到旁通保护作用。在这些场合中,单向阀也就变成压力控制阀,要求有较硬的弹簧,其开启压力一般为 0.2~0.6 MPa。

(2)液控单向阀

液控单向阀除像普通单向阀那样能允许油液单向流过外,还能在控制油压作用下允许油液反向流过。

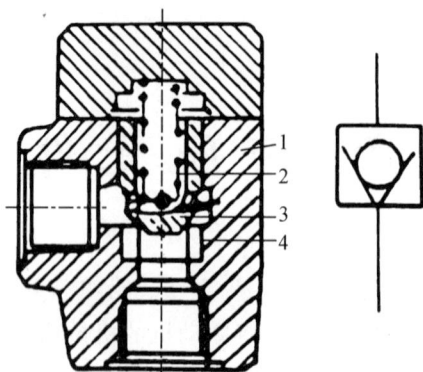

1—阀体；2—弹簧；3—阀芯；4—阀座。

图 3-1　单向阀的结构和图形符号

液控单向阀如图 3-2 所示。由图(a)可见，当控制油口 X(国内品牌用 K 表示)无压力油供入时，该阀与普通单向阀一样，仅允许油液由 A 流向 B；当需要油液由 B 流向 A 时，则须向控制油口通入压力油，推动控制活塞 4，顶开主阀芯 3。如果 B 口是与油压 p_B 很高的液压缸出油腔相连，则应采用图(b)所示的卸荷式液控单向阀。其控制油压是先将较小的先导阀 5 顶开，B 口的油液即可经主阀芯 3 的小孔向 A 口卸压，从而可大大减小随后顶开主阀芯所需的控制油压。

(a)非卸荷(外泄)式　　　　符号　　　　(b)卸荷(内泄)式

1—主阀弹簧；2—阀体；3—主阀芯；4—控制活塞；5—先导阀。

图 3-2　液控单向阀

上述液控单向阀的控制活塞另一侧的泄油与 A 口相通，称为内泄式[见图(b)]。若 A 口不是直通油箱，而是串联有其他元件，回油阻力较大，则其压力 p_A 较高，采用内泄式需要较高的控制油压，则应采用外泄式[见图(a)]，即用螺塞将内泄油路堵塞，让漏到控制活塞另一侧的油液经外泄口 Y(国内产品用 L 表示)直通油箱，这样 p_A 对控制油压影响便很小。

(3)液压锁

液压系统中还常使用一种布置在同一阀体中的双联液控单向阀，亦称液压锁。图 3-3 所示为带卸荷阀芯的液压锁。在 A 或 B 口有压力油通入时，不仅能将该侧单向阀芯顶开，让油通过，而且可借控制活塞 2 先使另一侧的卸荷阀芯 3 开启，然后再使单向阀芯 4 开启，允许回油流过。当 A、B 皆无压力油进入时，两侧单向阀芯在弹簧作用下皆关闭，可使油路锁闭。

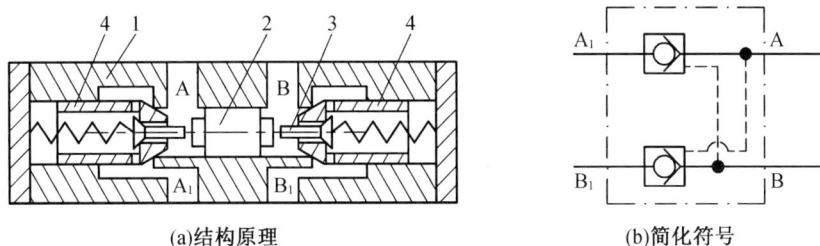

(a)结构原理 (b)简化符号

1—阀体;2—控制活塞;3—卸荷阀芯;4—单向阀芯。

图 3-3 带卸荷阀芯的液压锁

2. 换向阀

换向阀用于改变油液流动的方向。根据换向阀的结构特点可分为滑阀和转阀;根据换向阀的操作方式可分为手动式、机动式、电磁式、液动式和电液式;根据阀芯工作位置的数目可分为二位和三位;根据控制油路的多少可分为二通、三通、四通和五通等。

换向阀

（1）电磁换向阀

三位四通电磁换向阀的结构和图形符号如图 3-4 所示。该阀有三个工作位置和四条油路,P 表示压力油进口,T 表示回油口,A、B 表示执行机构的工作油路油口。

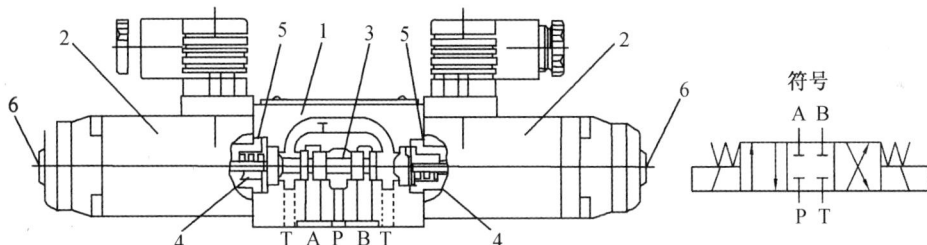

1—阀体;2—电磁铁;3—阀芯;4—弹簧;5—推杆;6—手动应急按钮。

图 3-4 三位四通电磁换向阀的结构和图形符号

①当左右两端电磁铁都不通电时,阀芯 3 在两端弹簧 4 的作用下处于如图 3-4 所示的中间位置,A、B、P、T 互不相通。

②当右端电磁铁通电而左端电磁铁断电时,右端磁铁吸合,通过推杆 5,阀芯 3 克服左侧弹簧的张力被推向左边。这时 B 与 P 通进油,A 与 T 通回油。

③当左端电磁铁通电而右端电磁体断电时,阀芯 3 将克服弹簧的张力而被推向右边,这时 A 与 P 通进油,B 与 T 通回油。

根据阀芯在中间位置时油路的接通情况,换向阀有多种类型,不同的"中位机能"用不同的大写英文字母表示,如图 3-5 所示。凡中位使 P、T 油口相通的(如 H、M、K 型)能使油泵卸荷;凡中位使油口 A、B 相通的(如 H、P、Y、V 型)能使油缸或油马达"浮动",不通的则使执行机构"锁闭"。

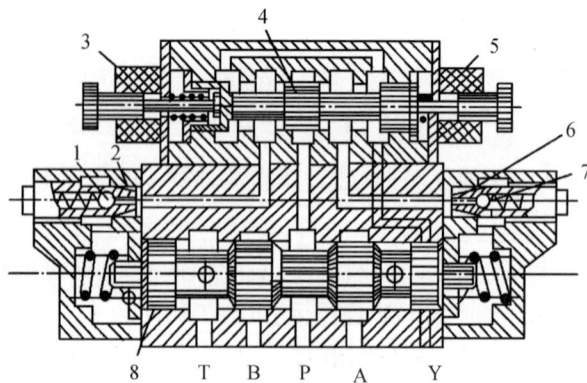

图 3-5　三位四通换向阀中位机能图

电磁阀按适用的电源分为交、直流两种。电压太高电磁线圈易发热烧坏,太低则吸力不够而无法工作。采用交流电时,当阀芯卡住无法吸上铁芯时,电磁线圈会因电流过大而烧坏;采用直流电时,不会因阀芯卡住而烧坏电磁线圈。

(2)电液换向阀

电液换向阀由通径较小、用作先导阀(简称导阀)的电磁换向阀和通径较大、用作控制主油路的液动换向阀(主阀)组合而成。图 3-6 所示为弹簧对中型电液换向阀的结构和图形符号。

(a)结构简图

1、7—单向阀;2、6—节流阀;3、5—电磁线圈;4—导阀阀芯;8—主阀阀芯。

图 3-6　弹簧对中型电液换向阀的结构和图形符号

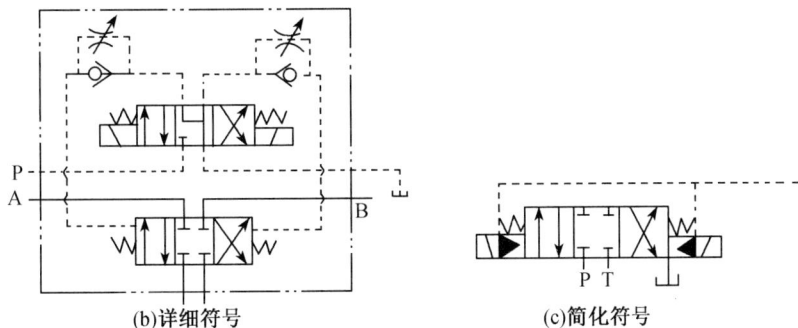

(b)详细符号　　　　　　(c)简化符号

图 3-6（续）

当导阀右端的电磁线圈 5 通电时,导阀阀芯 4 左移,控制油经阻尼器(单向节流阀)的单向阀 7 进入主阀阀芯 8 的右端控制油腔,而主阀左端的控制油则经阻尼器节流阀 2 流回油箱,于是主阀芯克服弹簧力和移阀阻力被推到左端。反之,电磁阀左端电磁线圈 3 通电时,主阀则移到右端。弹簧对中型电液换向阀的导阀中位机能应选 Y 型,以便导阀两端线圈断电回中时,主阀两端控制油压皆能泄回油箱,而使主阀芯在两端弹簧力的作用下回中。

调小一侧阻尼器节流阀的开度,可使主阀芯向该侧移动速度减缓,减小液压冲击。阻尼器也可由一对单向节流阀组成一体,装在导阀和主阀之间。电液换向阀的控制方法有外部压力控制和内部压力控制两种:前者(外控)是指由辅泵或主油路分出的减压油路从专设油口向导阀供油;后者(内控)是指供给主阀的压力油经阀内通道分出一路供给导阀。此外,导阀的泄油如果经阀内油道通向主阀的回油口,称为内泄;若主阀的回油背压太高,导阀泄油应从单独的泄油口通油箱,称为外泄。图 3-6 所示电液换向阀的图形符号为外控外泄,内控或内泄的电液换向阀图形符号把表示控制油、泄油的虚线取消即可。

（3）梭阀

液压系统中常用的一种"或"门式梭阀实际是一种液控二位三通阀。图 3-7 所示为其结构和图形符号。它有两个压力油入口 A、C 和一个出口 B。压力油只能由任一入口进入,推动阀芯关闭另一侧入口,使进油单独与出口沟通。

图 3-7　梭阀的结构和图形符号

二、压力控制阀

压力控制阀用于控制系统中的油压,包括溢流阀、减压阀、顺序阀等。

1. 溢流阀

溢流阀的作用是在系统油压超过调定值时泄放油液。溢流阀根据动作原理可分为直动式和先导式两类。

（1）直动式溢流阀

图 3-8 所示为直动式溢流阀（锥阀式）和图形符号。用调节手轮 4 可调节弹簧 5 的张力来改变调定压力。当 P 口油压超过调定值时，锥阀 2 被顶开，从 T 口溢油回油箱。锥阀外端的阻尼活塞 3 起导向和阻尼作用，可提高阀的稳定性。

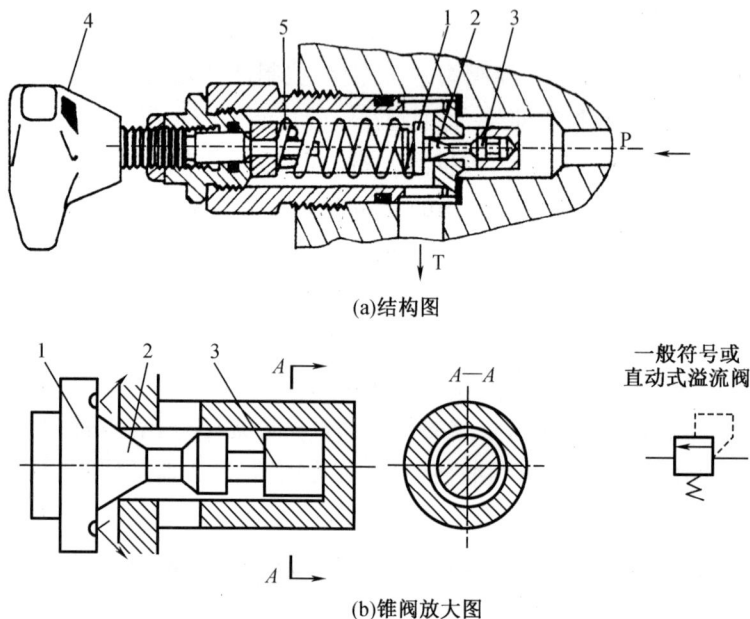

(a)结构图

(b)锥阀放大图

1—偏流盘；2—锥阀；3—阻尼活塞；4—调节手轮；5—弹簧。

图 3-8　直动式溢流阀（锥阀式）和图形符号

直动式溢流阀适用于流量较小的场合。直动式溢流阀锥阀 2 后面的偏流盘 1 不仅可充当弹簧座，而且盘上开有环形槽，可改变锥阀出口液流的方向，产生与弹簧力相反的液动力。阀开度增大时流量增大，液动力也增大，可抵消增大了的弹簧张力，使工作油压变化不大。

（2）先导式溢流阀

图 3-9 所示为先导式溢流阀结构和图形符号。该阀由主阀和导阀组合而成。主阀芯 5 是一底部有阻尼孔 7 的圆筒形锥阀，与阀套 6 滑动配合，用以控制进油口 P 与溢油口 T 的隔断与接通。压力油从进口 P 进入主阀下方，经阻尼孔 7 通至主阀上方的油腔，然后通到导阀 1 的前腔。导阀实际上是一个小型直动溢流阀。当油压未达到其开启压力时，导阀关闭，阀内油不流动，主阀上下油压相等，主阀在弹簧 8 作用下关闭，溢油口被隔断。

当系统油压超过导阀的开启压力时，导阀被顶开，少量油经导阀座 2 的孔口 a_1、阀盖 3

和阀体 4 左侧的钻孔从溢油口 T 溢出。这时由于阻尼孔 7 的节流作用,主阀下腔的油压 p 就会高于其上腔的油压 p_1。当系统油压 p 继续升高时,导阀开度及其溢流量随之增加,阻尼孔产生的阻力损失也越大,主阀上下的油压差也越大。当压力差大到足以克服主阀重力、摩擦力和弹簧 8 的张力 F_s 时,主阀打开,进油口和溢油口相通,油液经主阀口流回油箱。如果系统油压增加,由于主阀上方油压变化不大,主阀上下的油压差就会增大,主阀的升程也相应加大,其溢流量增加,油压会下降,这样阀进口的系统油压就可大体保持稳定。转动调压手轮 11,改变导阀弹簧的初张力,即可改变溢流阀的调定压力。

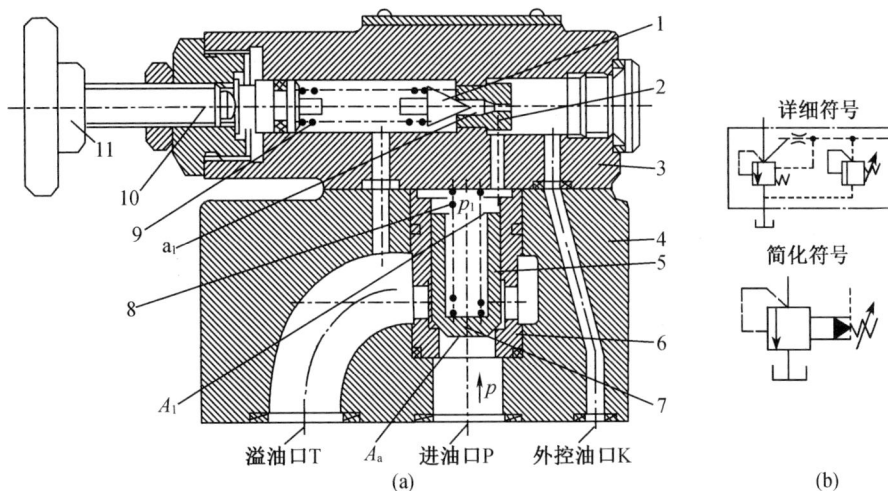

1—导阀;2—导阀座;3—阀盖;4—阀体;5—主阀芯;6—阀套;7—阻尼孔;
8—主阀弹簧;9—调压弹簧;10—调压螺钉;11—调压手轮。

图 3-9　先导式溢流阀结构和图形符号

当主阀开度稳定时,主阀上下的作用力是平衡的,若重力和摩擦力忽略不计,则

$$pA_a = p_1A_1 + F_s \qquad p = (p_1A_1 + F_s)/A_a \qquad (3-1)$$

式中　A_a、A_1——主阀下方和上方的承压面积。

如果通过先导型溢流阀的外控油口 K 使主阀上腔泄油,如图 3-10(a)所示,则主阀就会完全抬起,使系统泄油,这时溢流阀被作为卸荷阀使用。

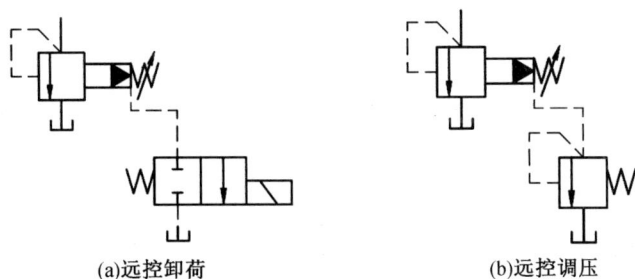

(a)远控卸荷　　　　　　　　　　(b)远控调压

图 3-10　远控溢流阀

如果将先导型溢流阀的外控油口 K 用油管接另一只直动式溢流阀,如图 3-10(b) 所示,将后者安放在更便于控制的位置,即可用它远控调压。这时先导型溢流阀本身的导阀应不起作用,其调定压力必须高于远程调压的最高调定压力。

(3)压力-流量特性

压力-流量特性是溢流阀重要的静态性能。图 3-11 中曲线 1 和曲线 2 分别是直动式和先导式两种溢流阀的压力-流量特性。开启压力 p_0(直动式的开启压力为 p_{01},先导式的为 p_{02})为溢流阀开始溢流时的压力。随着油液溢流量的增加,阀芯上升,主阀弹簧进一步压缩,油压也上升。当溢流阀的溢流量达到额定流量时的压力称为调整压力 p_t。开启压力与调整压力之差为压力变化量或静态压力超调量 Δp,它是溢流阀的主要静态性能指标之一。压力变化量越小越好。从图 3-11 中可以看出先导式的压力变化量要比直动式的小。

压力变化量是绝对值,现引入调压偏差率 δ,有

$$\delta = \frac{p_t - p_0}{p_t} = \frac{\Delta p}{p_t} \tag{3-2}$$

先导式溢流阀的 δ 为 5%~10%,而直动式溢流阀的 δ 约为 20%,有的甚至达到 50%~60%。

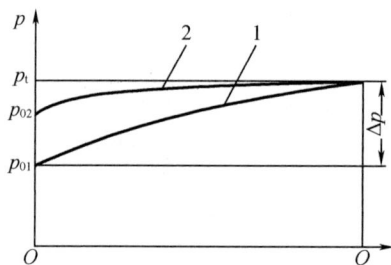

1—直动式;2—先导式。

图 3-11 溢流阀的稳态特性曲线

(4)功用

溢流阀在液压系统中的功用主要有两种。一种是在系统正常工作时常闭,仅在油压超过调定值时开启,作为安全阀使用。如在变量泵液压系统中,利用油泵的变量改变执行元件的工作速度,系统的压力则随着执行元件负载的变化而变化。这时溢流阀设在变量泵出口附近。另一种是在系统工作时常开,靠自动调节开度改变溢流量,以保持阀前油压基本稳定,即作为定压阀使用。如在定量泵液压系统中,溢流阀常设在定量泵和节流阀之间,利用节流阀可以调节进入油缸的油液流量,而油泵流量总是大于油缸所需流量,多余的油液则从溢流阀流回油箱并能保持系统即油泵的出口压力为定值。

2. 减压阀

减压阀的功用是降低液压系统中某一部分油路的压力,使这一部分油路的压力稳定在低于油泵供油压力的某一数值上。根据结构,减压阀分为直动式和先导式两种类型;根据调节品质,减压阀又分为出口压力恒定的定值减压阀和进出口压差恒定的定差减压阀。

定值减压阀能根据阀出口压力的变化改变阀的开度,以使阀后油流减压并保持压力稳定。

定差减压阀能根据阀进出口压力差的变化改变阀的开度,以使阀后油流减压并保持压差稳定。使用最普遍的是定值减压阀,通常将其简称为减压阀。图 3-12 所示为先导式定值减压阀的结构[图(c)]、直动式定值减压阀的图形符号[图(a)]和先导式定值减压阀的图形符号[图(b)]。

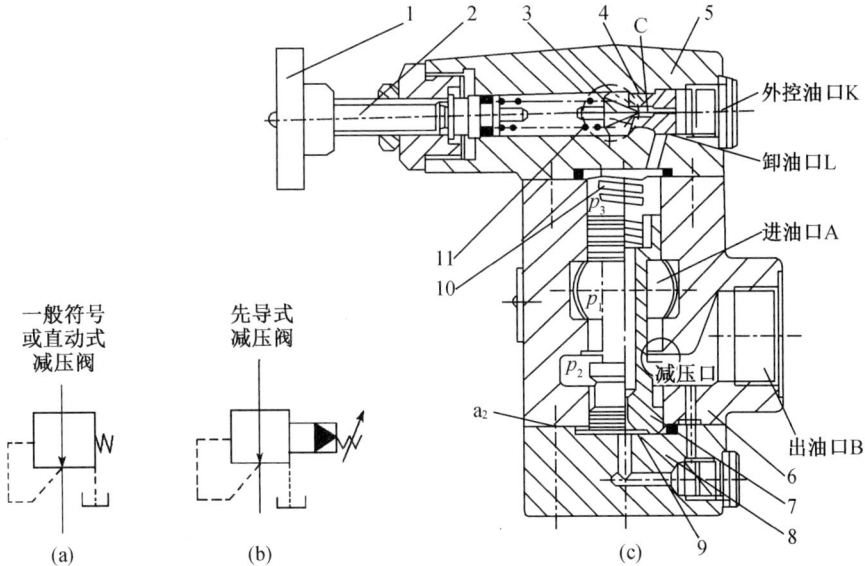

1—调压手轮;2—调节螺钉;3—导阀;4—导阀座;5—阀盖;6—阀体;7—主阀;
8—端盖;9—阻尼孔;10—主阀弹簧;11—导阀弹簧。

图 3-12　先导式定值减压阀

先导式定值减压阀由主阀和导阀两部分组成。从进口来的压力为 p_1 的高压油,流经主阀 7 的减压口节流后,压力降为 p_2,由出口流出。出口处的低压油经阀内通道被引到主阀下方的油腔,再通过主阀中心的阻尼孔 9,到达主阀上方的油腔,然后经上盖中的通孔引至导阀 3 的右腔,该处油压为 p_3。正常工作时,压力 p_3 超过导阀开启压力,导阀被顶开,少量油液经阻尼孔 9 和导阀 3 向泄油口 L 泄油。由于阻尼孔 9 的节流作用,主阀下腔的油压 p_2 高于上腔油压 p_3。如果 p_2 升高,主阀上下的油压差随之增大,主阀就会克服弹簧 10 的张力而关小,以阻止 p_2 增加;反之,如果 p_2 降低,主阀就会开大,以阻止 p_2 的降低。主阀弹簧 10 仅需帮助主阀克服移动阻力,而无须与液压力 p_2 平衡,故刚度不大。这样,依靠主阀自动调整节流口的开度,即可使出口压力基本稳定在调定压力附近。转动手轮,改变导阀弹簧 11 的张力,即可改变减压阀的整定压力。当然,如果阀后的压力 p_2 过低,以致使导阀关闭,则主阀上下腔油压相等。主阀也就会在本身弹簧的作用下处于最下端的全开位置,这时也就超出了阀的调节范围,因而也就无法维持阀出口压力的稳定。

减压阀的泄油口须直通油箱(外泄),这与溢流阀(内泄)不同。先导式减压阀也可通过外控油口 K 实现远程控制。

3.顺序阀

顺序阀一般串联在液压回路中,控制执行元件的动作顺序。当进油压力达到或高于调整压力时,阀口开启,让压力油液通过,经出油口通向某一执行元件。因此,顺序阀是利用系统中的压力变化来控制油路的通断的。

顺序阀的结构和工作原理与溢流阀基本相同,由于顺序阀的出口油液不是通向油箱而是执行元件,因此其阀口的节流作用不大,并且内泄油由专门的泄油口经阀外油管通到油箱。

顺序阀也分为直动式和先导式两种。图 3-13 所示为这两种顺序阀的典型结构和图形符号。以先导式为例,进口油压经控制油路 a、阻尼孔 2 引至主阀上方,再经上盖的通孔作用于导阀。当油压低于导阀弹簧的张力时,导阀关闭,阻尼孔中没有油液流动,主阀上下端面的压力相等,主阀芯在弹簧的作用下处于下端位置,出油口关闭;当油液压力超过导阀弹簧的张力时,导阀打开,油液经导阀流出。由于油液流经阻尼孔有阻力损失,主阀上下端面的压力不相等。当上下端面的压力差大于弹簧力时,主阀上移,打开出油口,进出口油路即被接通。这种控制油压信号直接来自顺序阀,进油压力的内部压力控制方式称为直控顺序阀。如果将下盖转 90° 安装,以便把 a 油路堵住,同时卸除控制油口 K 的螺塞,并从该处接其他油压信号,以控制阀的开闭,则该阀就成为外部压力控制(外控顺序阀)。

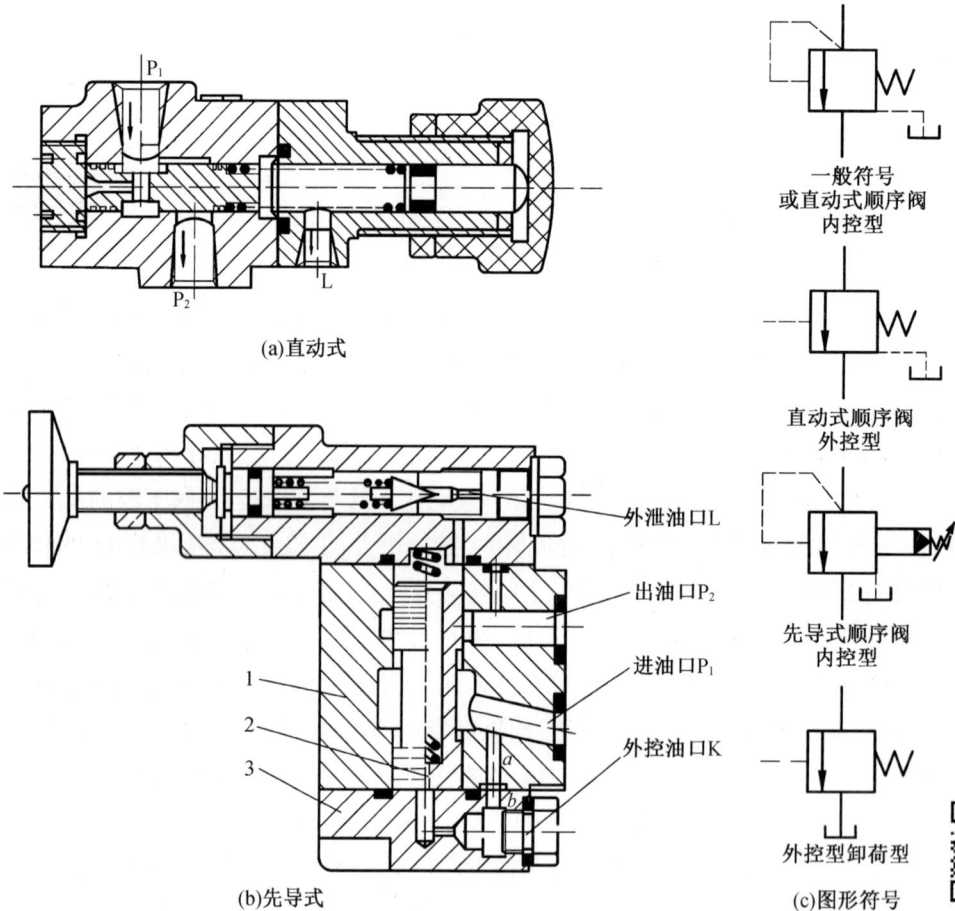

(a)直动式

(b)先导式

一般符号
或直动式顺序阀
内控型

直动式顺序阀
外控型

先导式顺序阀
内控型

外控型卸荷型

(c)图形符号

外泄油口L
出油口P₂
进油口P₁
外控油口K

1—阀体;2—阻尼孔;3—阀盖。

图 3-13　顺序阀

顺序阀与溢流阀的结构基本相似,它们的区别如下:

(1)顺序阀出口油路通常通往执行机构,而溢流阀出口油路通常直通油箱。

(2)顺序阀一旦开启即全开,一旦关闭即全关,主阀芯不会停在全开与全闭之间的位置,故开启时液流的压力损失很小,进出口压差小;而溢流阀工作时,阀芯会根据控制压力大小停在全开、全关及相应的中间位置,故处于溢流状态时液流的压力损失一般是较大的。

(3)顺序阀通常是外泄式的,而溢流阀通常是内泄式的。

(4)顺序阀外控时,只有当外控油路中的油压达到调定压力,顺序阀才会全开;而溢流阀外控时,只有当外控油路泄压,溢流阀才会全开。

三、流量控制阀

流量控制阀是靠改变阀的开度来改变流通面积,从而控制流量的一种控制阀,包括节流阀、调速阀等,通常多用于定量泵系统,借以控制执行机构的运动速度。

1. 节流阀

节流阀是靠移动或转动阀芯的方法直接改变阀口的流通面积,从而改变流量的阀。节流阀装在定压液压源后面的油路中或定量液压源的分支油路上,便可以起到调节流量的作用。

(1)节流阀的结构

节流阀的结构和图形符号如图 3-14 所示,它由阀体、顶盖、底盖、阀芯、调节螺母和弹簧等组成。油液从进油口 P_1 进入,经阀芯的节流口从出油口 P_2 流出。旋转调节螺母,使阀芯轴向移动,就可以改变流通截面积(图中为轴向三角沟流通截面),阀芯下部的弹簧使阀芯始终紧压在推杆上。

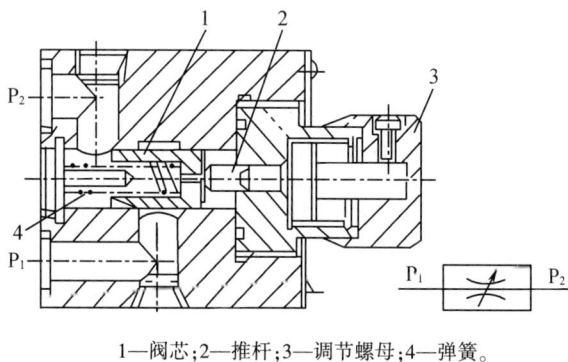

1—阀芯;2—推杆;3—调节螺母;4—弹簧。

图 3-14 节流阀

单向节流阀用于需要单方向控制流量的系统中。它与节流阀结构基本相同,主要区别是它的阀芯一分为二,这样当压力油反向从油口 P_2 进入时,油液将阀芯下压而不受节流阀的影响,畅通无阻地流到油口 P_1。

节流阀具有结构紧凑、简单、故障少等特点,但它不能自动补偿因负载及油液黏度变化而引起的流量不稳定。

单向节流阀

（2）节流阀的特性

节流阀的流量特性可用以下特性方程来表示：

$$Q = KA\Delta p^m \tag{3-3}$$

式中　Q——通过节流口的容积流量。

K——节流系数，由节流口形状、油液性质及流动状态决定。

A——节流口的流通面积。

Δp——节流口前后的压差。

m——由节流口形状决定的指数，薄壁小孔（孔长小于孔径的一半）$m=0.5$；细长孔（孔长远大于孔径）$m=1$；一般节流口 m 介于二者之间。

对开度既定的节流阀来说，影响流量的主要因素有：

①节流口前后的压差 Δp。当负载变化时，阀后油压也将改变，则节流阀的流量就将改变，从而使执行机构的速度相应改变。节流口越接近薄壁小孔，m 值越小，Q 受 Δp 变化的影响就越小。

②油温。油温变化会引起油液黏度变化。对细长孔来说，黏度减小时流量会增加；对薄壁孔来说，流量一般与黏度无关，只有当压差及通流截面较小，雷诺数低于临界值时，流量才会受黏度的影响。

③节流口阻塞。节流阀在小开度时因油液中存在着杂质、胶质等影响，容易发生阻塞，这样改变了原先调好的流通面积，使流量发生变化。一般来说，节流流程越短，流通面积越大，越不容易阻塞。

2. 调速阀

节流阀虽可通过改变节流口大小的办法来调节流量，但是因阀前后压差可能变化，以致调定后并不能保持流量稳定，所以对速度稳定性要求较高的执行机构来说，就不能将普通节流阀作为调速之用。

（1）串联减压调速阀

普通的调速阀由定差减压阀和节流阀串联而成，在负载变化时定差减压阀能使节流阀前后压差近似不变，从而使通过阀的流量大致恒定。图 3-15 所示为串联减压调速阀的工作原理和图形符号。

压力为 p_0 的油液，先经定差减压阀 1 节流降压至 p_1，然后再经节流阀 2 降至 p_2。这样，若减压阀的阀芯开度能自动地进行调节，以使节流阀前后压差 $p_1 - p_2$ 基本保持恒定，则节流阀的流量也就可大体保持稳定。

定差减压阀的工作原理如下：阀芯上端的油腔 b 经孔 a 与节流阀 2 后面的油腔相通，压力为 p_2；而油腔 c 和 d 则分别经 f 和 e 与节流阀 2 前的油腔相通，压力为 p_1。当载荷 R 增大导致 p_2 升高时，减压阀 1 的阀芯即会因上端油腔 b 中的油压增加而下移，使减压阀阀口开大，于是 p_1 增加；反之，如载荷 R 减小导致 p_2 降低，则阀芯就会因上方油压减小，而在 c、d 油腔油压 p_1 的作用下上移，将阀口关小，p_1 也就随之减小。因此，当阀芯稳定时，如忽略不大的阀芯重力和摩擦力，则可写出阀芯上作用力的平衡方程式：

$$p_1 A = p_2 A + F_s \tag{3-4}$$

式中　A——减压阀阀芯大端面积；

F_s——减压阀的弹簧张力。

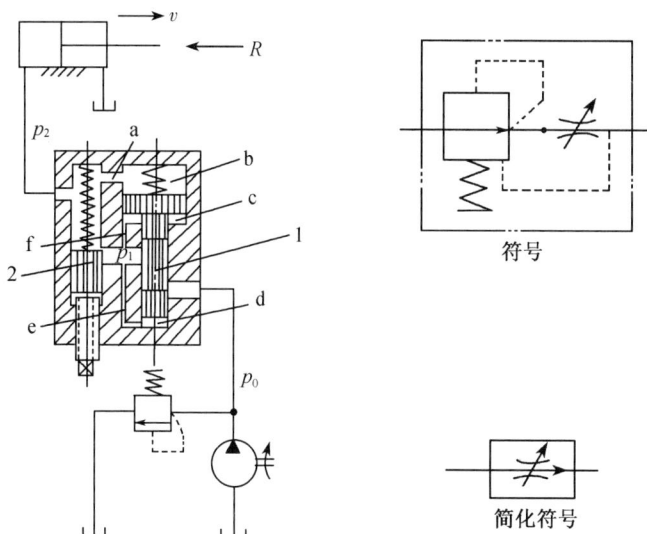

1—定差减压阀;2—节流阀。

图 3-15　串联减压调速阀

由于阀芯的移动阻力不大,弹簧可以做得较软,而阀芯的移动量也不大,故弹簧张力 F_s 变化不大,这样一来,节流阀前后的压差 p_1-p_2 可基本保持不变,调节节流阀的开度即可调节调速阀流量。

(2)并联溢流调速阀

并联溢流调速阀由定差溢流阀和节流阀并联而成,亦称溢流节流阀。负载变化时定差溢流阀能使节流阀前后的压差近似不变,从而使通过阀的流量大致恒定。图 3-16 所示为该阀的工作原理和图形符号。

来自定量油源压力为 p_1 的油液进入调速阀后,一路绕过定差溢流阀 2,经节流阀 1 节流后供往执行机构;另一路则经定差溢流阀 2 由泄油口泄往油箱。定差溢流阀 2 与前面讲过的一般溢流阀不同,其溢流量是由节流阀前后的压力 p_1 和 p_2 之差来控制的,故能使 p_1-p_2 大致保持恒定。其工作原理如下:溢流阀下方的油腔 a、b 和上方油腔 c 分别与节流阀的进口和出口相连通,油压分别为 p_1 和 p_2。p_2 因负载增加向升高时,溢流阀 2 的阀芯就会因上方的油压升高而下移,使阀口关小,溢流量减少,p_1 便升高;反之,当 p_2 减小时,溢流阀 2 的阀芯就会上移,使溢流量增加,p_1 也就随之减小。溢流阀 2 的阀芯上作用力的平衡方程式为

$$p_1 A = p_2 A + F_s \tag{3-5}$$

这里,弹簧力 F_s 和阀芯的移动量也都不大,故当阀芯处在不同位置时,p_1-p_2 的变化也就不大。因为这种阀不是与定压油源而是与定量油源配合使用,为防止负载过大时 p_2、p_1 升得过高,故节流阀的出口一般都装有安全阀 3。

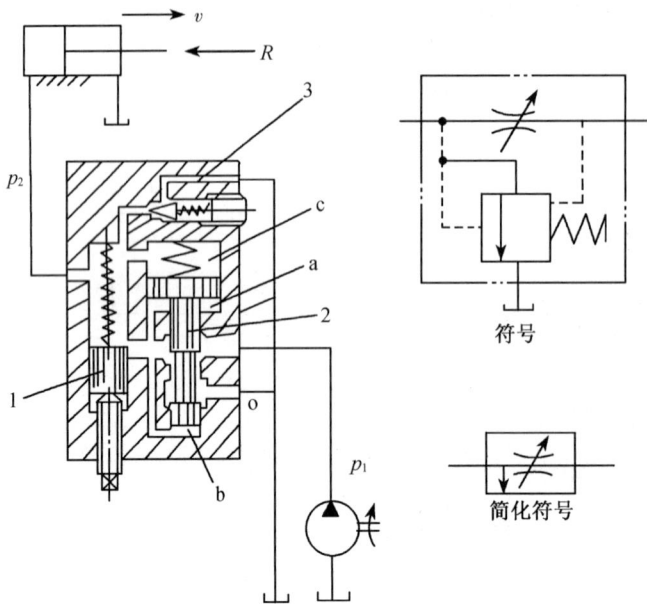

1—节流阀;2—定差溢流阀;3—安全阀。

图3-16 并联溢流调速阀

并联溢流调速阀与串联减压调速阀相比,定差溢流阀阀芯的移动阻力较大,故弹簧必须较硬。这是因为定差溢流阀阀芯所受稳态液动力(阀口液体流量变化对阀芯的反作用力)与弹簧力方向相反(定差减压阀是相同)。

第二节 液 压 泵

液压泵的功能是将原动机的机械功率转变为油液的压力能,为液压系统提供动力。在船舶甲板机械中,常用的液压泵的图形符号如图3-17所示。容积式泵因为具有理论流量与排出压力无关,且比较容易获得较高排出压力的特性,因而被广泛用作液压泵,主要有齿轮泵、叶片泵、螺杆泵、柱塞泵等几种型式。柱塞泵采用多作用的回转油缸型式,取消了泵阀,从而在性能上取得了突破,满足了提高转速、均匀供液和减小体积的要求,并可做成变量泵。柱塞泵按其柱塞布置方式的不同分为径向式和轴向式两大类。

(a)单向定量液压泵   (b)双向定量液压泵   (c)单向定量液压泵   (d)双向定量液压泵

图3-17 液压泵图形符号

一、径向柱塞泵

1. 工作原理

如图 3-18 所示，径向柱塞泵的主要部件有柱塞 1、定子 2、缸体 3、衬套 4、配油轴 5 等。由于该泵的柱塞沿缸体径向布置，故称为径向柱塞泵。

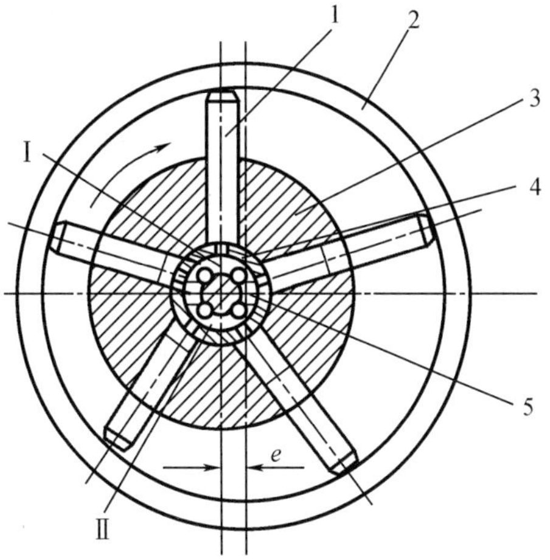

1—柱塞；2—定子；3—缸体；4—衬套；5—配油轴。

图 3-18　径向柱塞泵工作原理

柱塞 1 径向安装于在缸体 3 中。泵轴与缸体的一个端面相连接，配油轴从缸体的另一端插入缸体中心的衬套中。配油轴固定不动，泵轴带动缸体及其中的柱塞一起旋转，衬套紧配在缸体孔内，随着缸体一起旋转。柱塞靠离心力的作用（或低压油的作用）紧贴定子的内壁。定子中心与缸体中心的偏心距可通过移动定子的左右位置来进行调节。定子可由柱塞头部摩擦力带动而绕自己的中心转动（也称浮动），以减轻柱塞头部的磨损。

当原动机带动缸体沿顺时针方向旋转时，由于定子与缸体间有偏心距 e，柱塞转到上半周时向外伸出，缸体内的密闭空间逐渐增大，油液经衬套 4 上的油孔，从配油轴 5 的吸油口 I 吸入；当柱塞转到下半周时，柱塞逐渐沿径向向内缩进，缸体内的密闭空间逐渐减小，便向配油轴的压油口 II 压油。当缸体旋转一周时，每个柱塞吸、排油各一次。只要缸体连续不断地运行，泵就可连续不断地吸排油。

由图 3-18 可知，当油缸顺时针转动时，上窗口为吸油窗口，下窗口为压油窗口。上下窗口间的配油轴与衬套形成两段密封面，密封面的宽度应能封住衬套上的孔口，它将吸油窗口与压油窗口隔开。其宽度不能过大，否则将产生困油现象。配油轴一侧承受高压，另一侧承受低压，产生一个很大的径向负荷，因此配油轴一般做得很粗，以免变形过大。

2. 流量计算

径向柱塞泵的油缸每转一圈，柱塞的行程为 $2e$，则其平均理论流量 Q_T 为

$$Q_T = \frac{\pi}{4} d^2 2eZn \qquad (3-6)$$

式中　d——柱塞直径；

Z——柱塞数；

e——偏心距；

n——泵轴转速。

从上式可以看出，油泵的流量与偏心距 e 有关。偏心距越大，流量越大；偏心距为零，流量为零。偏心距方向改变，则吸、排油口就互换，油泵成为变向泵。

二、轴向柱塞泵

轴向柱塞泵依变量方式的不同，可分为斜盘式和斜轴式两类。

1. 斜盘式轴向柱塞泵

图 3-19 为斜盘式轴向柱塞泵的工作原理图。轴向柱塞泵的主要部件有泵轴 1、配油盘 2、斜盘 5 和缸体 3 等。缸体内均匀分布着一圈油孔，每个油孔内有一个柱塞，柱塞与缸体轴线平行或接近平行。泵轴与缸体用花键连接，当泵轴旋转时，缸体内的柱塞随着缸体一起转动。柱塞在底部油压、弹簧及斜盘的作用下沿其本身的轴线在缸体内做往复运动，改变了缸内的工作容积。斜盘能绕 O 点偏转，即其轴线相对于泵轴线的倾角 β 可改变。缸体的左端面紧贴在配油盘 2 上，配油盘用定位销与泵体固定，盘上左右有两段弧形的配油窗口 6，它一侧对准各油缸底部配油孔，另一侧分别与泵体内两油道及油管接口 7、8 相通。

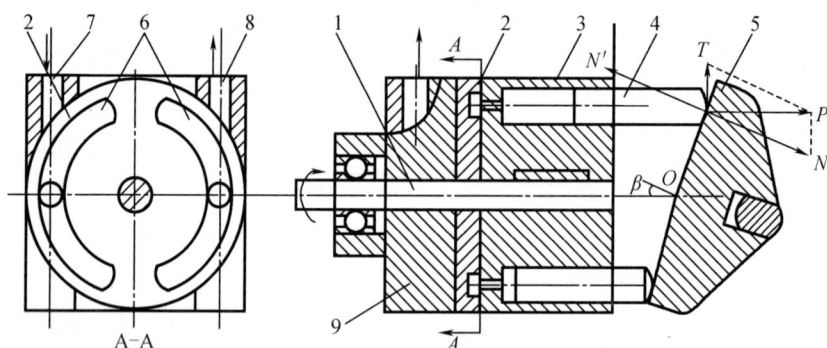

1—泵轴；2—配油盘；3—缸体；4—柱塞；5—斜盘；6—配油窗口；7、8—油管接口；9—泵体。

图 3-19　斜盘式轴向柱塞泵工作原理图

当传动轴按图示方向旋转时，柱塞在其自下而上回转的半周内逐渐向外伸出，缸体内密封工作容积不断增加，将油液经配油盘 2 上的配油窗口吸入；当柱塞在其自上而下回转的半周内又逐渐向里推入，密封工作容积不断减小，将油液从配油盘窗口向外压出。缸体每转一周，每个柱塞往复运动一次，完成一次吸油和排油动作。油泵工作时，缸体连续转动，油泵连续输出高压油。

斜盘式轴向柱塞泵的平均理论流量 Q_T 为

$$Q_T = \frac{\pi}{4}d^2 D \tan \beta Z n \qquad (3-7)$$

式中　d——柱塞直径；

D——柱塞分布圆直径；

Z——柱塞数；

β——斜盘倾角；

n——泵轴转速。

从上式可以看出，改变斜盘的倾角 β 的大小和方向，就可以改变泵的流量和方向，斜盘的倾角越大，泵的流量也越大。因此，轴向柱塞泵可以成为变向变量泵。

轴向柱塞泵与径向柱塞泵相比结构简单、效率高、径向尺寸小、转动惯量小、自吸性能好、受力条件好，目前在船舶液压机械中广泛使用。

2. 斜轴式轴向柱塞泵

图 3-20 为斜轴式轴向柱塞泵的工作原理图。电动机驱动传动轴 5，带动与传动轴盘组成球铰的连杆 4（连杆转动时做小角度摆动），通过连杆 4 锥形表面与柱塞 3 内壁表面的接触，驱动缸体 2 转动，使柱塞的底腔容积发生变化，于是，通过配油盘 1 的相应配油窗口和泵体内的油路，即可完成吸排作用。斜轴泵的流量计算公式与斜盘式柱塞泵类似，只是柱塞的行程 $h = D\sin\beta$，这里 D 为传动轴盘上球铰分布圆的直径，β 为油缸摆角。

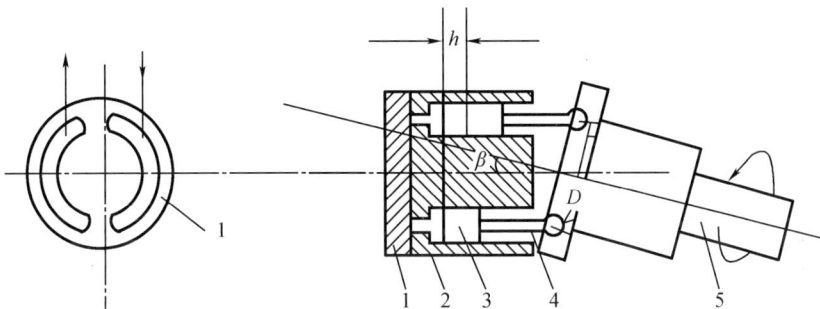

1—配油盘；2—缸体；3—柱塞；4—连杆；5—传动轴。

图 3-20　斜轴式轴向柱塞泵工作原理图

3. CY14-1 型斜盘式轴向柱塞泵结构实例

图 3-21 所示为 CY14-1 型斜盘式轴向柱塞泵，它由主体和伺服变量机构两部分组成。

（1）主体部分

传动轴 1 通过花键与缸体 4 连接，在缸体 4 上按轴线方向均匀分布 7 个油缸，各缸中均装有柱塞 20，柱塞的端部与滑履 19 铰接，滑履靠定心弹簧 6 通过内套 7、钢球和回程盘 8 抵压在斜盘 16 上，定心弹簧的另一端则通过外套 5 将缸体紧压在配油盘上。斜盘 16 以其耳轴（见图 3-24）支承在变量机构壳体 17 上。配油盘 3 则用定位销固定在泵体 2 上。

当缸体带动柱塞、滑履和回程盘回转时，如斜盘处于倾斜位置，柱塞就会在油缸中作往复运动，通过泵体中的两条油路和配油盘上的两个配油口分别进行吸、排。如果泵的吸入压力较低，那么吸入行程中就要靠定心弹簧的张力，通过回程盘和滑履将柱塞从油缸中拉出。

泵的内部泄漏主要发生在：配油盘与缸体之间，柱塞与缸体之间，滑履与斜盘之间，以及滑履与柱塞的球头之间。漏出的油液则从泵体上部的泄油口用泄油管引回油箱。

1—传动轴;2—泵体;3—配油盘;4—缸体;5—定心弹簧;6—外套;7—内套;8—回程盘;9—拉杆;
10—伺服滑阀;11—伺服滑阀套;12—差动活塞;13—刻度盘;14—拨叉;15—销;16—斜盘;
17—变量机构壳体;18—单向阀;19—滑履;20—柱塞。

图 3-21 CY14-1 型斜盘式轴向柱塞泵

①配油盘

配油盘的作用是保证准确、合理地对泵进行配油,防止困油现象;同时承受柱塞、缸体对它产生的轴向力,保证与缸体间的动密封以及泵体(进出油道)间的静密封。

图 3-22 所示为 CY14-1 型柱塞泵配油盘结构图。配油盘上的两个弧形配油口分别与泵体上的两个吸、排油腔相通。盘上靠外面的环槽以外部分是辅助支承面,不起密封作用,但可增加缸体和配油盘的接触面积,以减小比压,减轻磨损。

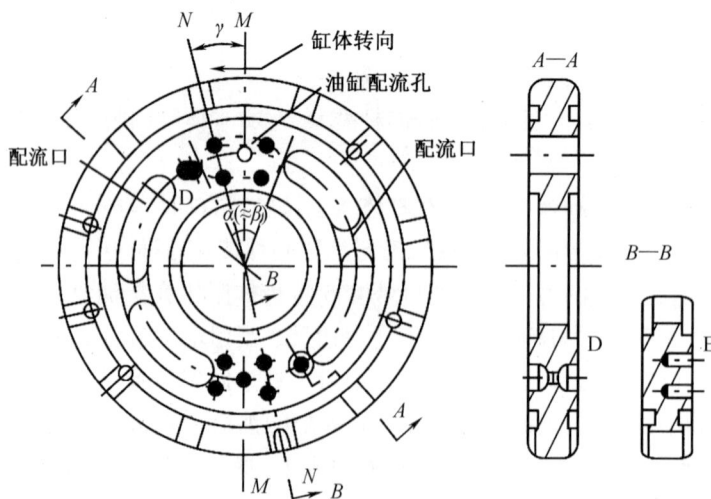

图 3-22 CY14-1 型柱塞泵配油盘结构图

为了避免柱塞在转过吸、排配油口之间的封油区时将两个配油口沟通,配油盘上封油区的封油角 α 必须大于油缸配油孔的包角 β。但是这样一来,在油缸配油孔越过封油区时,该油缸的容积随缸体转动仍会变化,从而产生困油现象。同时,在油缸配油孔离开封油区时,则又会因突然接通排油口或吸油口而造成油压突变,发生液压冲击,产生很大的噪声。为了消除上述弊端,CY14-1 型柱塞泵的配油盘采用非对称负重叠型结构。负重叠型是指在配油盘上钻有阻尼孔 D,该孔与配油盘相应的配油口相距很近,靠泄漏即相当于与该配油口节流相通。这样,封油角 α 与油缸配油孔的包角 β 之差为 0°~ -1°。由于采用了这种结构,当油缸的配油孔即将与吸(排)油口断开时,就已开始通过阻尼孔 D 间接沟通另一配油口,这样即可消除困油现象,又可使油缸中的油液经阻尼孔逐渐地与另一配油口相通,压力变化比较平缓,从而避免了液压冲击,对容积效率影响也不大。所谓非对称型配油盘,是指配油盘的中线 N—N 相对于斜盘中线 M—M 朝缸体旋转方向偏转了一个 γ 角。以保证当缸体配油孔处在对称于斜盘中线 M—M 的中间位置时,是刚刚与一个配油窗口脱开,并与另一个配油窗口的阻尼孔重叠 0°~ -1°。这样既避免了液压冲击,又能消除困油现象。由于这种泵采用非对称型配油盘,故只能按规定方向单向运转。为了保证配油盘安装位置正确,它与泵体之间设有定位销。

此外,在配油盘的封油区还设有若干个盲孔 E,它可起存油润滑作用,以减轻磨损。

配油盘与缸体间的密封与静压支承:在配油盘的配油窗口及其两侧的环形密封面上,存在着横截面呈梯形分布的油液压力。只要密封面的宽度选择适当,缸体压紧配油盘的油压力就可比撑开力稍大一些(大 6%~10%),实现静压支承,从而既保证密封又减轻磨损。

②柱塞副

图 3-23 所示为柱塞与滑履的结构和受力情况。由图可见,在滑履和柱塞的中心都钻有小孔,它可使压力油经小孔通到柱塞与滑履及滑履与斜盘之间的摩擦面上,从而起到润滑和静压支承作用。设计时只要适当选取滑履底部及其圆盘状小室的尺寸,即可借滑履底部呈圆台形分布的油压撑开力 p_c,抵消大部分柱塞传给滑履的法向力 N(N 比 p_c 大 10%~15%),这样既可大大减小比压,使磨损和功耗减小,又可使滑履较好地压紧在斜盘上,防止产生过大的泄漏损失。

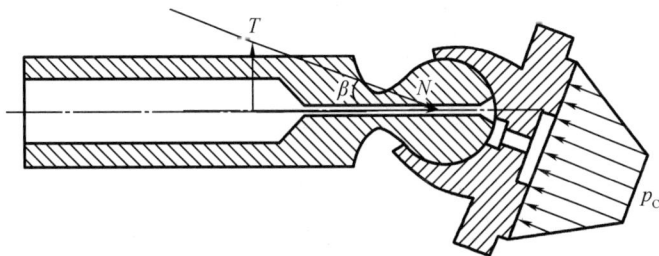

图 3-23 柱塞与滑履的静力平衡

(2)伺服变量机构

CY14-1 型斜盘式轴向柱塞泵采用液压伺服变量机构控制泵的流量和流向。

泵的吸、排腔在泵壳中均通过各自的油路 b、c 及单向阀 18 与差动活塞 12 下方的油腔 d 相通,工作时由泵的排出腔向 d 腔供压力油。如经拉杆 9 拉动伺服滑阀 10,使其向上移动某一距离,将油孔 f 开启,则差动活塞上方油腔 g 中的油液就会泄入泵体,于是,差动活塞便会在 d 腔油压的作用下向上移动,直到油孔 f 重新被滑阀遮蔽为止。这样,利用差动活塞的上移,通过斜盘背面的销轴(见图 3-24)就会带动斜盘,使其绕自己的耳轴偏转,改变倾角 β,从而实现流量和流向的改变。

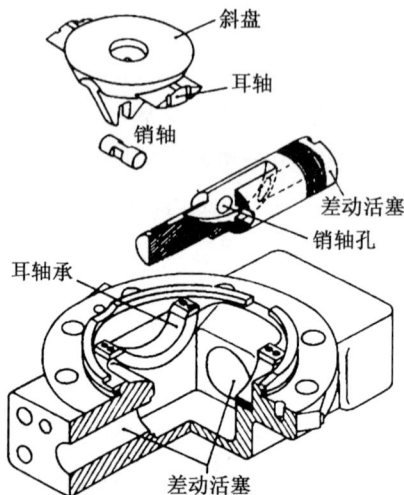

图 3-24　CY14-1 型柱塞泵的伺服变量机构

反之,如经拉杆使滑阀下移某一距离,则孔 e 开启,d 腔中的压力油便会进入 g 腔,使 d、g 两腔油压相等,但因差动活塞的上部端面大于下部端面,所以活塞在上述油压差的作用下就会下移,直到孔 e 重新被滑阀遮蔽为止。

油泵流量的大小可由差动活塞带动拨叉 14 从刻度盘 13 上示出。刻度盘共分 10 格,每格相当于额定流量的 10%。

当变量机构是由轴向柱塞泵自身供给控制油时,则泵在中位运转时因无压力油可供,这时要使差动活塞离开中位,需靠拉杆 9 直接拉动。因此,经常需要换向的变量泵其控制油一般都由辅泵供给。

第三节　液压马达

液压缸输出直线运动,液压马达(亦称油马达)输出回转运动,它们都是液压装置的执行元件,其作用是将液压油的压力能转换为机械能,带动机械设备工作。液压马达输出的是扭矩和转速,其大小取决于液压马达的工作容积和输入油液的压力和流量。根据液压马达扭矩和转速的不同,可以将其分为低速大扭矩液压马达和高速小扭矩液压马达。

一、主要性能参数

1. 转速

（1）理论转速 n_T

理论转速是指输入液压马达的流量在无泄漏时所能得到的转速。

如果供入液压马达的理论流量为 Q_T（单位是 m^3/s），油马达每转排量（简称排量）为 q_T（单位是 m^3/r），则油马达理论转速为

$$n_T = \frac{60Q_T}{q_T} \tag{3-8}$$

（2）实际转速 n

实际转速是指输入液压马达的流量在有泄漏时所能得到的转速。

如果液压马达的容积效率为 η_V，则油马达的实际转速为

$$n = \frac{60Q_T}{q_T} \eta_V \tag{3-9}$$

（3）最低稳定转速

由于摩擦力、泄漏和转矩脉动的影响，当转速较低时会出现转矩不均和爬行现象。最低稳定转速是指在额定负载下，不出现上述现象的最低转速。

（4）最高使用转速

最高使用转速是指转速过高时，各运动副磨损加剧，各流通部分压力损失增加，考虑到寿命和效率情况而规定的可使用的最高转速。

2. 扭矩

（1）理论扭矩 M_T

马达的理论液压功率全部转换为理论机械功率时输出的扭矩即为理论扭矩，其转矩为

$$M_T = \frac{\Delta p q_T}{2\pi} \tag{3-10}$$

式中　Δp——液压马达进、出口压力差；

　　　q_T——油马达排量。

（2）实际扭矩 M

液压马达输出轴上实际输出的扭矩。

（3）启动扭矩 M_0

在额定压力下，液压马达转速为零时输出轴上所产生的扭矩。

3. 功率

（1）输入功率 P_i

液压马达的输入功率为液压功率，可以用输入油液的流量和压力差表示，即

$$P_i = \Delta p Q_T = \Delta p q_T n_T \tag{3-11}$$

（2）输出功率 P

液压马达的输出功率可由实际扭矩和实际转速表示，即

$$P = M\omega = M2\pi n \qquad (3-12)$$

式中　ω——角速度。

4. 效率

（1）机械效率

由于各零件间相对运动及油液与零件间相对运动的摩擦而产生的能量损失称为机械损失。液压马达的机械损失表现在实际输出扭矩的降低，即

$$M = M_{\mathrm{T}} - \Delta M \qquad (3-13)$$

式中　ΔM——由于摩擦而产生的扭矩损失。

机械损失的大小由机械效率 η_{m} 来表示，即

$$\eta_{\mathrm{m}} = \frac{M}{M_{\mathrm{T}}} = \frac{M_{\mathrm{T}} - \Delta M}{M_{\mathrm{T}}} = 1 - \frac{\Delta M}{M_{\mathrm{T}}} \qquad (3-14)$$

（2）容积效率

液压马达内有各种泄漏，故其实际流量大于其理论流量，其泄漏量 ΔQ 为

$$\Delta Q = Q - Q_{\mathrm{T}} \qquad (3-15)$$

泄漏损失的大小由容积效率 η_{V} 来表示，即

$$\eta_{V} = \frac{Q_{\mathrm{T}}}{Q} = \frac{Q - \Delta Q}{Q} = 1 - \frac{\Delta Q}{Q} \qquad (3-16)$$

（3）启动效率

由于静摩擦系数大于动摩擦系数，启动扭矩小于同压力时的理论扭矩，二者之比称为启动效率 η_0，即

$$\eta_0 = \frac{M_0}{M_{\mathrm{T}}} \qquad (3-17)$$

（4）总效率

液压马达的总效率等于输出功率与输入功率之比，即

$$\eta = \frac{P}{P_{\mathrm{i}}} = \frac{M2\pi n}{\Delta p Q_{\mathrm{T}}} = \frac{MM_{\mathrm{T}}2\pi n}{M_{\mathrm{T}}\Delta p Q_{\mathrm{T}}} = \frac{M}{M_{\mathrm{T}}} \cdot \frac{\dfrac{\Delta p q_{\mathrm{T}}}{2\pi} \cdot 2\pi \cdot \dfrac{Q_{\mathrm{T}}\eta_{V}}{q_{\mathrm{T}}}}{\Delta p Q_{\mathrm{T}}} = \eta_{\mathrm{m}}\eta_{V} \qquad (3-18)$$

二、液压马达的图形符号

在船舶甲板机械中，常用液压马达的图形符号如图 3-25 所示。

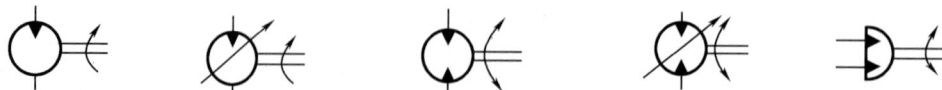

(a)单向定量液压马达　(b)单向变量液压马达　(c)双向定量液压马达　(d)双向变量液压马达　(e)摆动式液压马达

图 3-25　液压马达图形符号

三、活塞连杆式油马达

连杆式马达是应用较早的一种径向柱塞式马达,国外称为斯达发(Staffa)马达。

图 3-26 所示为活塞连杆式油马达工作原理图。在星形壳体上径向地设有 5 个油缸,每个缸中装有活塞,它与连杆的球头铰接,连杆大端做成与偏心轮外径相等的凹形柱面。偏心轮圆心为 O,它与输出轴旋转中心 O_1 的偏心距为 e。配油轴与输出轴连接在一起,并随输出轴一起转动。

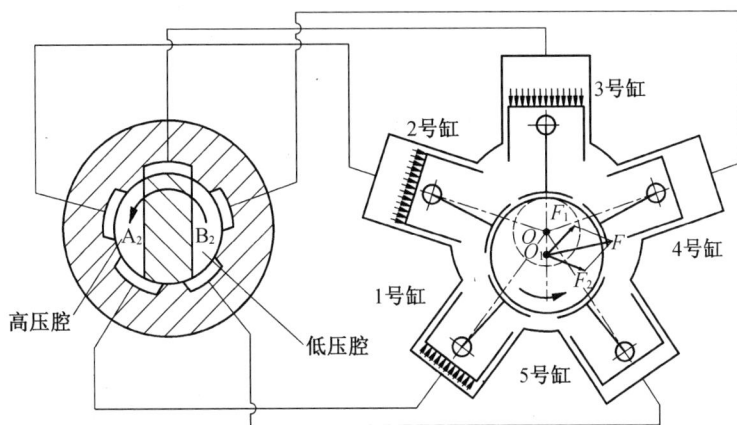

图 3-26　活塞连杆式油马达工作原理图

当马达的偏心轮处于图 3-26 所示位置时,压力油经 A_2 进入 1、2 号缸,作用在两缸活塞上的油压力沿连杆方向的分力 F_1、F_2 传递到偏心轮上,指向偏心轮的圆心 O_1,对输出轴(中心线通过 O)形成扭矩,使其逆时针回转;而 4、5 号缸中的油则经 B_2 回油。当进油缸的活塞被推至下止点(如 3 缸所在位置)时,由于配流轴在随同转动,该缸将与 A_2 错开而与 B_2 接通,准备回油。而当活塞到上止点时,该缸又将与回油腔错开,接通进油腔,如图中 5 号缸即将到达的位置那样。所以,一旦曲轴和配流轴在进油油压作用下转动,各缸就会按序轮流进、回油,使马达连续运转。连杆式马达回油背压需大于 0.2 MPa,转速越高则背压应越高,否则活塞从上止点回行的后半行程减速时,连杆的抱环和球轴承座可能因活塞惯性力过大而损坏。

若改变进、回油方向,则图示位置压力油将从 B_2 进入 4、5 号缸,而 1、2 号缸中的油则经 A_2 回油,马达将反转。

四、静力平衡式油马达

静力平衡式油马达是在活塞连杆式油马达基础上发展起来的,它取消了连杆,而代之以五星轮,在主要摩擦力之间实现了静力平衡,其工作原理如图 3-27 所示。油马达的偏心轮和输出轴是一个整体,输出轴也是配油轴。五星轮 3 滑套在偏心轴的偏心轮上,两者之间可以自由转动。在五星轮的五个平面上各嵌装了一个压力环 4,空心柱塞 2 的底面紧贴压力环的端面,柱塞中间装有弹簧,保证柱塞不与压力环脱开。进出油从输出轴的一端引入或引出,高压油经配油轴中孔道通到偏心轮上的空腔,然后经五星轮中的径向孔、压力环、柱塞底部的贯通孔进入油缸的工作腔内。在图示位置时,配油轴上方的三个油缸通高压油,下方的两个油缸通低压回油。

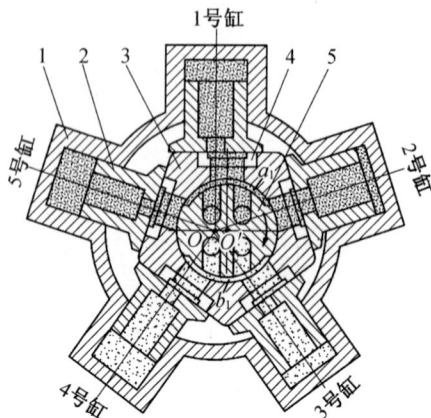

1—壳体;2—柱塞;3—五星轮;4—压力环;5—偏心轮。

图 3-27 静力平衡式油马达的工作原理图

此时在每个高压油缸中各形成一个高压油柱,其一端作用在缸盖上,另一端作用在偏心轮表面上,并通过偏心轮中心,各缸形成一个合力,推动偏心轮绕着输出轴中心转动。输出轴回转时,五星轮做平面平行运动,柱塞做往复运动引起容积变化,使其完成进、回油。只要连续不断供油,就能使液压马达连续转动,改变液压马达的进、回油液流方向,液压马达就反向旋转。

图 3-28 所示为 10JYM-135 静力平衡式油马达结构图。这种油马达是一种双排结构马达,两偏心轮偏心方向相差180°,有利于改善轴承的受力条件,每排油缸都有自己的进、排油孔,油马达可以单排工作,也可以双排工作,在供油量相同的情况下,单排工作时转速提高近一倍。

壳体中每排有五个沿圆周均匀分布的径向柱塞,在柱塞的底部还设有压力环8,它与五星轮的配合间隙较大,具有足够的浮动余地,故可补偿缸体、柱塞和五星轮等的加工误差,保证柱塞底部端面的密封。在压力环下面,还装有尼龙挡圈和O形密封圈。压力环由定位套6固定,而定位套6则用弹簧挡圈来固定。空心柱塞依靠弹簧和油压作用力紧紧压在压力环的端面上,并压紧O形密封圈,其最大压缩量由内套的高度确定。

偏心轴用一对滚动轴承支持,它的一端为输出轴,另一端有两个环形槽作配油轴的回转接头。从进油口输入的压力油,经回转接头和曲轴内部的轴向孔进入偏心轮的切槽部分,再经过五星轮上的径向孔和柱塞底部的通孔进入油缸,同时,从其他油缸排出的油则经过相应的通道经回转接头排出。

这种油马达与活塞连杆油马达的一个显著区别是,活塞和五星轮并不传递油压力,而只起进、排油空间的密封作用。只要使其尺寸选择得当,则柱塞、压力环和五星轮上承受的油压可基本实现静力平衡。其与活塞连杆式油马达结构上的区别为:连杆由五星轮所代替;配油轴与输出轴做成一体,成为曲轴;此外,取消了壳体中的流道。

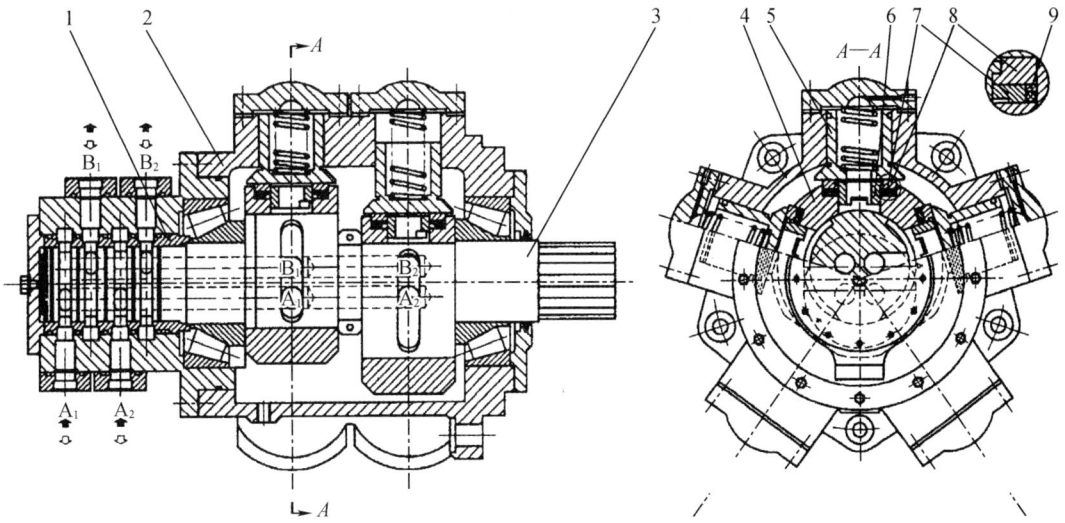

1—配油套；2—壳体；3—曲轴；4—五星轮；5—柱塞；6—定位套；7—内套；8—压力环；9—外套。

图 3-28　静力平衡式油马达结构图

五、内曲线式油马达

内曲线式油马达是一种多作用的径向柱塞式油马达。图 3-29 所示为 CNJM3.2 型内曲线式油马达结构图。

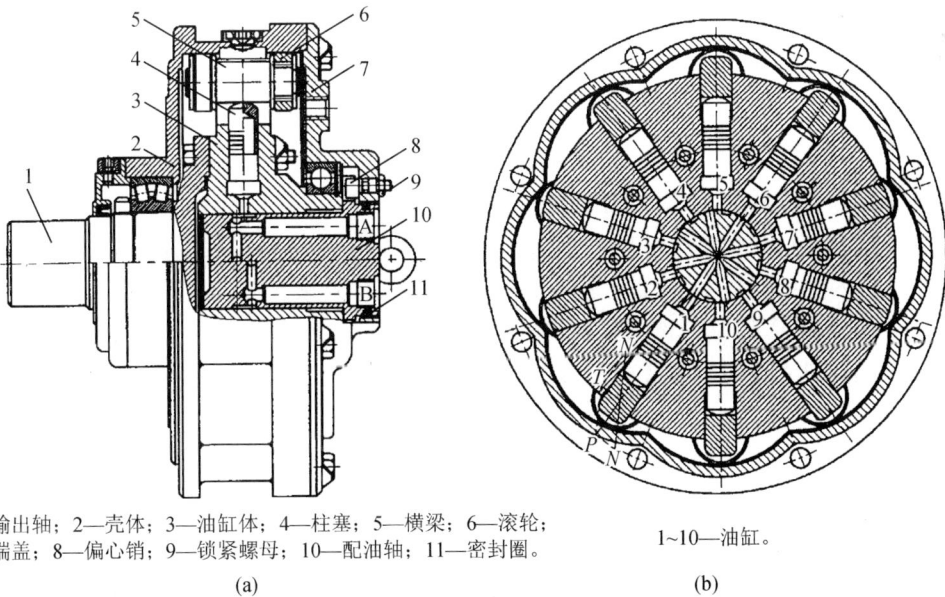

1—输出轴；2—壳体；3—油缸体；4—柱塞；5—横梁；6—滚轮；
7—端盖；8—偏心销；9—锁紧螺母；10—配油轴；11—密封圈。

(a)

1~10—油缸。

(b)

图 3-29　CNJM3.2 型内曲线式油马达结构图

图中,定子内表面曲线由相间布置的八段上升和八段下降曲线以及连接它们的过渡圆弧线组成。所形成的曲面也称导轨。导轨曲面的段数 K 决定了液压马达每个油缸的作用次数。转子(油缸体)3 和定子同心布置。在油缸体中,沿径向均匀地分布着若干个液压缸。每个液压缸都配有一个柱塞 4。柱塞的头部顶在横梁 5 上。横梁通过其两端的两个滚轮 6 贴紧定子内表面,并可在其上滚动。输出轴 1 与油缸体 3 用螺栓相连,并由壳体 2 和端盖 7 上的滚动轴承支承。油缸体 3 套装在固定不动的配油轴 10 上。在配油轴的圆周上均匀分布着 2K 个配油窗口。配油口彼此相间地分为数目相等的两组。每一对相邻的油口都分属两组而彼此不通,并总是相反地对应导轨的升降段。工作时两组油口分别经配油轴内的径向孔与轴向孔与外接管 A、B 相通。

当油马达在图示位置时,如果将压力油从油孔 A 通入,则油液就会经配油窗口进入 1、2、6、7 号油缸。这些油缸的滚轮此时正处在各段导轨的同一侧面上,所以,通过上述各缸的柱塞、横梁和滚轮作用在导轨曲面上的油压 p,就可像 1 号油缸所示那样,分解为 N、T 两个分力,其中导轨法向分力 N 与导轨对滚轮的反作用 N 相平衡,而切向分力 T 则使柱塞通过缸体带动输出轴顺时针转动。与此同时,处在各段导轨曲面另一侧的 3、4、8、9 号油缸,正因与排油口相通而排油。回油压力一般保持在 0.5~1.0 MPa,以使处于排油阶段上的滚轮不会与导轨相脱离。

因此,只要对 A 口不断供送压力油液,并使 B 口通畅回油,则油马达将连续运转,并通过输出轴输出转矩。当改变进、排油方向时,油马达则反转。

特别需要指出的是,为了使油缸在转过进、排油窗口之间的区间时能够保证密封,并避免产生困油现象,配油轴面上两相邻油口之间的宽度必须大于缸体上一个配油孔的宽度。同时,在相应的导轨曲面上,必须有一小段圆弧形的过渡线。

由于各配油口之间的密封间隔很短,致使该处的泄漏量成为内曲线液压马达总泄漏量的主要部分,因此,对配油轴和油缸体间的配合间隙也就提出了严格的要求。由于间隙很小,为了补偿制造和安装上的误差,故在配油轴和端盖之间,仅设置了弹性的 O 形密封圈 11 并且不固接,同时在进、排油口和外接油管之间则以软管相连。安装配油轴时,应注意使配油窗口之间密封间隔的中点对准导轨曲面过渡段的中点,否则就会产生困油现象,并因此而产生振动和噪声。然而,配油轴和导轨的相对位置,在制造和安装上都很难保证绝对精确,故在图示的液压马达中,设置了偏心销 8。试车时,松开锁紧螺母 9,稍稍转动偏心销 8,使卡在配油轴凹槽中的偏心轮随之转动,即可对配油轴在圆周方向的安装位置进行微调。如不设偏心销,则为了补偿制造和安装误差,须将导轨曲面的过渡段放大一点。

习　题

1. 为什么串联式调速阀较适用于负荷变化大、流量稳定性要求高的场合?
2. 简述径向泵、轴向泵实现变量的方法。

第四章　液压舵机系统

第一节　舵的作用原理

一、舵设备的组成和类型

舵设备是应用最为广泛的船舶操纵设备,大多数船舶都以舵作为保持或改变航向的设备。它由操纵装置、传动机构、舵机、转舵机构和舵等构成。操纵装置设于船舶驾驶室,它包括舵轮和舵角指示器。传动机构的作用是控制舵机的运转,舵机提供转舵的原动力。转舵机构是将舵机的原动力转化为作用在舵柄上的转舵力矩。舵垂直安装在螺旋桨的后方,依靠转舵后水压力产生的转船力矩使船回转。此外,舵设备中还包括自动停舵装置、舵角限制器以及备用的人力操作的太平舵装置。

舵的型式有很多,按不同标准有多种分类方法。

(1)按舵杆轴线分

①不平衡舵

不平衡舵是指舵叶面积全部分布在舵杆轴线的后方,如图4-1(a)所示。这种舵有多个作为支点的舵钮,舵杆的强度易于保证。但舵上的水压力中心点离舵的转动轴较远,需要大功率的舵机提供较大的转舵力矩。

②平衡舵

平衡舵是指部分舵叶面积在舵杆轴线的前方,且沿着整个舵的高度都有分布,如图4-1(b)所示。这种舵的水压力中心点离舵的转动轴较近,可减小转舵力矩,节省舵机功率。

③半平衡舵

半平衡舵是指舵杆轴线前的舵面积仅仅分布在舵叶的下半部分,如图4-1(c)所示。

(2)按舵的支承形式分

①支承舵

支承舵是指艉柱上有舵的下支承点,如图4-1(a)、(b)所示。

②悬式舵

悬式舵是指舵只有上端(在船内)支承而船外无支承点。

③半悬式舵

半悬式舵是指下支承的位置在舵的半高处,如图4-1(c)所示。

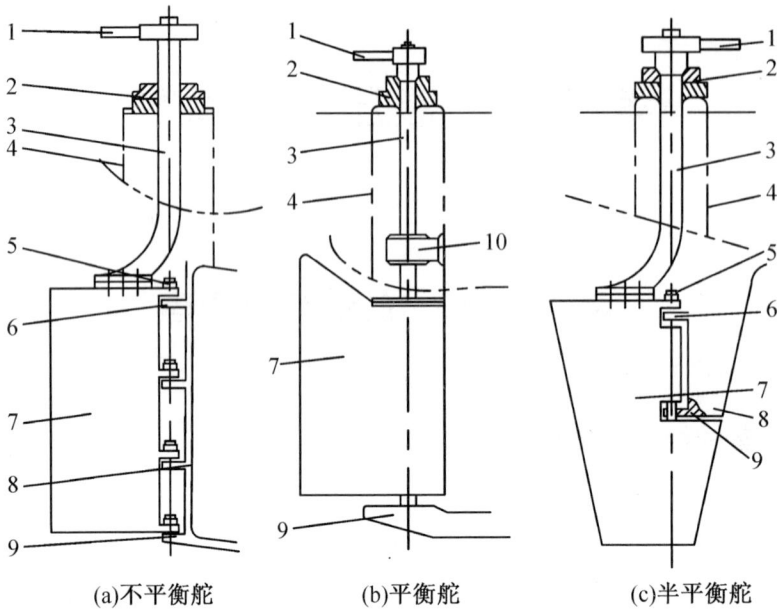

(a)不平衡舵   (b)平衡舵   (c)半平衡舵

1—舵柄;2—上舵承;3—舵杆;4—舵杆套筒;5—舵销;6—舵钮;7—舵叶;8—舵柱;9—舵托;10—舵承。

图4-1 舵的型式

（3）按舵叶剖面形状分

①平板舵

舵的主要构件为一块平板,结构简单,容易制造。

②流线型舵

舵的水平剖面呈流线型,结构复杂,但水动力特性好,航行中水阻力较小。

此外,为了改善船舶的操纵性,还有几种特殊形式的流线型舵,常见的有襟翼舵、反应舵、整流帽舵、主动舵等。

二、舵的水作用力及其对船舶运动的影响

船舶航行时,如舵叶处于正舵位置,即舵角(舵叶横剖面中心线与船舶中线的夹角)$\alpha = 0°$时,则舵叶两侧所受的水作用力相等,对船的运动方向不产生影响。但如将舵叶向某舷偏转任一角度α,则其两侧的水流如图4-2所示,将不再保持对称,水流绕流舵叶时的流程在背水面就要比迎水面的长,背水面的流速也就比迎水面的大,而其上的静压力也就比迎水面的小。这样舵叶两侧所受水压力的合力(称为舵压力)F_N就将垂直舵叶,作用于舵叶的压力中心O,并指向舵叶的背水面。除F_N外,水流还会对舵叶产生与舵叶中线方向一致的摩擦力F_T,它比F_N小得多。所以当舵叶偏转舵角α后,在舵叶的压力中心O上,就会产生一个大小等于F_N和F_T合力的水作用力F。

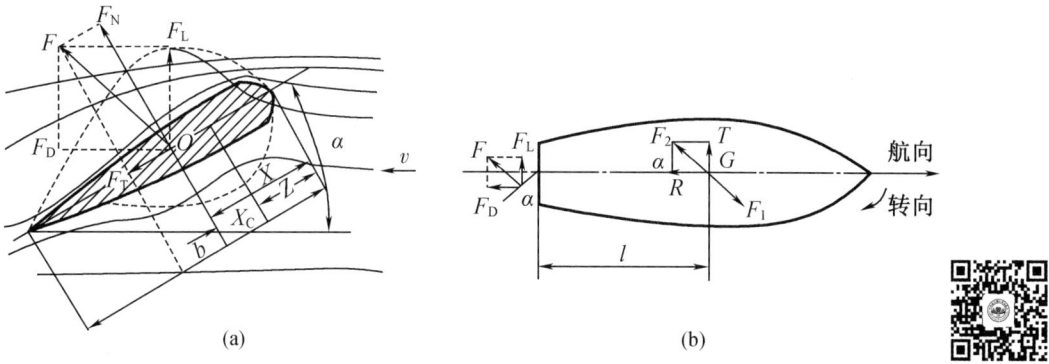

图 4-2 舵上的水作用力及其对船的影响

舵上的水作用力 F 也可分解为与水流方向垂直的升力 F_L 和与水流方向平行的阻力 F_D。

$$F_L = \frac{1}{2} C_L \rho A v^2 \tag{4-1}$$

$$F_D = \frac{1}{2} C_D \rho A v^2 \tag{4-2}$$

$$X = C_X b$$

式中 C_L、C_D、C_X——升力系数、阻力系数、压力中心系数,其大小随舵角 α 而变,并于舵叶的几何形状有关,由模型试验测定;(图 4-3 所示为某型舵叶流体动力特性系数曲线)

ρ——水的密度,kg/m^3;

A——舵叶的单侧浸水面积,m^2;

v——舵叶处的水流速度,m/s,对于处于螺旋桨尾流中的舵,一般可取航速的 $1.15 \sim 1.2$ 倍;倒航最大航速约为正航最大航速的 0.5 倍;

X——舵压力中心至舵导边(迎水垂直边)的距离,m;

b——舵叶的平均宽度,m。

舵的水作用力 F 对船舶运动将会产生一系列的影响。如图 4-2 所示,假设在船舶重心 G 处加上一对方向相反、大小均等于 F 的力 F_1、F_2,那么水作用力 F 对船体的作用可用力矩 M_s 和 F_2 的作用来代替。其中力矩 M_s 由 F 和 F_1 形成,该力矩使船舶绕其中心向偏舵方向回转,称为转船力矩。力 F_2 可分解为 R 和 T 两个分力,其中纵向分力 $R = F_2 \sin \alpha$,增加了船舶前进的阻力,而横向分力 $T = F_2 \cos \alpha$,则使船向偏舵的相反方向漂移。此外,由于水作用力 F 与船舶重心 G 不在同一水平面上,因此船舶在转向的同时,还存在着横倾与纵倾力矩。

由图 4-2 可以看出,转船力矩为

$$M_s = F_L(l + X_C \cos \alpha) + F_D X_C \sin \alpha \approx F_L l = \frac{1}{2} C_L \rho A v^2 l \tag{4-3}$$

式中 l——舵杆轴线至船舶重心的距离,m;

X_C——舵压力中心至舵杆轴线的距离,m,正航时 $X_C = X - Z = C_X b - Z$,其中 Z 为舵杆

轴线至舵叶导边的距离。

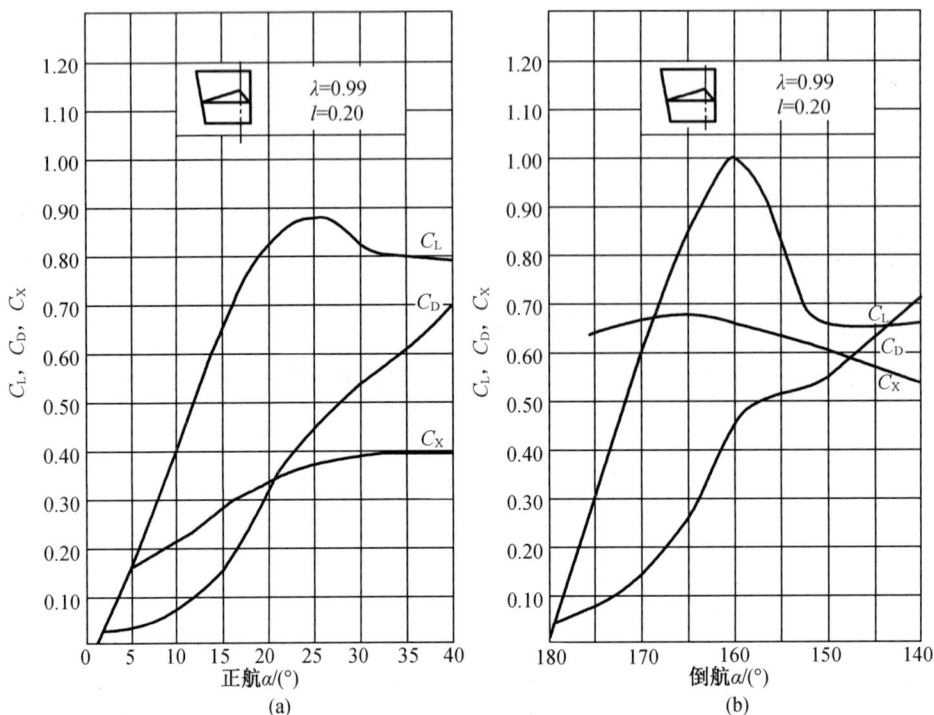

图 4-3 某型舵叶的流体动力特性系数曲线

对于既定船舶来说，从式(4-3)和 C_L 的变化规律可知，转船力矩 M_s 随舵角 α 的增大而增大，并在达到某一舵角时出现极大值 M_{smax}。转船力矩出现极大值时的舵角数值与舵叶的几何形状有关，并主要取决于舵叶的展弦比 λ（λ＝舵叶高度 h/舵叶平均宽度 b）。在其他条件相同时，展弦比 λ 越小，绕流的影响越大，即在同样舵角上所产生的舵压力越小，而达到最大转船力矩时的舵角就越大。

目前海船舵叶的 λ 一般为 2～2.5，转船力矩达到最大值时的舵角大多在 30°～35° 范围内，一般规定 35° 为最大舵角；而河船吃水较浅，λ 一般为 1.0～2.0，转船力矩的最大值出现在 35°～45° 舵角之间，所以最大舵角也就一定在这一范围内。

三、舵的水动力矩和转舵扭矩

舵压力 F 对舵杆轴线所产生的力矩称为舵的水动力矩，用 M_a 表示。从图 4-2 可知，舵的水动力矩为

$$M_a = F_N X_C = (F_L \cos \alpha + F_D \sin \alpha) X_C = \frac{1}{2} C_N \rho A v^2 X_C \tag{4-4}$$

式中，$C_N = C_L \cos \alpha + C_D \sin \alpha$ 称为压力系数，其余符号含义与式(4-1)相同。

操舵装置施加在舵杆上的扭矩称为转舵扭矩，用符号 M 表示。显然舵匀速转动时，转舵扭矩 M 等于水动力矩 M_a 和舵各支承处的总摩擦扭矩 M_f 的代数和，即

$$M = M_a + M_f \tag{4-5}$$

普通平衡舵 $M_f = (0.15 \sim 0.20)M_a$。舵的水动力矩可用经验公式或舵的模型试验资料来计算,但都不可能十分精确,故一般都是先做近似计算,然后再选用适当的安全系数。舵机的公称转舵扭矩是指其在规定的最大舵角时所能输出的最大扭矩。它是根据船舶在最深船舶吃水和以最大营运航速前进时,将舵转到最大舵角所需要的扭矩来确定的。公称转舵扭矩是确定舵机结构尺寸和工作参数的基本依据。

通过上述分析可以得到:

(1)舵的转船力矩 M_s 比水动力矩 M_a 大得多,它们都与舵叶面积 A 及舵叶处水流速度 v 的平方成正比,并随舵角 α 的增大而增大。因此,舵叶浸水面积增加和航速提高,都能使转船力矩(舵效)增加,但这时转舵扭矩和舵机负荷也增加。

(2)不平衡舵因 $X_c = X$,故当船舶正航并向一舷转舵时,水动力矩将始终为正(指与舵叶转向相反),而回舵时则变为负(指与舵叶转向相同)。平衡舵因 $X_c = X - Z$,小舵角时由于压力中心 O 处于舵杆轴线的前方,故 M_a 为负。只有当舵角增大到某一数值之后,M_a 才会因 O 点移到轴线之后而变为正值。

舵杆轴线之前的舵叶面积 A' 与整个舵叶面积 A 之比称为平衡系数,用 K 表示。图 4-4 示出舵叶具有不同平衡系数时的水动力曲线。由图可见,平衡系数越大,舵叶的最大水动力矩越小,即舵机所需的公称转舵扭矩越小。但平衡系数也不宜过大,否则在常用舵角 ($10° \sim 20°$) 范围内回舵时需克服的转舵扭矩就可能较大,从而使舵机功耗增加。一般舵的平衡系数为 $0.15 \sim 0.35$。

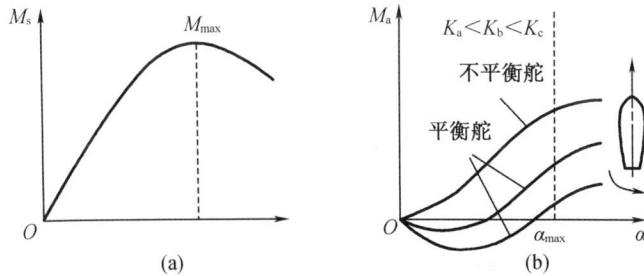

图 4-4　转船力矩 M_s 和舵的水动力矩 M_a 曲线

(3)船舶倒航时,舵叶后缘变成导边,压力中心与舵杆轴线的距离变大,致使舵压力的力臂大大增加,故在其他条件相同时,同一舵角下倒航时的水动力矩就会超过正航时的水动力矩。但倒航航速一般不超过正航最大营运航速的一半,故倒航时的最大水动力矩就不会超过正航时的水动力矩。

第二节　液压舵机的工作原理与基本组成

液压舵机是利用液体的不可压缩性及流量、流向的可控性来达到操舵目的的。根据液压油流向变换方法的不同，液压舵机可分为泵控型和阀控型两类。

一、泵控型液压舵机

泵控型液压舵机使用变向变量泵，油液进出转舵油缸的方向和流量由驾驶台遥控，最终控制变向变量泵的吸排方向和流量改变，以达改变转舵方向和速度的目的。

图4-5所示为泵控型液压舵机原理图。双向变量泵2设于舵机室，由电动机1驱动做单向持续回转，而油泵的流量和吸排方向则通过与浮动杆5的C点相连接的变量泵控制杆4控制，即依靠油泵控制C点偏离中位的方向和距离来决定泵的吸排方向和流量。

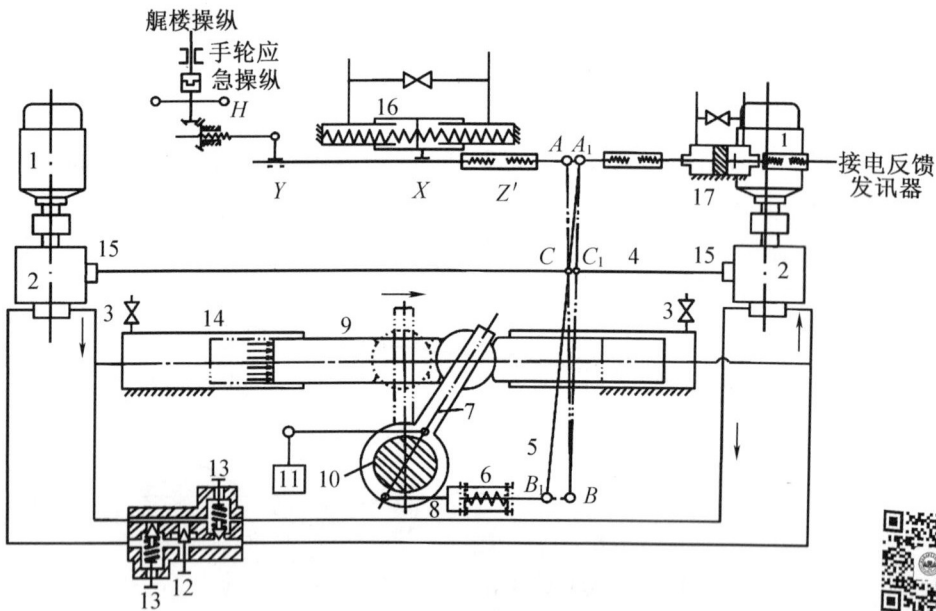

1—电动机；2—双向变量泵；3—放气阀；4—变量泵控制杆；5—浮动杆；6—储能弹簧；7—舵柄；
8—反馈杆；9—撞杆；10—舵杆；11—舵角指示器的发送器；12—旁通阀；13—安全阀；14—转舵油缸；
15—调节螺母；16—液压遥控受动器；17—电气遥控伺服油缸。

图4-5　泵控型液压舵机原理图

该舵机采用往复式转舵机构。当油泵按图示吸排方向工作时，泵就会通过油管从右侧油缸吸油，排向左侧油缸。由于油液的可压缩性极小，撞杆9就会在油压的作用下向右运动。撞杆通过中央的滑动接头与舵柄7连接，而舵柄7的一端又用键固定在舵杆10的上端，因此，撞杆9的往复运动就可转变为舵叶的偏转。显然，改变油泵的吸排方向，则撞杆和舵叶的运动方向也将随之而变。

对尺寸既定的转舵机构来说,舵机油泵的工作油压(除很小一部分用来克服管路阻力外)主要取决于推动撞杆所需的力,即取决于转舵扭矩。舵机最大工作压力就是产生公称转舵扭矩时油泵出口处的油压。舵机油泵的额定排出压力不得低于舵机的最大工作压力。

对转舵机构尺寸既定的舵机来说,转舵速度主要取决于油泵的流量,而与舵杆上的扭矩负荷基本无关。因为舵机油泵都采用容积式泵,当转舵扭矩变化时,虽然工作油压也随之变化,但泵的流量基本不变(泄漏量随工作油压的变化一般不大),故对转舵速度变化的影响并不明显。所以,进出港和窄水道航行时,用双泵并联,转舵速度几乎可提高一倍。

泵控型液压舵机较多采用浮动杆式追随机构。在图4-5中,浮动杆的控制点 A 系由驾驶台通过遥控系统来控制,但如把 X 孔的插销转插到 Y 孔中,则可以在舵机室用手轮来控制。浮动杆上的控泵点 C 与变量泵控制杆4相连,反馈点 B 经反馈杆8与舵柄相连。工作原理如图4-5所示。当舵在零度,没有操舵动作时,杠杆处于中线位置,C 点使变量机构居于中位,油泵空转,舵保持中位不动。如果驾驶台给出某一舵角指令,通过遥控系统使 A 点移至 A_1 点。由于 B 点在舵叶转动以前并不移动,所以 C 点将移至 C_1,于是油泵将以对应的方向和流量排油,使舵机向要求的方向转舵。随着舵的转动,B 点带动杠杆以 A 为支点使 C 点向零位方向移动,即开始追随。当转到要求舵角时,B 点移到 B_1,C 点回到中位,油泵停止排油,舵停止在所要求的舵角上。实际上,浮动杆的动作并不是分步进行的,而是在 A 点带动 C 点偏离中位后,由于油泵排油,推动舵叶,B 点就要移动,只是 A、C 点动作领先,舵叶和 B 点追随其后而已。当驾驶台发出回舵指令时,A 点又会从 A_1 位置移回中位,于是 C 点也偏离中位向左移动,使油泵反向吸排,因此,舵叶也就向中位偏转,使 B 点从 B_1 位置向中位移动。直到舵叶转到由 A 点位置所确定的指令舵角时,C 点重新回中,油泵停止排油,舵叶也就停转。

由于 C 点偏离中位的距离受变量泵变量机构最大位移的限制,故只有在舵叶偏转、带动 B 点从而使 C 点向中位回移后,才能使 A 点继续向大舵角的方向操舵。这样,大舵角的操舵动作就不能一次完成,并使油泵的流量总在零与最大值间变动,这不仅会使操舵者感到不便,同时也会降低油泵的效率和转舵速度。为了解决这一问题,在反馈杆上装设了可以双向压缩的储能弹簧6。这样当 A 点将 C 点带到最大偏移位置后,浮动杆就会以 C 点为支点而继续偏转,压缩弹簧,从而使 A 点得以一次到达所要求的较大操舵角。随着舵叶的偏转,被压缩的储能弹簧又会首先放松,并在恢复原状后,才会将 B 点拉到与 A 点相应的位置,以停止转舵。可见,在储能弹簧完全放松以前,B 点不会移动,C 点也将一直停留在最大偏移位置,使油泵得以在较长时间内保持最大流量,从而加快转舵速度。显然,储能弹簧的刚度必须适当,若弹簧太软,则可能使 B 点先于 C 点移动,小舵角操舵也就无法进行;但若弹簧太硬,则大舵角操舵所需的操舵力又会太大,甚至使反馈杆实际上相当于一刚性杆,储能弹簧不起作用,大舵角操舵难以一次完成。

为了防止海浪或冰块等冲击舵叶时,造成舵杆上的负荷过大、系统油压过高和使电机过载,在油路系统中装设了安全阀(亦称防浪阀)13。当舵叶受到冲击导致任一侧管路的油压超过安全阀的整定压力时,安全阀就会开启,使油泵的两侧管路旁通,于是舵叶也就会偏离所在位置,同时带动浮动杆的 B 点,使 C 点离开中位,油泵因而排油。当舵上的冲击负荷消失后,安全阀关闭,舵叶在油泵的作用下又会返回,并将 B 点带回原位。所以,液压舵机能够很好地适应冲击负荷,安全阀还能防止油泵因工作油压过高而过载。

由于浮动杆式追随机构能使油泵在开始和停止排油时流量逐渐增大和减小,因而能很好地减轻液压系统的冲击,油液发热较少,经济性能较好。

二、阀控型液压舵机

阀控型液压舵机使用单向定量油泵,其吸排方向不变,油液进出转舵油缸的方向由驾驶台遥控的换向阀来控制,以达改变转舵方向的目的。当换向阀处于中位时,油泵的排油将经换向阀旁通而直接返回油泵的进口(闭式系统)或回油箱(开式系统);而转舵油缸的油路就会锁闭而稳舵。

阀控型液压舵机比较简单,造价较低。缺点是用换向阀换向,从而导致液压冲击较大,可靠性也相对较差。此外,阀控型舵机在停止转舵时,主泵仍以最大流量排油,故油液发热较多,经济性也较差。

从上面的介绍中可以看出,泵控型和阀控型舵机,尽管工作原理不尽相同,但都不外乎是由转舵机构、液压系统和操作系统等组成的。

第三节 液压舵机的转舵机构

转舵机构是液压舵机系统中的执行元件,其作用是将油泵供给的液压能转变为转动舵杆的机械能,以推动舵叶偏转。根据动作方式的不同,转舵机构可分为往复式和回转式两大类。

一、往复式转舵机构

往复式转舵机构依其转动特点而分为滑式、滚轮式、摆缸式等几种。

1. 滑式转舵机构

滑式转舵机构是目前船舶上应用最广的一种传统型式的转舵机构。它又有十字头式和拨叉式之分。十字头式转舵机构主要由转舵油缸、插入油缸中的撞杆以及与舵柄相连接的十字形滑动接头等组成。一般根据转舵扭矩的大小可分别采用双向双缸单撞杆的型式或双向四缸双撞杆的型式。图4-6(a)所示为双向四缸双撞杆的型式。

为了将撞杆的往复运动转变为舵柄的摆动,在撞杆与舵柄的连接处,设有如图4-6(b)所示的十字形滑动接头。双撞杆通过自己的叉形端部,用螺栓连在一起,形成上下两个耳轴承。两轴承环抱着两个十字头耳轴7;而舵柄8则与耳轴垂直,并横插在十字头的中央轴承中。因此,当撞杆3在油压推动下移离中央位置时,十字头就会一方面随撞杆移动,一方面带动舵柄偏转,继而带动舵杆转动。随着舵角 α 的增加,十字头将在舵柄上向外端滑移,而舵柄的有效工作长度,即舵杆中心到十字头中心的距离 R,也就随 α 的增大而增大。

撞杆的极限行程由行程限制器(挡块)11加以限制,它能在舵角超过最大舵角1.5°时限制撞杆的继续移动。这时油缸底部的空隙应不小于10 mm。在导板的一侧还设有机械式舵角指示器5,用以指示撞杆在不同位置时所对应的舵角。此外,在每个转舵油缸的上部还设有放气阀12,以便驱放油缸中的空气。

(a)

(b)

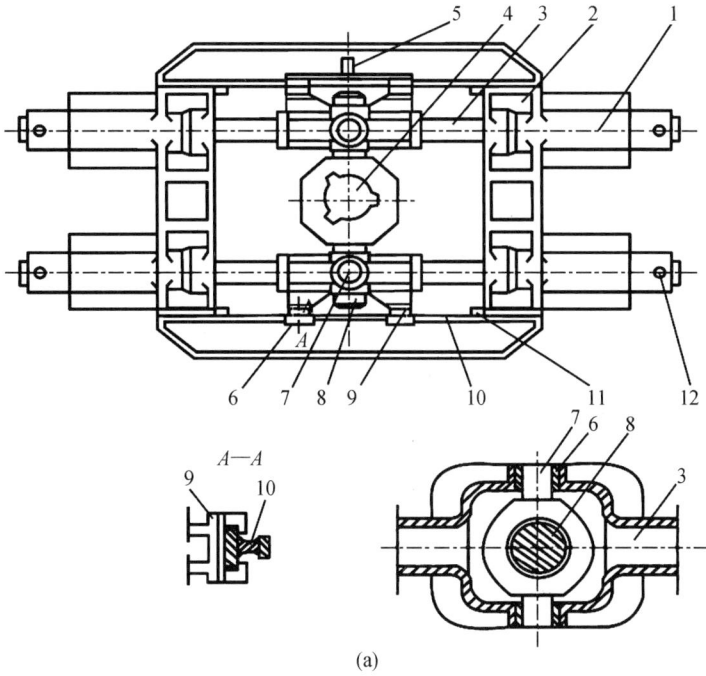

1—油缸;2—底座;3—撞杆;4—舵杆;5—机械式舵角指示器;6—十字头轴承;7—十字头耳轴;
8—舵柄;9—滑块;10—导板;11—撞杆行程限制器;12—放气阀。

图 4-6 十字头式转舵机构

十字头式转舵机构的受力分析如图 4-7 所示。当舵位于任一舵角 α 时,对应的两个油缸内的油压差对柱塞的作用力 P 传至十字头,如不计摩擦损失,可分解为作用于导板的力 N 和垂直于舵柄的力 Q。力 N 由导板对滑块的反作用力 N' 平衡,力 Q 则产生转舵力矩。如两缸油压差为力 p,则

$$Q = \frac{P}{\cos \alpha} = \frac{\pi D^2 p}{4\cos \alpha} \tag{4-6}$$

式中　D——撞杆直径，m；

　　　p——撞杆两端的油压差，Pa。

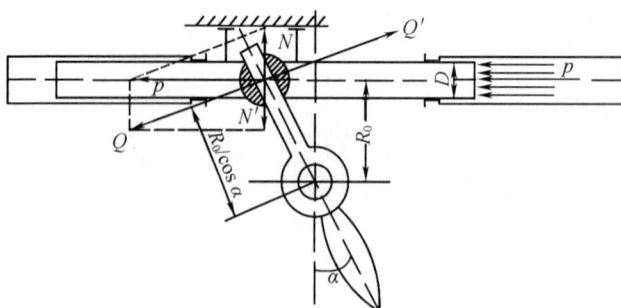

图 4-7　十字头式转舵机构的受力分析

这时的转舵力臂 $R = \dfrac{R_0}{\cos \alpha}$，其中 R_0 为舵杆中心线到撞杆中心线的距离。因此，滑式转舵机构产生的转舵力矩为

$$M = zQR\eta_{\mathrm{m}} = z\frac{P}{\cos \alpha}\frac{R_0}{\cos \alpha}\eta_{\mathrm{m}} = \frac{\pi D^2 zpR_0\eta_{\mathrm{m}}}{4\cos^2\alpha} \tag{4-7}$$

式中　η_{m}——机械效率，滑式机构一般取 $0.75 \sim 0.85$；

　　　z——油缸对数。

由式（4-7）可知，在撞杆直径 D、舵柄最小工作长度 R_0 和撞杆两侧油压 p 既定的情况下，滑式转舵机构所能产生的转舵扭矩 M 将随舵角 α 的增大而增大，如图 4-8 所示。显然，这种扭矩特性恰好与舵的水动力矩的变化趋势相适应。因此，当公称转舵扭矩既定时，滑式转舵机构的尺寸或最大工作油压要较其他转舵机构的小。

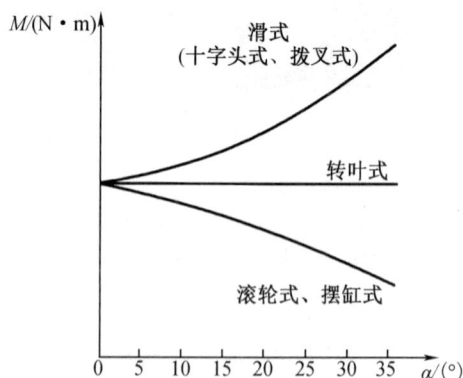

图 4-8　转舵机构的扭矩特性

舵机在实际工作中，工作油压是随实际需要的转舵扭矩而变的。由式（4-7）可知，舵机在实际工作中撞杆两端的油压差为

$$p = \frac{4M\cos^2\alpha}{\pi D^2 z R_0 \eta_m} \tag{4-8}$$

由式(4-8)可知,随着舵角 α 的增大,尽管转舵扭矩也在增大,但 $\cos^2\alpha$ 却相应减小,所以滑式转舵机构的工作油压也不会因 α 的增大而急剧增加。

综上所述,十字头式转舵机构具有以下特点:

(1)扭矩特性良好,承载能力较大,能可靠地平衡撞杆所受的侧推力,可用于转舵扭矩很大的场合。

(2)撞杆和油缸间的密封大都采用 V 形密封圈。安装时开口应面向压力油腔,以使工作油压越高,密封圈撑开越大,更加贴紧密封面,故密封可靠。磨损后还具有自动补偿能力。

(3)油缸内壁除靠近密封端的一小段外,都不与撞杆接触,故可不加工或仅做粗略加工。

(4)油缸为单作用,必须成对工作,故尺寸、质量较大。而且撞杆中心线通常都按垂直于船舶首尾线方向布置,故舵机室也需要较大的宽度。

(5)安装、检修比较麻烦。

在滑式转舵机构中,拨叉式也得到了广泛的应用。如图 4-9 所示,它使用整根的撞杆,并且撞杆中的中部带有圆柱销,销外套有方形(或圆形)方块。撞杆移动时,滑块一面绕圆柱销转动,一面在舵柄的叉形端部中滑动(或滚动)。其受力情况与十字头式转舵机构相同。

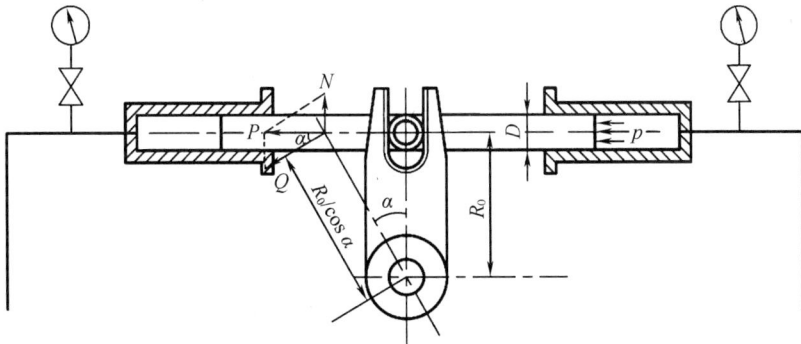

图 4-9　拨叉式转舵机构

与十字头式转舵机构相比,拨叉式与其转矩特性相同,但使用拨叉式时,侧推力可直接由撞杆本身承受而不需导板,故结构简单,加工及拆装都较方便;此外,当公称扭矩较小时,由于以拨叉代替十字头,撞杆轴线至舵杆轴线间的距离 R_0 就可缩减 26%,撞杆的最大行程也因而得以减小,所以在公称转舵扭矩和最大工作油压相同的情况下,拨叉式的占地面积可比十字头式的减少 10%~15%,质量亦相应减小 10% 左右。但是,当公称扭矩较大时,仍以十字头式为宜。

2. 滚轮式转舵机构

如图 4-10 所示,滚轮式转舵机构的特点是用装在舵柄端部的滚轮代替滑式机构中的十字头或拨叉。工作时受油压推动的撞杆,以其顶部直接顶动滚轮,迫使舵柄摆动。

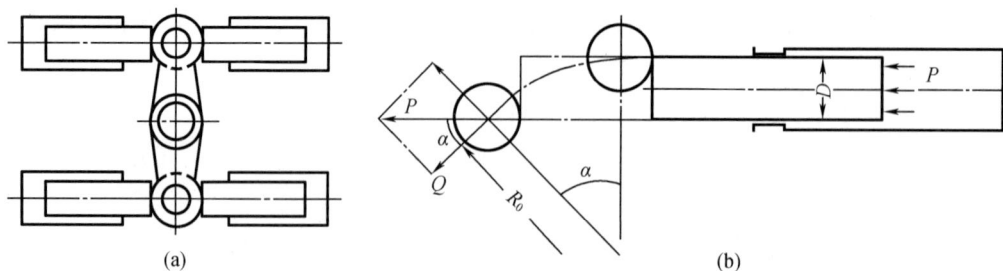

图 4-10　滚轮式转舵机构

这种转舵机构不论舵角 α 如何变化,通过撞杆端面与滚轮表面的接触线作用到舵柄上的推力 P 始终垂直于撞杆端面,而不会产生侧推力。由图可见,推力 P 在垂直于舵柄轴线方向的分力可写为

$$Q = P\cos \alpha = \frac{\pi}{4}D^2 p\cos \alpha \qquad (4-9)$$

因此,滚轮式转舵机构所能产生的转舵扭矩为

$$M = 2QR_0\eta_m = \frac{\pi}{4}D^2 zp\cos \alpha R_0\eta_m \qquad (4-10)$$

式中　R_0——滚轮中心到舵杆轴线的距离,其他各项含义与式(4-7)相同。

上式表明,在主要尺度(D、R_0)和最大工作油压差既定的情况下,滚轮式转舵机构所能产生的转舵扭矩将随 α 的增大而减小,即扭矩特性在坐标图上是一条向下弯的曲线(见图4-8)。在最大舵角时,舵的水动力矩较大,而滚轮式转舵机构此时所能产生的转舵扭矩反而最小,只达到主要尺度(D、R_0)和最大工作油压 p 相同的滑式机构的55%左右。因此,在实际工作中,随着舵角 α 的增大,这种机构的工作油压比滑式机构的增加得快。

综上所述,滚轮式转舵机构具有以下特点:

(1)撞杆与舵柄之间没有约束性的机械连接,工作时无侧推力,整个机构结构简单,加工容易,安装、拆检较方便。

(2)每个油缸均与其撞杆自成一组,故可根据实际需要,分别采用单列式、双列式或上下重叠式等不同的布置形式,从而大大提高了布置上的灵活性。

(3)滚轮与撞杆间的磨损可自动进行补偿。

(4)扭矩特性差,要达到同样的转舵扭矩,必须采用比滑式更大的结构尺寸或工作油压,故限制了它在大扭矩舵机中的应用。

(5)当舵叶在负扭矩作用下转动时,如果液压系统有明显泄漏,或者在稳舵时油路锁闭不严,则滚轮就有可能与某侧撞杆脱开而导致敲击。因此,在某些滚轮式机构中,在滚轮与撞杆的端部之间还增设了板簧拉紧机构。

3. 摆缸式转舵机构

如图4-11所示,摆缸式转舵机构通常有两个双作用油缸,其一端以销轴铰接于船体,另一端伸出单侧活塞杆,头部以销轴铰接于两舵柄。转舵时,利用活塞在油压作用下所产生的往复运动,以及两油缸的相应摆动,即可通过与活塞杆铰接的舵柄推动舵叶偏转。在转舵过程中两油缸各以其与船体的铰接点为轴略有摆动,故称之为摆缸式转舵机构。

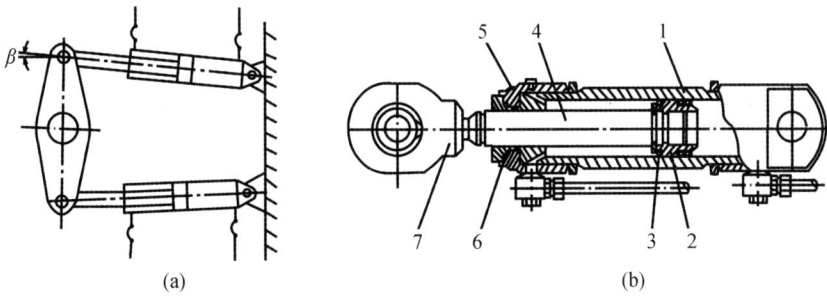

1—油缸;2—活塞;3—活塞环;4—活塞杆;5—端盖;6—密封环;7—接头。

图 4-11 摆缸式转舵机构

当舵柄在零舵角位置时,两活塞处于各自油缸的中间位置,两油缸活塞杆端略微向外分张,即油缸摆角 β(任意舵时油缸中心线与中舵时舵柄的垂直线间的夹角)最大;当舵柄处于最大舵角位置时,两活塞分别处于各自油缸中不同的极端位置,油缸基本平行,即油缸摆角 β 为零。但不论舵角如何,β 角总是很小的,如果将其忽略不计,则摆缸式与滚轮式的扭矩特性基本相同。

为适应油缸的摆动,各油缸两端均以软管与主油路连接,主油路两油管各与两油缸的对角侧相通,因此,进出油都沟通一个有活塞杆空间和一个无活塞杆空间,有效作用面积相等,进排油侧流量相等。

摆缸式转舵机构具有以下特点:

(1)用双作用活塞代替单作用的撞杆,提高了油缸的利用率,故在扭矩及工作油压相同的情况下,其外形尺寸和质量可大大减小。

(2)各油缸与其活塞均自成一组,而且油缸与支架、活塞杆与舵柄均采用铰接,故结构简单,安装也较方便。

(3)由于采用了双作用活塞,对油缸内表面的加工精度、活塞杆与油缸的同轴度以及活塞与油缸的密封等都有较高的要求。

(4)当活塞的密封性因使用日久而变差时,转舵速度就会变慢,运行的经济性也将降低,而检查和更换密封件又不如撞杆式方便。

(5)系统工作时,理论排油量和进油量严格来说并不完全相等,所以在油路中必须采取补偿措施(补油)。

(6)扭矩特性不佳(与滚轮式类同),使用不如滑式转舵机构普遍。

二、回转式转舵机构

回转式转舵机构,就是将承压与传动部件组合在一起,利用油压直接使舵杆产生回转运动。根据回转运动部件结构形式的不同,回转式转舵机构有转叶式与弧形撞杆式两种。目前比较常见的是转叶式。图 4-12 所示为三转叶式转舵机构原理图。

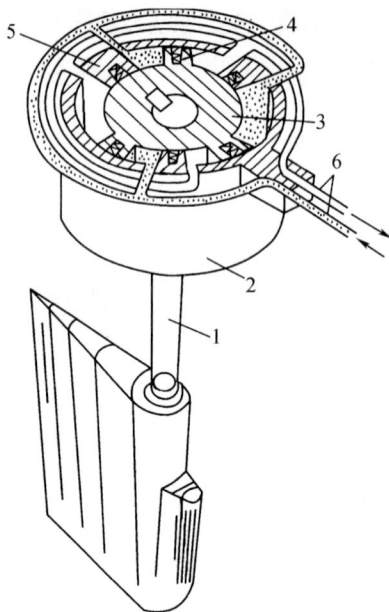

1—舵杆;2—油缸;3—转毂;4—转叶;5—定叶;6—油管。

图 4-12　三转叶式转舵机构原理图

该机构内部装有三个定叶 5 的油缸 2,通过橡皮缓冲器安装在船体上。而用键与舵杆上端相固接的转毂 3,则镶装着三个转叶 4。由于转叶与油缸内壁和上下端盖之间,以及定叶与转毂外缘和上下端盖之间,均保持良好的密封,因此,转叶 4 和定叶 5 就会把油缸内部分割为互不相通的六个腔室。当油泵来的压力油如图所示的那样,相间地进入三个腔室,而另三个腔室则与回油相通,转叶就会在液压油的作用下通过轮毂带动舵杆和舵叶偏转;而当油流方向改变时,舵叶转向也随之改变。

转叶式机构所能产生的转舵扭矩为

$$M = zpAR_0\eta_{\mathrm{m}} \tag{4-11}$$

式中　z——转叶数目;

　　　p——转叶两侧油压差,Pa;

　　　A——每个转叶的单侧面积,m^2;

　　　η_{m}——机械效率,一般为 0.75~0.85;

　　　R_0——转叶压力中心至舵杆轴线间的距离,m。

上式表明,转叶式机构所能产生的转舵扭矩与舵角无关。其扭矩特性在坐标图上是一条与横坐标平行的直线,如图 4-8 所示。

转叶式转舵机构具有以下特点:

(1)占地面积小,质量轻,安装方便。

(2)无须外部润滑,管理简便,且转舵时舵杆不受侧推力,可减轻舵承磨损。

(3)扭矩特性不如滑式,但比滚轮式和摆缸式的好。

(4)内泄漏部位较多,密封不如往复式容易解决,容积效率较低,油压较高时更为突出。

转叶式转舵机构内部密封问题限制了它在大功率舵机中的应用。近年来,随着密封材料和密封形式的不断改进,最大工作油压已达 10~15 MPa,转舵扭矩也提高到 3 000 kN·m 左右。然而,普通单缸体转叶式机构一旦内部密封损坏或发生其他故障导致丧失操舵能力时,无法将故障部分隔离而迅速恢复操舵能力。

第四节 液压舵机的遥控系统

现代船舶舵机一般都同时装有可由驾驶台遥控的随动操舵系统和自动操舵系统。所谓随动操舵系统,是指在操舵者发出舵角指令后,不仅可使舵按指定方向转动,而且在舵转到指令舵角后还能自动停止操舵的系统。而自动操舵系统,则是在船舶长时间沿指定航向航行时使用,它能在船因风、流及螺旋桨的不对称作用等造成偏航时,靠罗经测知并自动发出信号,使操舵装置改变舵角,以使船舶能够自动地保持沿既定的航向航行。此外,一般还同时设有非随动操舵系统,它只能控制舵机的起停和转舵方向,当舵转至所需要的舵角时,操舵者必须再次发出停止转舵的信号,才能使舵停转。非随动系统通常既可在驾驶台操纵,也可在舵机室操纵,以备应急操舵或检修、调试舵机之用。

根据从驾驶台到舵机室传递操舵信号方法的不同,舵机遥控系统可分为机械式、液压式和电气式等几种。现代船舶大多采用电气遥控系统。电气遥控系统中常见的型式是伺服油缸式和交流伺服电机式。

一、伺服油缸式舵机遥控系统

伺服油缸式舵机遥控系统由电气遥控和液压伺服两部分组成。前者将驾驶台发出的操舵信号传递到舵机室;后者将信号转换成伺服油缸活塞杆的位移,然后再通过浮动杆式追随机构控制主油泵的变量机构,以实现远距离操舵。

图 4-13 所示为伺服油缸式舵机遥控系统的液压伺服系统原理图。图中,油泵 7 采用定量叶片泵,工作时以固定不变的流量将压力油经单向阀 6、旁通调速阀 4 供至三位四通电磁换向阀 3。换向阀 3 的阀芯位置取决于由驾驶台经电气遥控系统控制的电磁线圈 S_1 和 S_2 的通电情况。当电磁线圈 S_1 和 S_2 均不通电,换向阀处于中位,PT 相通,油泵卸载,A、B 油路不通,油缸锁闭,伺服活塞不动。当驾驶室的操舵手轮带动操舵信号发送器,给出的指令舵角与伺服活塞 11 位置所反映的操舵角不同时,即会发出相应的电信号,经放大后使电磁换向阀 3 的一端电磁线圈通电,从而使换向阀阀芯移向相应的一侧,则压力油经 PA 或 PB 油路,顶开油路锁闭阀 2 相应一侧的单向阀,进入伺服油缸 1 的相应空间;与此同时,压力油还会将锁闭阀 2 回油一侧的单向阀顶开,以使伺服油缸回油侧的油液能够回油箱。这样,伺服活塞在两侧油压差的作用下,会向相应方向移动,伺服活塞杆的一端经浮动杆及追随机构操纵舵机变量油泵。活塞杆的另一端与电反馈装置(自整角机)相连,将活塞位置的信号反馈到驾驶台的操舵设备,当伺服活塞位移所给出的操舵角与舵令舵角相等时,反馈信号与驾驶室发出的操舵信号抵消,换向阀 3 的电磁线圈断电,换向阀回中,伺服活塞即停在所要求的操舵角位置。此外,在活塞

杆的相应部位还设有最大操舵角的机械限位器。

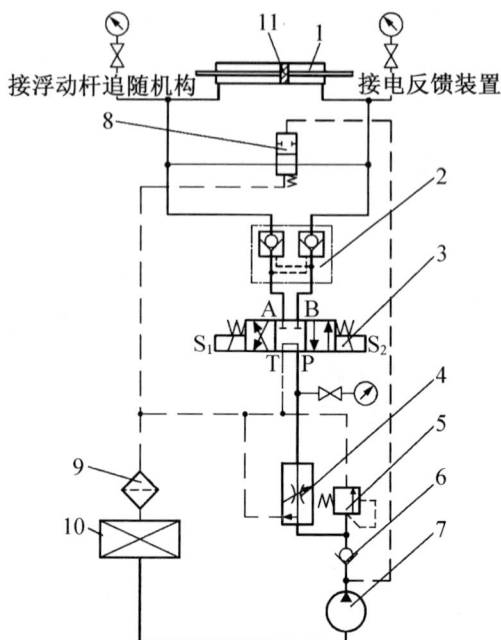

1—伺服油缸;2—油路锁闭阀;3—电磁换向阀;4—旁通调速阀;5—安全阀;6—单向阀;
7—油泵;8—液控旁通阀;9—滤器;10—油箱;11—伺服活塞。

图4-13　伺服油缸式舵机遥控系统

油路锁闭阀2(密封性比换向阀好)用于在换向阀回中时锁闭油路,以防浮动杆传来的反力使活塞产生位移;此外,在系统具有两套互为备用的油路并共用一个伺服油缸时,还可用于将备用油路严密锁闭,以免影响工作。

旁通调速阀4用于调节系统的油量,以使伺服活塞能够获得合适的移动速度。

安全阀5用于防止系统的油压过高,其整定压力决定了伺服活塞最大输出力的大小。

液控旁通阀8则可在装置起动后,借助油泵的排压将其推至截断位置,以保证系统的正常工作,故其最低控制油压应不小于0.4~0.8 MPa。而当改用不用伺服油缸的其他备用操纵机构时,则旁通阀8又会因泵7停止排油而回到图示的旁通位置,以使伺服活塞的两侧旁通,从而不致妨碍其他操纵机构的工作。

单向阀6起背压阀的作用,启阀压力为0.6~0.8 MPa,保证工作时即使换向阀在中位,单向阀前的油压仍能使液控旁通阀处于截断位置。

二、交流伺服电机式舵机遥控系统

前述遥控系统采用液压伺服系统,会增加维护管理的工作量,并使发生故障的机会增加。此外,采用浮动杆式追随机构同时控制两台主油泵,当一台主泵变量机构卡阻时,为了满足操舵的需要,必须使该台主泵与浮动杆脱开,否则另一台主泵也将无法操纵,这种情况显然不能满足规范关于万吨以上油轮必须能在 45 s 内排除单项故障的要求。因此,比较先进的舵机操纵系统大多采用了无触点控制,并倾向于取消浮动杆式追随机构。下面介绍的 HSH 式舵机遥控系统即属这方面的一个例子。

在 HSH 式舵机遥控系统中,共有两套同样的随动系统。两套系统各控制一台油泵。由于它们彼此之间并没有直接的机械联系,因此在只用一台油泵操舵时,另一台油泵的变量机构就不会随之动作,因而一旦某台工作油泵伺服滑阀卡住时,就可迅速地实现油泵的换用。当然,必要时也可同时使用两套泵组,以便加快转舵速度。

图 4-14 示出这种遥控系统所控制的变量液压伺服机构简图。当驾驶室的操舵轮转动给出某一方向的操舵角 θ 时,带动自整角机发出一个方向与 θ 相对应、大小与 θ 成比例的电压信号,此信号经放大后控制舵机室里的交流伺服电动机,使与之相联的法兰盘 10 以相应的方向和转矩克服回中弹簧 11 的阻转矩而偏转,通过角杆 2、连杆 3 带动舵机主油泵伺服变量机构的伺服滑阀 5 移动相应位移。而伺服滑阀 5 的移动,改换油路,使控制压力油同时进入差动活塞 6 的左右两侧油缸空间或使其右侧进油左侧泄油,以使差动活塞能在控制油压的作用下,随滑阀做向右或向左的同样移动,从而用液压把角杆 2 远距传来的操纵力加以放大。显然,直接用手轮转动角杆 2,即可实现机旁手动操舵。止动螺钉 8 用来限制法兰盘 10 的摆幅,借以限制伺服滑阀的最大位移;而止摆装置 9 则可在机构停用时插入法兰盘的缺口,防止机构的动作与偏转。

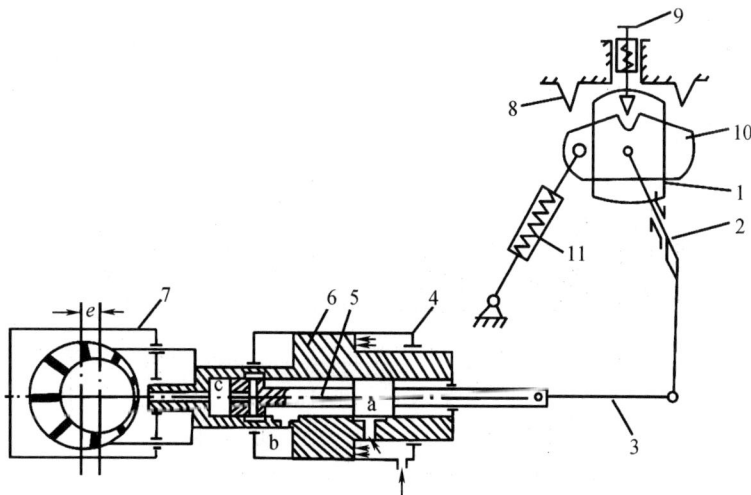

1—执行电机;2—角杆;3—连杆;4—液压放大器;5—伺服滑阀;6—差动活塞;
7—径向柱塞泵;8—止动螺钉;9—止摆装置;10—法兰盘;11—回中弹簧。

图 4-14　HSH 舵机遥控系统变量泵液压伺服机构简图

第五节　液压舵机实例

液压舵机的型式很多,下面通过对典型泵控型和阀控型舵机液压系统实例介绍,概括说明其特点。

一、泵控型舵机液压系统

图 4-15 所示为典型泵控型舵机液压系统原理图。该型舵机系统采用双向变量泵作主泵,一般采用闭式液压系统。转舵机构采用四缸柱塞十字头式。

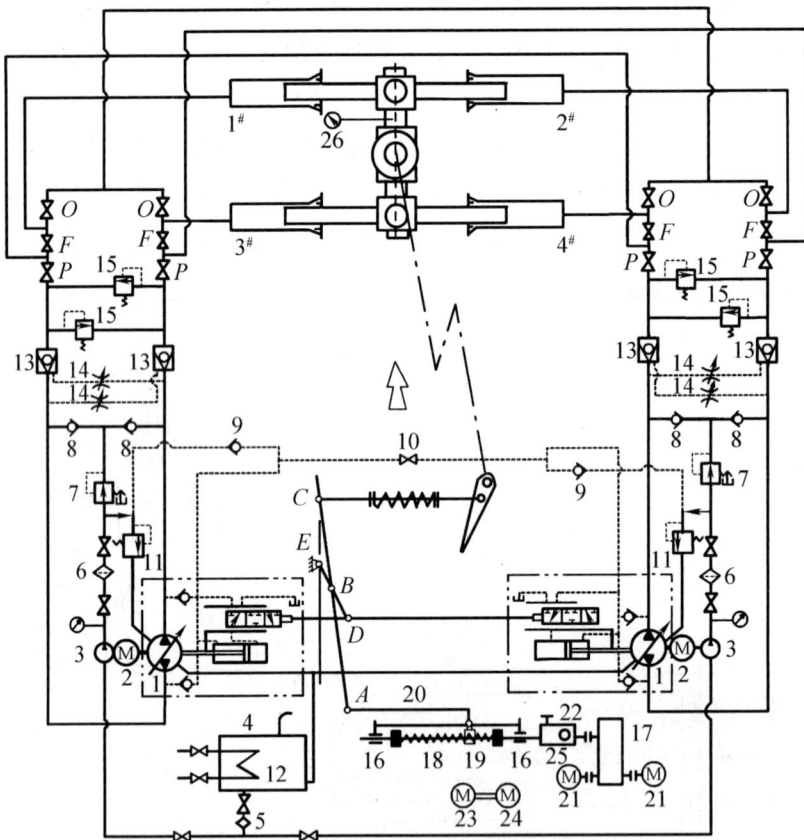

1—主油泵;2—电动机;3—辅油泵;4—油箱;5、6—滤油器;7—减压阀;8、9—单向阀;10—旁通阀;11—溢流阀;
12—油箱;13—液控单向阀;14—可调节流阀;15—安全阀;16—限位螺帽;17—减速器;18—螺杆;19—导块;
20—连杆;21—伺服电机;22—手轮;23—交流电动机;24—直流发电机;25—舵角反馈装置;26—舵角指示器。

图 4-15　典型泵控型舵机液压系统原理图

1. 遥控系统

如图 4-15 所示,遥控系统采用伺服电机远操机构和五点式追随机构。两台互为备用的伺服电机21设于舵机舱内,驾驶室中的操纵手轮或手柄发出的操舵信号,通过电力控制线路远距离传送给伺服电机,伺服电机收到信号后转动,通过减速器17传给螺杆18。螺杆上有导块19,导块受到导杆的限制只能滑移运动而不能转动。当螺杆传动时,拉动反馈杠杆的操纵点A,控制点D就会带动变量油泵的变量机构,达到转舵目的。转舵机构到达指定舵角后,舵角反馈装置向驾驶室发出电反馈信号,使伺服电机停止转动。除了自动操舵和随动操舵以外,舵机舱内还设有应急操舵手轮22,以满足应急操舵和校准舵机的需要。

2. 液压系统

(1)主油路系统

主油路采用变量泵闭式液压系统。两套轴向柱塞泵机组互为备用,分别由各自的电机驱动,既可以单独使用,也可以并联运行。从主油泵输出的油液经液控单向阀和阀箱进入推舵机构。

当主油泵开始工作时,输油管内的压力油将液控单向阀13打开,在压力油的作用下,同时将回油管上的液控单向阀13也打开,以保证回油管路的畅通。当主油泵没有压力油输出时,液控单向阀13在各自的弹簧作用下关闭,以保证转舵机构内油液密封,不产生跑舵现象。液控单向阀前面的可调节流阀14可以控制进入液控单向阀的油液流速。使液控单向阀既能及时打开,又不致产生强烈的撞击。

为了防止海浪等外力对舵叶产生冲击而造成液压系统压力过高,在主油路上还设有作为安全阀的溢流阀15,其调整压力为10.3~12.3 MPa。当液压系统中产生的压力高于调整压力时,安全阀就会及时打开,使高压油与另一侧油路的低压油接通,保证液压系统的安全和防止油泵过载。当舵叶受到海浪冲击,因安全阀打开而偏离给定舵角时,会追随点C位置的变化而拉动油泵变量机构,使油泵工作。在海浪过去后,安全阀关闭,舵叶将又会重新恢复到原给定舵角。

(2)辅油路系统

辅油路采用定量泵开式液压系统。两台辅油泵3互为备用。油液由油箱12经滤油器5进入辅油泵,压力油经滤油器6后分为三路:第一路经减压阀7后,油压降为0.78 MPa,再经单向阀8进入主油路系统,为主油路补充油液;第二路通过单向阀9进入主油泵变量机构,用于控制变量机构的动作;第三路经溢流阀11和主油泵壳体,对主油泵进行冷却和润滑后流回油箱,溢流阀11的作用是稳定辅油泵的工作压力。

(3)分配阀箱

液压系统中设有两个分配阀箱,每个阀箱由六个截止阀组成,如图4-15所示。通过操纵不同的截止阀,可以实现转舵机构中不同型式的工作油缸的组合,以提高舵机的生命力。

按其功用,截止阀可分为三种,截止阀P是泵与系统发生关联的阀,称为泵阀。截止阀F是工作油缸与系统发生关联的阀,称为缸阀。截止阀O是非工作油缸相互间构成旁通的阀,称为旁通阀。当舵机工作时,投入工作的油泵的泵阀必须打开,工作油缸相应的缸阀也必须打开,但相应于该油缸的旁通阀必须关闭。对因故障不能工作的油缸,其相应的缸阀必须关闭,而旁通阀则必须打开。

二、阀控型舵机液压系统

阀控型液压舵机采用定量油泵为主油泵,一般都使用电气遥控系统操纵电磁换向阀或电液换向阀,控制油液流向和转舵方向。油路可以采用闭式、半闭式或开式。图4-16所示为典型阀控型舵机液压系统。

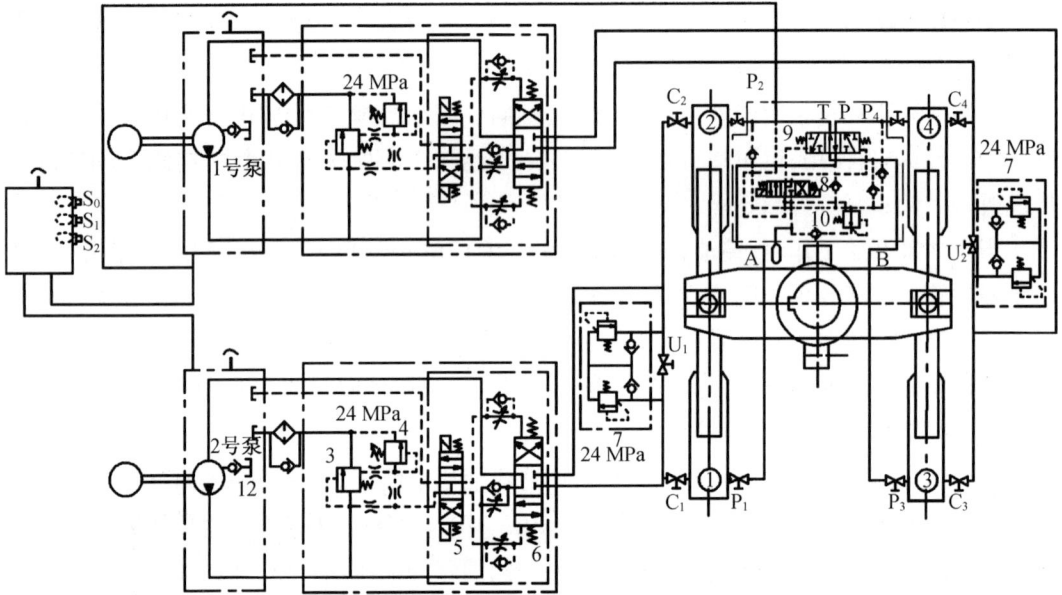

1—单向阀;2—油箱;3—溢流阀主阀;4—溢流阀导阀;5—电磁换向阀(导阀);6—液动换向阀(主阀);
7—双向溢流阀;8—电磁换向阀(导阀);9—液动换向阀(主阀);10—减压阀。

图4-16 典型阀控型舵机液压系统

1. 工作原理

该系统采用M型液动换向阀6控制转舵油液流动方向,同时兼作主油路锁闭阀,用电气遥控的H型电磁换向阀5作换向阀6的导阀。油泵安全阀采用先导式溢流阀(主阀3和导阀4),整定压力为24 MPa。当换向阀5处于中位时,溢流阀主阀3的外控油口通油箱泄油,主油泵卸荷。

当换向阀5因某侧电磁线圈通电而离开中位时,溢流阀主阀3因外控油口经换向阀5直通油箱的油路被隔断,其开启压力则由导阀4的整定压力决定。于是主泵排油压力升高,其排油一方面经换向阀5控制换向阀6动作,另一方面直接经换向阀6去转舵油缸,另一侧油缸回油经换向阀6至油泵进口。当舵转至指令舵角时,舵柄上的电反馈信号发送器将信号送到操舵仪,换向阀5的电磁线圈断电而使阀回中,主泵重新卸荷。

高置油箱2比系统最高点至少高出0.5 m,经单向阀1向系统补油。这种系统只有在转舵时工作油液才是封闭循环,而在停止转舵时油泵排油全部排回油箱,属于半闭式系统,有利于油液散热。

2. 工况选择

这种舵机设有手动工况选择阀：缸阀 $C_1\sim C_4$、泵阀 $P_1\sim P_4$、旁通阀 $U_1\sim U_2$。正常工作时 U_1、U_2 常闭，其余阀常开。用 2 号泵泵带 1、2 缸工作时，关 P_1、P_2、U_1，其余阀全开；用 1 号泵泵带 3、4 缸工作时，关 P_3、P_4、U_2，其余阀全开。

3. 自动安全切换装置

该舵机在两组油缸之间装有自动安全切换装置，它能在必要时自动使一对油缸与主油路隔断，并彼此旁通，而舵机仍能继续工作，以满足规范对 1 万总吨以上油船舵机发生单向故障丧失操舵能力时，应能在 45 s 内重新获得操舵能力的要求。

这种装置的工作原理是：当舵机某一套系统（例如 1 号泵系统）因管路破裂或其他原因而严重失油时，其补油箱中液位降低，导致开关 S_1 动作报警。如果泄漏继续发生，则经过 30 s 左右或更长的时间后，液位开关 S_2 动作，切换工作泵，并使电磁换向阀 8 的相应线圈 Y_1 通电，使换向阀 8 动作。主油路经单向阀提供的控制油经减压阀 10 减压至 3 MPa 后，经导换向阀 8 送至液动换向阀 9 的控制端，并使其阀芯右移，使与故障相连的 3、4 缸与正在工作的主油路隔离并旁通，这时舵机也就自动地转换为仅以 1、2 缸工作。

阀控型舵机所用的泵和系统一般比较简单，初置费用较低，其缺点是换向时液压冲击比泵控型系统大，阀工作的可靠性也不如泵控型；其次是停止转舵时主泵流量并不减少（虽然排压较低），油液发热稍多，经济性要差一些。阀控型舵机液压系统一般只用于中小功率场合。

习　题

1. 液压舵机储能弹簧有何作用，其刚度大小对操舵有何影响？
2. 液压舵机的防浪阀是如何工作的？
3. 分析滑式转舵机构的转舵力矩。
4. 液压舵机系统设置辅泵的作用有哪些？

第五章 起货机、锚机和绞缆机

第一节 起 货 机

船舶装卸货物虽可使用港口设备，但并非所有港口都有足够的装卸机械，同时考虑到船在开阔水面过驳及吊运物料、备件等的需要，干货船常安装起货机。起货机的可靠性和工作效率对缩短港泊时间、加快航运周转、降低运输成本都具有重要意义。

一、船舶起货机的主要类型

船舶起货机按所用动力分，主要有电动起货机和液压起货机；按起货设备分，有吊杆式起货机和回转式起货机。下面主要介绍吊杆式起货机和回转式起货机。

1. 吊杆式起货机

吊杆式起货机是船上应用最早的起货机。它结构简单，初置费较低，维护容易，迄今仍为一般船舶所广泛采用。吊杆式起货机通常按吊杆承载能力在 10 t 以下或以上分为轻型和重型；按所用吊杆数又可分为双吊杆和单吊杆。

（1）双吊杆起货机

双吊杆起货机由两根吊货杆和两台起重绞车组成，如图 5-1 所示。作业时，一根吊杆 3 放在货舱口上方，另一根吊杆 4 则伸出舷外。两根吊杆上的吊货索 7、8 均与吊货钩相连。并各由一部起重绞车卷动。装卸货物时，吊杆的位置不动，只需操作两部起重绞车，相应改变两根吊货索的长度，即可从船舱或码头起卸货物。

（2）单吊杆起货机

单吊杆起货机有三部绞车，如图 5-2 所示。回转绞车 2 装有绕绳方向相反的两个卷筒，分别卷绕着两根牵索 4，绞车转动时两根牵索分别卷起或放出，从而使吊杆 5 回转。吊杆的俯仰（变幅）则由变幅绞车 3 控制变幅索 6 的收放来实现。起重绞车 1 则收放吊货索控制吊钩升降。

单吊杆起货机只需一人操作，作业前准备工作较简单，且可随时调整作业范围，能两舷轮流装卸，而且在吊杆受力相同的条件下，工作负载大约可为双吊杆的 2 倍。缺点是吊杆在作业中需要回转，每吊周期比双吊杆起货机的长，货物在空中易摆动，落点不易准确定位。

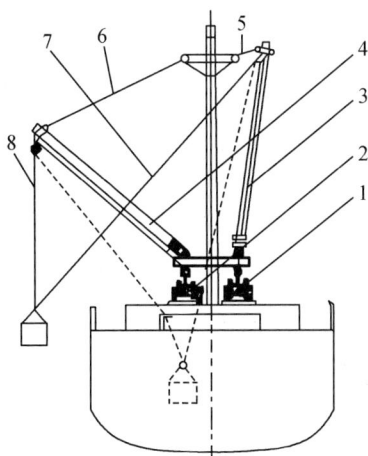

1、2—起重绞车；3、4—吊杆；
5、6—顶牵索；7、8—吊货索。

图 5-1 双吊杆起货机

1—起重绞车；2—回转绞车；3—变幅绞车；
4—牵索；5—吊杆；6—变幅索；7—起货柱。

图 5-2 单吊杆起货机

2. 回转式起货机

回转式起货机常按音译称为克令吊(crane)，如图 5-3 所示。它将操纵室、起重绞车、变幅绞车、回转绞车及吊杆和索具等组装在一个回转座台上。其工作情况与单吊杆起货机类似。起重绞车和变幅绞车分别通过吊车顶滑轮组、吊臂滑轮组卷动钢索，去牵动吊货钩和吊臂。立式布置的回转马达则控制小齿轮，与固定在回转座台内的大齿圈啮合转动，从而带动整个吊车在回转座台上回转。

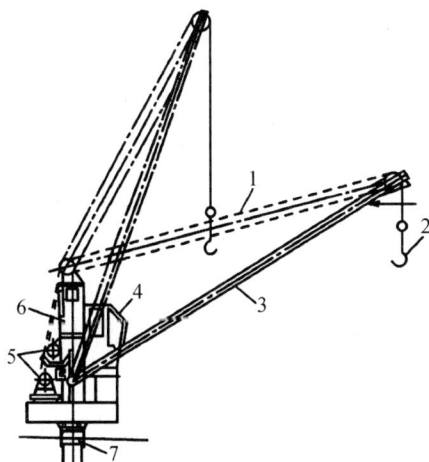

1—钢丝绳；2—吊货钩；3—吊臂；4—操纵室；5—油马达；6—塔身；7—桅柱。

图 5-3 回转式起货机

与吊杆式起货机相比，回转式起货机占用甲板面积小，操作灵活，可 360°回转，能前、后舱工作，可准确地把货物吊放到指定地点，装卸效率高，并能迅速投入工作。但它结构复杂，管理要求高，价格比吊杆式起货机高得多。一般认为船经常到港而起货质量每次超过

5 t时,采用回转式起货机是合适的。

二、对船舶起货机的基本技术要求

船舶起货机虽因构造类型、驱动方式和制造厂家的不同而种类繁多、结构各异,但从实际需要而言,它应满足的基本技术要求如下:

(1)能以额定的起货速度吊起额定负荷;

(2)能依操作者的要求方便灵敏地起、落货物;

(3)能依据起吊货轻重、空钩或货物着地等不同情况,在较广的范围内调节运行速度;

(4)无论起货还是落货,都能根据需要随时停止并握持货重,即能可靠地制动。

上述各项基本要求规定了起货机必须具有相应的足够功率;必须有换向、调速、限速的能力;并需设置制动设备和某种机械性的固锁装置,以便有效制动和锁紧。

三、起货机的液压系统

起货机的液压系统按其额定工作油压的高低可分为高压、中压和低压系统。通常压力分级标准为:低压系统压力为6.3 MPa;中压系统压力为6.3~10 MPa;中高压系统压力为10~20 MPa以下;高压系统压力为20 MPa以上。

起货机液压系统还可按油液循环方式的不同分为开式系统和闭式系统。开式系统是指油泵从油箱中吸油,经换向阀输入油马达,而油马达的排油则经换向阀返回油箱。闭式系统是指油马达的排油不返回油箱,而是直接返回油泵的吸入口,故油液将在油泵与油马达之间形成封闭的循环。

根据换向和调速的控制方式,液压系统又可分为阀控型和泵控型。前者可采用开式或闭式系统,后者一般采用闭式或半闭式系统。

1. 起升机构的液压系统

起货机的起升机构负载的主要特点是静负荷(货物的重力)始终单向作用,故不论起吊、下放还是使货物制动,液压系统中始终有一部分管路承受高压,以产生与货物重力相平衡的液压力。因此对这类机构的液压系统要求能控制落货速度,以防止因重力作用而过快坠落,制动后需能握持货重,使其不会自行下滑。

(1)阀控型开式起升液压系统

图5-4所示为采用单向节流阀限速的阀控型开式起升液压系统的原理图,其工作特点如下。

①换向和调速

阀控型系统一般采用单向定量液压泵,泵的排油方向不变,执行机构的换向是靠手动换向阀3来完成的。但换向阀操作过快,会造成较大的液压冲击。此外,为调节执行机构的速度,以适应不同起落速度的需要,阀控型系统采用节流调速法调节进入执行机构的油流量,对执行机构进行节流调速,而让泵多余的流量直接返回油箱。有的阀控型系统为限制功率,采用恒功率变量泵或变量马达,必要时可辅以容积调速。

为操作方便,液压甲板机械一般采用既可换向又可节流的换向节流阀。根据所用换向阀结构形式的不同,节流调速可分为串联节流、并联节流和溢流节流。

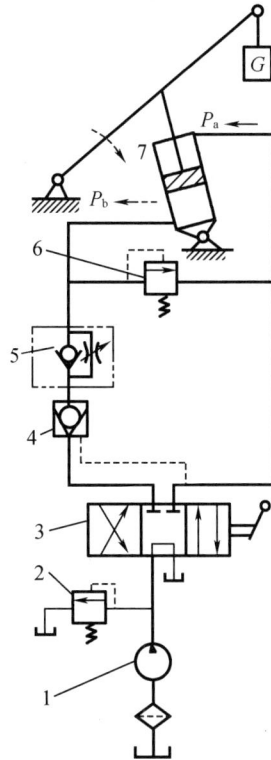

1—定量泵;2—安全阀;3—手动换向阀;4—液控单向阀;5—单向节流阀;6—制动阀;7—液压缸。

图5-4　阀控型开式起升液压系统

a. 串联节流

如图 5-4 所示,当换向阀 3 采用闭式过渡结构时,就可实现串联节流。此时,溢流阀保持换向阀前油压基本不变,通过改变换向阀的阀芯位置,使流通面积改变,则油液流经换向阀时的液阻随之改变,输往执行机构的流量也就改变。换向阀的液阻越大,输往执行机构的流量就越少,执行机构的速度也就越低。

如油泵的排出压力为 p_1,流量为 Q_1,换向阀通往执行机构的油压力为 p_2,流量为 Q_2,那么油泵的输出功率为 p_1Q_1,执行机构的输入功率为 p_2Q_2。调速损失功率包括通过溢流阀回油箱油液的损失 $p_1(Q_1-Q_2)$ 和流入执行机构的油液经换向阀的节流损失 $(p_1-p_2)Q_2$,因此,调速效率为

$$\eta = \frac{p_2Q_2}{p_1Q_1} \tag{5-1}$$

由于油泵的排出压力(即溢流阀的调定压力)即使在轻载(p_2 较小)和低速(Q_2 较小)时,p_1Q_1 仍保持不变,所以串联节流的调速效率低,功率损失大,油液发热比较严重,且速度不稳定,受负荷影响较大,起动和制动时也易产生液压冲击,因此串联节流调速较少采用。

b. 并联节流

将图 5-4 中的换向阀改为图 5-5 所示的开式过渡结构,则系统就可实现并联节流

调速。

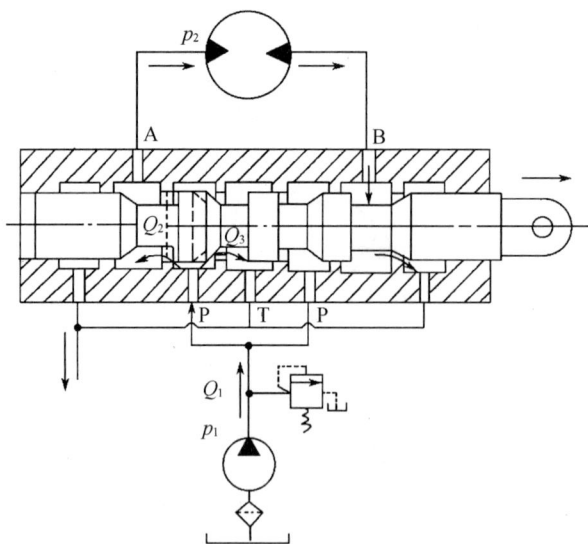

图 5-5 并联节流调速原理图

当换向阀处于中位时,P、T 相通,油泵卸荷,执行机构不动;当换向阀阀芯从中位右移,油路 P、A 开通时,P、T 并不立即隔断,而是随 P、A 的开大而逐渐关小,这种结构称为开式过渡。若设油泵的排出压力为 p_1,流量为 Q_1,调速过程中,油泵的排油一部分经 P、A 流入执行机构,压力降为 p_2(随执行机构负荷而增减),流量为 Q_2;另一部分则经 P、T 流回油箱,压力降为回油压力(接近零),流量为 $Q_3 = Q_1 - Q_2$。显然,随着滑阀继续右移,Q_3 逐渐减小,Q_2 相应增大,从而实现调速。

采用并联节流调速,低速时 Q_2 小(阀离开中位的位移小),轻载时 p_2 低,虽然 p_1 会相应变低,使液压泵功率减小,但节流和回流损失仍然较大,故调速效率较低。而且在换向阀芯位移不变时,流量 Q_2 与液压马达的负载(影响力)有关,所以调速不稳定。

c. 溢流节流

将图 5-4 中的换向阀改为图 5-6 所示的溢流节流式换向阀,则可实现溢流节流调速。这种调速方法的工作原理与前面介绍的溢流节流阀相似,只是用手动换向节流阀代替了其中的节流阀而已。

在溢流式换向节流阀中,由于定差溢流阀两端的油腔分别同换向节流阀节流前后的油路相通,即右端通油泵的排出压力 p_1,左端则经单向选择阀(或梭阀)承受液压马达的进油压力 p_2,因此,只要溢流阀的弹簧做得很软,其阀芯移动量又很小,则换向阀节流前后的油压差($p_1 - p_2$)即可像溢流节流阀那样近似保持恒定,从而使流经换向阀的流量基本上取决于阀芯位置,不受马达载荷影响。

采用溢流节流调速,执行机构的进油流量与载荷无关,执行机构的速度比较稳定;同时因定差溢流阀的调定压差通常不大(一般为 0.2~0.4 MPa),故执行机构的速度随滑阀位移的变化较缓,调速平稳;而且调速效率较高,轻载低速时尤为明显。

上述各种节流调速法,节流和回流的功率损失总是不可避免的,并会转换成油的热量。

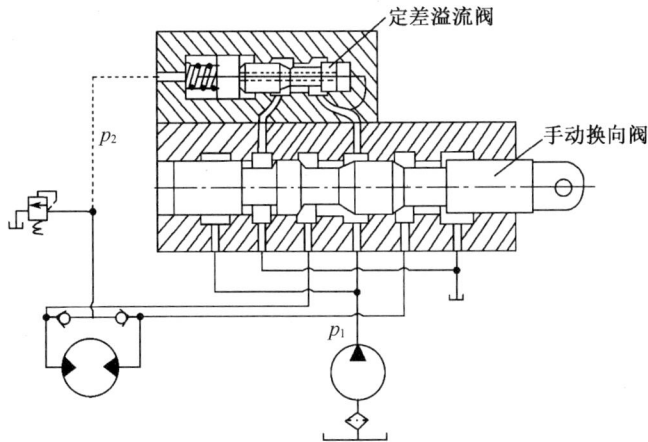

图5-6 溢流节流调速原理图

②限速

起货机工作时,不论其处于起货、制动还是落货阶段,在起货卷筒上都始终承受着因货重而造成的单方向静负荷。在开式液压系统中,如果在落货时不设法节制油马达的回油,而任其直通油箱,那么在重力作用下,会加速运动,货物的下降速度就会很快升高到危险的程度。为防止造成坠货事故,在系统中就需采取限速措施。常见的限速措施有以下几种。

a.单向节流阀限速

在图5-4所示的执行机构下降时的回油管上所设的单向节流阀5可起限速作用。它在下降工况时能对执行机构的回油进行节流,因为单靠重力所形成的执行机构的背压 p_b 有限,故回油流量(决定活塞的下降速度)受到限制。要想加快下降速度,需增加换向阀在下降方向的位移,以增加执行机构的进油压力 p_a,从而提高执行机构的回油压力 p_b 和流量。

显然,这种限速方法在轻载或油温降低(黏度增大)时,要想达到要求的下降速度,则需加大换向阀的位移,使 p_a 更高,这会导致油泵的排压和功率增加,经济性变差。因此,这种方法仅适用于功率不大、工作时间短及负载大致不变的开式系统,例如舱盖板液压启闭装置。

b.平衡阀限速

在开式液压系统中,限制货物下降速度的另一种方法是在靠近执行机构的下降回油管上装设平衡阀,如图5-7中4所示。平衡阀一般都是专门设计的,根据控制油来源可分为直控式和远控式两种类型。

图5-8所示为一种平衡阀的结构实例。起货时,压力油供入c口,顶开单向阀1经b口输往油马达;落货时,油马达的排油从b口进入,但不能打开单向阀通往c口,只有当另一侧主油路通入远控油口a的控制油,作用在控制活塞6的底部,克服主阀弹簧2、3的张力将主阀4顶起,b口的油才能经主阀通往c口。漏到主阀上方的油可经内泄油口d通往c口。主阀中部的节流口可使主阀启闭过程中流通面积逐渐变化,以免 p_b 改变过快,使执行机构的动作无法平稳。控制活塞6上的阻尼孔e使该活塞移动时受阻尼,可减少主阀振动的可能性。主阀套5下部的锥形阀座可使主阀关闭严密。主阀设双弹簧,能防止阀芯产生共振。

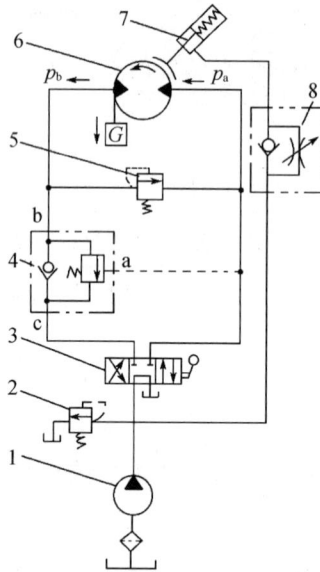

1—定量泵;2—安全阀;3—手动换向阀;4—平衡阀;5—制动阀;6—液压马达;7—制动器;8—单向节流阀。

图 5-7　用平衡阀限速的阀控型开式起升液压系统

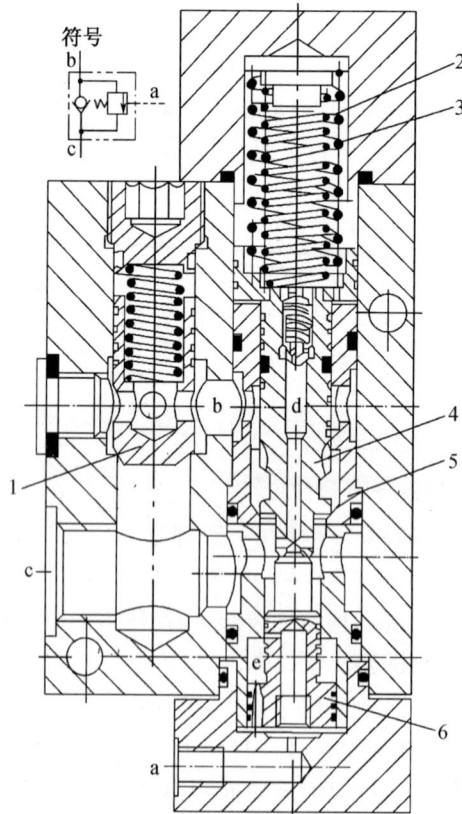

1—单向阀;2、3—主阀弹簧;4—主阀;5—主阀套;6—控制活塞。

图 5-8　平衡阀

采用远控平衡阀后,由于平衡阀的开度受低压管路中油压 p_a 的控制,所以货物的下降速度也就受到了油马达供油流量的限制。

采用这种方法,货物下降时执行机构进油压力 p_a 基本上不受重力负荷大小的影响,受油液黏度和下降速度的影响也较小。这是因为 p_a 只在使平衡阀的主阀从开启到全开的压力变化范围内改变。若用单向节流阀,则节流阀调节后开度固定,要使流量改变,p_a 变化必须较大。因此这种方法的经济性比用单向节流阀的好。

如果重力负荷基本不变,则可改用接管更简单的直控平衡阀。许多平衡阀只需将下盖拆下转 $90°$,使 b 腔的油能经过内控油路与控制活塞下方接通,而将远控油口堵死,即可改为直控。这样,下降工况使平衡阀的主阀开启的控制油压将是执行机构的回油压力 p_b,它是重力和进油压力 p_a 共同作用的结果,这时执行机构的进油压力 p_a 将与负荷大小有关。

开式系统无论采用哪种方法限制重物下降速度,都是在执行机构的下降回油管上节流,总会导致额外的节流损失,货物的位能无法回收,会转化为油的热能,故称为能耗限速。

在起重机构的开式液压系统中,执行机构下降工况的进油管路无论在何种工况下都不会承受太高的油压;而在执行机构出口到限速阀件之间这段油路,在任何工况都承受较高油压。因此,平衡阀和单向节流阀等限速阀件安装时往往靠近执行机构下降工况的排油口,以免两者之间发生漏油而使重物坠落。

③制动

液压装置的制动是指使运动中的执行机构停下来并长时间停稳不动,这包括停止指令给出后的减速和停后的锁紧两重含义。常用的制动方法有液压制动和机械制动两种。前者是使在运动中的执行机构的两端主油路关断,于是执行机构排油端的油压会迅速升高,产生制动力(或扭矩)使执行机构制动。后者是靠常闭式机械制动器产生的摩擦力制动,它靠弹簧力抱闸,而以通入制动器油缸的压力油克服弹簧力来松闸。低速液压马达常在所带卷筒上设摩擦带式制动器;高速液压马达常在行星齿轮减速箱内设多层摩擦盘式制动器。后者松闸所需的油压力一般比前者的高。

开式液压系统的液压制动是通过换向阀回中来实现的。当采用液压缸作为执行机构时,虽然液压缸密封性一般都很好,但换向阀阀芯和阀体的间隙密封难以十分严密。若系统采用单向节流阀限速(见图5-4)而无其他措施,则重物在空中停留时间稍长,便会因油液内漏而下滑。因此,必须在靠近单向节流阀后处加装液控单向阀4,在换向阀回中后,进油压力 p_a 迅速降低,液控单向阀4即关闭,将油路严密锁闭。如果系统采用能严密关闭的平衡阀限速,则无须再加其他锁闭油路的阀件。有了限速元件之后,换向阀常选用 H 型中位机能,这不但能在回中时使 p_a 迅速卸压,而且可避免泵的排油漏入执行机构使之油压升高。

用液压马达作执行机构的液压系统,马达一般都有内泄漏,即使主油路中有能严密锁闭的阀件,也无法实现液压锁紧,必须为马达加设机械制动器,否则马达停后会在货重作用下慢慢滑转。机械制动器可设计成即时抱闸和延时抱闸两种。延时抱闸制动器是在换向阀回中、马达靠液压制动停转后才起锁紧作用,基本上不参与停转前的减速,这样可避免制动器磨损太快。为此,在图5-7所示系统中,要求在机械制动器7的控制油管上装单向节流阀8。当换向阀离开中位时,液压泵排油经单向节流阀8自由通入制动器油缸,克服弹簧力,使制动器立即松闸;而换向阀回中时,制动器油缸的泄油必须经过单向节流阀8节流,从而延迟抱闸。如果为了缩短制动时间,减小重物下滑距离,即使系统能实现液压制动,也可以使用即时抱闸制动器,在马达停住之前就抱闸帮助减速,为此可将单向节流阀8取消。

④限压保护

在油泵出口装有作安全阀用的溢流阀(见图5-4及图5-7中2),以防超负荷时液压泵排压过高,使电机过载或损坏装置。

如果起重机构运动部分质量较大,在下降工况突然液压制动(换向阀回中太快),则会产生很大的惯性力,使执行机构回油管路的压力急剧升高,有可能会超过执行机构或管路的承压能力。为此,系统中设有作为制动阀用的溢流阀(见图5-4中的6或图5-7中的5),制动时若回油管路的油压太高它就会开启。制动阀的调定压力可与安全阀2相同;为缩短制动时间,其调定压力也可比安全阀2高些,这不会使原动机过载,但最大制动压力不得超过执行机构所允许的尖峰压力。

(2)泵控型闭式起升液压系统

图5-9示出起重机构的泵控型闭式(半闭式)起升液压系统的原理图。其功能与特点介绍如下。

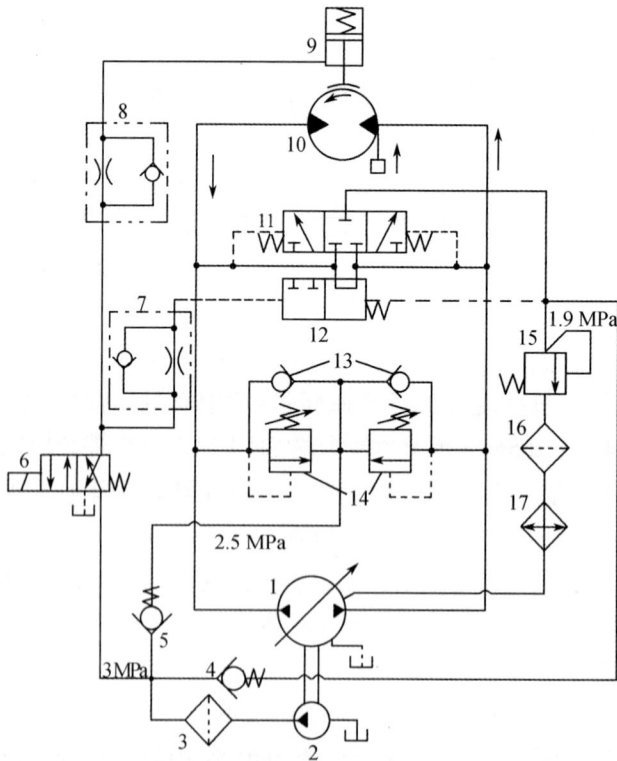

1—主泵;2—辅泵;3、16—滤器;4、5—弹簧加载单向阀;6—刹车控制阀;7、8—单向节流阀;9—制动器;
10—液压马达;11—低压选择阀;12—中位旁通阀;13—单向阀;14—安全阀;15—背压阀;17—油冷却器。

图5-9　泵控型闭式(半闭式)起升液压系统

①换向和调速

泵控型系统采用双向变量主泵 1 供油，只需改变主泵的吸排方向，即可使液压马达 10 改变转向。由于双向变量泵在改变排油方向时其流量总是先由大变小，然后再反向由小变大，故液压冲击小，换向平稳。

泵控型系统调速是用改变主泵流量的办法，属容积调速。若忽略系统的泄漏损失，则液压泵的流量 $n_P q_P$ 等于液压马达的流量 $n_M q_M$，马达的转速为

$$n_M = \frac{n_P q_P}{q_M} \tag{5-2}$$

因为泵的转速 n_P 和马达的排量 q_M 不变，故马达的转速将随泵的排量 q_P 成正比地改变，可以无级调速。容积调速没有换向节流阀的节流、回流损失，经济性比节流调速的好，液压油发热少。

②限速和制动

闭式液压系统限制重物下降速度的原理与开式系统有本质的区别：当重物下降时，液压马达 10 受其重力驱动排油，相当于液压泵；而主泵 1 则受马达排油驱动，进油压力大于出油压力，成了靠液压能驱动的液压马达，帮助电动机转动，可补偿同轴辅泵 2 所需功率。转速 n_P 一般不会超过电机磁场转速，否则电机就成了发电机，会产生阻转矩。由式（5-2）可见，若通过变量机构使主泵排量 q_P 变小，则马达下降转速 n_M 也变小。闭式系统这种能在重物下降时回收利用其位能的限速方式称为再生限速。

如上所述，闭式系统若使主泵变量机构回到中位，$q_P=0$，则 n_M 也降为零，理论上即能实现液压制动。然而，泵在实际操纵中可能出现回中误差，为避免因此造成液压马达 10 制动困难，在图示系统中加设了中位旁通阀 12 和常闭式机械制动器 9。每当主泵操纵手柄回中时，刹车控制阀 6 随之断电，先使制动器经单向节流阀 8 的单向阀泄油即时抱闸，然后中位旁通阀在控制油经单向节流阀 7 的节流阀延时泄油后复位，使主泵油路旁通卸荷，即以机械制动代替了液压制动。当手柄离开中位时，控制油先经单向节流阀 7 的单向阀让中位阀隔断主泵油路，同时又经单向节流阀 8 节流后进入制动器油缸，使制动器待主油路建立起油压后再延时松闸，从而避免重物瞬间下坠。

刹车控制阀 6 还可在装置意外失电时，使制动器因控制油迅速泄出而抱闸，防止货物跌落。

③限压保护

为防止起货机因超载而导致系统油压过高，装设了双向安全溢流阀 14。通过分析起货机闭式起重液压系统的工作情况可知，无论在重物起升还是下降时，图 5-9 中起升供油的那根主油路总是承受高压（图示右侧主管路），而起升时回油的重油路则总是承受低压。因此，保护该高压油路的安全阀的调定压力可调得比保护另一侧低压油路的安全阀高。

若采用变量油泵的闭式系统不装中位阀，即可以靠主泵回中来液压制动。这时上述安全阀又可兼作制动阀。

④系统的补油和散热

在闭式系统中,由于液压主泵和马达都存在油液泄漏,故须由辅泵 2 经滤器 3 和弹簧加载单向阀 5(本例压降约 0.5 MPa),以低于控制油压(本例约为 3 MPa)的压力(本例约为 2.5 MPa),不断由单向阀 13 向低压侧主油路补油。

工作频繁、负荷较重的闭式系统,常采用连续更换部分油液的方法,加强油液的散热冷却。为此,在系统中装设了低压选择阀 11,起重时阀 11 在主泵吸、排油压差的作用下被推向一端,以使低压侧管路中部分油液能经背压阀 15、滤器 16、冷却器 17 进入主泵壳体冷却主泵,然后泄回油箱;而油箱中温度较低的油则连续补入(注意马达不能长时间空载试车,这时低压选择阀 11 不能泄油,油会发热)。低压侧油管的油压由背压阀 15 调定(本例约为 1.9 MPa)。辅泵多余的排油也经弹簧加载单向阀 4(本例压降约 1.1 MPa)从上述泄油路泄回油箱。起重系统只有一根油管始终承受高压,低压选择阀也可采用二位阀。发热较重的系统补油量可多达主泵流量的 1/3 左右,这样的系统称为半闭式系统。

综上可见,阀控型系统可采用相对价廉的单向定量泵,无须辅泵补油,设备和系统比较简单;但用于起重机构的阀控型系统主要靠节流调速和能耗限速,运行经济性较差,油发热多。阀控型系统若采用开式则散热较好;但工作时间短(如锚绞机械)或发热不严重(如舵机)的设备,也常用阀控型闭式系统。阀控型闭式系统若泵吸入侧的补油管设单向阀(例如某些舵机),也可实现再生限速;若补油管设常开的截止阀(例如某些锚机),则不能实现再生限速。

泵控型闭式系统因采用容积调速和再生限速,故运行经济性好,很适合高压、大功率设备。但这种系统采用双向变量泵和辅泵补油,设备和系统相对复杂些,初量费较高。负荷高、工作时间长的设备大多用半闭式系统解决油液散热问题。

2. 回转机构的液压系统

起货机回转机构和走行机构的负荷特点是静负荷(主要是左右回转或来回行走的阻力)始终与执行机构的运动方向相反,但数值一般不大,停止时则不存在(船舶倾斜除外),而回转或走行起始时与制动时的惯性负荷相对较大。所以这类机构的液压系统必须具备防止在机构制动和反转时出现严重液压冲击的功能。

回转机构液压系统与起升机构相比较有以下特点:

(1)由于是双向承受负荷,其两侧主油路都可能出现高压,因此凡与高压有关的元件都是按双向工作考虑的。如安全阀、制动溢流阀、半闭式系统的低压选择阀以及带功率限制元件的压力感受管路等。如用阀控型开式系统,考虑到船可能倾斜,一般也设有平衡阀限速元件,它也必须在油马达两侧管路同时设置。

(2)制动时产生的较大惯性能量靠液压制动时制动溢流阀(泵控型由安全阀兼)的节流来消耗。但为了避免滑动距离过远和油液过热,同时也配有机械制动器。此外,为了避免刹车片磨损过快,制动器多做成延时抱闸,液压制动后再起锁紧作用。

第二节　锚　　机

一、锚设备的功用和组成

船舶驶达港口,常因等候泊位或引水,以及接受检疫、避风、候潮或过驳等而需在港外停泊。为能在停泊时抵御风及水流作用在船体上的力,保持船位不变,就需要抛锚,故船舶需配置锚设备。此外,锚设备也是操纵船舶的辅助设备,如靠离码头、系离浮筒、狭水道调头或需紧急减刹船速等,都要用到锚。

锚设备在船首的布置如图 5-10 所示。它主要由锚 1、锚链 5、掣链器 3 和锚机 6 等组成。锚机是用来收放锚和锚链的机械。根据所用动力不同,锚机主要有电动锚机和液压锚机。按链轮轴线布置的方向不同,又有卧式和立式之分,大船多用卧式。

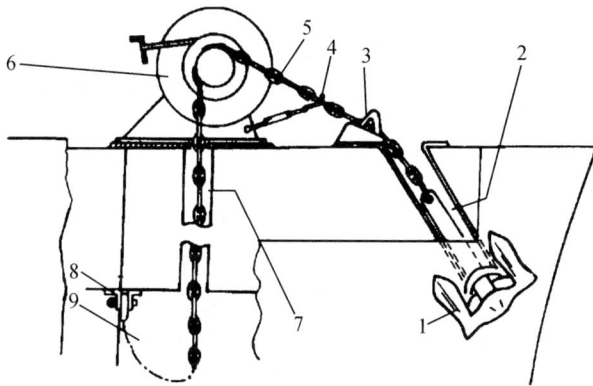

1—锚;2—锚链筒;3—掣链器;4—掣链钩;5—锚链;6—锚机;7—锚链管;8—弃锚器;9—锚链舱。

图 5-10　锚设备在船首的布置

锚机是锚设备中重要的组成部分,它用来收放锚链以达到起锚和抛锚的目的。由于一般锚机也常用来绞缆、拖曳和整理锁具,故也装有绞缆卷筒。锚机主要由原动机、传动机构和链轮组成。

按动力源不同,锚机可以分为蒸汽锚机、电动锚机和液压锚机。目前除某些油船上还使用蒸汽锚机外,基本上都采用电动锚机和液压锚机。

电动锚机结构简单,制造、管理和维修方便,能实现自动化操作,在船上一直长期使用。

液压锚机与电动锚机相比,具有体积小,占地面积少,容易实现正反转、无级调速和恒功率驱动与启动,制动迅速、平稳,对电站冲击负荷小等优点;但它效率低,耐超负荷能力差,噪声大,制造和维修困难。

按照链轮的布置方式,锚机可分为卧式锚机和立式锚机。

卧式锚机的链轮轴水平布置,如图 5-11 所示。它设置在甲板上,操作管理方便,但常常遭受风浪侵蚀,并占据了较大的甲板面积。

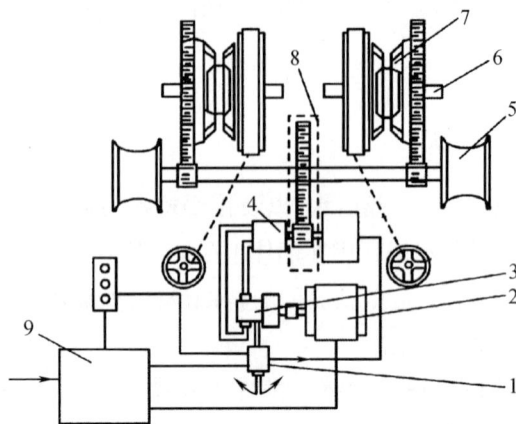

1—手柄;2—电动机;3—油泵;4—油马达;5—绞缆筒;
6—锚链轮离合器;7—锚链轮;8—齿轮箱;9—电源箱。

图 5-11　卧式电动液压锚机

　　立式锚机又称为起锚绞盘,其链轮轴垂直布置,如图 5-12 所示。它的原动机及传动机构均设在甲板以下,避免了卧式锚机的缺点。但它的链轮轴承受很大的弯矩,因此需要将链轮布置得尽量靠近甲板。一般民用船舶多采用卧式锚机,而舰艇多采用立式锚机。

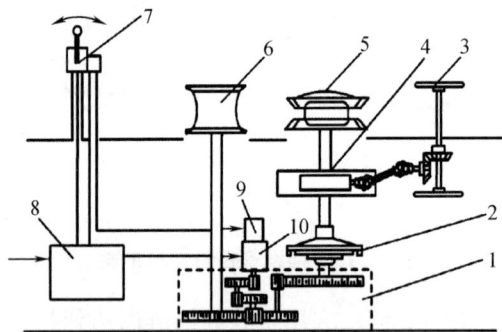

1—齿轮箱;2—离合器电动机;3—制动手轮;4—锚链轮制动器;5—锚链轮;6—绞缆筒;
7—控制手柄;8—控制箱;9—电力制动器;10—电动机。

图 5-12　立式电动锚机

　　按布置形式的不同,锚机分为普通型锚机、单侧型锚机和联合型锚机。普通型锚机就是将一台原动机布置在中间,两个链轮分别布置在两侧。当两个链轮共用一个底座时即为整体型。当两个链轮的底座分离时即为分离型。单侧型锚机就是指一台原动机只配两个链轮,在船首甲板两侧各布置一台锚机。联合型锚机为两个单侧型锚机的组合。一个链轮既可以由一台原动机驱动,也可以同时由两台原动机驱动,这样就增加了锚机的生命力。同时它还与卷筒、系缆绞车组合成整机,增加了锚机的用途。

二、锚机应满足的要求

(1)必须由独立的原动机或电动机驱动。对于液压锚机,其液压管路如果与其他甲板机械的管路连接时,应保证锚机的正常工作不受影响。

(2)在船上试验时,锚机应能以平均速度不小于 9 m/min 将一只锚从水深 82.5 m 处(三节锚链入水)拉起至 27.5 m(一节锚链入水处)。

(3)在满足规定的平均速度和工作负载时,应能连续工作 30 min,应能在过载拉力(不小于工作负载的 1.5 倍)作用下连续工作 2 min,此时不要求速度。

(4)所有动力操纵的锚机均应能倒转。

(5)链轮与驱动轴之间应装有离合器,离合器应有可靠的锁紧装置,链轮或卷筒应装有可靠的制动器,制动器刹紧后应能承受锚链断裂负荷 45% 的静拉力;锚链必须装设有效的掣链器。

三、液压锚机实例

图 5-13 所示为滑片式油马达的液压锚机系统图。油泵为双作用滑片泵,由电动机带动定速回转。系统中设置安全阀,以控制最大压力。

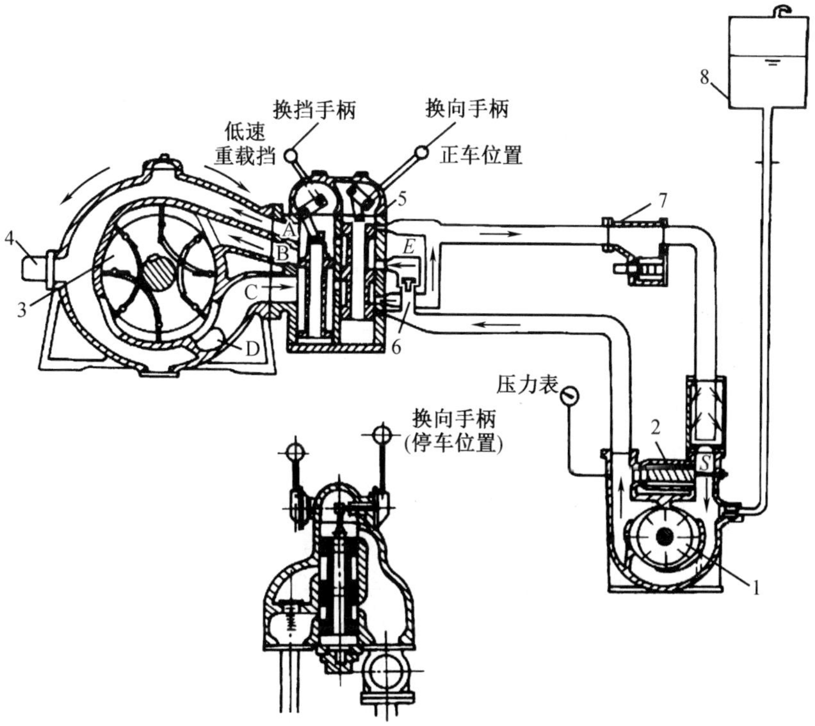

1—油泵;2—安全阀;3—转子;4—油马达安全阀;5—控制阀;

6—单向阀;7—磁性滤器;8—高置油箱。

图 5-13 滑片式油马达的液压锚机系统图

　　油马达为双作用滑片式油马达,其结构基本与滑片泵相类似,是一种低压油马达。在转子上均布着 8 个可伸缩的滑片,滑片与定子内表面组成 8 个密闭的工作腔室,为确保滑片可靠地与定子内表面接触,在转子的两个端面各开了 4 条圆弧凹槽,每个槽内放置一根圆弧形推杆,推杆两头各顶在两块滑片底部上。当转子旋转时,所有滑片能紧密而正确地贴在定子内表面上。考虑到制造误差和运转磨损,在推杆与滑片之间装有一个弹簧,以资补偿。推杆结构如图 5-14 所示。这样两根推杆就能叉开摆动,不致相互干扰。在工作时,滑片在压力油的作用下,带动转子转动,从而使与转子相连的轴也转动,而轴又与锚链轮相连,从而可进行抛锚或起锚工作。

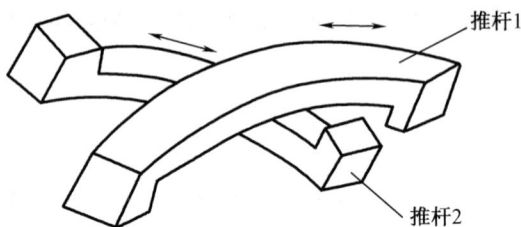

图 5-14　推杆结构图

　　控制阀有两个阀腔,一个是换向阀,可以使油马达正转(起锚)、反转(抛锚)或停转,也可以对油马达进行无级调速;另一个是换挡阀,可以控制油马达的高速或低速工况。当油马达由 A、B 两油道进油时,油马达的两个工作腔同时工作,为低速重载工况,其做功后的油液经油道 C 返回油泵。而当油马达仅从 A 油道进油时,油马达只有一个腔室工作,因油泵排量不变,故为高速轻载工况。如油马达从 C 油道进油,A、B 油道回油,则油马达反转。下面简述其工作原理。

　　如操纵手柄位于中间位置,则换向阀处于中间位,其旁通孔开启,油泵排出的油液经换向阀的下部直接回油泵吸入口,系统处于卸载状况,止回阀关闭,油马达停止不动。

　　如将操纵手柄推至起锚的最大位置,此时换向阀处于最上端,使旁通孔关闭。油泵排出的压力油顶开止回阀,经换向阀腔和换挡阀腔进入油马达,推动油马达转动从而进行起锚。而做功后的压力油,经油道 C、换挡阀和换向阀返回油泵吸入口。当换挡阀处于最下端,压力油从 A、B 两个油道同时进入油马达时,油马达的两个腔室同时工作,故为重载低速工况。当操纵换挡阀手柄,使换挡阀处于关闭油道 B 的位置,则压力油仅从油道 A 进入油马达,此时油马达只有一个腔室工作,故为轻载高速工况。显然,通过改变操纵手柄的操纵角度,可以控制压力油流经旁通孔的流量,从而控制进入油马达的油量,使油马达进行无级调速。

　　如将操纵手柄推至抛锚的最大位置,此时操纵手柄处于最下端位置。油泵来的压力油,经油道 C 进入油马达,则油马达反向转动而抛锚。如操纵手柄使换挡阀上移至油道 C、B 同时打开位置,则油马达处于轻载高速工况,同时,通过控制操纵手柄的操纵角度可使油马达实现无级调速。

第三节　绞　缆　机

一、系泊设备的功用和应满足的要求

船舶为进行拖船作业、进出船坞、系靠码头、浮筒或系靠其他船舶时用于绞缆、系缆的设备称为系泊设备。系泊设备主要由系缆索、导缆装置(导缆孔、导缆钳、导缆滚轮等)、带缆桩、绞缆机以及绳车、碰垫等组成。

绞缆机应能保证船在受 6 级以下风作用(风向垂直于船体中心线)时仍能系住船舶。其额定负荷(拉力)大小应该根据船的尺寸,按《国内航行海船建造规范》所推荐的数字选取。额定负荷时的公称绞缆速度大多为 15 m/min 左右,空载绞缆速度多为公称速度的 2~3 倍。

绞缆机

二、自动绞缆机

对于普通绞缆机,停泊期间的潮汐涨落和船舶吃水变化需要人工相应松出或收紧缆绳,不仅麻烦费事,稍有疏忽还可能使缆绳松弛而失去系缆作用,或因过载而拉断。大型船舶缆绳很粗,操作更加困难。因此许多船采用了自动绞缆机,能使拉紧缆绳的张力保持在一定范围内,拉力过大则自动放缆绳,而缆绳松弛时又能自动收紧。液压绞缆机的液压马达在排量既定时,扭矩与工作油压成正比。因此,只要能自动控制马达的工作油压,就能控制马达扭矩,即自动控制系缆张力。具体实现的方法主要有以下两种。

1. 定量泵式

这种方式的液压泵选用定量泵,其原理图如图 5-15 所示。系缆期间溢流阀常开,但开度较小,作定压阀用来控制液压马达收缆进油侧的工作油压。当缆绳拉紧达到调定张力时,油压升高使溢流阀全开,泵的流量除少量经马达泄漏外,其余的排油经溢流阀溢回油箱;当缆绳张力过大时,马达所受负荷扭矩超过调定范围,将驱动马达反转松出缆绳,这时马达的排油流量将与泵的流量一起经溢流阀溢流。溢流的功率损失转变为热量,会使油温升高。

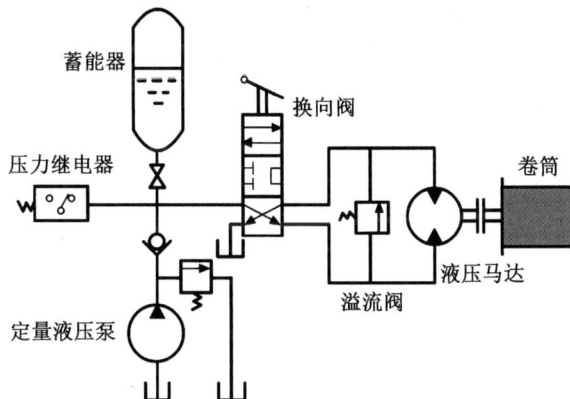

图 5-15　定量泵式液压自动绞缆机原理图

为减轻功率损失和油液的发热,系统用蓄能器和压力继电器控制液压泵间断工作,但液压马达泄漏量较大,这会使泵起停频繁,反而增加泵的磨损,降低工作的可靠性。

2. 变量泵式

这种方式的液压泵可选用恒功率变量泵,在缆绳拉紧后油压升高,泵流量即减至很小,仅供给系统的泄漏流量;也可选用以换向阀控制的两级变量泵,其原理如图5-16所示。当缆绳未收紧时,按图示工况,变量泵以最大排量工作,缆绳收紧工作油压达到调定值时,压力继电器动作,使电磁换向阀通电换位,泵排量即减至最小。其他工作原理与前述定量泵式相同。这种方式在自动系缆工况时泵流量很小,功率损耗低,油发热轻,但变量泵比定量泵贵,长时间运转会使其使用年限缩短。

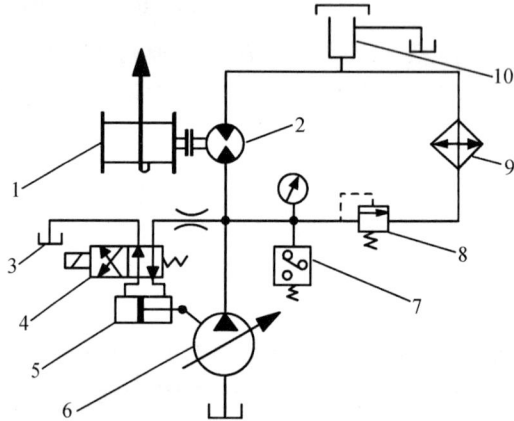

1—卷筒;2—液压马达;3—油箱;4—电磁阀;5—变量机构液压缸;6—液压泵;
7—压力继电器;8—溢流阀;9—冷却器;10—膨胀油箱。

图5-16 变量泵式液压自动绞缆机原理图

习　　题

1. 对起货机有哪些基本要求?

2. 在液压起货机系统中,为防止重物突然下落的方法有哪些?

3. 对锚机有哪些要求?

4. 船停泊期间采用自动系缆机有哪些好处?

第三篇　船舶制冷技术

　　船舶尤其是远洋船舶航程较远,需携带的食品较多,储藏时间也较长。可是鱼、肉、奶、豆等食品在常温下数日就会变质,气温越高变质越快。可见要使食品能长期储藏,就必须设法杀灭其中微生物,或抑制它们的生命活动。蔬菜、水果等在采摘后仍在继续进行生命活动,不断吸收氧气,呼出二氧化碳,同时散发热量和水分,过一定时间后便会过熟而变质。而为了使果蔬类食品保存期延长,就需设法延缓其成熟。食物保存的方法很多,如盐腌、熏腊、干制、射线处理、真空包装等。但唯有冷藏法既能抑制微生物在食品中的繁殖,又能延缓蔬菜、水果成熟,却对食物品质和营养价值影响甚小,故最为常用。较大的船舶为了储存食品,大多设有伙食冷库和相应的制冷装置。

　　船舶航行于各个海域,气候条件复杂多变。同时船上人员和机器设备也不断散发出大量的热量和水蒸气,为了能在舱室内创造出适宜的人工气候,以便为船员、旅客提供一个舒适的工作和生活环境,现代船舶大都设有空气调节装置。

第六章 船舶制冷装置

第一节 船舶制冷概述

制冷就是从某一物体或空间吸取热量,并将其转移给周围环境介质,使该物体或空间的温度低于环境的温度,并维持这一低温的过程。在近代船舶上,制冷技术已广泛应用于货物冷藏运输、食品冷藏、鱼类保鲜、天然气液化和储运、冷藏集装箱运输和船舶舱室的空气调节等。

一、制冷在船上的应用

1. 伙食冷库

鱼、肉类、奶及豆制品等腐烂的主要原因在于微生物(霉菌、细菌、酵母菌等)活动繁殖所分泌的物质使食物中的有机物水解变质。而蔬菜、水果等在经过一定时间后,会因熟烂而变质。船舶伙食冷库保存食品主要是创造条件尽量抑制微生物活动和适当减弱蔬菜水果的呼吸作用,尽可能不改变食品的内部组织和风味。

2. 空气调节

所谓空气调节,就是对空气进行必要的处理,然后以一定的方式送入舱室,使室内的温度、湿度、气流速度和清新度适于工作与生活的要求。对空气进行处理的装置,称为空气调节装置。

3. 冷藏运输

早在 19 世纪 80 年代人们就开始建造并使用专用的冷藏船,现在冷藏集装箱运输已日趋普遍,冷藏船和冷藏集装箱都设有专门的制冷装置。

此外,渔船、液化气或天然气运输船、海上作业船和军舰等为了满足生产和特殊设备的需要,各自还设有专用的制冷装置。制冷装置已成为船舶营运不可缺少的设备之一。

二、冷库冷藏条件

1. 温度

低温可以抑制微生物的活动,并抑制水果、蔬菜的呼吸,延缓其成熟。就冷藏温度而言,食品冷藏有冷却、冷冻和速冻三种处理方法。"冷却"就是把食品温度降到细胞膜不致冻结的程度,通常是在 0~5 ℃之间。但微生物在这样的温度下还具有一定的繁殖能力,食品不能储存过久。"冷冻"就是把食品温度降到 0 ℃以下而使之冻结。采用这种方法,可使微生物几乎完全停止繁殖,因而保藏时间较长。但冻结速度过慢,会造成细胞膜内层破裂,使食品减少或丧失原有的风味和营养价值。"速冻"能在短时间内使食品冻结,并使食品内所形成的冰晶颗粒比较细小、均匀,保持食品原有的风味品质。

储藏冻结的鱼、肉类食品的船舶伙食冷库习惯上称为低温库。长航线航行的船低温库储藏温度以 $-20 \sim -18\,°C$ 为宜(也有的设计温度低至 $-25\,°C$)。短航线冷冻食物保存期不超过 2~3 个月,库温控制在 $-12 \sim -10\,°C$ 较为经济。库温保持在 $0\,°C$ 以上的其他伙食冷库习惯上称为高温库,其中菜库温度多保持在 $0 \sim 5\,°C$,粮库可选择为 $15\,°C$ 左右。

2. 湿度

相对湿度过低会使未包装的食品因水分散失而干缩;而湿度过高又会使霉菌容易繁殖,但对冷冻食物影响不大。因此,高温库适宜的相对湿度为 85%~90%,低温库可保持在 90%~95%。冷库一般在降温过程中能保持适宜的湿度,不需要专门调节。

3. 二氧化碳和氧气的浓度

蔬菜和水果在储存期间的呼吸作用将不断消耗氧气,并使二氧化碳的浓度增高。适当减少 O_2 和增加 CO_2 的浓度,能抑制水果蔬菜呼吸和微生物的活动,可减少水分的散失,储藏期可比普通冷藏库延长 0.5~1 倍,但如果 CO_2 浓度过高呼吸就会过弱,蔬菜、水果反而更快变质腐烂。蔬菜、水果库一般以 CO_2 浓度控制在 5%~8%(大气中含量约为 0.4%)、O_2 浓度控制在 2%~5% 为宜。

4. 臭氧浓度

臭氧(O_3)在一般条件下极易分解,产生的单原子氧的氧化能力很强,能使细菌、霉菌等微生物的蛋白质外壳氧化变性而死亡。臭氧除杀菌作用外,还可抑制水果的呼吸,防止其过快成熟。

蔬菜、水果和肉类舱臭氧连续供给浓度应控制在 $0.3 \sim 0.4\,mg/m^3$,供臭氧时间为 15 min;蛋、奶舱臭氧连续供给浓度应控制在 $0.3 \sim 0.4\,mg/m^3$,供臭氧时间为 10 min;鱼和其他有强烈气味的货物舱臭氧连续供给浓度应控制在 $0.4 \sim 0.8\,mg/m^3$,供氧时间 20 min 为宜。

此外,臭氧还有除臭作用。但臭氧也会使奶制品和油脂类食物的脂肪氧化,产生脂肪酸而变质,故目前在船上臭氧多用于菜库。

三、制冷方法

现代船舶一般采用机械制冷。机械制冷的方法主要有蒸发制冷、气体膨胀制冷和半导体制冷,其中蒸发制冷最为普遍。蒸发制冷是利用液体蒸发汽化时吸收汽化潜热的原理来制冷,常用的有蒸气压缩式(简称压缩式)、吸收式和蒸汽喷射式三种。

1. 蒸气压缩式制冷

蒸汽压缩式制冷原理如图 6-1 所示。制冷系统是由压缩机、冷凝器、膨胀阀和蒸发器四大机械和设备及元件用管道连成的一个封闭系统,工质在蒸发器管内低压蒸发,并与管外空间被冷却对象发生热交换,从而达到制冷的目的。为了使蒸发器中的压力不因工质的不断流入、汽化而升高,就需用压缩机将其中工质气体及时抽出,维持稳定的低压,同时将气体压缩为高温、高压蒸气,以便被常温介质冷却、冷凝成高压液体。利用膨胀阀使高压液体节流降压,进入蒸发器再度汽化,吸收被冷却物的热量,从而连续不断地制冷。

　　蒸气压缩式制冷是现今应用最普遍的方法,也是船舶制冷装置的主要制冷方法。

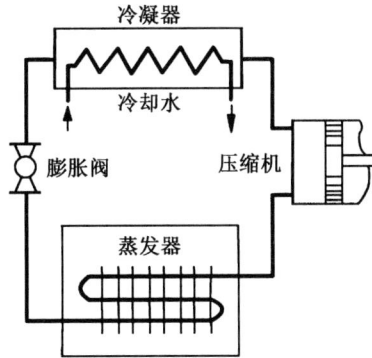

图 6-1　蒸气压缩式制冷原理图

2. 吸收式制冷

　　图 6-2 所示为吸收式制冷原理图。与压缩式制冷相比较,可以看出系统中的冷凝器、节流阀、蒸发器与压缩式系统中相应部件完全相同,而压缩机被吸收器、溶液泵和发生器所代替,它们起到与压缩机相同的作用。

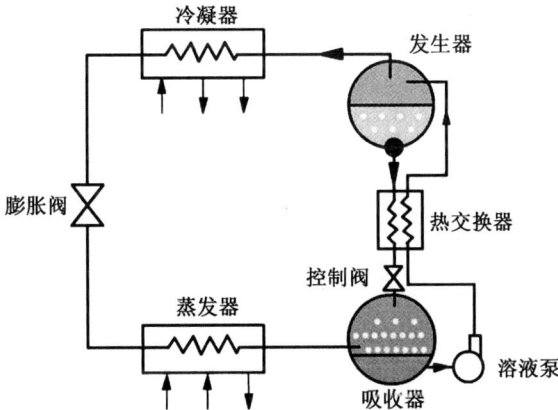

图 6-2　吸收式制冷原理图

　　在吸收式制冷装置中,利用吸收剂溶液在吸收器中吸收由蒸发器引来的制冷剂蒸气,再用溶液泵将之压送到高压的发生器中,然后在发生器中加热使溶液中逸出制冷剂蒸气(剩下的溶液经节流减压后再重新去吸收制冷剂蒸气),这些高压蒸气被送入冷凝器液化,再节流降压进入蒸发器制冷。

　　目前,吸收式制冷常用的制冷剂和吸收剂有氨(制冷剂)-水(吸收剂)和溴化锂(吸收剂)-水(制冷剂)两种。前者适用于低温系统,后者适用于空调。吸收式制冷可利用废热或低参数热源制冷,不用压缩机,运行时几乎无噪声和振动。但它获同样制冷量耗能比压缩式的多(不过主要是消耗热能而非电能),且冷却水耗量大;此外,溴化锂空调制冷装置对设备密封性要求较高,对钢材腐蚀作用强,使用寿命较压缩式装置短。

3. 蒸汽喷射式制冷

蒸汽喷射式制冷也是液体汽化制冷。它以水作为制冷剂。由于水的冰点为 0 ℃,因此蒸汽喷射式制冷只能用作空调制冷。图 6-3 所示为蒸汽喷射式制冷原理图,制冷系统主要由喷射器、冷凝器、蒸发器、膨胀阀、泵等组成。喷射器由喷嘴、吸入室和扩压室三个部分构成。

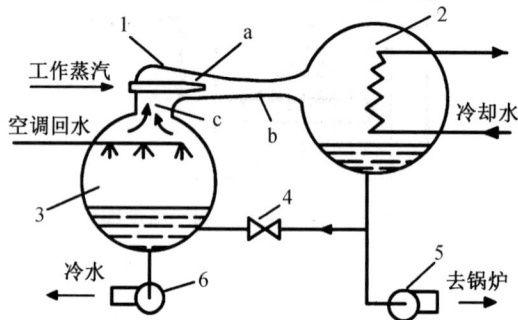

1—喷射器(a—喷嘴;b—扩压室;c—吸入室);2—冷凝器;3—蒸发器;4—膨胀阀;5、6—泵。

图 6-3 蒸汽喷射式制冷原理图

喷射器的吸入室与蒸发器相连,当高压、高温工作蒸汽进入喷射器后,在喷嘴中膨胀,并获得很大的流速,从而在喷嘴出口处造成高度真空。例如蒸发温度为 5 ℃,相应的压力为 0.87 kPa,这样为水在蒸发器内低压下汽化创造了条件。水汽化时吸收汽化潜热,使得未汽化的水温度降低。低温水由循环水泵送往空调器的盘管中,用以冷却空气,然后再返回蒸发器中放热降温。蒸发器中产生的制冷剂蒸汽和工作蒸汽在喷嘴出口处混合,进入扩压室,在扩压室中速度降低而压力升高,然后进入冷凝器与冷却水进行热交换,冷凝为液体。冷凝水一部分由水泵抽出并送入锅炉,产生蒸汽,以此作为喷射器的工作蒸汽,而其余部分则经膨胀阀进入蒸发器,以补充蒸发用去的水量。在实际使用过程中,冷凝水往往不再进入锅炉和蒸发器,而排入冷却水池,作为循环冷却水的补充水,蒸发器和锅炉的补充水则另设水源供给。

目前船舶制冷装置几乎都采用压缩式制冷方法,因此本章主要介绍压缩式制冷装置。

第二节 蒸气压缩式制冷装置的工作原理

一、单级压缩式制冷的理论循环

蒸气压缩式制冷系统如图 6-1 所示,主要由压缩机、冷凝器、膨胀阀和蒸发器组成。在整个制冷循环过程中,压缩机起压缩、输送制冷剂蒸汽和维持蒸发器内低压的作用,它是系统的"心脏";膨胀阀的作用是对液态制冷剂节流降压和调节流进蒸发器的制冷剂量;蒸发器是输出冷量的设备,制冷剂借其与被冷却物进行热交换;冷凝器为输出热量设备,蒸发器吸收被冷却物的热量及压缩机消耗的功所转化的热量,经冷凝器被冷却介质带走。制冷循环中,压缩机所消耗的功起补偿作用,使制冷剂不断从低温物质中吸热并向高温介质放热,完成整个制冷循环。

为了使问题简化和便于研究,对理论循环假设如下:

(1)压缩机的压缩过程不存在换热和流阻等不可逆损失,即假设是等熵过程;

(2)制冷剂在流过热交换器和管路时无阻力损失,即认为是等压过程;

(3)制冷剂除热交换器(蒸发器、冷凝器等)以外,与外界无任何热交换;

(4)制冷剂流过膨胀阀时未做功,又无热交换,因此在膨胀阀前后的焓值相等。

图6-4是在压焓图上表示的单级压缩式制冷的理论循环。

点1表示制冷剂离开蒸发器进入压缩机时的状态,它是蒸发压力p_0(相应蒸发温度为t_0)的等压线与吸气温度t_1的等温线的交点。

点2表示制冷剂离开压缩机进入冷凝器时的状态。过程线1—2表示制冷剂蒸气在压缩机中的等熵压缩过程,压力由蒸发压力p_0提高到冷凝压力p_k。因此,点2即可由通过点1的等熵线和压力为p_k的

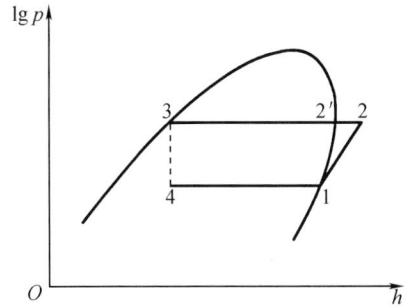

图6-4　单级压缩式制冷的理论循环

等压线的交点来确定。压缩过程中外界对制冷剂做功,制冷剂温度升高,点2处于高压过热蒸气状态。

点3表示制冷剂离开冷凝器时的状态,它是压力为p_k的等压线和饱和液体线的交点。过程线2—2′—3表示制冷剂在冷凝器内冷却(2—2′)和冷凝(2′—3)过程。这一过程是在冷凝压力p_k不变的情况下进行的。在冷凝器中,过热蒸汽首先放出显热冷却成饱和蒸汽(点2′),然后在等压、等温下继续放出热量,直至最后冷凝成饱和液体(点3)。

点4表示制冷剂离开膨胀阀进入蒸发器时的状态。过程线3—4表示制冷剂通过膨胀阀的节流过程。在此过程中,制冷剂的压力由p_k降到p_0,温度由t_k降到t_0,并进入湿蒸气区。由于节流前后制冷剂的焓值不变,因此,由点3作等焓线与等压线p_0的交点即为状态点4。根据热力学分析可知,节流过程中工质的焓值是变化的,故较严格的画法是将3—4过程线用虚线表示。

过程线4—1表示制冷剂在蒸发器中汽化的过程。这一过程理论上是等压的,制冷剂湿蒸气吸取被冷却物体的热量而不断汽化,干度不断增大(在湿蒸气区内温度t_0不变),直到变为带有少许过热度的过热蒸气。这样,制冷剂的状态又重新回到进压缩机前的状态点1,完成了一个理论制冷循环。

二、单级压缩式制冷的实际循环及热力计算

上述制冷循环分析中,做了四项假设。事实上,它与实际循环是不符的,即:压缩过程

并非等熵过程,而是前期吸热、后期放热、熵值增加的过程;节流过程有吸热,焓值略有增加;制冷剂在管道和热交换器中流动时存在流阻而有压力损失,在管道流动中也有热交换。

图 6-5 在 p-h 图上示出了单级压缩式制冷的实际循环。蒸发器出口至压缩机吸口是有压力损失和温升的流动过程 $1'$—1;蒸气流过压缩机吸气通道和吸气阀时有压力损失的过程 1—$1''$;蒸气在压缩之前受到压缩机吸气通道和缸体加热的过程 $1''$—$1'''$;熵值增加的实际压缩过程 $1'''$—$2''$;蒸气流过排气阀和排气通道时有压力损失的过程 $2''$—2;在排气管、冷凝器和液管中有压力损失的放热过程 2—$3'$;在膨胀阀中从外界吸热的节流过程 $3'$—$4'$;在蒸发器和吸气管中有流阻损失的汽化吸热过程 $4'$—$1'$。

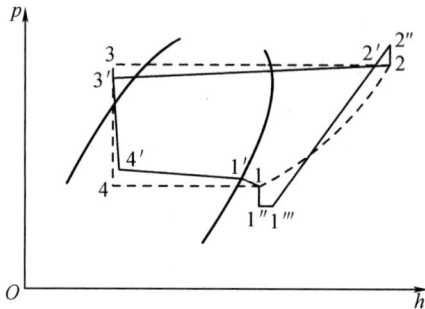

图 6-5 单级压缩式制冷的实际循环

工程上常将实际循环简化为 12341。其中 1—2 是熵值增加的压缩过程;2—3 是等压冷却、冷凝和过冷过程;3—4 是等焓节流过程;4—1 是等压汽化吸热和过热过程。用简化的实际循环进行热力计算,结果与实际循环相近。

在上述的循环中,只有 4—1 为制冷剂吸热制冷过程,所以循环的制冷量与制冷剂的种类和工作条件有关,而与制冷装置的大小无关。

热力计算可按如下步骤进行:

(1)单位制冷量

单位制冷量是指压缩机每排送 1 kg 制冷剂在蒸发器中的吸热量,用 q_0 表示,单位是 kJ/kg。

$$q_0 = h_1 - h_4 \tag{6-1}$$

单位容积制冷量 q_v,即压缩机每排送 1 m³ 吸气状态的制冷剂在蒸发器中的吸热量,用 q_V 表示,单位是 kJ/m³。

$$q_V = q_0 / v_1 \tag{6-2}$$

式中 v_1——压缩机吸入口制冷剂气体的比容,m³/kg。

(2)单位理论功(等熵压缩)

单位理论功是指压缩机输送 1 kg 制冷剂所消耗的功,用 w_0 表示,单位是 kJ/kg。

$$w_0 = h_2' - h_1 \tag{6-3}$$

单位指示功用 w_i 表示,单位是 kJ/kg。

$$w_i = h_2 - h_1 = w_0 / \eta_i \tag{6-4}$$

式中　η_i——指示效率(考虑压缩机实际压缩的能量损失),活塞式制冷压缩机为 0.8 左右。

(3)单位排热量

单位排热量是指 1 kg 制冷剂蒸汽在冷凝器中放出的热量,用 q_k 表示,单位是 kJ/kg。

$$q_k = h_2 - h_3 \tag{6-5}$$

(4)理论制冷系数

理论制冷系数是指单位制冷量 q_0 与所消耗的压缩机比功 w_0 之比,用 ε 表示。

$$\varepsilon = \frac{q_0}{w_0} = \frac{h_1 - h_4}{h_2' - h_1} \tag{6-6}$$

指示制冷系数用 ε_i 表示。

$$\varepsilon_i = \frac{q_0}{w_i} = \frac{h_1 - h_4}{h_2 - h_1} \tag{6-7}$$

(5)压缩机质量流量

若装置所需的制冷量为 Q_0(单位是 kW),则设计或选配压缩机时,应使压缩机的质量流量

$$G = \frac{Q_0}{q_0} = \frac{Q_0}{h_1 - h_4} \tag{6-8}$$

压缩机的容积流量(按吸气状态的容积计算)用 V_a 表示,单位是 m^3/s。

$$V_a = G v_1 = \frac{Q_0 v_1}{q_0} = \frac{Q_0}{q_V} \tag{6-9}$$

压缩机的理论容积流量用 V_t 表示,单位是 m/s。

$$V_t = \frac{V_a}{\lambda} = \frac{Q_0}{\lambda q_V} \tag{6-10}$$

式中　λ——压缩机的输气系数。

(6)压缩机的理论功率

压缩机的理论功率用 P_t 表示,单位是 kW。

$$P_t = G w_0 \tag{6-11}$$

压缩机的指示功率用 P_i 表示,单位是 kW。

$$P_i = G w_i = G w_0 / \eta_i = P_t / \eta_i \tag{6-12}$$

压缩机的输入功率用 P_e 表示,单位是 kW。

$$P_e = \frac{P_i}{\eta_m} = \frac{P_t}{\eta_i \eta_m} = \frac{P_t}{\eta_e} \tag{6-13}$$

式中　η_m——压缩机的机械效率,活塞式制冷压缩机一般为 0.8~0.9。

　　　η_e——压缩机的轴效率,活塞式制冷压缩机一般为 0.65~0.75。

(7)单位输入功率制冷量

装置的制冷量与压缩机输入功率之比称为单位输入功率制冷量(或能效比),用 K_e 表示,相当于制冷装置的实际制冷系数。

$$K_e = \frac{Q_0}{P_e} = \frac{q_0\eta_e}{w_0} = \varepsilon\eta_e \qquad (6-14)$$

(8)冷凝器的热负荷

冷凝器的热负荷即冷凝器单位时间内必须排走的热量,用 Q_k 表示,单位为 kW。

$$Q_k = Gq_k = G(h_2 - h_3) = Q_0 + P_i \qquad (6-15)$$

冷凝器的热负荷一般为制冷量的 1.2~1.3 倍。

三、工况参数对制冷装置性能的影响

制冷装置的工况是指其所参加的制冷循环的温度条件,主要是制冷剂的蒸发温度、吸气过热度、冷凝温度和膨胀阀前的过冷度。其中影响较大的是蒸发温度和冷凝温度。

1. 蒸发温度的影响

如图 6-6 所示,当蒸发温度从 t_0 降低到 t_0' 时,循环即由 12341 变为 1'2'34'1'。这时,循环的单位制冷量稍有降低,即 $q_0' < q_0$,但同时吸气比容增大,即 $v_1' > v_1$,制冷剂的质量流量 G 减小更多,因此,Q_0 减小。至于制冷机输入功率的变化情况,则因单位压缩功增大,即 $w_0' > w_0$,但制冷剂的质量流量 G 减小,因而不能直接判断。热力学分析表明,在达到某压力比 p_k/p_0 时(一般制冷剂压力比在 3 左右)压缩机输入功率最大。通常制冷装置工作时压力比都大于3,当蒸发温度降低时输入功率 P_e 是降低的。

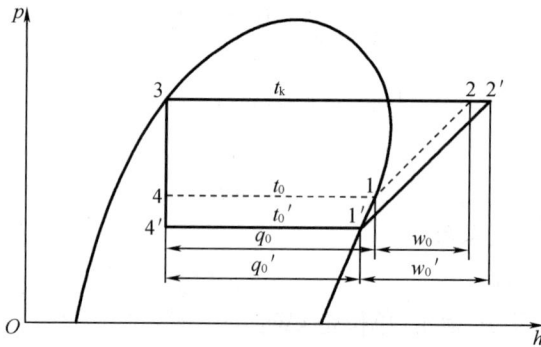

图 6-6 蒸发温度 t_0 变化对制冷循环的影响

2. 冷凝温度的影响

如图 6-7 所示,假设冷凝温度由 t_k 升高到 t_k',循环就将由 12341 变为 12'3'4'1。当冷凝温度升高时,一方面,由于循环的单位制冷量 q_0 减少,即 $q_0' < q_0$,输气系数 λ 也因压力比 p_k/p_0 的增加而减少,而吸气比容 v_1 却并未改变,所以 Q_0 将相应变小;另一方面,由于单位压缩功增大,即 $w_0' > w_0$,其影响超过因输气系数 λ 减小而导致的制冷剂质量流量 G 的减小,故输入功率 P_e 将增大;显然 $q_0'/w_0' < q_0/w_0$,装置的制冷系数也会降低。反之,当 t_k 降低时,情况相反。

3. 吸气过热度的影响

如图 6-8 所示,吸气过热度提高时,循环由 12341 变为 1'2'341',如果过热是在蒸发器

内完成的,则制冷剂单位制冷量 q_0 增加,单位压缩功由 w_0 变为 w_0',它们对制冷系数的影响取决于制冷剂性质,当采用 R22 时,影响不大(略有下降),而氨制冷系数减小。

过热度增加,单位制冷量 q_0 增加,但吸气比容 v_1 也加大,使质量流量 G 减小,对制冷量 Q_0 的影响要看二者哪个影响更大。实验表明,过热度每提高 1 ℃,R22 和氨的流量 G 减少 0.4%,而 q_0 则分别增加 0.4% 和 0.2%,所以氨的制冷量 Q_0 减小,而 R22 则影响不大。

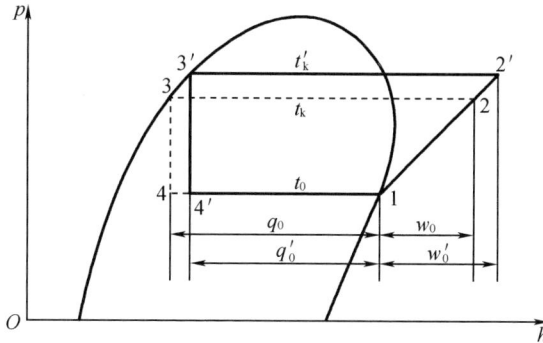

图 6-7　冷凝温度 t_k 变化对制冷循环的影响

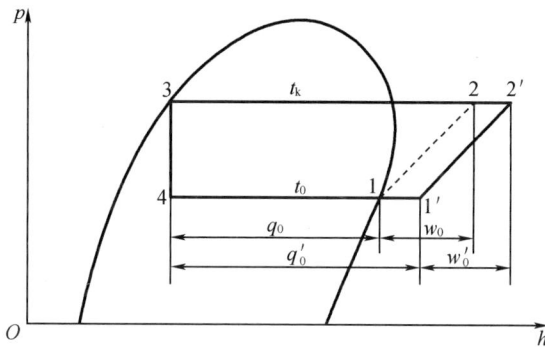

图 6-8　吸气过热度变化对制冷循环的影响

上述过热度提高时,单位压缩功 w_0 的增加不如质量流量 G 减少快,故输入功率 P_e 是减小的。

如果压缩机的吸气过热是制冷剂在蒸发器内完成的,则称之为有益过热,它可以提高装置的制冷量和制冷系数。如果压缩机的吸气过热是在制冷剂离开蒸发器后在吸气管中吸取外界热量造成的,则制冷剂单位制冷量并未提高,装置的制冷量和制冷系数会下降,这种情况称为有害过热。

采用多大吸气过热度合适主要根据对制冷系数的影响;其次,有适当过热度可以防止压缩机吸入液态制冷剂发生液击,也能减少有害过热,但吸气过热度太高又会使排气温度和滑油温度过高。氨制冷装置蒸发器出口的制冷剂应尽可能是干饱和蒸汽,压缩机吸气过热度不宜超过 5~8 ℃。氟利昂制冷装置蒸发器出口过热度一般控制在 3~6 ℃。过热段的换热能力很差,为了有效利用蒸发面积,蒸发器出口过热度不宜过大。

4. 供液过冷度的影响

如图 6-9 所示,其他条件不变,循环的过冷度增加,循环由 12341 变为 123′4′1,过冷温度由 t_3 降到 t_3',单位制冷量 q_0 增加,装置制冷量由此而增加;由于压缩机输入功率不变,装置制冷系数提高。实际装置靠增加冷凝器换热面积来提高过冷度,所能达到的过冷度很有限,一般为 $3 \sim 5$ ℃,于是冷凝器到膨胀阀这段液管压降不宜超过 $40 \sim 70$ kPa,否则过冷度可能会消失而提前闪气,使制冷量降低。

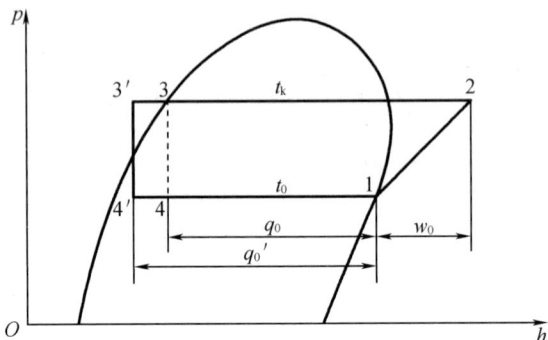

图 6-9 供液过冷度变化对制冷循环的影响

由此可见,提高装置的过冷度有益于装置运行的经济性,同时也可防止液管内制冷剂提前闪气,因此常设气液换热器。

利用气液换热器(亦称回热器)使节流前的制冷剂液体与压缩机吸入前的制冷剂蒸气进行热交换,使液体过冷、气体过热,称为回热。具有回热过程的制冷循环称为回热循环。图 6-10 所示为采用回热器的制冷装置简图。回热循环即如图所示的 1′2′34′5′1′。其中 1—1′是蒸气在回热器中的过热过程,4—4′是液体在回热器的过冷过程。回热循环对制冷量、压缩功和制冷系数的影响与系统所使用的制冷剂的关系,如同分析吸气过热度影响时所指出的一样,R22 装置设回热器对 Q_0、ε 影响不大,但在膨胀阀前的液管压降较大时,为防止"闪气",以及为减少吸气管有害过热也可设回热器;氨装置则不宜设回热器。

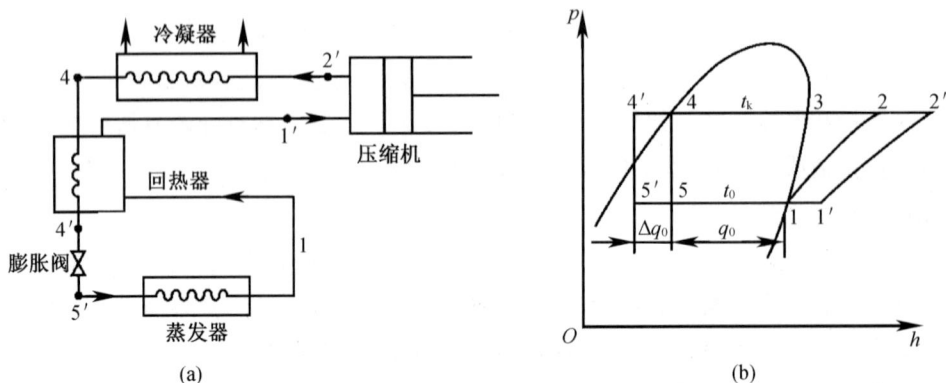

图 6-10 采用回热器的制冷装置

四、制冷压缩机的工况

由于压缩机的制冷量和输入功率等性能指标都随工况的不同而不同,为了衡量和比较压缩机的性能,就需根据常用的温度范围,制定出公认的温度条件作为名义工况,并以压缩机在该名义工况下的制冷量作为比较和选用的标准。国标 GB/T 10079—2001《活塞式单级制冷压缩机》定出了有机制冷剂压缩机的三种名义工况:高温工况、中温工况和低温工况,如表 6-1 所示。我国还规定了活塞式制冷压缩机的标准工况和空调工况,如表 6-2 所示。

表 6-1 有机制冷剂压缩机的名义工况

类型	吸入压力饱和温度	吸入温度	排出压力饱和温度	环境温度
高温	7.2 ℃/45 ℉		54.4 ℃/130 ℉(高 p_k)	
		18.3 ℃/65 ℉	48.9 ℃/120 ℉(低 p_k)	35 ℃/95 ℉
中温	−6.7 ℃/20 ℉		48.9 ℃/120 ℉	
低温	−31.7 ℃/−25 ℉		40.6 ℃/105 ℉	

表 6-2 活塞式制冷压缩机的标准工况和空调工况   单位:℃

工况	制冷剂	冷凝温度	蒸发温度	过冷温度	吸入温度
标准工况	R717	30	−15	25	−10
	R22	30	−15	25	15
空调工况	R717	40	5	35	10
	R22	40	5	35	15

第三节 制冷剂、载冷剂和冷冻机油

一、制冷剂

制冷剂是制冷装置中用来完成制冷循环的工质,通过其热力状态的变化与外界发生能量交换,从而实现制冷效果。

1. 对制冷剂的要求

(1)正常蒸发温度要低。正常蒸发温度是指在标准大气压下的蒸发温度。正常蒸发温度越低,就越容易达到更低的制冷温度,并可在一定的蒸发温度下使蒸发压力高于大气压力,以免空气漏入制冷系统。制冷剂一旦外泄,也容易检查和堵漏。

(2)冷凝压力要适中。一般不要超过 1.2~1.5 MPa,以减少设备承受的压力和制冷剂外泄的可能性。

（3）单位容积制冷量 q_V 要大。q_V 越大，制冷剂的循环量就越小，从而可减小压缩机的尺寸和减轻其质量。但对小型压缩机，q_V 不宜过大，以免因通道太小给制造、调节带来困难。

（4）临界温度要高。这样可以用一般冷却水或空气进行冷凝。

（5）放热系数和导热系数要大。这样可减小蒸发器和冷凝器的传热面积，进而减小制冷装置的体积和质量。

（6）黏度要小。这样可减小管路中的流动阻力。

（7）绝热指数要小。以降低排气温度，提高压缩机的安全性和使用寿命。

（8）具有一定的吸水性。以免当制冷系统中渗进极少量的水分时，产生"冰塞"而影响正常运行。

（9）化学稳定性好。制冷剂在其工作的温度、压力范围内不分解、不燃烧、不爆炸，不与润滑油反应，不腐蚀金属。

（10）无毒性，无刺激性气味。

（11）价格低，容易取得。

应该指出，完全满足上述要求的制冷剂是不存在的。因此，选用制冷剂时要根据使用场合、具体用途、温度要求、制冷容量以及制冷机的型式等予以综合考虑。

2. 制冷剂的种类和编号

现今，可用作制冷剂的物质有以下几种。

（1）无机化合物

这类制冷剂有氨、二氧化碳和水等；编号为 R7XX，其中 R 为英文单词 refrigerant（制冷剂）的字头，后两位数字表示该无机化合物的分子量。例如水的编号是 R718，氨是 R717，二氧化碳是 R744。

（2）氟利昂

氟利昂是各种饱和碳氢化合物的氟、氯、溴衍生物的总称。目前用作制冷剂的氟利昂多是甲烷（CH_4）或乙烷（C_2H_6）中的氢原子被卤素氟（F）、氯（Cl）原子取代而成的。其分子通式为 $C_mH_nF_xCl_yBr_z$，且满足 $n+x+y+z=2m+2$。统一编号是"R"后带三个数字，依次为碳原子数 $m-1$、氢原子数 $n+1$、氟原子数 x；如果含有溴原子数，则在前列三个数字后，再加写字母 B 并后随溴的原子数；异构物加 a、b 等。例如：

甲烷 CH_4：$m=1,n=4,x=0$，故写为 R50（第一个数字 0 省略）。

乙烷 C_2H_6：$m=2,n=6,x=0$，故写为 R170。

丙烷 C_3H_8：$m=3,n=8,x=0$，故写为 R290。

二氟一氯甲烷 $CHClF_2$：$m=1,n=1,x=2$，故写为 R22。

二溴四氟乙烷 $C_2F_4Br_2$：$m=2,n=0,x=4,z=2$，故写为 R114B2。

四氟乙烷 $C_2H_2F_4$：$m=2,n=2,x=4$，故写为 R134a。

氟利昂制冷剂大多是无毒的，没有气味。氟利昂在实际应用的温度范围内不燃烧，没有爆炸危险，而且热稳定性好，分子量大，绝热指数小，凝固点低，含水时会腐蚀镁及镁合金、铁等金属。氟利昂制冷剂的单位容积制冷量小，密度大，节流损失大，导热系数小，遇火焰时会分解出有毒气体，易泄漏而不易察觉。

根据是否含有氯原子,氟利昂又可分为:

CFC:表示不含氢的氯氟烃,如 CFC11(R11)等。

HCFC:表示含氢的氯氟烃,如 HCFC22(R22)等。

HFC:表示含氢而无氯的氟化烃,如 HFC134a(R134a)、HFC152 等。

（3）碳氢化合物（烃类）

这类制冷剂包括甲烷（CH_4）、乙烷（C_2H_4）、丙烷（C_3H_8）、乙烯（C_2H_4）、丙烯（C_3H_6）等。编号为 R1×××,第一个数字为1,后三个数字的组成与饱和烃或氟利昂相同。如乙烯 R1150、丙烯 R1270。这类制冷剂易燃易爆,船舶制冷装置上不使用。

（4）共沸制冷剂

共沸制冷剂是由两种（或两种以上）特定的制冷剂按一定比例混合而成的,它同单一的制冷剂一样,在一定的压力下蒸发时,可保持对应不变的蒸发温度,气相和液相也具有相同的组成。由于在一定的压力下,共沸混合制冷剂标准沸点比组成它的各种纯冷剂的标准沸点都低,因此,在相同的工作温度条件下,采用共沸混合制冷剂的制冷压缩机也就具有压力比小,压缩终温低,单位容积制冷量大等优点。

这种制冷剂的编号,用 R5×× 表示。R 字母后的第一个数字为5,然后随以序号 00,01,02,…表示。这类制冷剂目前已有 R500、R501、R502、R503、R504 等五种。

（5）非共沸制冷剂

非共沸制冷剂也是由不同制冷剂按一定比例混合而成的,但不存在共沸点。在定压下蒸发或凝结时,气相与液相的组分不同,而且不断变化,温度也随之不断变化。由于相变过程不等温,所以更适于在变温热源场合下应用,以缩小传热温差,减少不可逆损失。它还可以降低制冷循环压缩比,使单级压缩制冷循环获得更低的蒸发温度。

非共沸制冷剂用 R4×× 表示。R 字母后的第一个数字为4,然后随以序号 00,01,02,…表示。目前已经编号的非共沸混合制冷剂有 R401、R402、R403、R404、R405、R406 等。组分相同、质量分数不同时,则在编号后面加 A,B,…,如 R407A、R407B、R407C 等。

3. 常用制冷剂及其性质

对船用制冷和空调装置来说,制冷剂的安全性往往是考虑的首要因素,同时一般船用制冷装置多属于单级压缩和中、高温制冷,并多处于中、小制冷量的范围内。下面分别介绍 R717、R22、R502、R134a 的性质。

（1）R717（氨）

氨有较好的热力性质和物理性质,它在常温和普通低温范围内压力比较适中,标准蒸发温度为-33.4 ℃,凝固温度为-77.7 ℃,在-33.4 ℃以上的条件下工作时,系统内不致形成真空。氨单位容积制冷量大,流动阻力小,传热性能好。此外,氨的价格低廉,又易于获得,这是它应用最早而又长期作为制冷剂的主要原因。

氨的压缩终温较高,故压缩机气缸要采取冷却措施。

氨是典型的难溶于润滑油的制冷剂,对润滑油无不良影响,但若氨含水则会降低润滑油的润滑作用。氨制冷系统的管道和换热器表面会有油膜,影响传热效果。

氨的溶水性大,一般不会出现游离水,所以在氨制冷系统中不会出现冰塞现象。

氨最大的缺点是对人体有较大的毒性,易燃、易爆。氨蒸气无色,具有强烈的刺激性臭味。当氨在空气中的容积浓度达 0.5%~0.6% 时,人停留半小时就会中毒。所以,一般不用于空调制冷装置。当氨在空气中的容积浓度达 11%~14% 时可点燃,而当达 16%~25% 时会引起爆炸。

纯氨不腐蚀铁、铜等金属,但含有水分时会腐蚀锌、铜、青铜及铜合金(磷青铜除外),因此在氨制冷系统中不用铜及铜含金材料。

(2) R22(氟利昂)

R22 无毒、无味、不燃不爆、热稳定性好,单独存在时即使温度达 500 ℃ 仍然稳定,但与火焰(800 ℃ 以上)接触时会分解产生卤代烃气体和微量有毒光气及一氧化碳气体。其正常蒸发温度为 -40.8 ℃,冷凝压力不超过 1.6 MPa。微溶于水,但系统中含水较多时也会发生冰塞。在高于 8 ℃ 的区域(如曲轴箱、冷凝器、供液管等)溶油能力强,可完全溶解,而在 8 ℃ 以下的区域(如蒸发器)溶油能力会下降,致使在蒸发器中回油比较困难。因此在制冷系统中必须安装过滤-干燥器和分油器。R22 渗漏性很强,对装置的气密性要求高。

(3) R502(共沸混合制冷剂)

R502 是由 48.8% 的 R22 与 51.2% 的 R115 组成的共沸混合制冷剂。与 R115、R22 相比,R502 具有更好的热力学性能,更适用于低温。R502 不燃、不爆、无毒,对金属无腐蚀作用,对橡胶和塑料的腐蚀性也较小。它的标准蒸发温度为 -45.6 ℃,正常工作压力与 R22 相近。在相同的工况下,单位容积制冷量比 R22 的大,但排气温度却比 R22 的低。R502 的溶油性较好,直到 -40 ℃,油仍能带回压缩机中,有时亦采用专门的回油装置。

R502 用于全封闭、半封闭或某些中、小制冷装置,其蒸发温度可低达 -55 ℃。

(4) R134a(四氟乙烷,分子式 CH_2FCF_3)

R134a 不含氯原子,臭氧耗减潜能值(ODP)为 0,全球变暖潜能值(GWP)为 0.26。其标准沸点为 -26.5 ℃。在同样的冷凝温度和蒸发温度下,R134a 排气压力比 R12 高些,吸气压力要低些。R134a 与目前常用的润滑油不相溶,对天然橡胶和某些合成橡胶的浸润膨胀性强,分子较小,渗漏性很强,因不含氯而不能用检漏灯检漏,可使用电子检漏仪。

二、载冷剂

载冷剂是在间接制冷系统中用以传递冷量的中间介质,又称冷媒。

1. 对载冷剂的要求

无毒,对人体无刺激性,不燃、不爆,化学稳定性好,腐蚀性小,在使用范围内不凝固、不汽化,比热容大,黏度小,传热性能好,价格低廉,易于获得。

2. 常用载冷剂

载冷剂的种类很多,下面简单介绍一些常用的载冷剂及其主要性质。

(1) 水

水是一种理想的载冷剂,它具有比热容大、密度小、对设备和管道腐蚀性小、不燃、不爆、无毒、化学稳定性好、价格低廉、容易获得等优点。因此,在大型空调制冷系统中,广泛采用水作载冷剂。但是,由于它的凝固点高,在使用上受到很大限制。

（2）无机盐水溶液

普遍采用的无机盐水溶液是由氯化钙（$CaCl_2$）、氯化钠（$NaCl$）和氯化镁（$MgCl_2$）配制成的盐水溶液。其可用作工作温度低于 0 ℃ 的载冷剂，适用于中、低温制冷系统。

无机盐水溶液的性质和凝固点取决于无机盐的浓度。浓度增加，则凝固点下降，当浓度增大到共晶浓度时，凝固点也就下降到了最低点，若浓度再增大，则凝固点反而升高。

（3）有机物载冷剂

乙二醇（$CH_2OH—CH_2OH$）、丙二醇（$CH_2OH—CHOH—CH_3$）、丙三醇（甘油，$CH_2OH—CHOH—CH_2OH$）的水溶液都是性能较好的低温载冷剂，对管道、容器等金属材料无腐蚀作用。

乙二醇水溶液无色、无味、不燃、无电解性。当考虑到设备和管道维修的困难时，它可代替对金属腐蚀性很强的无机盐水溶液。在使用中也应注意因乙二醇挥发导致的浓度降低的问题。

三、冷冻机润滑油

合理使用冷冻机润滑油是保证压缩机长期、安全、有效运转的重要措施。润滑油的作用主要有：润滑，密封（渗入各摩擦件密封面阻止制冷剂泄漏），冷却（带走摩擦热，同时也可降低排气温度）；在多缸压缩机中，润滑油还可用来控制卸载机构。

对于不同的制冷剂和制冷系统，必须选用不同的冷冻机油，工作温度的不同也要求选用不同的冷冻机油。冷冻机油主要应满足下列几项要求：

（1）凝固点应至少比工作时的最低蒸发温度低 2.5 ℃，以免在蒸发器中凝固而堵塞通道。

（2）闪点应比最高排气温度高出 15~30 ℃。国产冷冻机油闪点（开口）为 150~180 ℃。

（3）具有适当的黏度。船用制冷压缩机轴承负荷不高，润滑作用对冷冻机油黏度的要求容易满足，主要考虑密封的要求。若黏度过低，则活塞环与气缸壁间的油膜就容易被气体冲掉，从而使漏气增加。氟利昂易溶于油，溶入 5% 的氟利昂就能使油的黏度下降一半，所以在氟利昂装置中使用的冷冻机油黏度应大些。

（4）含水量低（国外有的规定每千克滑油含水应不超过 30 mg），以免引起制冷系统冰寒、腐蚀或产生镀铜现象等。冷冻机油必须密封存放，否则空气中的水蒸气可能进入油中而使含水量增加。

（5）全封闭式和半封闭式压缩机要求润滑油的电绝缘性好，全封闭压缩机要求 5~10 年不需换油，故对油的化学稳定性和抗氧化安定性要求较高。

其他如酸值低、抗腐蚀性好、灰分及机械杂质含量少等，也是对冷冻机润滑油的一般要求。

在以 R134a 为制冷剂的装置中，应选择与之相溶的润滑油，如 PAG（聚烯烃乙二醇）、POE（多元醇酯）等化学润滑油，而不能使用现用的矿物油。

国产冷冻机油有 13、18、25、30、40 五个牌号，其号数大致等于其 50 ℃ 时的运动黏度。

第四节　制冷压缩机

制冷压缩机有活塞式、回转式和离心式等几类，前两种按原理都属容积型。回转式压缩机又有螺杆式、滑片式、滚动转子式和涡旋式等多种。活塞式压缩机因其活塞做往复运动，具有惯性力，并受吸、排气阀等限制，转速不能太高，主要用于中、小制冷量的场合。回转式压缩机则没有往复运动部件和吸、排气阀，转速较高，除螺杆式用于中等以上制冷量的场合外，其他型式多用于小制冷量或低压力比场合。离心式压缩机转速高，适用于大流量，主要用于大型空调制冷装置。

制冷压缩机
（螺杆式）

本节主要介绍活塞式制冷压缩机，以国产的 8FS10 型制冷压缩机为例，说明活塞式制冷压缩机的结构特点。

一、基本结构

图 6-11 所示为 8FS10 型压缩机。其基本结构包括机体、气缸套与气阀组合件、曲轴、连杆、活塞等运动部件。气缸按扇形布置，由轴双拐并带有平衡块，机体上装有能量调节装置，可实现卸载起动和根据负荷变化来调节工作缸数。该机附有安全阀，气缸盖内设有假盖和弹簧以免因液态制冷剂进入压缩机产生"液击"而发生事故。

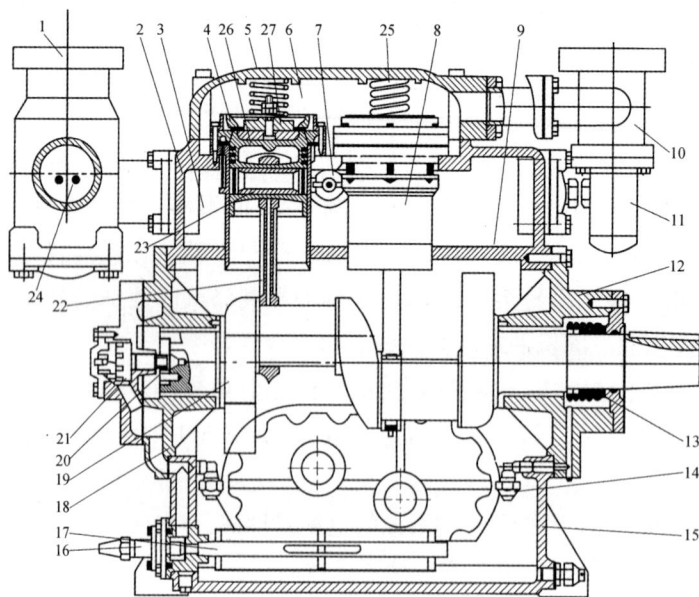

1—吸气接管；2—气缸体；3—吸气腔；4—缸头气阀组件；5—气缸盖；6—排气腔；7—能量调节机构；8—气缸套；9—下隔板；10—排气集管；11—安全阀；12—轴承座；13—轴封；14—滑油管；15—曲轴箱；16—滑油三通阀；17—吸入滤油器；18—轴承座；19—曲轴；20—油泵传动机构；21—油泵；22—连杆；23—活塞销；24—吸气滤网；25—假盖弹簧；26—活塞；27—假盖。

图 6-11　8FS10 型压缩机总体结构图

1. 机体

压缩机的机体由上、下两层隔板分成三个腔。上层为排气腔,下层为曲轴箱,中间为吸气腔。

在下隔板最低处开有回油均压孔,使吸气腔与曲轴箱相通,其作用是:

(1)使经活塞环漏入曲轴箱的制冷剂能经吸气腔抽走;

(2)让吸气从系统中带回的滑油流回曲轴箱;

(3)必要时能用压缩机本身抽空曲轴箱,以回收其中的制冷剂或抽除其中的空气。

在气缸体上隔板上开有 8 个缸孔,其中装有气缸套和气阀组件。缸套组件用螺栓固定在气缸体的上隔板上,缸套上部的凸缘和上隔板间设有垫片,以防止吸、排气腔间漏气。该垫片厚度影响气缸余隙,不能随意变动。余隙一般为 0.5~1.5 mm。

通吸气腔 3 的吸气接管 1 下部设有吸气滤网 24。排气腔 6 的排气集管 10 与吸气腔之间设有安全阀 11。

2. 传动机构

制冷压缩机的传动机构主要由活塞组、连杆组和曲轴组成。活塞采用筒状结构,以承受不大的侧推力。活塞上装有三道密封环和一道刮油杯。为了减轻质量,高速制冷压缩机的活塞常由铝合金制成。由于铝合金活塞的热胀系数比钢制的活塞销大,故冷态时二者是过盈配合,拆装时应将铝活塞加热到 80 ℃ 左右。

连杆用可锻铸铁制成,断面呈工字形,大端轴承采用锡基合金薄壁瓦,小端采用磷青铜衬套。曲轴由球墨铸铁制成,两个曲拐夹角为 180°,前后主轴承均为钢套,内浇巴氏合金,并在其中开有油孔和油槽。曲轴伸出曲轴箱处设有机械轴封,阻止曲轴箱的制冷剂和滑油外漏,并防止空气漏入曲轴箱;另一端则直接带动一个小型滑油泵。曲轴由电动机经弹性联轴节直接传动,也有用三角皮带传动的。

3. 配气机构

如图 6-12 所示,配气机构包括吸气阀片、排气阀片、阀板和气阀弹簧等。压缩机吸、排气阀采用环片阀,在气缸套的端面上带有两圈阀座线,在两圈阀座线之间钻有 24 个吸气孔,以使气缸与气缸套外的吸气腔相通。在缸套端面上还装有吸气阀片限位器 18,并用 6 个吸气阀弹簧 2 将吸气阀片 3 紧压在缸套端面的吸气阀座上。排气阀座也有内外两圈,外圈开在吸气阀限位器上端的内边缘,而内圈则开在排气阀座芯 13 的周边。排气阀片 15 用假盖 12 作限位器。假盖放置在吸气阀片限位器 18 上,借假盖导圈 17 定位,从上向下假盖弹簧 7 压紧。万一缸内吸进较多的液体制冷剂或滑油,在活塞上行接近止点时就会发生液击,这时只要作用在假盖底部的压力超过排出腔压力 0.3MPa,假盖组件即会被顶起,从而使缸内压力不致过高而损坏零件。

4. 轴封机构

曲轴伸出曲轴箱并设有轴封装置的压缩机称为开启式压缩机。某些小型压缩机将机体与电动机外壳连成一个密封机壳,压缩机与电动机共用一根轴,没有轴封装置,但有气缸盖、端盖可供拆卸检修气阀、油泵等,称为半封闭压缩机。还有的压缩机和电动机共同组装于一个密封机壳内,没有任何可供拆卸的接合面,称为全封闭式压缩机,大多用于冰箱等小型制冷装置。开启式压缩机在曲轴伸出端装设传动机构,曲轴的传动机构与机体之间都留有一定的游动间隙。为了保证曲轴箱内的制冷剂和滑油不沿曲轴伸出端往外泄漏,或当压缩机在真空压力下工作时空气又不渗入曲轴箱,则在曲轴伸出端设置了"轴封"。它是开启式压缩机,特别是氟利昂压缩机的一个重要部件。轴封不良会造成制冷剂泄漏,而使制冷装置不能正常工作。

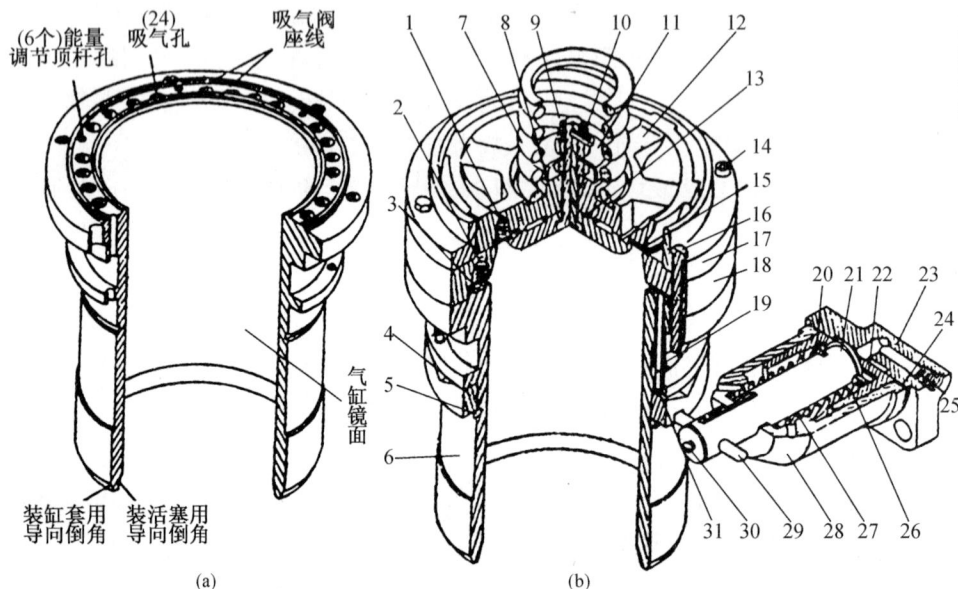

图 6-12　8FS10 型压缩机的缸套和气阀组件

1—排气阀弹簧;2—吸气阀弹簧;3—吸气阀片;4—转环;5—卡环;6—缸套;7—假盖弹簧;8、24—垫片;
9—阀座螺栓;10—开口销;11—铁皮套圈;12—假盖(排气阀片限位器);13—排气阀座芯;14—内六角螺钉;
15—排气阀片;16—螺栓(与机体固定);17—假盖导圈;18—吸气阀片限位器;19—顶杆弹簧;20—挡圈;
21—卸载活塞杆;22—调整垫片;23—卸载油缸盖;25—油管接孔;26—卸载活塞;27—弹簧;28—卸载油缸;
29—横销;30—制动螺钉;31—启阀顶杆。

在我国压缩机系列产品中广泛采用结构简单、维修方便、密封及耐磨性良好的机械式轴封器,如图 6-13 所示。这种轴封由弹簧托板、弹簧、紧圈、钢壳、轴封橡胶圈、动摩擦环、定摩擦环等组成。它有三个密封面:(1)动摩擦环在弹簧力作用下紧贴在定环上,工作时动摩擦环与定环相对运动,紧贴的摩擦面起到动密封作用;(2)借弹簧的弹力使轴封橡胶圈与动摩擦环压紧,起到静密封作用;(3)在紧圈作用下,轴封橡胶圈依靠本身弹力紧箍在曲轴上,产生静密封作用。压缩机运转时除定环外,轴封其他零件均随曲轴一起转动。

5.润滑系统

压缩机压力润滑过程如图 6-14 所示。曲轴回转时带动油泵工作,曲轴箱底部的润滑油通过滤油器和油三通阀被吸入油泵。油泵出来压力油,一路经手动(或自动)能量调节阀4分送到各卸载油缸6,同时通油压表5和油压差继电器;另一路由设在曲轴箱内的油管送到机械轴封油腔8中,再由曲轴9中的油孔将滑油送到主轴承和连杆大端轴承,并经连杆中的油孔送至连杆小端轴承。滑油从各轴承间隙溢回曲轴箱。为了调节滑油压力,在曲轴油泵端还设有油压调节阀10。我国部标规定油压差应大于 98 kPa。

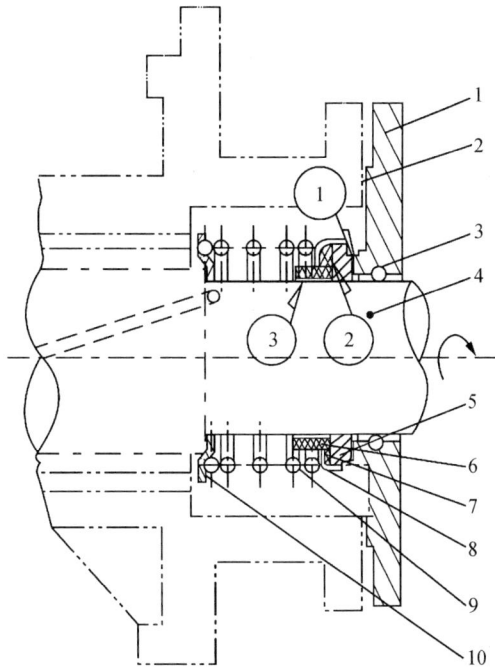

1—盖板(定环);2—纸垫;3—密封圈;4—曲轴;5—动摩擦环;6—轴封橡胶圈;

7—紧圈;8—钢壳;9—弹簧;10—弹簧座。

图 6-13　压缩机轴封结构

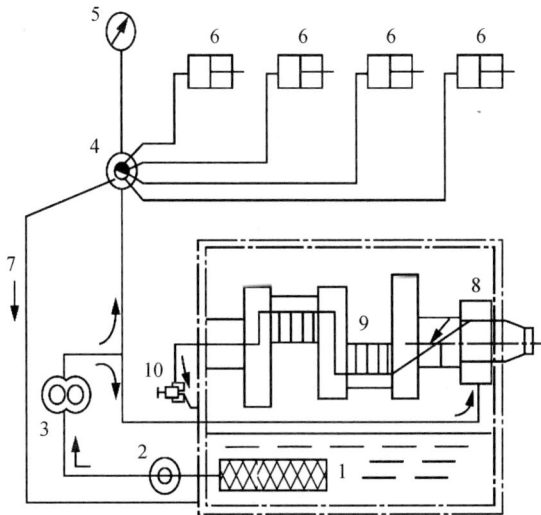

1—网式滤油器;2—滑油三通阀;3—油泵;4—手动能量调节阀;5—油压表;6—卸载油缸;

7—回油管;8—轴封油腔;9—曲轴;10—油压调节阀。

图 6-14　制冷压缩机滑油系统

为了便于添加和更换滑油,8FS10型压缩机在其油泵下方的曲轴箱上还设有一个装、放油的滑油三通阀,将滑油三通阀2的手柄置于"工作"位置,则使曲轴箱与油泵吸入口相通;置于"放油"位置,则使曲轴箱与通机外的接管相通;置于"加油"位置则使外接管与油泵吸入口相通。

氟利昂易溶于曲轴箱的滑油中,压力越高,油温越低,溶解量越大。压缩机起动时因曲轴箱压力迅速下降,氟利昂就会从油中逸出,如逸气量较多,则油产生大量泡沫而涌起,俗称"奔油"。奔油会使油泵建立不起油压,严重时会因多量滑油进入气缸而产生液击。因此,压缩机当停车时间较长时,应先关吸气阀,将曲轴箱压力抽低,停车后则应关闭排气阀。万一起动时发生奔油,可关吸入阀做多次瞬时起动,以使油中的氟利昂逐渐逸出。《船用氟利昂活塞式单级制冷压缩机 技术条件》(JB/T 3709—1984)规定氟利昂压缩机曲轴箱内应设电加热器,以便在环境温度较低时于起动前将油预热至30 ℃左右,以防奔油。运行中油温应不高于76 ℃。

6. 双阀座截止阀

压缩机的吸、排截止阀采用带有多用通道的双阀座结构,如图6-15所示。它与一般截止阀的差别仅在于阀体上多出一个常开通道4和一个可借同一阀芯来启闭的多用通道11。操作时,若将阀杆退足,则多用通道关闭;若将阀杆退足后再旋进半圈或一圈,则多用通道开启。常开通道和多用通道可用来接装压力表和压力继电器等。此外,在操作、检修时多用通道还可有其他多种用途。

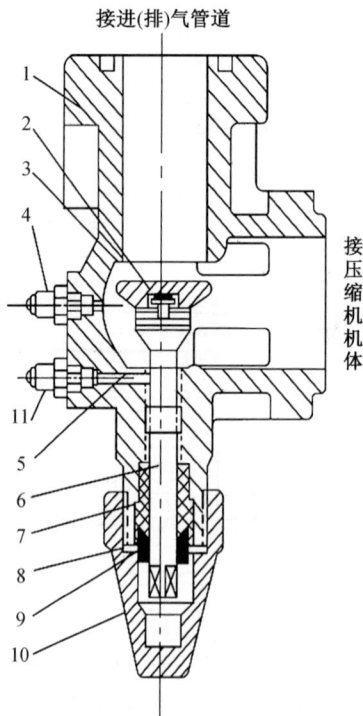

1—阀体;2—阀芯;3、5—阀座;4—常开通道;6—阀杆;7—填料;8—垫片;9—压盖;10—阀帽;11—多用通道。

图6-15 双阀座截止阀

二、卸载与能量调节

1. 卸载与能量调节原理

卸载与能量调节是对压缩机气缸起动、卸载和冷量调节的机构,其实质就是排气量调节。压缩机的制冷量通常都按制冷系统的最大热负荷选配,但在实际应用中,装置的热负荷却是在变动的。这样当处于低负荷工作时,蒸发压力就会过低,这不仅会使制冷系数降低,还可能因低压继电器断电而停车,为此,就需对压缩机的能量进行调节。常用的调节方法有以下几种。

（1）间歇运行法

这种方法是当库温降到设定的下限时,使压缩机停转;而当库温上升到规定温度的上限时,再使压缩机起动。压缩机的起停可通过低压继电器或温度继电器自动控制。此方法简便易行,适用于小型制冷压缩机及热负荷变化不大的场合。

（2）吸气节流法

这种方法是通过改变压缩机吸气阀的开度来实现的。当装置的热负荷降低时,减小吸入阀的开度,进入气缸的吸气压力相应降低,比容增大,质量流量减小,制冷量因而降低。采用这种调节方法的压缩机气缸顶部装有能量调节油缸,它能根据需要控制顶杆自动限制吸气阀片升程,从而实现吸气节流。也可以在吸气管路上设蒸发压力调节阀进行吸气节流。这种方法简单,但不经济,因为这样人为地提高了压力比,从而使单位功耗和排气温度上升,故只适用于调节幅度不大的小型压缩机。

（3）排气回流法

这种方法是在吸、排气管之间设旁通管,调节管上旁通阀的开度,就能改变压缩机的有效排气量,这种方法最不经济,而且会提高压缩机的排气温度,故仅用于不带能量调节机构的小型压缩机。

（4）变速调节法

近年来随着交、直流变频调速技术的发展,变频调速技术已在制冷装置中得到广泛应用,它不仅节能,而且降温快,温控精度高,经济性好;但转速降低的下限必须考虑润滑的可靠性。

（5）吸气回流法

这种方法是通过将部分气缸的吸气阀常开,或调节活塞反向运动的相邻气缸间旁通的卸荷通道控制阀的开度,使吸入缸内的气体在活塞上行时返回吸气腔(或相邻缸),以减少压缩机的实际排气量,从而实现能量调节。此法同时可使压缩机实现卸载起动。

2. 8FS10 型开启式压缩机卸载与能量调节机构

吸气回流法是多缸压缩机广泛采用的一种调节方法。它是以吸气压力为被调参数。吸气压力高,蒸发器的热负荷大,需要压缩机加载;反之,吸气压力低,则压缩机应卸载。

8FS10 型开启式压缩机的卸载机构为油压顶杆启阀式能量调节机构,其可使压缩机根据热负荷的大小,将部分或全部气缸的吸气阀片强制顶起,相应地以 8 缸、6 缸或 4 缸投入工作。这样这些吸气阀片常开的气缸便不能排气,实现了卸载。卸载机构的结构如图 6-16

所示。在气缸套中部的凸缘下面套有转环 6,六根顶杆 9 穿过缸套中部和上部凸缘的小孔,将吸气阀片 16 顶起。坐落在缸套上凸缘下端的顶杆弹簧 10 通过顶杆上的横销将顶杆下端压在转环 6 上。气缸体上设有卸载油缸 1,当压缩机滑油泵的压力油从配油接管 11 引入油缸时,卸载活塞 2 克服弹簧的张力左移,推杆 4 前端的传动杆 5(它卡在转环 6 的凹槽中)使转环转动一个角度。于是顶杆 9 的下端便向下落到转环斜切口的底部,顶杆上端缩入吸气阀座线以下,不再妨碍吸气阀片的正常启闭,使该缸投入工作。当压缩机刚起动而油压尚未建立到适当数值时,或工作中配油接管 11 与压力油隔断而与曲轴箱接通泄压时,卸载活塞 2 在弹簧 3 作用下右移,转环转动一个角度以斜切口顶部将顶杆 10 顶起,则强开吸气阀片,使该缸卸载。每个卸载油缸的推杆可同时控制同一列的两个气缸。

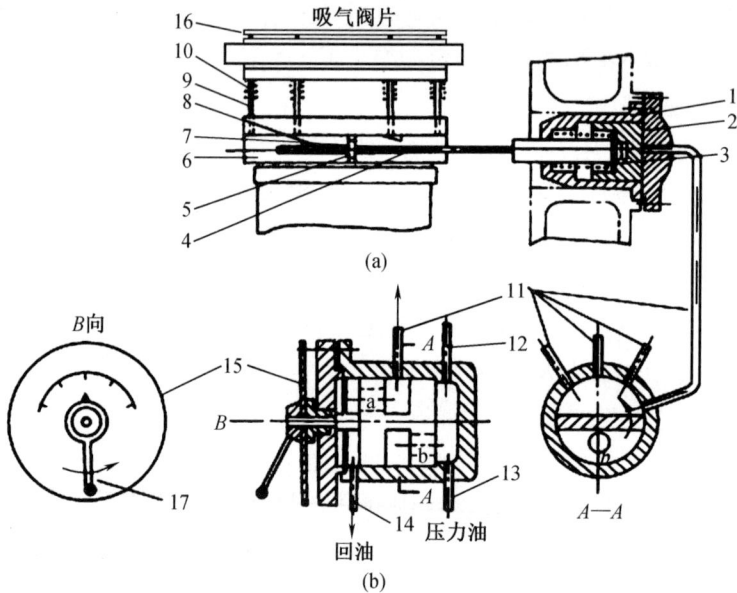

1—卸载油缸;2—卸载活塞;3—弹簧;4—推杆;5—传动杆;6—转环;7—缺口;

8—斜面切口;9—顶杆;10—顶杆弹簧;11—配油接管;12—压力表接管;13—供油接管;

14—回油接管;15—刻度盘;16—吸气阀片;17—能量调节手柄。

图 6-16　油压顶杆启阀式卸载机构和手动能量控制阀

手动能量调节阀是一个转阀。它放在不同角度,能使各卸载油缸的配油接管 11 或者经 b 孔与压力油接通而使所控制的缸加载,或经 a 孔与曲轴箱连通而使其所控制的缸卸载。如果 8 个缸中只有两组设有卸载机构,则油管 11 只有两根,能实现 8 缸(100%)、6 缸(75%)、4 缸(50%)三挡工作。

本机型还可设置自动能量调节器,根据吸气压力的高低,自动控制油压卸载的缸数。

第五节　制冷装置的主要设备和附件

一、冷凝器

冷凝器是气体制冷剂与冷却介质(水或空气)进行热量传递的热交换器。压缩机排出的高温高压气态制冷剂在冷凝器中把热量传递给冷却介质而冷凝成液体制冷剂。

气体制冷剂冷凝时有三个放热过程:过热蒸气等压冷却为干饱和蒸汽,干饱和蒸汽冷凝为饱和液体,饱和液体进一步冷却为过冷液体。

按冷却介质的不同,冷凝器可分为水冷式、空冷式和蒸发式三种。船舶制冷装置大都采用卧式壳管式水冷冷凝器。

图6-17为卧式壳管式冷凝器。壳管式冷凝器中,制冷剂在管外,冷却水在管内,壳体一般采用锅炉钢板卷制焊接而成。壳体两端板之间排列着许多无缝钢管或肋片管,并以电焊或胀管固定在端板上。两端封盖内侧铸有限水筋条,以增加冷却水的流程和流速。冷却水进、出口设在端盖上。并从下面流进,上面流出,以保证冷凝过程必要的传热温差,并使管子始终充满水。端盖是用螺栓与壳体紧固,其接触面有橡皮垫防漏。壳管式冷凝器的优点是传热系数大、结构紧凑、体积小,在船舶机舱易于布置。其缺点是冷却管易腐蚀,污垢排出较困难。

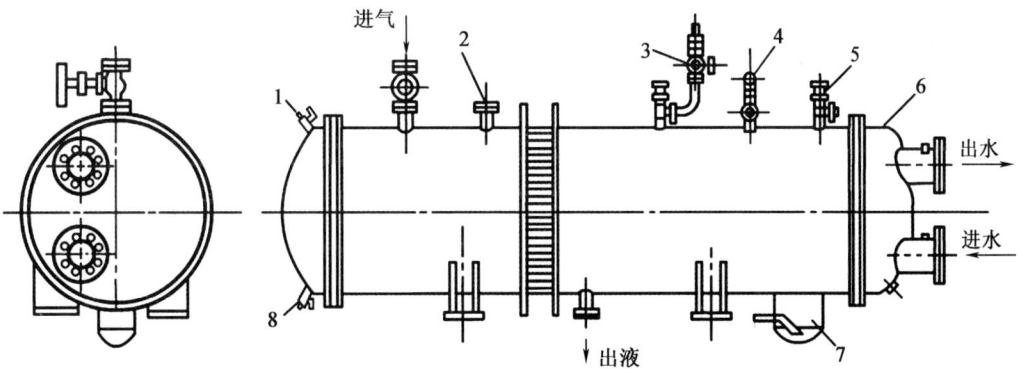

1—水室放气旋塞;2—平衡管接头;3—安全阀;4—压力表接头;
5—放空气阀;6—外壳;7—集油包;8—水室泄水旋塞。

图 6-17　卧式壳管式冷凝器

大型的壳管式冷凝器还有下述附件:

(1)安全阀:装于上部,用以防止冷凝器内压力过高。按中国船级社《钢质海船入级规范》规定,其开启压力为:R717 和 R22<2 MPa,R12<1.6 MPa。

(2)放空气阀:装于壳体的最高处,用以放出不凝性气体。

(3)水室放气旋塞:装于水室最高处,用以放出水室中的空气。

(4)水室泄水旋塞:需要时用以放尽存水。

（5）泄油阀：设于壳体的最低处，用以排泄滑油（只在氨冷凝器上才有）。

（6）液位计：用以显示制冷剂液位。

（7）平衡管接头：用以连接与储液器连通的平衡管，以均衡两者压力，便于制冷剂流入储液器和把蒸气引回冷凝器。

二、蒸发器

蒸发器是使液体制冷剂汽化吸热，被冷物体或冷媒放热降温，实现热量传递的热交换器。按其冷却介质的不同，可分为冷却空气的直接冷却式蒸发器和冷却淡水、盐水或其他载冷剂的间接冷却式蒸发器两大类。

1. 间接冷却式蒸发器

间接冷却式蒸发器按结构形式可分为卧式壳管式、立管式、螺旋板式、螺旋管式和蛇管式等。由筒形外壳和内部管群组成，结构与一般热交换器类同。按工作方式，间接冷却式蒸发器又分为干式和满液式两类。图6-18所示为一干式壳管式蒸发器，制冷剂在管内吸收管外流过的冷媒热量，流出蒸发器时已成为过热蒸气，被冷却的冷媒则被泵至冷库或空调器内的热交换器，升温后又回至蒸发器，如此不断地循环。通常蒸发温度高于0℃的，用水作冷媒；蒸发温度低于0℃的，用盐水作冷媒。

干式蒸发器制冷剂在管内蒸发，流速较高，有利于携出滑油，使回油流畅，在大型空调用氟利昂制冷装置中得到广泛应用。

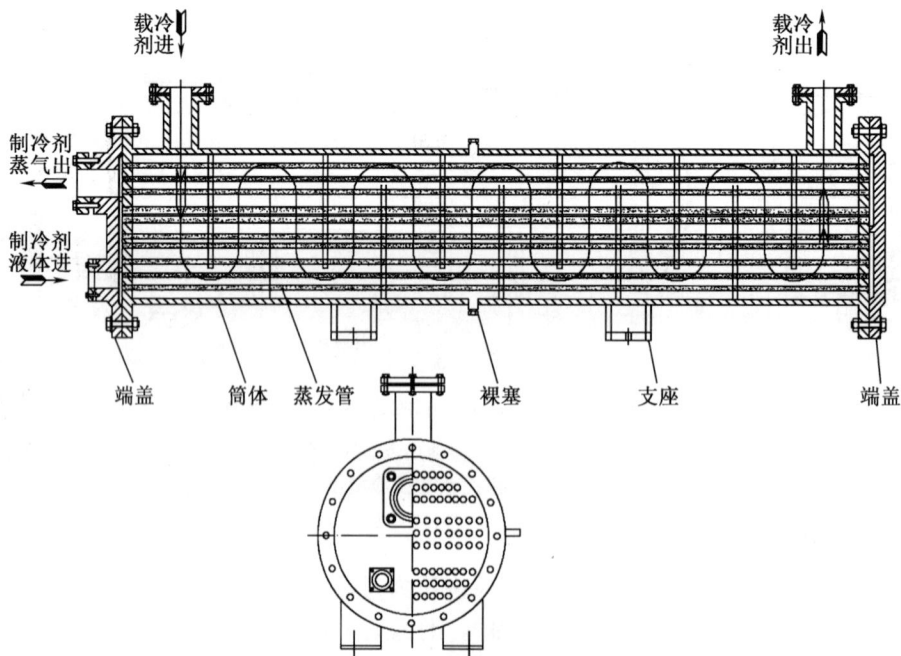

图6-18　干式壳管式蒸发器

2. 直接冷却式蒸发器

直接冷却式蒸发器采用单路或多路盘管结构,制冷剂在管内蒸发,直接冷却管外流过的空气。根据空气流动方式的不同,可分为自然对流式和强迫对流式两种,分别称之为蒸发盘管和冷风机。

(1)蒸发盘管

蒸发盘管是将盘管直接铺设在冷库内壁,管路周围空气被冷却降温后,比远处空气密度大而下降,形成库内空气自然对流,从而使冷库的温度逐渐下降。

船用蒸发盘管大都是横向布置的蛇形盘管结构,用支架牢牢固定。

蒸发盘管

蒸发盘管虽然结构简单、管理方便,但由于依靠自然对流放热,放热系数小,因此要求传热面积大,故管路长、耗材多。此外管外壁结霜时清除也较麻烦,同时查漏也较困难,因此,目前已较少见到,但在伙食冷库的鱼库和肉库中仍有采用。

(2)冷风机

图 6-19 所示为冷风机的外形。它由空气冷却器和通风机组成,其中空气冷却器由许多并联的蛇形肋片管组成。室内空气被风机吸入后,强迫流过空气冷却器盘管。并列的各路盘管由热力膨胀阀供液,为使各路供液均匀,膨胀阀出口装有液体分配器与各通路连接,各路盘管出口汇集于一个出口总管连接于回气管路。为了承接和输出盘管表面的凝水或结霜融化的水,盘管下设承水盘,并由疏水管引出。

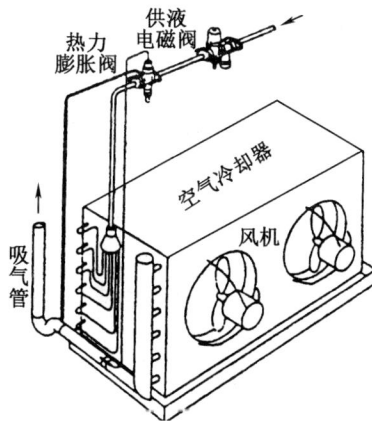

图 6-19　冷风机

由于冷风机属于强迫对流式蒸发器,其传热系数要比普通盘管大 4~6 倍,且结构紧凑,安装方便,冷库降温速度快,库内温度分布均匀,并可采用电热融霜,融霜简便并易于实现自动控制,所以使用日趋普遍。高温伙食库和冷藏舱、冷藏集装箱等普遍采用。但它也有使食品干耗大、蓄冷能力小,以及结霜严重时会堵塞冷风气流等缺点,而且风机还会增加热负荷(在保温期间一般占热负荷的 20%~30%)。因此某些伙食冷库的鱼肉库仍采用蒸发盘管。

三、热力膨胀阀

制冷装置所采用的节流元件有毛细管、手动膨胀阀、热力膨胀阀、电子膨胀阀等。其中,在干式蒸发器的供液中最常见的是热力膨胀阀。在实际制冷过程中,制冷装置蒸发器的热负荷在不断发生变化,蒸发器前的节流元件除了具有节流降压作用外,还应能根据蒸发器的热负荷来调节制冷剂流量。热力膨胀阀在使制冷剂液体节流降压后送入蒸发器的同时,还能根据蒸发器出口处制冷剂过热度大小自动调节供液量,使制冷剂到蒸发器出口时能全部汽化并维持一定过热度,既可避免因过量供液,造成压缩机出现液击现象;又能保证蒸发器的传热面积得到充分利用。

1. 热力膨胀阀的结构和工作原理

热力膨胀阀分内平衡式和外平衡式两类。图 6-20、图 6-21 所示为内平衡式热力膨胀阀的典型结构及其在系统中的工作简图。供入热力膨胀阀的液态制冷剂经针阀 6 节流降压后进入蒸发器。蒸发器进口处压力为 p_0(相应蒸发温度为 t_0),该压力经阀体上的内平衡孔(与顶杆 2 的通孔平行,图中未示出)作用于波纹管(或膜片)的下方。如果蒸发器流动阻力不大,可以认为蒸发器出口压力 $p_0'=p_0$。设制冷剂流到 B 点全部汽化完毕,则 B 点的蒸发温度 $t_0'=t_0$。当制冷剂流到蒸发器出口 C 点时,因在 BC 段继续吸热成过热蒸气,温度升高到 t_1。膨胀阀带有一个充有一部分低沸点液体的感温包 12,感温包紧贴在蒸发器出口管壁上,感受 C 点制冷剂温度 t_1,感温包中的压力即为 t_1 所对应的感温包充剂的饱和压力 p_1($t_1>t_0$,$p_1>p_0$),它通过毛细管 15 传至波纹管上方。波纹管上下的压差 p_1-p_0 通过顶杆 2 压迫弹簧的上座,控制针阀 6 的开度。

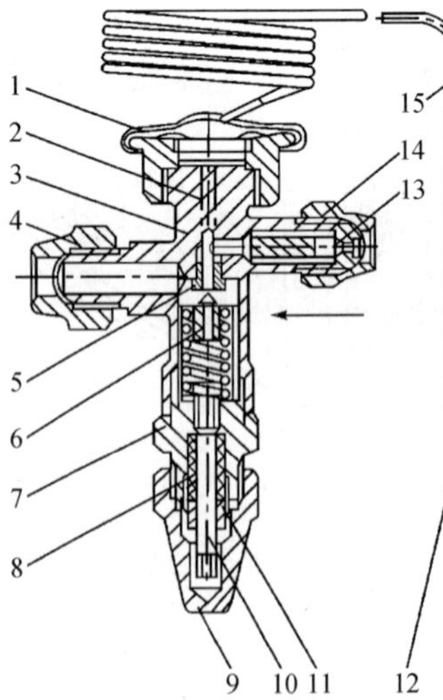

1—膜片;2—顶杆;3—阀体;4—螺母;5—阀座;6—针阀;7—调节杆座;8—填料;9—帽罩;
10—调节杆;11—压盖;12—感温包;13—过滤器;14—螺母;15—毛细管。

图 6-20　内平衡式热力膨胀阀

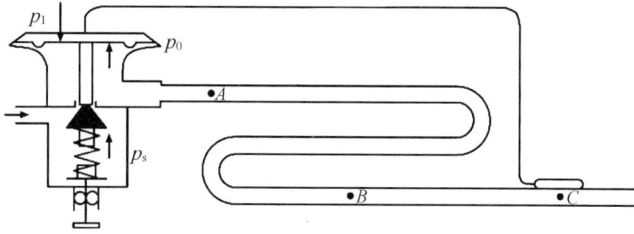

图 6-21 内平衡式热力膨胀阀的工作原理

当蒸发器出口的过热度增大时,即 t_1-t_0(t_0') 增大时,p_1-p_0 增大,阀的开度即与之成正比地增大;反之出口过热度减小时,阀的开度减小。可见热力膨胀阀能自动调节制冷剂流量,使蒸发器出口过热度稳定在一定范围。

通过分析得知,控制阀开度的 p_1-p_0 反映的是 t_1-t_0,而并非真正的出口过热度 t_1-t_0',当蒸发器流动阻力不大时,制冷剂在其中流动压降 p_0-p_0' 及其相应的温差 t_0-t_0' 不大,故 t_1-t_0 可近似地反映出口过热度;但是当蒸发器流动阻力较大时,其中制冷剂的压降及相应的温差 t_0-t_0' 较大,则真实的出口过热度 t_1-t_0' 比决定阀开度的温差 t_1-t_0 明显要大,即蒸发器出口过热段会显著加长,使换热能力下降,这种情况必须选用外平衡式热力膨胀阀。如图 6-22、图 6-23 所示。

外平衡式热力膨胀阀的结构特点是没有内平衡孔,波纹管下方与蒸发器出口用外平衡管相通,而顶杆与阀体上的通孔间设有填料,以防制冷剂从蒸发器进口漏到波纹管下方。这样,控制阀开度的波纹管上下压差 p_1-p_0' 能真实地反映出蒸发器出口的过热度 t_1-t_0'。阀中所装节流管是为了分担阀的节流作用,避免阀芯和阀座处流速过高而磨损过大,更换不同口径的节流管可以改变阀的不同流量。

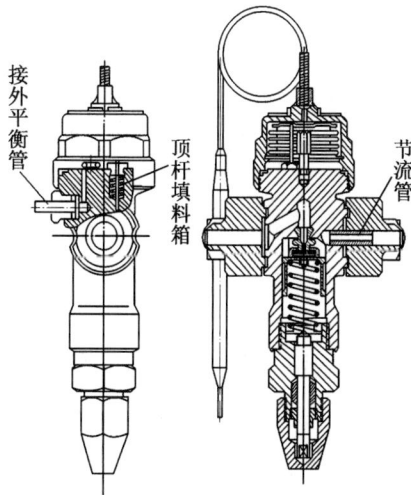

图 6-22 外平衡式热力膨胀阀

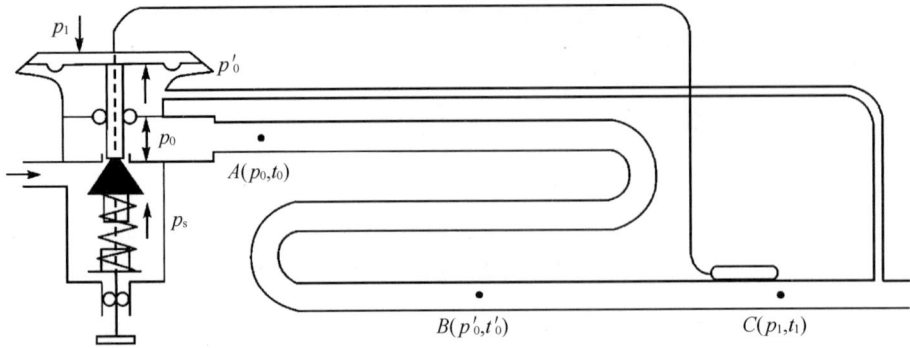

图 6-23　外平衡式热力膨胀阀工作原理图

热力膨胀阀的工作有以下特点：

(1)当蒸发器出口过热度改变时,从感温包感受过热温度的变化到感温包内压力的改变,需要一段时间,因此调节具有严重的滞后性,调节的过渡时间较长;

(2)当蒸发器热负荷不同时,热力膨胀阀稳定后的开度也不同,对应的蒸发器出口的过热度也不同。

蒸发器出口过热度与热力膨胀阀开度的关系如图 6-24 所示。阀关闭时,调节弹簧就有一定的预紧力,以便保证阀关闭严密。因此膨胀阀从静止到开始开启需要一定的过热度,该值称为"关闭过热度"。出口过热度越大,阀稳定后的开度也就越大,阀处于开启状态时,蒸发器出口的制冷剂过热度称为"工作过热度"。在阀的开度超过一定限度前,它与过热度的关系近似成正比,相应的关系曲线(AB 段)大致是向上倾斜的直线;超过此限度,过热度增加时阀的开度增加程度越来越小,相应的关系曲线(BC 段)变成越来越陡的曲线,主要原因是膜片变形程度过大时变形受到限制。热力膨胀阀工作时,一般尽量使其工作在关系曲线的近似直线段范围内,以斜率即将明显改变处(B 点)的开度作为膨胀阀的额定开度。膨胀阀达额定开度时的工作过热度与关闭过热之差称为"过热度的变化量",我国将过热度变化量为 4 ℃ 的开度定为膨胀阀的额定开度。

调节热力膨胀阀的弹簧预紧力可以改变阀的关闭过热度和工作过热度。增加预紧力,则图 6-24 所示的关系曲线将向上移动。静止过热度一般可在 2~8 ℃ 内调节。

2. 热力膨胀阀的选用

热力膨胀阀的选用,主要考虑制冷剂的种类、蒸发温度的范围、蒸发器的热负荷和流阻的大小等。

(1)根据蒸发器流阻大小决定选用外平衡式或内平衡式

当蒸发器的流动阻力较大,进出口压降导致制冷剂的饱和温度降低超过 1 ℃(R22)时(相应的压降为 5~20 kPa),应选用外平衡式热力膨胀阀,否则会使蒸发器出口过热度太大。蒸发器阻力较小时可选用比较简单、便宜和安装更方便的内平衡式热力膨胀阀。同样压降的蒸发器,用于低温库时的蒸发温度较低,该压降导致的饱和温度降较大,可能需用外平衡式热力膨胀阀;而用于高温库时,同一压降导致的饱和温度降较低,用内平衡式热力膨胀阀即可。

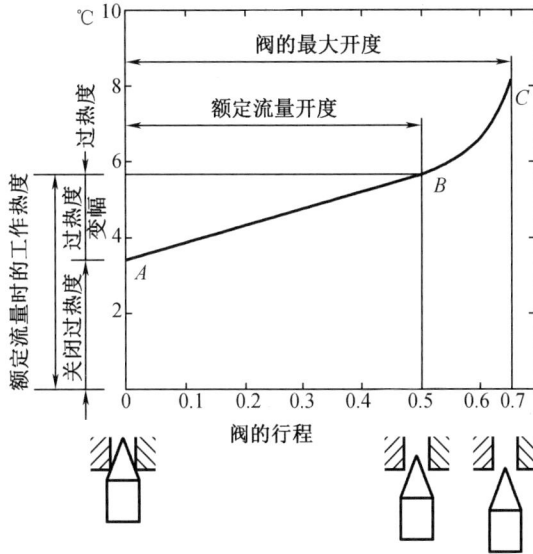

图 6-24　蒸发器出口过热度与热力膨胀阀开度的关系

(2)根据蒸发器制冷量来选择膨胀阀的容量

膨胀阀制冷量等于通过它的制冷剂质量流量与单位质量制冷量的乘积。膨胀阀容量是指其在额定开度时的制冷量。显然膨胀阀容量不仅取决于节流孔径大小,也随工况而变。膨胀阀容量应选得合适,使其在所有使用工况范围均大于或等于蒸发器制冷量而不超过其两倍,若膨胀阀容量选得太小,阀开足后制冷剂流量仍然不够,蒸发器和压缩机的能力便不能得到发挥;相反,若容量选得太大,阀的开度常不足 50%,则不容易稳定。

一般来说,膨胀阀容量比蒸发器制冷量大 20%～30%较为适宜。但有的蒸发器工作中传热温差变化大,制冷量变化也就大,膨胀阀容量就应适当选大些。

船用制冷装置冷却水温变化很大,在寒冷水域冷凝压力可能会过低,膨胀阀开足后流量也不大,容量可能会低到不能满足蒸发器的需要,这时应当适当减少冷却水量,以免阀前制冷剂压力过低。一般来说膨胀阀前后压差不应小于 0.4～0.5 MPa,即冷凝压力对于 R22 装置应大于 0.6～0.7 MPa。

(3)注意膨胀阀所适用的蒸发温度范围

膨胀阀感温包充剂方式主要有两种:

一种是部分充液式感温包。它是充以一部分低沸点液体,一般占感温包容积的 70%～80%,让自由液面始终保持在感温包内。感温包内的压力与自由液面处液体温度是饱和压力与饱和温度的关系(非线性关系)。因此使用温度越低,阀开启所需的关闭过热度也就越大。为了使膨胀阀在工作的蒸发温度范围内关闭过热度变化不太大,常制成不同型号,分别适用于不同的蒸发温度范围,通常分为空调(-10～10 ℃)、一般冷藏(-18～2 ℃)、低温冷藏(-40～-18 ℃)及特殊低温冷藏(-40 ℃以下)几种。

另一种感温包内有一些多孔性固体物质,如活性炭、活性氧化铝等,在温度降低时能吸附更多的气体,温度升高时放出气体,其中气体压力变化与温度变化成正比,这种感温包称为气体吸附式感温包,一般做得较细长。采用吸附式感温包的膨胀阀性能好,但适用的蒸发温度范围是分成几挡的。

(4)注意膨胀阀所适用的制冷剂

适用氟利昂的膨胀阀,膜片及波纹管多采用钢质材料;适用氨的必须用不锈钢,因为氨对铜有腐蚀性。选用时应认清适用何种制冷剂。

四、制冷装置辅助设备

1. 滑油分离器

压缩机排气中不可避免地混有滑油。滑油分离器就是将制冷剂蒸气中混入的滑油分离出来,以免过多的滑油进入冷凝器和系统而阻塞管道和影响换热。它安装在压缩机排出端与冷凝器之间,把分离出来的油及时送回压缩机,避免压缩机失油,以保证压缩机长期、安全可靠地运转。滑油分离器并不能将滑油全部分离出来,仍会有些微小的油滴蒸气进入系统,随制冷剂一起循环。也有的系统管路不长,省去了滑油分离器。因此,制冷系统设计上必须便于让滑油随制冷剂一起返回压缩机。

氟利昂制冷装置多采用过滤式滑油分离器,图6-25所示为常用的一种。

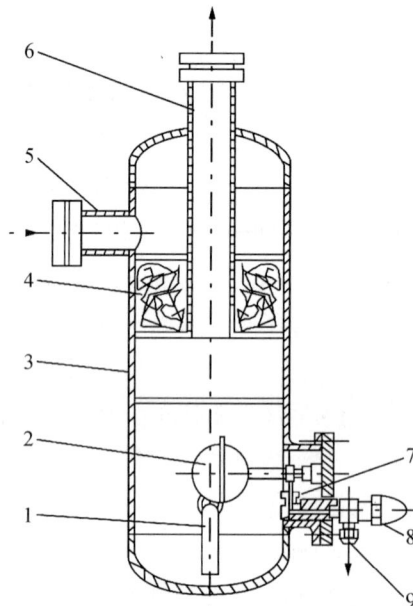

1—手动回油管;2—浮球;3—壳体;4—滤网;5—进气管;6—出气管;
7—自动回油阀;8—自动回油管截止阀;9—自动回油管接头。

图6-25　过滤式滑油分离器

它由进气管、排气管、滤网、壳体、浮球式自动回油阀和手动回油阀等组成。它是利用油滴和气体的密度不同,当压缩机排出的高压制冷剂蒸气进入分离器后,由于筒体的截面积比进气管要大十几倍,所以气体流速突然降低,流动方向也突然改变,加上几层金属丝网的过滤作用,即将混入气体制冷剂中的润滑油分离出来,并向下滴落,聚集在容器底部。聚集的滑油使浮球浮起一定高度后,浮球阀开启,滑油即在排气压力作用下流回压缩机曲轴箱。而当油量逐渐减少,浮球下降至一定位置时,浮球阀即自动关闭,回油暂停。因此,正常工作的自动回油阀在开启回油时,回油管用手摸上去应发热,关闭时应变凉,与机体温度接近。工作中,如浮球阀失灵则可关闭其出口截止阀,并定时操作手动回油阀,以便将滑油排回曲轴箱。

有的制冷装置在回油管上安装有截止阀、过滤器、电磁阀和节流孔板,如图6-26所示。节流孔板可减缓回油流速,降低浮球阀的压降,减轻其刷蚀。电磁阀随压缩机起停而启闭,以防停机时排气管中的制冷剂漏回曲轴箱。

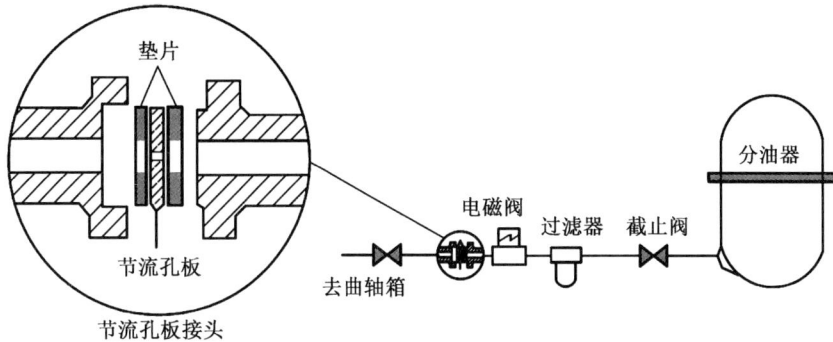

图6-26　滑油分离器的回油控制

2. 贮液器

贮液器装在冷凝器出口的液体管路上,供存放液态制冷剂。由于制冷装置工况变化时其蒸发压力不同,而单机多库装置工作的冷库数量也会改变,这都会使在系统中循环的制冷剂数量有较大的变化。装设贮液器后,依靠其存放液体的作用,既可在制冷剂循环量减少时避免制冷剂液位升高,浸没冷凝器冷却管,妨碍冷凝;又可在制冷剂循环量增加及系统稍有泄漏时仍保持足够的制冷剂液位。此外,制冷装置检修或长期停用时,可将系统中全部制冷剂收存在贮液器中,减少漏失。为了简化设备和节省安装空间,小型制冷装置往往不专设贮液器而以冷凝器下部兼作贮液器。

贮液器的结构很简单,如图6-27所示,就是利用优质锅炉钢板卷制成的密封圆筒,筒体焊有进、出液管和与冷凝器连接的平衡管接头。平衡管与冷凝器的顶部相连,其功用为:将贮液器中的制冷剂蒸气引回冷凝器,使两者压力平衡,便于制冷剂流入贮液器。大型贮液器上还装有安全阀、液位计或液位镜。

船用贮液器的底部常设有存液井,其功用为:

(1)在船舶可能摇摆的条件下,减少对出液管口液封所需要的液体数量;

(2)使杂质和污物沉于底部,防止堵塞管路和阀件;

贮液器必须具有足够大的容积,在全部制冷剂都贮入后,应只占总容积的80%左右,正常工作时其液体在1/3~1/2处。

图 6-27 贮液器

3. 干燥器

干燥器装在贮液器后的液管上,如图 6-28 所示。干燥器用来吸收制冷剂中的水分,防止系统发生"冰塞"。通常干燥器内都设有滤网,兼作过滤器,以防干燥剂产生的细小颗粒进入系统。

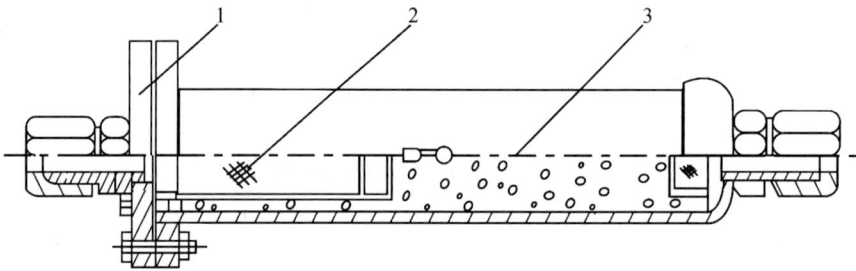

1—封盖;2—滤网;3—干燥剂。

图 6-28 过滤-干燥器

硅胶是常用的干燥剂,其主要成分是二氧化硅,通常是 3~7 mm 大小的树脂状不规则碎块,内部有无数 2~3 nm 的细孔,靠巨大的表面积和毛细现象吸附制冷剂中的水分(水分子直径约 0.32 nm,而氟利昂的分子较大)。为了便于判断其含水量,常掺加染色剂,使其在吸足水分之后改变颜色,称为变色硅胶(根据所加染色剂不同,吸水前后颜色也不同。例如红色变浅粉色,棕色变蓝色等)。将吸足水的硅胶加热到 140~160 ℃(不应超过 200 ℃),保持 3~4 h,就能使其吸附的水分蒸发,从而再生使用。加热太快硅胶易碎裂,再用时应筛选。硅胶使用时间较长时,细孔会被油和杂质堵塞,便不宜再生使用。

R134a 的分子较小,易被硅胶吸附,应采用合成泡沸石作为干燥剂。

过滤-干燥器使用一段时间后,应将过滤网拆出清洗,同时应取出干燥剂进行再生或更换。充填干燥剂时必须严实,以免互相摩擦产生碎末。小型装置使用一次性干燥器,失效后整体更换。

《钢质海船入级规范》规定,干燥器应设旁通管路。一般只在系统新充制冷剂或换油、拆检等操作后一段时间内以及系统中出现冰塞迹象时才将干燥器接入系统使用,正常运行中则予以旁通,以免阻力较大,使液态制冷剂压力降低而闪气,同时减少干燥剂被污染或产生粒末进入系统的可能性。

4.回热器

回热器只用于氟利昂制冷装置,在回热器中,来自贮液器的温度相对较高的液态制冷剂与来自蒸发器的温度相对较低的气态制冷剂进行换热,使液态制冷剂过冷,防止闪气,同时使气态制冷剂过热,防止压缩机液击。至于能否增加装置的制冷量和提高制冷系数则视所用制冷剂而定。回热器应根据制冷剂流量的大小选取,以免流速过大,流阻过高;同时又要有足够大的换热能力;安装时还应保证便于制冷剂将滑油带回压缩机。

第六节　制冷装置的自动控制元件

制冷装置的自动控制内容包括库温、制冷剂和冷却水流量及蒸发温度等的调节;排气压力过高、吸气压力过低和滑油压力过低的保护等。图6-29所示为以氟利昂为工质的船舶直接蒸发式制冷装置系统图。在该系统中使用了下列自动控制元件:热力膨胀阀、温度继电器、供油电磁阀、止回阀、蒸发压力调节阀、水量调节阀、油压差继电器、高/低压继电器等。

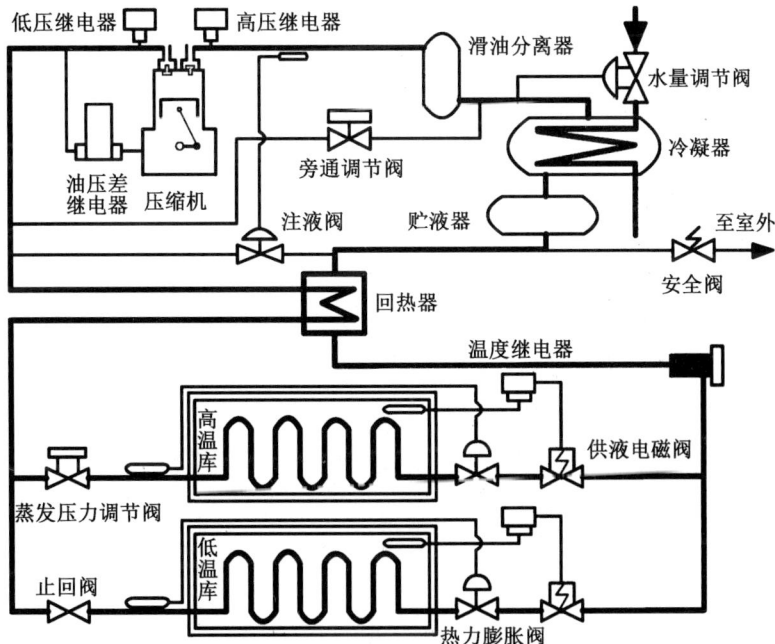

图6-29　直接蒸发式制冷装置系统图

这些自动控制元件在装置中所起的作用如下:

热力膨胀阀使制冷剂节流降压降温,并通过感温包感受蒸发器出口制冷剂过热度的变化,自动调节膨胀阀的开启度,使进入蒸发器的制冷剂流量与蒸发器热负荷相匹配。

温度继电器与电磁阀联合使用,对库温进行控制。温度继电器的感温包置于冷库中,当库温高于调定值上限时,温度继电器触点接通,电磁阀线圈通电,阀门打开,制冷剂进入蒸发器进行降温;当库温低于调定值的下限时,温度继电器触点断开,切断电磁阀线圈电流,电磁阀关闭,制冷剂停止进入蒸发器,使库温控制在所需的范围内。

蒸发压力调节阀安装在高温库蒸发器的出口处,以便实现菜库、鱼肉库的蒸发器在各自所需的蒸发压力下工作。

止回阀安装在鱼肉库的蒸发器出口,防止高温库蒸发器出来的制冷剂气体倒流到低温库蒸发器内,造成压缩机的液击。

水量调节阀可保证冷凝压力的稳定。当冷凝压力升高时水量调节阀开大,冷却水量增加,使冷凝压力下降;当冷凝压力过低时,阀关小,冷却水量减少,从而维持冷凝压力的稳定。

高/低压继电器起安全保护作用。当排气压力超过允许值时,高压继电器自动切断压缩机电源,使压缩机停止运行;当吸气压力低于调定值时,低压继电器自动切断电源,压缩机停止运行。

油压差继电器能在油压差低于调定值时自动切断电源,避免压缩机磨损。

一、温度继电器

温度继电器是根据所感受的温度来启闭的一种电开关。在制冷装置中它常被用来感受库温,控制供液电磁阀的启闭,使冷库蒸发器的供液断续进行,库温得以保持在给定的范围内。

图 6-30 所示为 Danfoss 公司生产的 RT 型温度继电器。该温度继电器有三个电触点,用于制冷时,图 6-30 中触点 b、c 接控制回路。感温包 7 把感受的温度信号转变成压力信号作用于波纹管 5 上,温度上升后,感温包内压力增加,波纹管被压缩,并通过顶杆 2 压缩调节弹簧 1,使固定圆盘 14 和幅差调节螺母 3 上移,当位移超过给定间隙时,幅差螺母即拨动微动开关拨臂,将触点 b、c 闭合,接通控制回路。如果继电器与供液电磁阀配合使用,则此时电磁阀开启,蒸发器即得到正常供液。而当所控制的温度下降,降至控制温度给定值下限时,固定圆盘即向下拨动开关,使触点 b、c 断开,供液电磁阀断电而关闭。

通过调节旋钮 8 改变调节弹簧 1 的张力,可改变控制温度的下限值;转动幅差调节螺母 3 可以改变它与固定圆盘的间隙,从而改变控制温度的上下限差值。

温度继电器安装使用应注意以下几点:

(1)感温包应放在空气流通和最能代表库温的地方,如采用空气冷却器,应放在回风区,而不能放在风口或太靠近库门的地方。

(2)安装处的环境温度不能比它所控制的温度低,特别是采用限压式感温包的温度继电器更应如此。

(3)毛细管不应穿过比被控库温低的其他库房和走廊,也不应接触其他管道。

(4)由于感温包感温迟滞等因素,实际被控温度的幅差可能比温度继电器标示幅差大,所以使用时应根据实际温度幅差来调整。

(5)更换温度继电器时应尽量采用相同型号,并注意触头接线要正确;如需改用其他型号,应注意其适用温度范围。

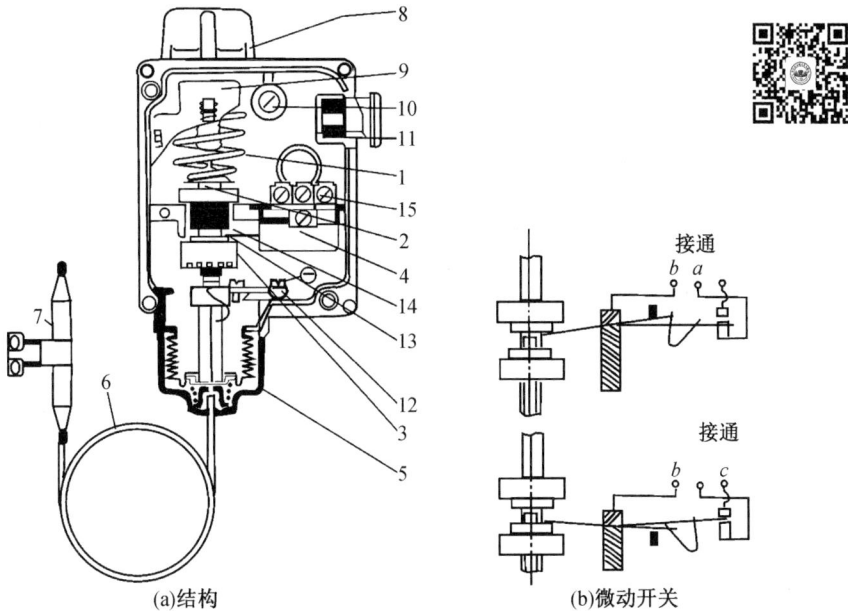

1—调节弹簧;2—顶杆;3—幅差调节螺母;4—微动开关;5—波纹管组件;6—毛细管;7—感温包;8—调节旋钮;
9—主标尺;10—接线柱;11—控制线引入;12—地线接线柱;13—微动开关拨臂;14—固定圆盘;15—接线柱。

图 6-30　RT 型温度继电器

二、电磁阀

供液电磁阀装在热力膨胀阀前的液管上,根据温度继电器送来的电信号启闭,控制是否向该库的蒸发器供给液态制冷剂。用温度继电器感知库温,当库温升到上限时,温度继电器接通供液电磁阀开始供液;当库温降到下限时,温度继电器断电,电磁阀关闭,停止供液。

根据适用场合的不同,供液电磁阀可分为直接作用式和间接作用式两种。

图 6-31 所示为一直接作用式电磁阀,由阀体、电磁线圈、衔铁等组成。当库温达上限时,温度继电器动作使供液电磁阀线圈通电产生磁力,吸上芯铁,阀被打开开始供液。当库温达下限时,温度继电器动作又使电磁阀线圈断电,芯铁靠自重和复位弹簧下落,其下端镶嵌的阀盘盖住阀座,使电磁阀关闭,停止供液。

受使用范围限制,电磁线圈不能做得很大,电磁力较小,所以直接作用式电磁阀只能用于小口径管路(阀孔直径不超过 3 mm,管径不超过 10 mm),只适用于小型制冷装置。

图 6-32 所示为间接作用式电磁阀,它由主阀 7 和辅阀 5 两部分组成。主阀为膜片阀,中央开有辅阀孔 6,边上开有小平衡孔。辅阀盘装在芯铁 3 上,随芯铁起落。当电磁线圈通电时,由于磁力的作用,芯铁即被吸起,将辅阀打开,如图(b) I 所示。这时膜片的上方与阀的排出端(压力较低端)接通,压力迅速下降,于是膜片在上下方压差的作用下被顶起,主阀孔随之打开,如图(b) II 所示。当电磁线圈断电时,铁芯下落,辅阀关闭,膜片上部的压力因

平衡小孔的沟通又逐渐升高到阀进口端的压力,如图(b)Ⅲ所示,而将膜片压下,关闭主阀孔,如图(b)Ⅳ所示。这时由于膜片上部的承压面积大于其下部的,主阀即被严密关闭。由此可见,这种电磁阀只有在其进出口间具有一定的压差时,阀才能开启。

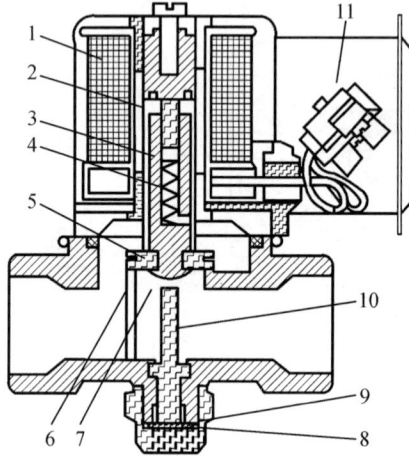

1—电磁线圈;2—铜套筒;3—芯铁;4—复位弹簧;5—阀盘;

6—阀座;7—阀孔;8—垫片;9—封帽;10—强开顶杆;11—接线盒。

图6-31 直接作用式电磁阀

间接作用式电磁阀的启闭动作虽不如直接作用式的灵敏,但启闭比较平稳,冲击力小,启阀力较大,所以适用于大口径的场合。

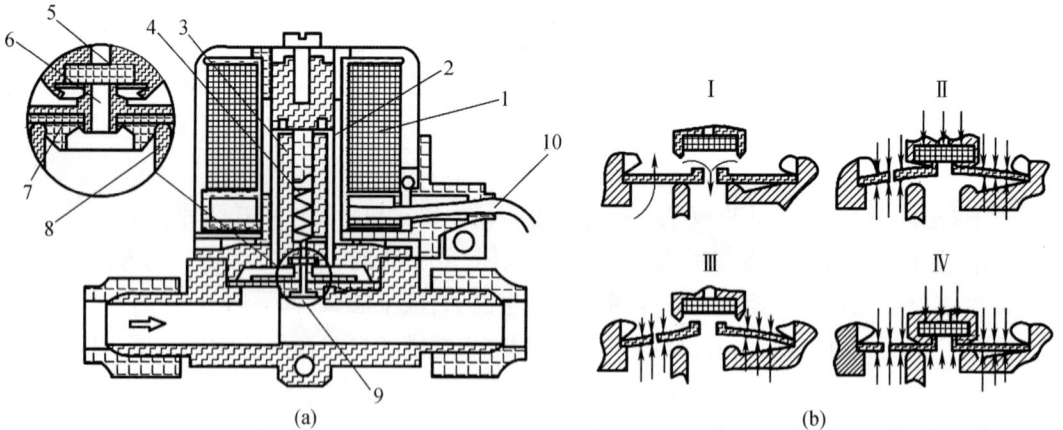

1—电磁线圈;2—铜套筒;3—芯铁;4—复位弹簧;5—辅阀;6—辅阀孔;7—主阀;8—主阀座;9—主阀孔;10—电线。

图6-32 间接作用式电磁阀

三、压力继电器

在制冷装置中一般都装有高压继电器和低压继电器。当被控压力超过或低于调定值时,高/低压继电器动作,起安全保护或进行自动调节。压力继电器按其控制范围可分为低压继电器、高压继电器及二者组合的高低压继电器等。

低压继电器一般安装在低压管道或容器上;高压继电器用于制冷压缩机的高压管道或容器上。高低压继电器将低压和高压继电器的压力传感和传递部分组装成一个控制器,一般用于压缩机的高压超高或低压过低的保护。

图 6-33 所示为高低压继电器工作原理图。当排气压力升至高压给定值,或吸入压力降至低压给定值时,继电器触头断开,切断电路,压缩机停机。其动作原理是:低压波纹管 7、角杆 6、推杆 2、低压调节弹簧 3 及低压差动装置等组成高低压继电器的低压部分。当作用于低压波纹管 7 上的吸气压力升高到低压设定值上限时,波纹管被压缩并推动角杆 6,克服调节弹簧 3 的拉力做顺时针转动,带动推杆 2 下移。在夹持器内走完自由行程后,把夹持器连同动触头板 12 一起下拉,使触头闭合。磁钢 4 对动触头板的吸引作用加速了触头的闭合,防止产生电火花烧坏触头。反之,当吸气压力低于低压设定值下限时,动作过程相反,使触头断开,切断电源。

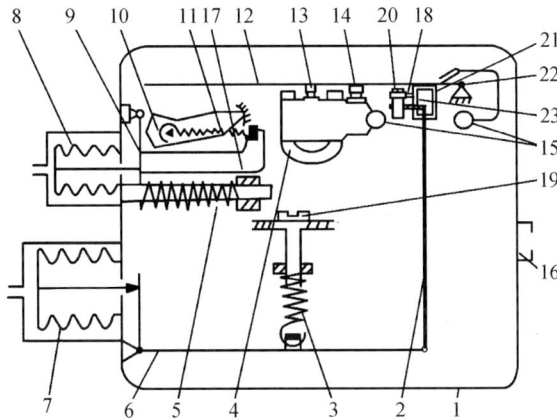

1—外壳;2—推杆;3—低压调节弹簧;4—磁钢;5—高压调节弹簧;6—角杆;7—低压波纹管;8—高压波纹管;9—杠杆;
10—跳脚;11—跳簧;12—动触头板;13—辅助触头;14—主触头;15—接线柱;16—连线孔;17—高压调节螺母;
18—板形螺母;19—低压调节螺母;20—低压差动调节螺母;21—夹持器;22—轴(支点);23—直角拨臂。

图 6-33 高低压继电器工作原理图

低压调节弹簧 3 的拉力决定低压断开压力值的大小。顺时针转动低压调节螺母 19,加大低压调节弹簧 3 的拉力,断开压力值相应升高;逆时针转动则减小弹簧拉力,断开压力就降低。压力调节范围通常是 0.07~0.37 MPa。

高压波纹管以高压调节弹簧 5、高压调节螺母 17、跳簧 11、跳脚 10、杠杆 9 组成高低压继电器的高压部分。当作用在高压波纹管 8 上的排气压力升至设定值上限时,顶针推动杠杆 9,克服高压调节弹簧 5 的弹力做逆时针转动,移动跳簧的位置,使跳脚起跳,撞击动触头板 12 使触头断开;当高压低于设定值下限时,触头就闭合。高压设定值的调整是通过高压调节螺母 17 进行的,顺时针转动,弹簧压力增加,使断开压力也增大;反之则减小。高压部分有差动,则不能调节。高压端压力调节范围通常是 0.59~1.37 MPa。

四、油压差继电器

压缩机在运行过程中,其运动部件需要压力油润滑和冷却。为保证压缩机的安全运行,当油压降至某一定值时,应使压缩机停止运行。因此油压保护应由油压差控制器来实现。其系统安装图如图6-34延时装置JC3.5型油压差控制器所示。

JC3.5型油压差控制器的工作原理如图6-34所示。高压波纹管2接滑油泵出口,低压波纹管接曲轴箱,其差值所产生的力由弹簧20平衡,当压差值大于给定值时,杠杆19处于图示位置,将开关K与DZ接通,一路电流由压缩机电路的a点经K、DZ,正常信号灯13亮,再回到b点;另一路由a点经交流接触器线圈18、X、F、SX再回到b点。因为热继电器、压力继电器触头11均处于正常闭合状态,接触器线圈18通电,其触头16闭合,电机电源接通,压缩机正常运转。

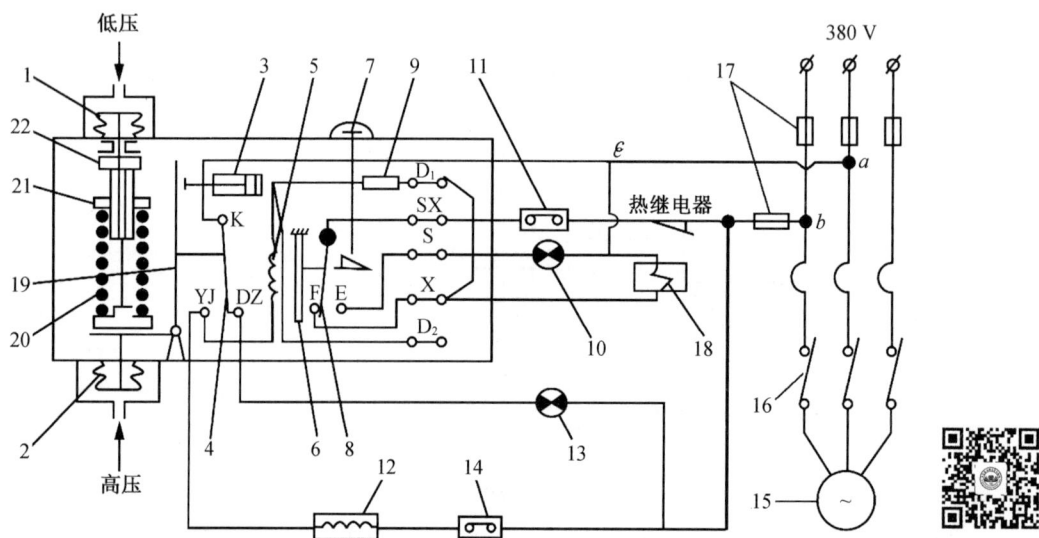

1—低压波纹管;2—高压波纹管;3—试验按钮;4—压差开关;5—电加热器;6—双金属片;7—复位按钮;8—延时开关;
9—降压电阻;10—故障信号灯;11—压力继电器触头;12—滑油加热器;13—正常信号灯;14—手动开关;
15—压缩机电动机;16—接触器触头;17—熔断器;18—接触器线圈;19—杠杆;20—弹簧;21—可调弹簧座;22—调节轮。

图6-34　JC3.5型油压差继电器

当压差小于给定值时,杠杆19逆时针偏转,开关K与YJ接通,正常信号灯熄灭,电流由a点经加热器5、D_1、X、F、SX再回到b点,此时压缩机仍能运转,但电加热器通电后发热,加热双金属片,经60 s后,双金属片向右侧弯曲程度逐渐增大,推动延时开关8与E接通,切断交流接触器线圈18与电加热器5的电源,接触器脱开,压缩机停止运转,而故障信号灯10亮,同时加热器停止加热。

双金属片冷却后不能自动弹回复位再次启动压缩机,待故障排除后,按动复位按钮7,使延时开关8恢复到与X接通的位置,才能起动压缩机。在压差继电器正面装有试验按钮,供随时测试延时机构的可靠性。

五、蒸发压力调节阀

蒸发压力调节阀又称背压阀,它是装在蒸发器出口管路上,以蒸发压力为控制信号的自动调节阀。它能在阀前的蒸发压力变动时自动调节开度,保持蒸发压力大致稳定。伙食冷库常是几个不同库温的冷库共用一台压缩机,如果不设背压阀,各库的蒸发压力便都相同,高温库的蒸发压力就可能太低,使库温很不均匀,靠近蒸发器的蔬菜、水果、蛋品等容易被冻坏,还会使库内的湿度下降,增加食品干耗;而低温库则不易达到足够低的温度,使库温难以下降。因此高温库蒸发器出口常设背压阀,使高温库保持适当高的蒸发压力和蒸发温度。在上述装置中,低温库蒸发器出口通常装有止回阀,否则高温库热负荷较大时,压缩机吸入压力较高,如果高于低温库库温所对应的制冷剂饱和压力,则高温库产生的制冷剂蒸气就可能进入低温库蒸发器而冷凝放热,不仅妨碍低温库库温的保持,而且在高温库电磁阀关闭后,压缩机继续吸气时还能造成液击。

图 6-35 所示为 JVA 型直接作用式蒸发压力调节阀。左面接管是从蒸发器来的制冷剂蒸气,右面接管通往压缩机的吸气总管。当蒸发压力升高到整定值时,通过阀盘 3 上的小孔作用在弹簧座 9 底部的制冷剂蒸气压力就会克服调节弹簧 10 的张力而将阀开启;蒸发压力继续升高,阀的开度就加大;蒸发压力小于整定值时,阀会自动关闭。显然直接作用式蒸发压力调节阀存在调节静差,不能使蒸发压力保持恒定,而是控制在一定变化幅度内。口径较大的蒸发器管路可选用导阀式恒压阀,以免调节静差过大。

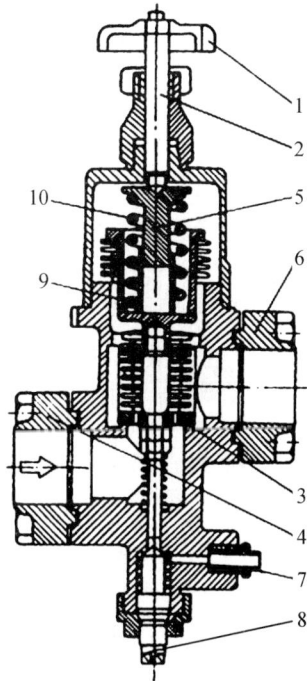

1—手轮;2—调节杆;3—阀盘;4—进口接管;5—阻尼器;6—出口接管;
7—压力表接头;8—压力表阀;9—弹簧座;10—调节弹簧。

图 6-35　JVA 型直接作用式蒸发压力调节阀

为了消除阀出口压力变化的影响,阀盘 3 用密封波纹管与出口端隔离。为了减轻在调节过程中阀盘的振荡,在弹簧中装有气缸活塞式阻尼器 5。

六、冷却水量调节阀

冷却水量调节阀装在冷凝器的进水管上,根据冷凝压力的变化自动改变阀的开度,调节冷却水流量,以维持冷凝压力的相对稳定。小型冷凝器大多采用直接作用式冷却水量调节阀,由于其存在调节静差,大型冷凝器可采用以导阀控制的间接作用式水量调节阀。

图 6-36 所示为 WVFM 型直接作用式冷却水量调节阀。传压细管 1 接在压缩机排出端或冷凝器顶部。阀芯 12 套装在调节螺杆 11 上,其上下延伸部分各有一个防漏活塞 8,可在导向套 9 内滑动。在活塞 8 上装 O 形密封圈 7,用以阻止海水漏出。波纹管承压板 2 承受压力信号。当冷凝压力升高时,波纹管即被压缩,并通过承压板推动调节螺杆 11 向下,而调节螺杆通过卡在其环槽中的片簧 4 带动阀芯 12,将阀开大;当冷凝压力降低时,调节弹簧 5 使调节螺杆上移,并通过底部的六角螺帽提上阀芯,将阀关小。

转动六角螺帽或升降可调弹簧座 3,即可改变调节弹簧的张力,从而达到调整冷凝压力的目的,顺时针转动六角螺帽,冷凝压力调高;反之调低。

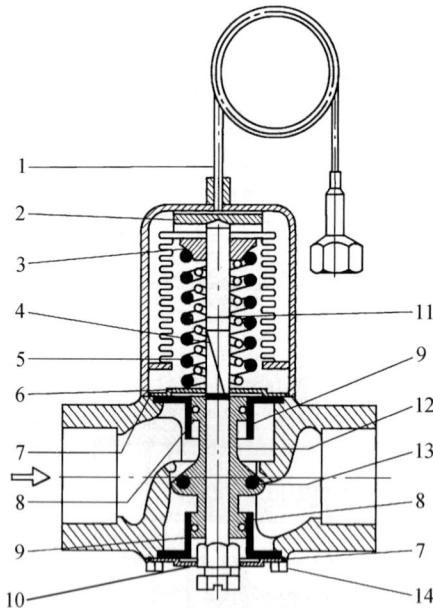

1—传压细管;2—波纹管承压板;3—可调弹簧座;4—片簧;5—调节弹簧;6—下弹簧座;7—O 形密封圈;
8—防漏活塞;9—导向套;10—底板;11—调节螺杆;12—阀芯;13—阀盘密封橡胶圈;14—螺钉。

图 6-36　WVFM 型直接作用式冷却水量调节阀

第七节　船舶冷库

为满足船上人员的生活需要,船舶一般都设有伙食冷库。伙食冷库通常设在厨房附近,并尽可能远离机舱,以减少热量的渗入。伙食冷库中,对不同的食品,因其冷藏的温度、湿度不同而分库存放。大、中型长航线船舶大多分鱼、肉、蔬菜、蛋品和饮料等五个库。沿海或内河短航线船舶,续航力较小,一般分低温和高温两大库。伙食冷库的库容,是根据每人每天的配膳标准和航行天数计算出的食品贮量来确定的。

船舶冷库

一、冷库热负荷

为了使冷库建立和保持冷货所需要的低温,制冷装置必须从冷库中移出热量。而在单位时间内移出的热量,称为冷库的热负荷。船舶冷库的热负荷与环境温度、冷库隔热性能、所装货物情况等因素有关,这是选择制冷装置总制冷量及其他设备的重要依据。冷库热负荷包括以下几个方面。

1. 渗入热 Q_1

渗入热是指外界通过所有隔热结构渗入的热量,其值可按传热基本公式计算,即

$$Q_1 = 1.2 \sum k_i F_i (t_1 - t_2) \tag{6-16}$$

式中　k_i、F_i——冷库任一壁面的传热系数和传热面积;

　　　　t_1、t_2——冷库外、内的计算温度。

在初步估算时,k_i 值可根据冷库内外温差 $\Delta t = t_1 - t_2$ 按表 6-3 中所列经验数据来选取。

表 6-3　冷库壁面传热系数的经验数据

冷库内外温差 Δt/℃	50~35	35~30	30~25	25~20	20~15	15~10
传热系数 k/ $[\mathrm{W}/(\mathrm{m}^2 \cdot \text{℃})]$	0.290~0.349	0.349~0.407	0.407~0.465	0.465~0.523	0.523~0.582	0.582~0.698

2. 货物热 Q_2

货物热是指入库的货物被冷却到贮藏温度时所放出的热量,可按下式计算:

$$Q_2 = \frac{G(h_1 - h_2)}{Z} \tag{6-17}$$

式中　h_1、h_2——单位质量的货物在入库时和降到贮藏温度后的焓值;

　　　　G——入库货物的质量;

　　　　Z——所要求的降温时间。

3. 换气热 Q_3

水果、蔬菜等食品在冷藏中所散发出的水分和各种气味不仅会加速食品腐烂,而且影响工作人员的健康,必须设置通风换气装置,将外界新鲜空气送入冷库,排除库内污浊空气。由通风换气而带入冷库的热量称为换气热,其值可按下式估算:

$$Q_3 = \rho_a V_t (h_1 - h_2) \tag{6-18}$$

式中　h_1、h_2——冷库外、内单位质量空气的焓值;

　　　ρ_a——空气的平均密度;

　　　V_t——单位时间内的通风换气量。

4. 呼吸热 Q_4

呼吸热是指水果、蔬菜在贮藏中由于呼吸作用所产生的热量,可按下式计算

$$Q_4 = \sum m_i e_i \tag{6-19}$$

式中　m_i——每种水果、蔬菜的质量;

　　　e_i——单位质量的水果、蔬菜在单位时间内的呼吸热。

5. 操作热 Q_5

操作热包括循环风机的动力热、照明热、入库人员散发的人体热等。风机动力热和照明热可由电动机实耗的功率和灯泡的功率来确定。冷库的照明热和人体热均可忽略不计,因为在航行途中基本上没有人员进入冷库;伙食冷库的照明热按每天照明 1 h 计算,人体热则按每天有一人在库内工作 1 h 计算。人体热可根据库温按表 6-4 选取。

表 6-4　不同库温下的人体热

库温/℃	5	0	-5	-10	-18
人体热/(kJ/h)	879	963	1 047	1 256	1 381

二、制冷装置总制冷量

不同的冷库并非同时存在上述各种热负荷,因此,制冷装置的总制冷量并不是在任何时候都等于上述五种热负荷之和。另外,还必须留有维修和融霜时间,制冷压缩机一般按每天工作 16~20 h 来计算。制冷装置通常按以下两种工况运行。

1. 保温工况

这是船舶冷库大部分时间所处的工况,此时货物和库温都已达到规定的温度,冷库热负荷主要是渗入热 Q_1、换气热 Q_3、呼吸热 Q_4 和操作热 Q_5,制冷装置的制冷量为

$$Q_A = \frac{24(Q_1 + Q_3 + Q_4 + Q_5)}{\tau} \tag{6-20}$$

式中　τ——制冷装置每天运行的时间,一般为 16~20 h,而 Q_3 和 Q_4 只有在储运新鲜水果、蔬菜时才计入。

2. 降温工况

降温工况是从货物入库到货物降到规定贮藏温度这一段时间内冷库所处的工况。在这种工况下,冷库热负荷除了保温工况的各种热量之外,还包括货物热 Q_2。制冷装置的制冷量为

$$Q_F = \sum_{i=1}^{5} Q_i \qquad (6-21)$$

一般来说,降温工况的制冷量大于保温工况的制冷量。考虑到制冷机每天只运行时间 τ,同时还需储备 20% 的制冷量以补偿理论计算误差和额外的冷量损失,那么制冷装置的总制冷量为

$$Q_0 = 1.2 \times 24 Q_F / \tau = 1.6 Q_F \qquad (6-22)$$

三、冷库的隔热

冷库能建立和维持规定的温度,不仅需要制冷装置不断从冷库内取出热量,还必须采取有效的措施尽可能防止外界热量进入库内。从周围环境向低温冷库渗入的热量,在制冷工程中称为冷损失。有温差就会有热量的传递,因此,完全避免冷损失是不可能的,但是通过冷库隔热,可以大大减少冷损失量。合理的隔热应该是:以最低的造价,选择适宜的隔热材料,构成能长期保持隔热效能的隔热结构。

1. 隔热材料

理想的冷库隔热材料应当具有如下特性:导热系数小,密度小,吸水率低,低温性能好,耐火、不自燃,不易霉烂、经久耐用,避免虫蛀、鼠咬,机械强度高,无毒、施工方便,价低及货源足。但是完全满足上述特性的隔热材料几乎是不存在的,所以应根据实际情况综合予以考虑。船舶冷库常用的隔热材料有泡沫塑料、软木和玻璃纤维等。

2. 隔热结构

船舶伙食冷库隔热结构的形式随船体结构而异,通常由隔热层、防潮层和保护层三部分组成,如图 6-37 所示。隔热层由导热系数很小的隔热材料制成,设在船体钢板 1 与木铺板 8 之间。若隔热材料受潮,不仅容易腐烂,而且导热系数将显著增大。防潮层是油毛毡,用热沥青粘贴在船体钢板和木铺板的内侧面上,以杜绝水分渗入。保护层由镀锌铁皮和导热系数较小的干燥木板、木方条组成,其主要作用是防止装卸货物时碰损隔热层和防潮层。

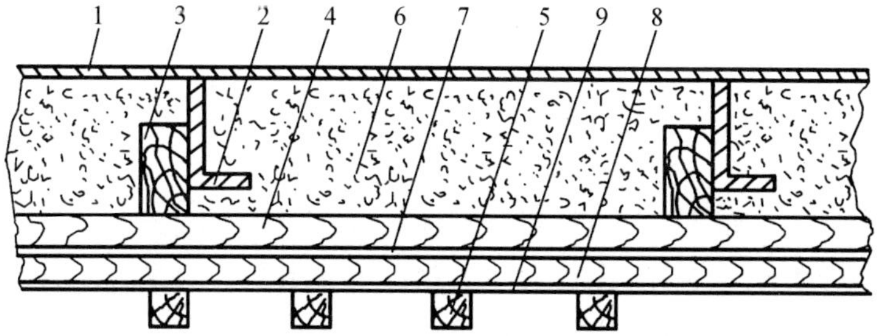

1—船体钢板;2—船体肋骨;3—衬木;4—木方条;5—护木;6—隔热材料;7—防潮层;8—木铺板;9—镀锌铁皮。

图 6-37 船舶伙食冷库隔热结构

四、冷库的冷却方式

1. 按冷却方式划分

按照冷却方式的不同,船舶冷库的冷却方式可分为直接冷却式和间接冷却式两种。

(1)直接冷却式

直接冷却式是制冷剂节流后直接进入布置在冷库中的蒸发盘管内蒸发,直接从库内吸热使库温下降。直接冷却式装置简单、管理方便、能量损失少,装置效率高,但由于对冷库的冷却是靠库内空气的自然对流进行换热,蒸发盘管的传热性能差;对大、中型冷库,则须布置很多蒸发盘管,这样,管路长、耗金属材料多,充制冷剂量多,管路易受损。

(2)间接冷却式

间接冷却式是利用盐水或其他载冷剂先从冷库吸热,再到蒸发器中把热量传给制冷剂。这种系统的优点是:蓄冷能力大,即使压缩机停止运行,盐水泵仍能继续工作,冷库可维持较长时间的低温;间接冷却可用一套制冷装置,适用多种冷库温度要求,通过盐水温度或流量的控制,即可改变库温;可用价低的氨作制冷剂而不致污染货物。其缺点是:间接冷却式装置整体复杂而笨重,盘管传热性能差,制冷系数低。

2. 按空气流动方式划分

按照空气流动方式的不同,冷却方式又可分为盘管冷却和吹风冷却。

(1)盘管冷却

盘管冷却依靠自然对流换热。为了使库温均匀,通常把盘管分成若干组,并联地布置在冷库的四壁。这种冷却方式设备简单,安装检修方便,但换热效果差,库温也很不均匀,远离盘管的货物温度偏高,靠近盘管的货物又有冻坏的可能,而且盘管多,管路长。这种冷却方式多用于小型伙食冷库、冷藏柜和冰箱中,大中型冷库很少采用。

(2)吹风冷却

吹风冷却利用风机进行强迫对流换热。这种冷却方式换热效率高,降温速度快,库温均匀,盘管少,管路短,质量轻,便于库温调节,但风机消耗的电能使冷库热负荷增大,库内空气流速较高,容易造成货物干缩,且蓄冷能力小。

五、冷库蒸发器融霜

空气中含有水分,蒸发器壁外温度若低于 0 ℃,表面就会结霜,甚至结成很厚的冰层,严重地削弱传热。因此在运行一段时间后必须进行融霜。常用的方法有自然融霜、电热融霜、喷水融霜和热气融霜。

1. 电热融霜

电热融霜是利用电加热器对蒸发器盘管加热,使霜层融化。它较热气融霜简单,操作也更为方便,容易实现自动控制,在伙食冷库制冷装置上被广泛采用。其缺点是要增设电热设备,增加了耗电量。它多用于冷风机式蒸发器的冷库系统。

(1)先关闭供液电磁阀,停止向空气冷却器供液。

(2)将空气冷却器抽空后,停压缩机,有的还关闭回气管截止阀。

（3）停通风机，如果是冷藏舱，设有单独的空气冷却器间，应关闭进、出风门。

（4）将融霜加热器通电，融霜泄水聚集在空冷器下的集水盘泄出。电热器装在空气冷却器前面，下面插在管间，集水盘等处也要装适量电热器以防泄水冻结。霜融完后停止电加热，稍后起动风机，开启供液电磁阀和压缩机。

采用电热融霜时，通常由融霜定时器调定融霜起停时刻，一般每天一次。也有的为了按需要融霜，采用手动按钮融霜后，用定时器自动停止融霜。

2. 热气融霜

热气融霜是把压缩机排出的高温气体制冷剂引回蒸发器，利用排气热量使霜层融化，这是船用制冷装置常用的一种方法。

由于融霜的蒸发器已变为冷凝器，为了保证融霜的热气来源，融霜时至少需一个蒸发器在制冷，所以该方法只适用于一机多库的装置，且需增设融霜热气管和回液管。图6-38所示为逆流式热气融霜原理图。现以1号库为例说明蒸发器热气融霜的步骤。

（1）停止融霜库制冷。关闭供液阀3，停止向该库蒸发器供液，并用压缩机把该库蒸发器内制冷剂抽空。

（2）关闭1号库蒸发器通回气总管的回气阀8，以隔断与回气总管的通路。

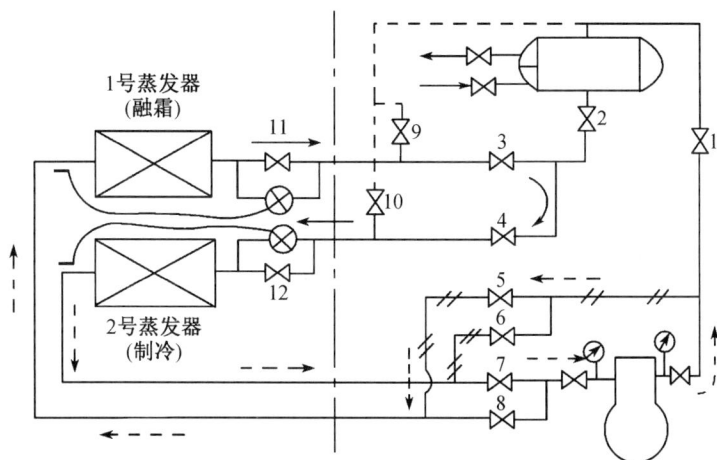

1—冷凝器进口阀；2—冷凝器出口阀；3、4—供液阀；5、6—融霜热气阀；7、8—回气阀；
9、10—融霜回液阀；11、12—热力膨胀阀旁通阀。

图6-38 逆流式热气融霜原理图

（3）开始融霜。逐渐开启融霜热气阀5，把热气引入1号库蒸发器融霜。当蒸发器内的压力稳定后，开足送气阀。

（4）开启融霜回液阀9，1号库蒸发器内冷凝的液体制冷剂和未冷凝的气体制冷剂经回液阀9流向冷凝器。

（5）视融霜情况，可关小或关闭热气流向冷凝器的截止阀1，以加快融霜速度。

（6）停止融霜。1号库蒸发器的霜层完全融化后，开足冷凝器的进口阀1，关闭融霜热气阀5和融霜回液阀9。

（7）恢复制冷。逐渐开启 1 号库蒸发器回气阀 8，以防蒸发器内残存的液体制冷剂被压缩机吸入而产生"液击"。

（8）开启 1 号库供液阀 3，恢复向 1 号库蒸发器供液。

若正在制冷的 2 号库的热负荷过小，融霜所需的热气就会不足，可开启库门，人为地增大热负荷，以加快融霜速度。融霜过程适当控制压缩机的吸气量，以避免开度过大导致压缩机液击。

习　　题

1. 试述压缩式制冷装置的基本组成和工作原理。

2. 何谓制冷压缩机的奔油现象？有何危害？

3. 如何正确选用热力膨胀阀？

4. 氟利昂制冷装置有哪些主要自动化元件？各起什么作用？

第七章　船舶空气调节装置

船舶空气调节是把经过一定处理后的空气,以一定方式送入舱室内,使舱室内空气的温度、湿度、气流速度和空气清新程度等指标控制在适当范围内,以便为船员、旅客提供一个舒适的工作和生活环境,从而保障船舶的安全和顺利营运。对空气进行处理的装置,称为空气调节装置。

第一节　船舶空调的设计参数与空调系统的组成

船舶空调大多是为了满足人们对工作和生活环境舒适和卫生的要求,属于舒适性空调。它与某些生产场所为满足工艺或精密仪器的要求所用的恒温恒湿等工艺性空调不同,对温度、湿度等空气条件的要求并不十分严格,允许空气参数在稍大的范围内变动。

一、船舶空调设计参数

在空调设计中合理地确定室内外设计参数是十分重要的。影响人体舒适感的因素主要有室内空气温度及其在室内的分布、室内空气的相对湿度、人体附近的气流速度、室内环境噪声等。此外为保证人体健康,必须向舱室供入新鲜空气以确保把室内的二氧化碳等有害气体稀释至允许浓度以下,保证室内空气的新鲜度。

1. 温度

人对气温的变化最为敏感,就空调来说,使人舒适与否最重要的是能在一般衣着时自然地保持身体的热平衡。我国船舶空调舱室设计标准是:冬季室温为 19~22 ℃;夏季室温为 24~28 ℃,室内外温差不超过 6~10 ℃;室内各处温差不超过 3~5 ℃。

2. 湿度

人对空气的湿度并不十分敏感。一般情况下,相对湿度在 30%~70% 的范围内人都不会感到不适。但如果湿度太低,人呼吸时会因失水过多而感到口干舌燥;而湿度太高,则汗液难以蒸发,也不舒服。夏季空调采用冷却除湿法,室内湿度一般控制在 40%~50%;冬季采用加热加湿法,为减少加湿量,并防止舱室内壁结露,室内湿度一般控制在 30%~40%。

3. 空气流速

在室内的活动区域,要求空气能有轻微的流动,以使室内温度、湿度均匀和人不感到气闷。室内气流速度以 0.15~0.20 m/s 为宜,最大不超过 0.35 m/s,否则人会感到不舒适。

4. 清新程度

空气清新程度是指空气清洁(含粉尘和有害气体少)和新鲜(有足够的含氧量)的程度。

如果只为满足人呼吸氧气的需要,新鲜空气的最低供给量 2.4 $m^3/(h \cdot 人)$ 即可,然而要使空气中的二氧化碳和烟气等有害气体达到允许的浓度以下,则新鲜空气量需达到 $30 \sim 50$ $m^3/(h \cdot 人)$。

此外,距室内空调出风口 1 m 处测试的噪声应不大于 $55 \sim 60$ $dB(A)$。

我国和 ISO 所定的船舶空调设计参数如表 7-1 所示。

表 7-1 船舶空调设计参数

		冬季	夏季
室内温度		$19 \sim 22$ ℃	$24 \sim 28$ ℃
室内外温差			$6 \sim 28$ ℃
相对湿度		$30\% \sim 40\%$	$40\% \sim 50\%$
风速		0.35 m/s 以下	
新鲜空气量		$30 \sim 50$ $m^3/(h \cdot 人)$	
允许噪声级		$55 \sim 60$ dB(A)	
舱外条件(远洋)		-18 ℃,80%	35 ℃,60%
ISO	室内	22 ℃	27 ℃,50%
	舱外	-20 ℃	30 ℃,70%

二、船舶空调系统的组成

船舶空调系统一般由四个主要系统组成,即冷、热源系统,空气处理系统,空气输送和分配系统,以及自动控制系统,如图 7-1 所示。

船舶空调装置示意图

1. 冷、热源系统

空调系统的冷源是指用于空气降温、减湿的制冷装置。它主要有活塞式、螺杆式、离心式和吸收式等制冷机。船舶空调通常采用蒸气、热水或电能对空气进行加热,以蒸气对空气进行加湿。蒸气、热水由锅炉或动力装置的冷却水供应。

2. 空气处理系统

空气处理系统完成对空气的混合、净化、加热、加湿、冷却、除湿以及消声等任务。在空调器中设置进风口、出风口、调风门、空气过滤器、加热器、加湿器、冷却器、挡水板,以及空气混合、分配室和消声室等。

3. 空气输送和分配系统

空气输送和分配系统是指把经过空调器处理的空气输送和分配到各空调舱室,并将舱室内的污浊空气排出舱外,使空调舱室得到均匀送风和满意的气流组织。该系统包括通风机、进排风管、空气分配器或空气诱导器。

4. 自动控制系统

自动控制系统用于控制空调舱室的空气温度、湿度及其所需之冷、热源的能量供给等。

它是保证空调舱室得到良好空气参数、气流组织和冷、热能量合理供给所不可缺少的设备。舱外新鲜空气和舱内回风进入空气混合室,经过滤器清除空气中的尘埃,再经风机送至空气加热器、加湿器、冷却器处理,使空气达到要求的送风温度和湿度。然后经挡水板至空气分配室,再沿各送风管经空气分配器或诱导器送入舱室,从而完成其空气调节过程。

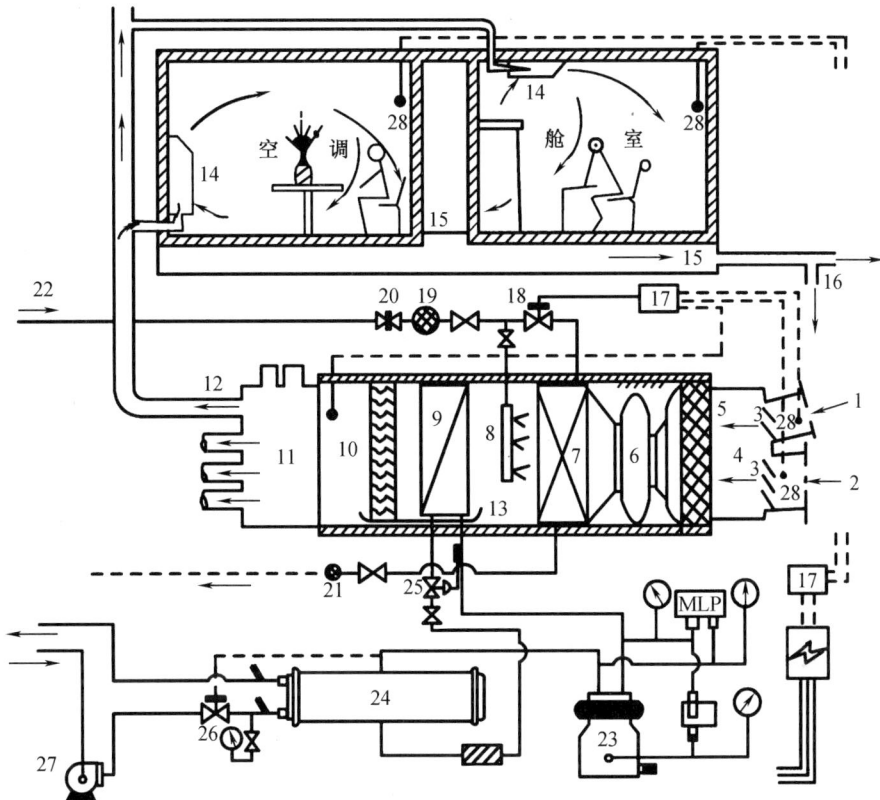

1—回风进口;2—新风进口;3—调风门;4—空气混合室;5—空气过滤器;6—风机及消声室;7—空气加热器;
8—空气加湿器;9—空气冷却器;10—挡水板;11—空气分配室;12—送风管;13—承水盘;14—空气分配器和诱导器;
15—回风;16—排风与回风;17—温度控制器;18—蒸气控制阀;19—过滤器;20—蒸气恒压阀;21—疏水器;
22—蒸气引入总管;23—压缩机;24—冷凝器;25—膨胀阀;26—水量控制阀;27—海水泵;28—测温元件。

图 7-1 船舶空气调节系统图

第二节 空调的送风量、送风参数与空调分区

一、空调送风量和送风参数的确定

要确定空调舱室的送风量和送风参数,首先就需分析舱室热量和湿量的来源及数量,并研究各自的平衡关系。

1. 舱室的显热负荷和湿负荷

单位时间内渗入舱室并能引起室温变化的热量称为舱室的显热负荷,用 Q_x 表示,单位是 kJ/h。它主要包括:

(1)渗入热,指因室内外温差而由舱室壁面渗入的热量。夏季,渗入热一般占舱室显热负荷的 26%~31%。

(2)太阳辐射热,指因太阳照射舱室外壁而传入的热量。透过玻璃窗的太阳辐射热一般占 25%~27%。

(3)人体热,指室内人员散发的热量。平均每人约 210 kJ/h,人体散热一般占 16%~18%。

(4)设备热,指室内照明和其他电气设备等所散发的热量,一般占 4%~5%。

夏季,这些热负荷都是从外界进入舱室的,所以夏季舱室的显热负荷都为正值。冬季,因渗入热变为负值(实际上是渗出热),虽然太阳辐射热、人体热和设备热都为正值,但与渗入热相比,其值很小,故舱室显热负荷为负值。

舱室在单位时间内所增加的水蒸气量称为舱室的湿负荷,用 W 表示,单位是 g/h。舱室的湿负荷主要来自室内人体和潮湿物品所散发的水汽。根据气温和劳动强度的不同,一般每个人产生的湿负荷为 40~200 g/h。湿负荷一般为正值。

2. 送风量和送风参数的确定

图 7-2 所示为空调舱室热、湿平衡示意图。显然,当舱室内的空气状况稳定时,送风量和从室内排出的空气流量是相等的,换气所带走的热量和湿量应分别与舱室的热负荷和湿负荷相等。即

$$Q_x = V\rho c_p(t_r - t_s) \tag{7-1}$$

$$W = V\rho(d_r - d_s) \tag{7-2}$$

式中　V——送风的体积流量,m^3/h;

ρ——空气的密度,常温常压下约为 1.2 kg/m^3;

c_p——空气的定压比热容,约为 1 kJ/kg·℃;

t_r、t_s——室内温度及送风温度,℃;

d_r、d_s——室内空气及送风的含湿量,g/kg。

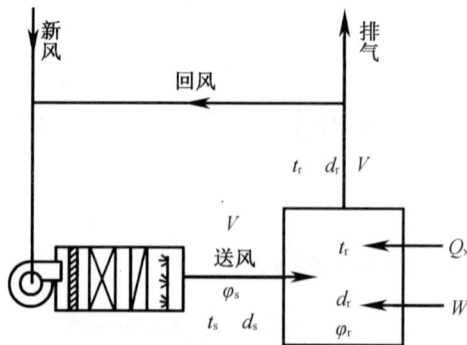

图 7-2　空调舱室热、湿平衡示意图

式(7-1)和式(7-2)分别为舱室的显热平衡式及湿平衡式。在空调设计时,室内要保持的温度 t_r 和相对湿度 φ_r 是预先给定的,由湿空气焓湿图可查得室内要求的含湿量 d_r;然后根据舱室的具体条件,按设计手册提供的经验数据,计算出舱室的显热负荷 Q_x 和湿负荷 W;再根据所选用的舱室布风器的型式来选定送风温差 (t_r-t_s),于是送风温度 t_s 便可确定,而由式(7-1)可求出送风量 V;最后由式(7-2)求出送风应有的含湿量 d_s,而利用湿空气焓湿图即可查得所要求的送风相对湿度 φ_s。

夏季室外气温较高,舱室的显热负荷为正值,这时空调应按降温工况工作,送风温度 t_s 应低于室内温度 t_r;冬季室外气温较低,舱室的显热负荷为负值,这时空调应按取暖工况工作,送风温度 t_s 应高于室内温度 t_r。显然,如能提高送风温差 (t_r-t_s) 或 (t_s-t_r),即可减少送风流量,这时风机的流量和风管的尺寸均可减少。但送风温差又取决于布风器的型式,若取得过大将难以保证室内温度的均匀。

船舶各空调舱室的热负荷是各不相同的,即使是同一空调舱室,其热负荷也会变化。此外,各舱室人员对气候条件的要求也可能不同,因此,希望能对各空调舱室的空气温度进行单独调节。调节方法有两种:一种是改变送风量,即变量调节;另一种是改变送风温度,即变质调节。前者主要通过改变布风器风门开度来实现,后者可在布风器中进行再加热、再冷却或采用双风管系统来实现。变量调节可能影响风管中的风压,干扰其他舱室的送风量,而且会影响室温分布的均匀性,调节性能不如变质调节好。当外界气候条件很差,以致全船空调舱室的热负荷超过设计值,而送风量又已达到设计限度时,要保持舱室的温度适宜,就只能靠暂时减少新风量、增加回风量的方法来解决。

二、舱室的热湿比和空调分区

1. 舱室的全热负荷和热湿比

舱室的湿负荷会使舱室空气的含湿量增加,也就是使湿空气的焓值增加,即可视为潜热负荷,用 Q_q 表示,单位是 kJ/h。舱室的全热负荷是单位时间内加入舱室使空气焓值变化的全部热量,它应为显热负荷与潜热负荷之和,用 Q 表示,即

$$Q = Q_x + Q_q \tag{7-3}$$

舱室的全热负荷与湿负荷之比称为舱室的热湿比,用 ε 表示。$\varepsilon = Q/(0.001W)$。

由于船上各空调舱室的位置、大小和用途不尽相同,所以不同舱室不仅热负荷和湿负荷可能不同,而且热湿比也可能不同。位置相近和大小相同的舱室,热负荷相近,如住的人越多,则湿负荷越大,热湿比的绝对值就越小。公共舱室(尤其是餐厅)湿负荷一般较大,热湿比则比船员住舱的小。例如,夏季船员住舱的 ε 为 12 560～25 120 kJ/kg,而餐厅 ε 则为 6 280～12 560 kJ/kg。冬季 $Q<0$,ε 为负值;夏季 $Q>0$,ε 为正值。

2. 空调的分区

空调装置的中央空调器的送风量不宜过大,比较合适的送风量为 3 000～7 500 m³/h。这是因为每根主风管的流量通常都限制在 1 500 m³/h 之内,以免其尺寸过大,若一个中央空调器送风量太大,就会因主风管数目太多而难以布置。故空调舱室较多的船都分为若干空调区,每区各自设置独立的空调器和送风系统。

划分空调分区时,应将热湿比相近的舱室划在同一区内,因为舱室的热湿比相差较大时,若采用同样参数的送风,单靠调节风量难以使各舱室内的空气参数同时保持在适宜范围之内。

货船空调舱室不多,可将热负荷差别较大的左、右舷分为两个空调区。较大的船也可将受日光和海风影响较大的艇甲板以上舱室单独设区,即全船设三个空调区。空调舱室较多的客船,空调分区就要多得多。客船空调分区除照顾热湿比的差异外,还应避免风管穿过船上的防火隔墙或水密隔墙。如果确需穿过,则须加设防火风闸或水密风闸,以便一旦发生火灾或船体破损进水时,能及时将其关闭,以防火势蔓延或海水进入。

第三节 船舶空调系统及设备

一、船舶空调系统的分类

在船舶空调系统中,集中式和半集中式船舶空调装置根据调节方式的不同,有以下几种型式。

1.集中式单风管系统

在这种系统中,送风由中央空调器统一处理,然后通过单风管送到各个舱室,如图7-3所示。由于各舱室的送风参数相同,所以对各舱室空气参数的个别调节就只能靠改变布风器风门的开度,即改变送风量来实现。这种系统比较简单,初装费较低,在货船上用得很普遍。但因采用变量调节,调节幅度不宜过大,否则难以保证舱室的新风供给量和室内空气参数均匀;此外,调节时还会对其他舱室的送风量产生干扰。

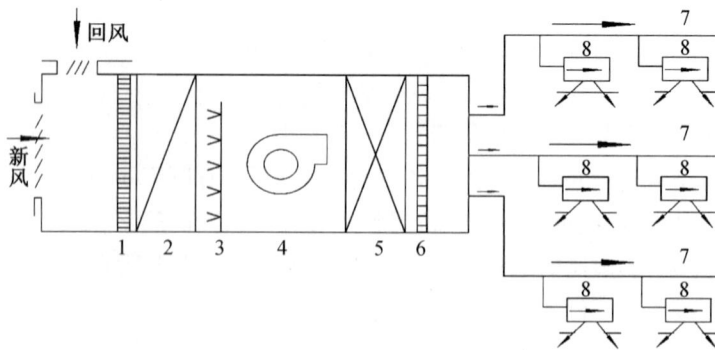

1—空气过滤器;2—空气加热器;3—加湿器;4—风机;5—空气冷却器;6—挡水器;7—主风管;8—布风器。

图7-3 集中式单风管空调系统

2.区域再热式单风管系统

这种系统是将中央空调器统一处理后的空气,由设在空调器分配室各隔离室内或主风管内的再热器对送风进行再加热,即对送风做进一步调节,然后再用单风管送至各个舱室。

这种系统对热负荷较小的舱室可少进行或不进行再加热(即采用较小的送风温差),不致使送风量过小。虽然对舱室单独进一步调节仍为变量调节,但所需的调节幅度明显减小。这种系统可解决热湿比相差较大的舱室不得已列入同一空调区所带来的弊病。

3. 末端再处理式单风管系统

这种系统除在中央空调器中对送风统一处理外,还在各个舱室的布风器内设末端换热器,对送风进行末端再处理。

末端再处理的方式通常有两种:一种是末端电再热式。冬季,中央空调器只将送风加热到满足低热负荷舱室的需要,一般送风温度为 $20\sim30$ ℃,热负荷较高的舱室布风器内设电加热器,冬季可进行变质调节;夏季,舱室的热负荷全部由空调器来承担,只能进行变量调节,送风温度为 $11\sim15$ ℃。这种方法所花费用不多,管理也较简单,常在低温海域航行的货船多有使用。另一种是末端水换热式。在布风器内设水换热器,冬季通以热水,夏季则通以冷水,如图 7-4 所示。这种系统冬、夏都可实现变质调节。一般来说,取暖工况时送风温度为 $15\sim25$ ℃;降温工况时为 $12\sim16$ ℃。因布风器承担舱室的部分热、湿负荷,故送风量比其他空调器减少 $1/3\sim1/2$,一般采用全新风系统。在夏季运行时,末端水换热器表面可能结露,因此在布风器下需设接水盘和泄水管。这种系统性能较好,但造价较高,管理也较麻烦,故实际应用较少。

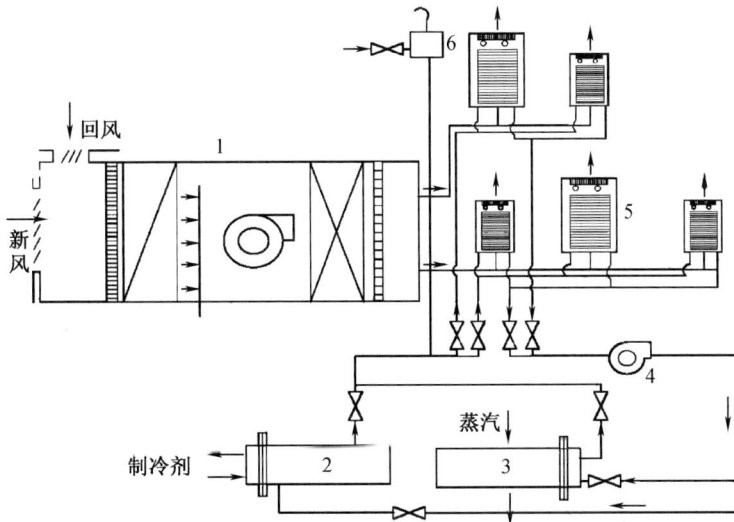

1—中央空调器;2—水冷却器;3—水加热器;4—循环水泵;5—有末端换热器的诱导器;6—膨胀水箱。

图 7-4　末端水换热式单风管空调系统

4. 双风管系统

这种系统的中央空调器如图 7-5 所示,由前后两部分组成,一部分送风经空调器前部预处理后,经中间分配室由风管送至舱室布风器,称为一级送风;其余送风经空调器后部再处理后经后分配室送至舱室布风器,称为二级送风。这种系统能向舱室同时供送温度不同的两种空气,通过调节布风器两个风门的开度,改变两种送风的混合比,即可调节舱室温度,冬、夏都可变质调节,调节灵敏。这种系统虽然空调器和风管系统的质量和尺寸较大,但因不需设末端换热器,可采用较便宜的直布式布风器,故噪声低,管理简单,当布风器数量较多时总造价比末端再处理式的低,较适合于对空调性能要求高的客船。

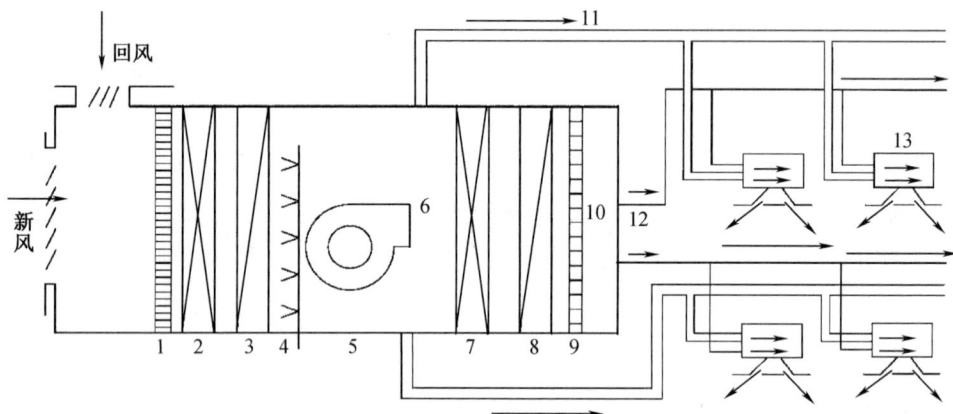

1—空气过滤器;2—空气预冷器;3—空气预热器;4—加湿器;5—风机;6—中间分配器;7—再冷却器;
8—再加热器;9—挡水板;10—后分配器;11——级送风管;12—二级送风管;13—布风器。

图7-5 双风管空调系统

在取暖工况时,这种系统空调器的一级送风温度应控制在 15 ℃ 左右,二级送风温度可视外界气候条件而定,一般为 29~43 ℃;降温工况时,一级送风温度为进风温度加风机温升(当不装预冷器时),二级送风温度为 11~15 ℃。

二、中央空调器

中央空调器是集中式和半集中式空调装置对空气进行集中处理的设备。在货船上,它通常置于艇甲板后部的专门舱室——空气调节站里;客船空调分区较多,空调器分设在全船各处。空气调节器的基本结构如图 7-6 所示,主要由新风和回风调节门、进风混合室、消音室、空气处理室及送风分配室组成,内设风机、空气过滤器、空气冷却器、挡水板、空气加热器、加湿器等。

1.空气的吸入、过滤和消音

外界新风和从空调舱室来的回风分别经各自风口被风机 3 吸入。在新风和回风进口处装有铁丝网或百叶窗,以防吸入较大的异物。新风和回风量可用手动调节门 2 和 4 进行调节。回风量和总风量之比称为回风比,设计时已经确定。调风门的开度在空调调试时已经调好并做有标记,一般情况下不要变动。只有外界气候条件特别恶劣或春秋季节单纯通风时才允许变动。

风机采用离心式通风机。按风机的布置形式空调器有压出式和吸入式两种。风压较高的高速系统常用压出式空调器:风机采用后弯型叶片(效率高),位于空调器进口,可避免降温工况送风温度过高,利于提高蒸发温度,增加制冷量。风压较低的低速系统常用吸入式空调器;风机采用前弯型叶片(风量大),位于空调器出口,利于空气均匀流过换热器。有的风机设低速挡,供自然通风时使用。

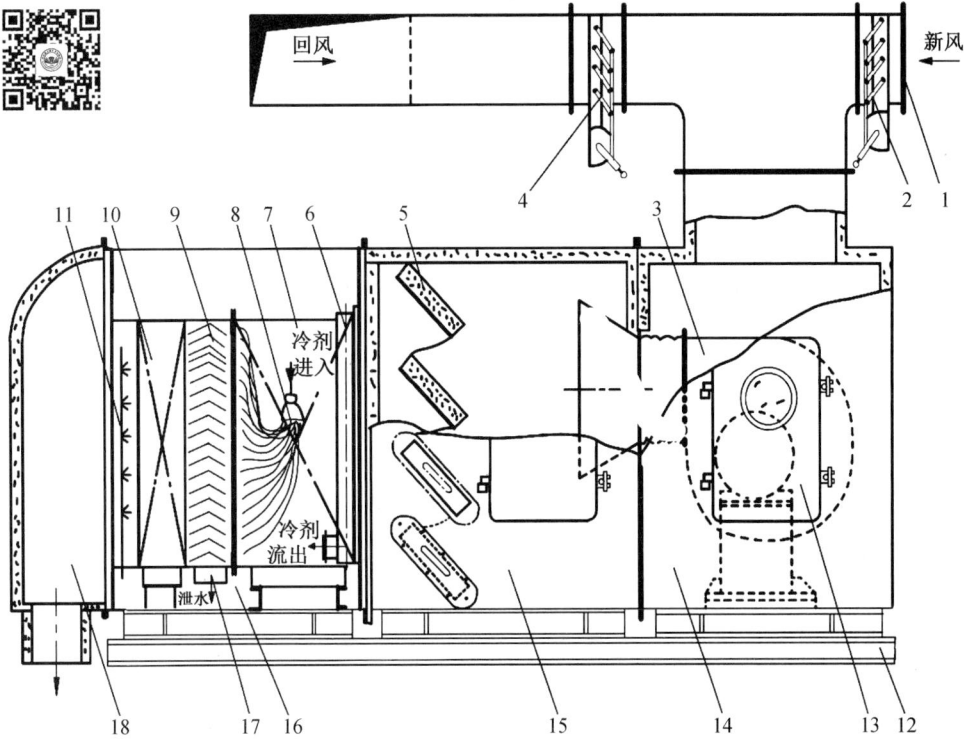

1—新风进口;2—新风调节门;3—风机;4—回风调节门;5—空气过滤器;6—制冷剂回气集管;7—空气冷却器;
8—制冷剂分液器;9—挡水板;10—空气加热器;11—加湿器;12—底架;13—检查门;14—进风混合室;
15—消音室;16—空气处理室;17—承水盘;18—送风分配室。

图7-6　单风管系统的中央空调器

空气过滤器5用于滤除空气中的灰尘,以净化舱室的送风,并保持空气换热器表面的清洁,从而避免降低换热的效果。空调器常采用斜置抽屉式过滤元件,以增大空气流通面积、降低阻力和增加集尘量。

为降低空调器工作时的噪声,在风机出口处设有消音室15。气流进入消音室,因流通面积突然增大,空气流速降低,消减低频噪声。而贴附于空调器内壁的多孔性吸声材料,如厚达25~50 mm的泡沫塑料或玻璃棉毡等,吸收中高频噪声。

2.空气的冷却和除湿

夏季空气的冷却和除湿由空调器中的空气冷却器7和挡水板9完成。空气冷却器有直接冷却式和间接冷却式两种。图7-7所示为直接蒸发式空气冷却器。它一般由带铝制肋片的蛇形铜管组成,装在镀锌钢板制的框架中,在空气冷却器下部还设有承水盘。制冷剂经膨胀阀节流降压后,经分液器进入蛇形管吸热蒸发,使管壁温度下降并冷却管外的空气。

当管壁表面温度低于空气的露点时,空气中的水蒸气就凝结成露珠,并沿着管壁肋片向下汇集到承水盘内,再经泄水管排放到外面,从而实现了降温和除湿。泄水管出口设有 U 形水封,用以防止非降温工况时空气经泄水管泄漏。

挡水板结构如图 7-8 所示,它由许多并列放置的薄钢做成的挡水曲板 1 组成。它设在空冷器后面,可防止气流将空冷器上的水珠带入空调舱室。当空气流过曲板间的缝隙时,由于惯性作用,空气中的水滴就会附在曲板上,然后向下汇集到承水盘 2 中,再经泄水管排到外面。曲板的出口端常弯成挡水沟,用来挡住水滴,以防被气流吹走。

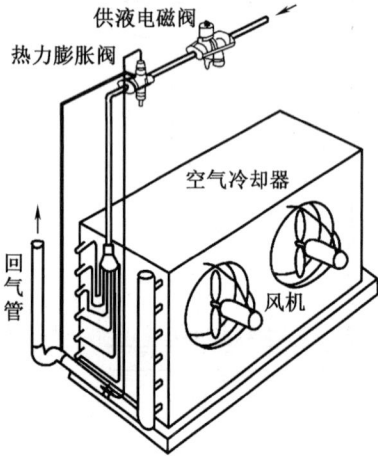

图 7-7 直接蒸发式空气冷却器

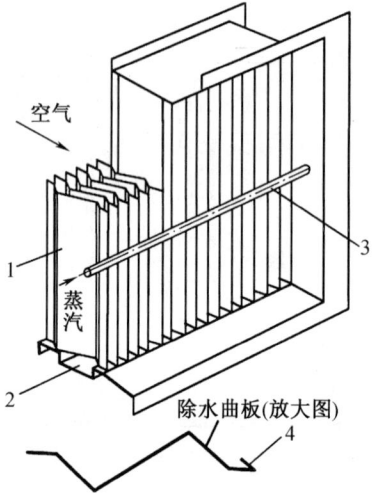

1—挡水曲板;2—承水盘;3—加湿器;4—挡水沟。

图 7-8 挡水板

图 7-9 所示为集中式(吸入式)单风管空调系统的降温工况空气参数在湿空气 h-d 图上的变化过程。新风进口状态点为 1,回风进口状态点为 2,新风和回风在进风混合室内混合后的状态点 3 在 1、2 两点的连线上,(3—1 线段长)/(3—2 线段长)= 回风量/新风量。3—4 为空气经过风机时的等湿加热过程。空冷器进口状态点为 4,出口状态点 5 在 $\varphi = 100\%$ 的饱和空气线上温度相当于冷却管壁温的 0 点与 4 点的连线上。冷却越充分,点 5 越靠近点 0。4—5 为空气经过空冷器时的冷却减湿过程。5—6 表示送风过程,送风管虽有隔热层,但难免会有热量渗入,故此过程为等湿加热过程,温升一般为 1~1.5 ℃。空气在舱室内的吸热、吸湿过程按舱室热湿比进行,用 6—7 表示。7—2 是回风在走廊里的等湿吸热过程。与机舱接触的走廊温升为 3~4 ℃,与常温舱室接触的走廊温升为 1~2 ℃。

降温工况空调器的热负荷是舱室全热负荷、送风过程吸热、回风过程吸热、风机热、新风全热负荷的总和。空调器的热负荷又可分为显热负荷和潜热负荷两部分。因此,不仅在舱外气温高、舱室显热负荷较大时,空气冷却器的显热负荷会增大,而且当舱室的湿负荷较大或舱外空气的含湿量较大时,同样会使空气冷却器因除湿负担加重而导致潜热负荷的增加。而增加回风量,即可使进风的温度和含湿量降低,从而使空调器的热负荷降低。

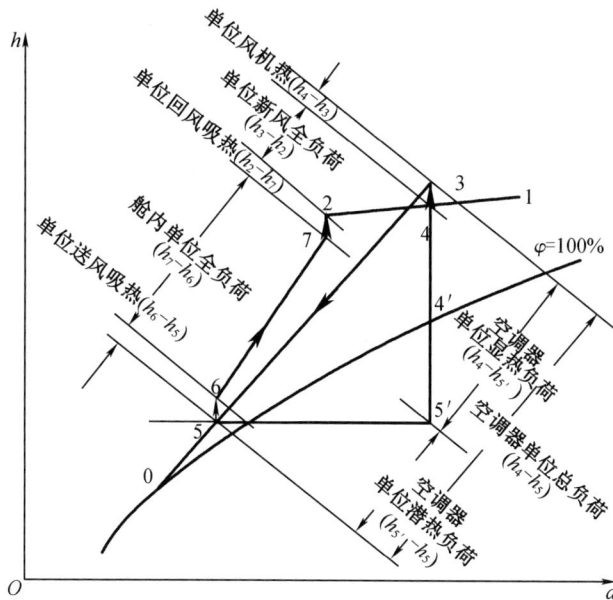

1—新风进口状态点；2—回风进口状态点；3—新风、回风混合后的状态点；4—空冷器进口（风机出口）状态点；

5—空冷器出口状态点；6—舱室送风状态点；7—室内空气状态点；0—空气在空冷器壁面状态点。

图 7-9　有回风的集中式单风管空调系统降温工况空气参数变化过程

3. 空气的加热和加湿

当外界气温低于 15 ℃时，空调装置应按取暖工况运行。空气的加热和加湿由图 7-6 所示的空调器中空气加热器 10 和加湿器 11 来完成。

空气加热器的型式很多，如电加热、蒸汽加热和热水加热等。船用集中式空调器大多使用蒸汽加热。加热器由带肋片的蛇形管组成。加热蒸汽常采用表压为 0.2~0.5 MPa 的饱和蒸汽。在间接系统中，加热工质为热水，此时，空气冷却器与加热器可合用一个热交换器。

在低温时，外界空气的相对湿度虽然很高，但含湿量并不高。显然，冬季如果将空气加热后直接送入舱内，会令人口干舌燥。因此，冬季在空调器中除对空气加热外，往往还需要加湿。加湿可采用蒸汽加湿、喷水加湿或电加湿器加湿，船上多采用饱和蒸汽加湿。最简单的加湿器就是图 7-8 所示的一根镀锌钢管，其直径为 10~20 mm，迎气流方向钻有两排直径为 1~2 mm 的喷孔。这种加湿器结构简单，但稍有降温就会产生凝水，使加湿效果变差。

图 7-10 所示为喷头式蒸汽加湿器。蒸汽沿喷头的圆周切线方向供入，使蒸汽在喷头中旋转，以便将其中的凝水甩出，并从喷头底部泄掉，从而使加入空气中的饱和蒸汽含水量减少。为了防止因加湿蒸汽量过多而导致水滴进入舱室内，在喷头的供汽管上装有限制最大蒸汽流量的节流孔板 2。

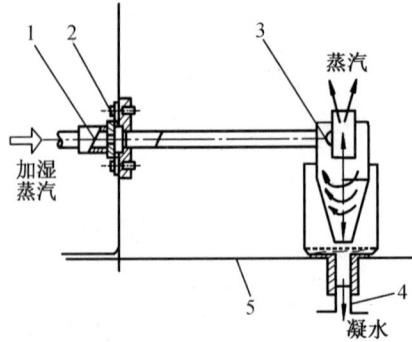

1—蒸汽进口;2—节流孔板;3—喷头;4—泄水管;5—空调器底板。

图7-10　喷头式蒸汽加湿器

　　加湿器的位置可设置在空气加热器之前或之后,但布置在加热器后比较合适,因为此处空气温度较高,相对湿度较小,喷入的蒸汽(或水)容易被空气吸收,同时还可防止加湿器在进风温度太低时冻结,但应防止加湿过多而造成舱内壁面的结露。

　　图7-11所示为集中式单风管空调系统取暖工况空气参数变化过程。新风状态点为1,回风状态点为2,点3为两者混合后的状态点。3—4为流过风机时的等湿加热过程。4—5为流过加热器的等湿加热过程。5—6为流过加湿器的等温加湿过程(蒸汽加湿)。6—7为送风管中的等湿降温过程。7—8为送风在舱内按舱室热湿比线降温吸湿过程。8—2为走廊回风的等湿降温过程。

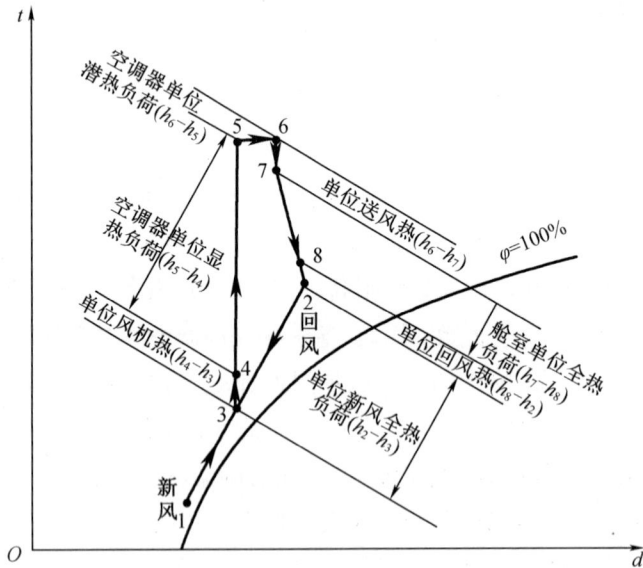

1—新风进口状态点;2—回风进口状态点;3—新风、回风混合后的状态点;4—风机出口状态点;
5—加热器出口状态点;6—蒸汽加湿器出口状态点;7—舱室送风状态点;8—室内空气状态点。

图7-11　集中式单风管空调系统取暖工况空气参数变化过程

　　取暖工况空调器的热负荷为舱室全热负荷、送风热损失、回风热损失、新风热负荷的总和。其中空气加热器承担显热负荷,加湿器承担潜热负荷;风机热可减轻加热器的负荷,增加回风量,使空调器进风的温度和相对湿度提高,使加热器和加湿器的负荷都降低。

三、空气的输送与分配

集中式空调器处理后的空气,将由供风管道输送到每个空调舱室的布风器中,并通过它使供风与室内空气混合良好,从而达到室内温度与气流速度分布均匀。

1. 供风管道

供风管以矩形和圆形截面为多,矩形管占据空间高度小,管路分支和交接较方便,常用于低速系统;高速空调系统常用圆形管,因流通面积相同时其湿周最小,摩擦阻力小,此外制造、安装和维修均方便。

低压低速空调系统的供风管采用 0.75~1.0 mm 的白铁皮制造,高压高速空调系统的风管则一般采用轻合金材料或 0.5~2 mm 镀锌铁皮制成,敷设在甲板与天花板之间的夹层空间,表面有隔热层,以防散热和结露。常用的隔热材料有聚苯乙烯泡沫塑料和矿石棉。隔热层的厚度一般为 20~40 mm。噪声要求严格的空调系统,在布风器前的风管内,常加设管式消声器。

空调舱室的回风口常设在走廊上部,供风通常通过舱室门的下部会聚于走廊,形成回风,一部分回风通过回风口被引回空调器再处理,多余部分排放到大气中。

2. 布风器

布风器设置在各个空调舱室之内,其功用是把处理后的空气按一定速度、方向送入空调舱室。布风器应满足以下要求:

①能使送风与室内空气很好地混合,从而使室温均匀性好;

②能保持人员活动区内风速适宜;

③能单独进行调节;

④阻力和噪声较小;

⑤结构紧凑,外形美观,价格较低。

布风器按其安装位置不同可分为壁式和顶式两大类。壁式布风器靠舱壁底部垂直安装,使用方便;顶式布风器装于天花板上,不占舱室地面,若与舱室内顶灯配合,可起到良好的装饰效果,多在客舱和公共舱室中使用。

布风器按送风诱导作用的强弱可分为直布式和诱导式两类。

(1)直布式布风器

直布式布风器是直接将送风送入舱室的布风器,其出口做成有利于送风气流扩散的形状,如喇叭形、格栅形等。直布式布风器的出口风速较低,一般为 2~4 m/s,送风阻力小,噪声也小,价格低;但送风与室内空气混合较慢,所以送风温差不宜过大,一般在 10 ℃ 以下。直布式布风器一般都设有调风门以调节风量,当装有末端换热器时,还设有调温旋钮。

图 7-12 所示为单风管直布式布风器。进风管 1 进入处设有容积较大的消音箱 5,调节旋钮 6 使调风门 2 升降即可调节风量。

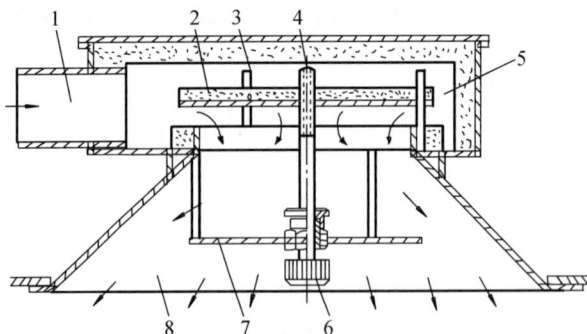

1—进风管;2—调风门;3—风门导杆;4—调节螺杆;5—消音箱;

6—风门调节旋钮;7—挡风板;8—出风口。

图 7-12　单风管直布式布风器

（2）诱导式布风器

诱导式布风器简称诱导器,是高速空调系统的主要供风设备。图 7-13 所示为一种带电加热器的壁式诱导器。从送风管 5 来的新鲜空气(一次风)经调风门 13 进入静压箱 10,因该室较大且四壁有吸音层 11,进入该室的空气的动能即转变为压力能,接着从许多小喷嘴 9 喷出,喷嘴的出风速度较高,在喷嘴出口外面造成局部低压,将室内的一部分空气(二次风)从进风栅 4 吸入,经电加热器 12 加热后再与一次风混合,然后从顶部出口格栅 6 吹出,送入室内。诱导器的二次风量与一次风量之比称为诱导比,其值一般为 $1.5\sim5.0$。

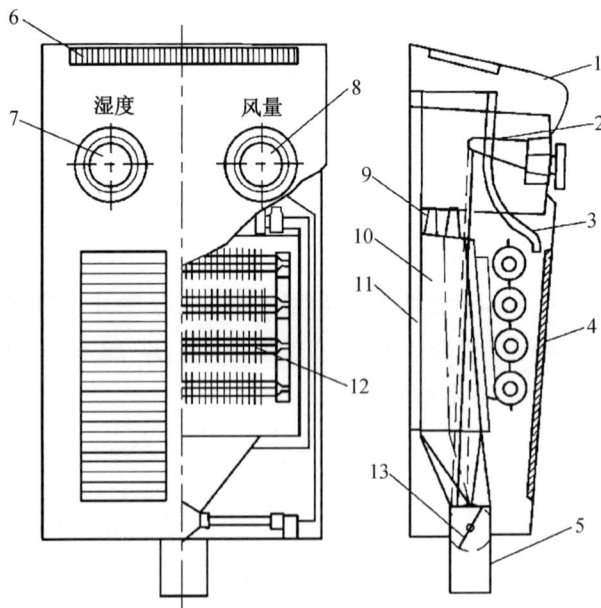

1—外罩;2—风门调节机构;3—导流罩;4—进风栅;5—送风管;6—出口格栅;8—调风旋钮;

9—喷嘴;10—静压箱;11—吸音层;12—电加热器;13—调风门。

图 7-13　壁式电加热诱导器

使用诱导器时,可在不影响室温均匀分布的情况下提高一次风的供风温差,以减小风机的送风量和风管尺寸。但这样会增加布风器的阻力,因而更需要增大风机的风压。所以,一般诱导比以 2~4 较为经济。

诱导器设有调风旋钮,用以调节送风管的风门开度,改变一次风量。诱导器通常在二次风进口设有末端换热器,与二次风进行热交换。带末端换热器的诱导器设有调温旋钮,用来改变换热器的供水量或加热电阻的阻值,以实现舱室的单独调节。

诱导器除阻力大外,另一缺点是噪声较大,可达 50~55 dB。此外,诱导器的价格也较高,占地面积也较大。

第四节　船舶空调装置的自动调节

空调装置的自动调节主要是指空气温度、相对湿度和供风系统静压的自动调节。

一、空气温度的自动调节

一般来说,室内温度调节可由两个途径实现:一是改变供风温度;二是改变供风量。前者为变质调节,调节幅度大,不影响舱室空气的清新程度。后者为变量调节,幅度小,只适用于舱室中手动小范围的风量调节。因此,供风温度调节是舱室温度调节的重要手段。

1. 降温工况的温度调节

降温工况时,空气通过空气冷却器来冷却去湿。直接冷却系统空调温度的控制是利用热力膨胀阀自调性能和回风温度,通过控制进入空冷器的制冷剂流量实现;在间接冷却系统中,则通过控制流经空冷器的载冷剂流量来实现。

(1)热力膨胀阀控制供风温度

在直接冷却系统中,通过热力膨胀阀的自动调节性能来调节供风温度。当外界空气温度升高时,舱内的热负荷增加,制冷剂在蒸发器出口处的过热度增大,于是热力膨胀阀开度增大,使制冷剂供液量增多,因此,制冷量增大。如果压缩机具有能量自动调节装置,则会自动增缸工作,使制冷量与外界温度变化而引起的舱室热负荷的变化相平衡,使供风温度稳定在给定范围。反之,外界温度下降,则空气冷却器负荷减少,热力膨胀阀开度减小,或压缩机减缸运行,于是,供风温度仍在给定值之内。

由此可见,当外界温度变化时,由于蒸发器回气过热度变化,可通过热力膨胀阀的开度变化来自动调节制冷量。以维持供风温度在一定范围之内。而当室外气温变化剧烈,空气冷却器热负荷变化过大,由于热力膨胀阀调节幅度有限或者膨胀阀自调性能不良时,会使其控制达不到预想效果。

(2)温控器控制供风温度

图 7-14 所示为降温工况室内温度控制原理图。它以感温包 5 直接感受室内回风温度,并通过毛细管把信号传送给温度控制器。温度控制器按给定值控制供液电磁阀 1,调节对空气冷却器 3 的冷量供给,实现控制供风温度的目的。进入热力膨胀阀 2 的制冷剂,首先经过由温度控制器控制的供液电磁阀 1,温度控制器的感温包设置在典型舱室的回风管内,

当回风温度降至调定值下限时,温度控制器发出控制信号,供液电磁阀 1 关闭,停止向空气冷却器 3 供液,供风温度回升。尔后,回风温度上升,当温度达到调定值上限时,电磁阀打开,向空气冷却器供液,供风温度下降。这样可以使舱室的平均温度控制在一定范围之内。

2.取暖工况温度的调节

取暖工况温度的调节主要有控制送风温度和控制回风温度或典型舱室温度两种方法。

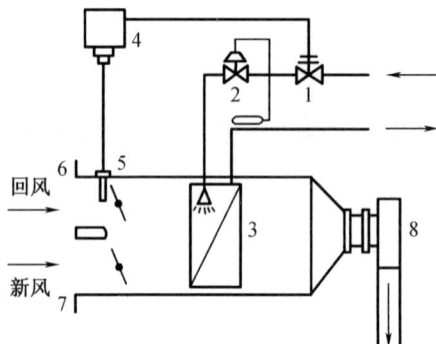

1—供液电磁阀;2—热力膨胀阀;3—空气冷却器;4—温度控制器;5—感温包;6—回风进口;7—新风进口;8—风机。

图 7-14　降温工况的温度控制原理

(1)控制送风温度

通过控制送风温度来调节舱室温度滞后时间短,测温点离调节阀较近,可采用比较简单的直接作用式温度调节器,有单脉冲信号和双脉冲信号两种调节系统。

图 7-15(a)所示为单脉冲信号送风温度调节系统。感温元件 1 放在空调器出口的分配室内,感受送风温度,将信号送到温度调节器 2。当室外新风温度变化时,送风温度也随之变化,于是送风温度与调节器的调定值发生偏差,调节器发出信号,自动调节调节阀的开度,改变进入空气加热器的蒸汽或热水流量,从而使送风温度大致稳定。但是,外界气候变化还使舱室显热负荷变化,仅控制送风温度不变,室温会产生较大的波动,所以又出现了双脉冲温度调节系统。

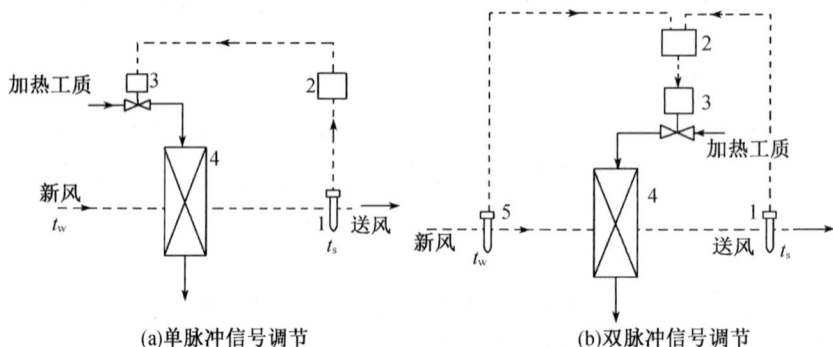

1—送风温度传感器;2—温度调节器;3—流量调节器;4—空气加热器;5—新风温度传感器。

图 7-15　取暖工况的送风温度调节系统

图 7-15(b)所示为双脉冲信号送风温度调节系统。它有两个感温元件 5 和 1,分别感受新风温度 t_w 和送风温度 t_s,温度调节器 2 同时接收两个信号,综合后再输出调节信号,操纵流量调节阀。这种系统能够补偿外界气温的变化,室外气温降低时相应提高送风温度,室外气温升高时相应降低送风温度,使室温变动减小,甚至保持不变。室外温度的变化是导致室内温度变化的主要扰动量,在此扰动出现而室温尚未变化时就预先做出调节,称为前馈调节。试验表明,前馈调节能使调节的动态偏差减小,调节过程的时间缩短,调节的动态质量指标得到改善。

双脉冲信号温度调节中送风温度的变化量 Δt_s 与室外气温(新风温度)的变化量 Δt_w 之比称为温度补偿率,用 K_t 表示。它表示新风温度每改变 1 ℃时送风温度的变化量。即

$$K_t = \Delta t_s / \Delta t_w$$

舱室的隔热越差,所要求的温度补偿率就越高。

(2)控制回风温度或典型舱室温度

回风温度大致反映各舱室温度的平均温度,因此,可将感温元件放在回风总管中,当回风温度偏离调定值时,通过改变加热工质流量来改变送风温度,以使回风温度大致不变。这种方法的测温点也不远,仍可采用直接作用式温度调节器;在采用单脉冲调节时,比控制送风温度合理,但调节滞后时间较长,动态偏差也较大。因舒适性空调要求不高,故使用较多。

感温元件也可直接放置在有代表性的典型空调舱室内,直接控制该舱室温度。但是选定典型舱室比较困难;而且这种方案测量点离调节阀较远,不能采用直接作用式调节器。

控制回风温度或典型舱室温度一般都采用比例调节;在舱室热容量较大时,也可采用双位调节。

二、相对湿度的自动调节

船舶空调装置的相对湿度调节器有气动式、电动式、电子式三种。按其测量湿度的传感器种类,又分为干-湿球式、毛发式和电阻式三种。船上选用的毛发式气动湿度调节器,是利用脱脂毛发束在不同湿度下的伸缩率不同,以其长度变化量作为湿度控制信号。电阻式湿度调节器则利用吸湿材料(如氯化锂)的电阻值随空气湿度变化来作为湿度控制信号。

干湿球式
湿度调节器

取暖工况多采用喷蒸汽加湿或喷水加湿来实现湿度调节,常用的方法有控制送风的相对湿度、控制送风的含湿量(露点)、控制回风或典型舱室的相对湿度等三种。

1. 控制送风的相对湿度

如图 7-16(a)所示,调节器的感湿元件 1 放置在空调器出口的分配室内,感受送风的相对湿度,然后将信号送至比例式湿度调节器 2。当送风的相对湿度偏离整定值时,调节器会使加湿调节阀 3 的开度与偏差值成比例地变化,将送风的相对湿度控制在一定的范围内。此种方法滞后时间短,不能采用双位调节,一般都采用比例调节。

2. 控制送风的含湿量(露点)

如图 7-16(b)所示,如能直接控制送风的含湿量 d_s,只要送风量和舱室的湿负荷不变,就可控制室内空气的含湿量 d_r,并在室温变化不大时保持室内相对湿度合适。因为含湿量

确定即露点确定,故这种调节亦称为露点调节。

采用两级加热的方法,空气经预热后再喷水加湿。因喷水加湿是一个等焓加湿过程,故加湿后的空气温度就会有所降低,而加湿后所能达到的相对湿度一般比较稳定,未被吸收的水由泄水管路泄出。这样,只要控制住加湿后的空气温度,即可控制送风的含湿量和露点,而无须担心加湿过量。这种方法特别适用于采用两级加热的区域再热系统和双风管系统。

3.控制回风或典型舱室的相对湿度

如图7-16(c)所示,感湿元件1放在回风口或典型舱室内,当湿度降低到要求的下限时,调节器10使加湿电磁阀11开启加湿,舱内湿度随之增加;当湿度达到上限时,调节器使电磁阀关闭,停止加湿。这种调节滞后时间长,如果送风与室内空气混合不良,室内空气湿度的不均匀性会较大,如果改用比例调节,湿度的均匀性可得到改善。

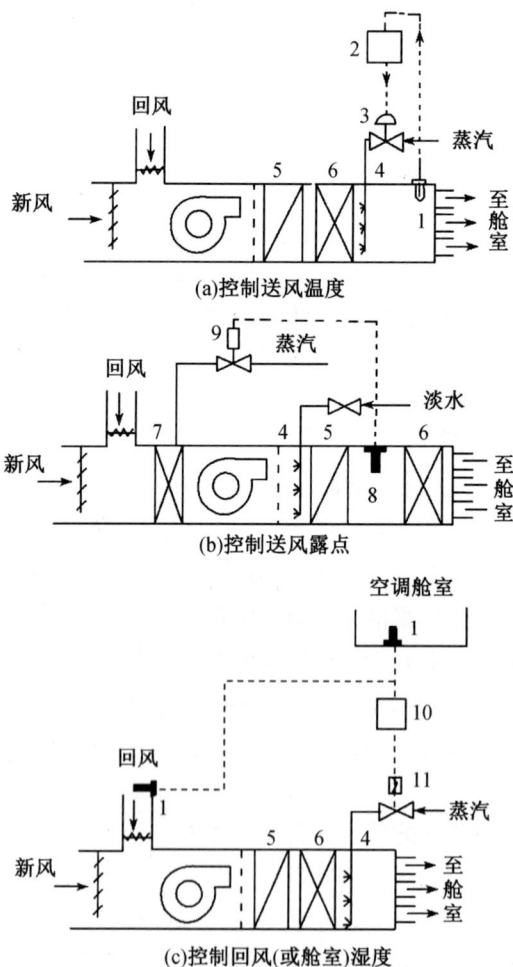

1—湿度传感器;2—比例式湿度调节器;3—加湿调节阀;4—加湿器;5—冷却器;6—加热器;7—预热器;
8—感温包;9—直接作用式温度调节器;10—双位式湿度调节器;11—加湿电磁阀。

图7-16 取暖工况的湿度调节系统

三、静压(风量)的自动调节

船舶空调器中,风机的压头和排风量是根据各舱室所有布风器开足时的情况来确定的。因此在使用中,某些舱室布风器关小或关闭时,使总供风量减小,风机的压头以及风管中静压就要增加,从而使其余舱室供风量增加,舱室温度波动,噪声增大。为了避免这种情况,就应设置静压调节器,使供风系统的静压得以控制,并保持稳定。船舶空调系统中,静压的控制可根据静压调节器的安装位置分为集中式空调器静压调节和风管静压调节两类。

1. 集中式空调器静压调节

这一类静压调节,是依靠静压调节器感受空调器中空气分配室内静压的变化后,通过电动机或气动执行机构来控制保持空调器分配室中静压的稳定。具体方法有以下四种:

(1)风机进口导叶节流法

这种方法是静压调节器感受空气分配室中静压变化后,由执行机构改变风机进口导叶的角度,使进风产生节流作用,以相应地改变风机的风压、风量,从而保持分配室中静压的稳定。

(2)风机出口节流法

在风机出风口处装设调节风门,当静压调节器感受空气分配室中静压变化之后,执行机构改变出风门的开度,风机出风产生节流作用,使分配室静压稳定。这种方法风机节流损失大,噪声大,而且运行不稳定。

(3)风机多余空气泄放法

此法是由静压调节器根据空气分配室的静压来控制风机出口侧泄放阀的开度,以便多余空气排出,不进入系统,从而达到调节静压的目的,且不影响风机的运行效率。

(4)风机多余空气回流法

该方法是当静压升高时,由静压调节器使多余的空气由旁通管从风机出口回流到风机入口。但回流会使进风温度升高,降温工况时会使空气冷却器负荷增加。

综合上述,方法(1)和(2)均为节流调节法,调节稍复杂而初次投资费用大;方法(3)和(4)设备简单,比较可行。

2. 风管静压调节

从上述各法可知,它们只能保持空气分配室中的静压稳定,但因风量变化后,风管中的阻力也将变化,所以风管中的静压仍有变化。为使风管中静压稳定,就必须在风管中采用静压调节。其方法有如下两种:

(1)在分配室出口分支管上装节流风门

在该支管上装有静压调节器,它感受的信号通过执行机构控制节流风门的开度,调节风量。这种方法与风机出口节流调节类似。

风管静压调节

(2)支管余风放泄法

该法是在支管上装设带有消音室的排放多余风量调风门。风门的调节由支管上静压调节器接收感受信号通过执行机构控制。因放泄的空气为处理后的空气,它可直接引至回风走廊,改善走廊回风条件,减少能量的损失。

随着造船技术的进步,船舶空调系统正向自动化、标准化、系列化方向发展。目前所有新建船舶均设有自动或半自动空调系统,以保证舱室空气温度、相对湿度、静压的稳定以及空调冷、热源能量的合理供给。

习　　题

1. 船用集中式空调器主要有哪些作用？分别运用于何种工况？
2. 空调布风器应满足哪些基本要求？按工作特点可分为哪两种？
3. 空调装置的自动调节包括哪些内容？
4. 集中式空调装置送风静压自动控制有哪些方法？

第四篇 船舶制淡装置

海洋虽然为船舶航行提供了有利条件,但船舶在海上航行时,海水并不能满足现代船舶补给水的要求。目前,船舶动力装置及生活用淡水随着主机功率和续航力的增加而增加,如此巨大的淡水消耗量若完全依靠港口补给并贮存在船上,将会占去很大舱容,因此,船舶制淡装置已成为船舶的必备设备。本篇主要介绍船上应用最为普遍的蒸馏式海水淡化装置。

第八章　船用海水淡化装置

　　船舶在营运过程中,每天都需要消耗大量的淡水,这些淡水用作柴油主机冷却水、锅炉补给水、洗涤和饮用水等。所谓淡水,一般是指总含盐量在 1 000 mg/L 以下的水,而大洋中海水的总含盐量平均为 35 000 mg/L,它是不能直接使用的。船舶所需的淡水虽然可用水舱(或水柜)来携带,但这样做不仅会减少船舶的营运吨位,降低航次收入,妨碍运输能力的发挥,而且贮水过久还会使水变质甚至无法使用。此外,靠携带淡水也很难在数量上满足因情况变化而产生的需要。因此,在现代海船上,也就都设置海水淡化装置,以便利用取之不尽的舷外海水来制造淡水,以改善船舶的供水条件,并获取一定的经济效益。

第一节　海水淡化装置概述

　　海水淡化亦称海水脱盐,其含义是将海水脱去盐分,变为符合生产和生活使用标准的淡水。船用海水淡化装置所生产淡水的含盐量一般设定为小于 10 mg/L,可以满足锅炉给水、动力装置冷却用水、饮用和洗涤水在含盐量等方面的要求,但是所生产的淡水含人体需要的矿物质太少,长期直接饮用对健康不利,要求加入某些矿物质后再供饮用。

一、对船用海水淡化装置的一般要求

　　船用淡水品质的要求因用途而异。对船用海水淡化装置的一般要求如下:
　　(1)满足船舶的日耗水量(150~250 L/人,0.2~0.3 L/kW);
　　(2)尽量利用余热;
　　(3)自重轻,体积小;
　　(4)工作可靠性高,便于维护管理;
　　(5)水质要满足锅炉用水要求。
　　现代远洋船舶所装设的海水淡化装置的最高容量,视主机功率而定,一般每 7 500 kW 左右装设一台造水量为 20~25 t/d 的淡化装置,就足以满足动力装置和 50 名左右船员的生活需要。至于大型客船,则视情况装设几台较大的装置即可满足要求。

二、海水淡化方法

　　海水是一种含有 80 多种盐类的水溶液。其中,含量超过 1 mg/L 者有 11 种,称为海水的主要组分。不同海域的海水含盐量虽然不同,但各主要盐类所占的比例却基本不变。海水淡化的目的,就在于去除各种盐类和有害杂质。目前,海水淡化方法主要有蒸馏法、电渗

析法、反渗透法和冷冻法等。

1. 蒸馏法

蒸馏法是最早应用的海水淡化方法,主要是根据盐不溶于水蒸气的原理,加热海水,蒸发出水蒸气,再冷凝成淡水。

蒸馏法淡化海水耗能较多,而且要防止装置内部的结垢和腐蚀。但蒸馏法可直接利用热水或废汽等加热,便于废热利用,同时所产淡水的纯度较高,能满足各种用途的水质要求。此外,蒸馏装置工作稳定,适用于各种规模的生产,目前仍是船舶主要应用的海水淡化方法。根据设备不同,主要有常压蒸馏法、真空蒸馏法、蒸汽压缩蒸馏法等。

2. 电渗析法

电渗析法是使海水中的阴、阳离子在外加直流电场的作用下,通过相间排列的有选择性的阴、阳离子渗透膜(或称离子交换膜)进行定向迁移,使一部分海水中的离子转移到另一部分海水中去,从而实现海水淡化。

电渗析法淡化海水的关键元件是渗透膜,它分为阴膜和阳膜。阴膜只允许阴离子透过,而阳膜则仅允许阳离子透过,如图8-1所示,若将阴膜与阳膜交替排列,并在两端装设惰性电极,即可组成若干个相互独立的隔室(两端是极室,中间是淡室和浓室)。这样,当海水流经各室时,由于直流电场的作用,阴离子就会透过阴膜而被阳膜阻留在浓室中,而阳离子则透过阳膜并被阴膜阻留在浓室中。这样,流经淡室的海水也就因离子浓度的逐渐降低而淡化。

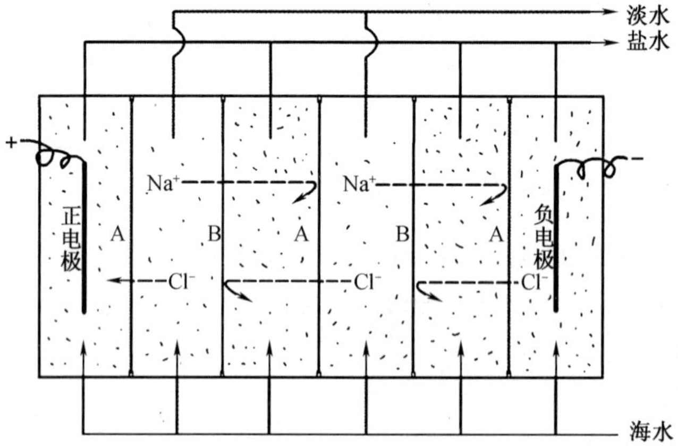

A—阴离子交换膜;B—阳离子交换膜。

图8-1 电渗析海水淡化示意图

电渗析法因不需要液体发生相变,所以耗能比蒸馏法少,但却必须耗用电能,且耗电量随原水浓度的增加而增多。因此对有大量废热可以利用的船舶来说,其经济性反而不如蒸馏法。因此,电渗析淡化装置目前只在那些无适当热源的船舶上有所采用。

3. 反渗透法

反渗透法是将海水加压到水的渗透压以上,利用只允许溶剂透过、不允许溶质透过的半透膜,使海水中的溶剂(淡水)反渗透出来,从而使海水淡化的一种方法。

通常情况下,当淡水和海水被半透膜隔开时,淡水会通过半透膜自发地向海水侧扩散,如图 8-2(a)所示,这种现象称为渗透。由于渗透的作用,海水一侧的液面就会逐渐升高,直到产生的静压差达到一个定值($p=\rho gh$时,扩散停止,渗透也就达到了静态平衡,如图 8-2(b)所示,这个静压差值 p,就称作渗透压。渗透压的大小与溶液的绝对温度成正比,并与浓度近似成正比。如果对海水一侧加压,并使其超过渗透压,则海水中的纯水将反渗透到淡水中,从而实现所谓的反渗透过程,如图 8-2(c)所示。

反渗透法的液体在工作过程中无相态变化,耗能较少,对设备的腐蚀及结垢较轻,能分离机械杂质,设备简单,易于操作。但这种方法操作压力高,寿命受半透膜的限制。

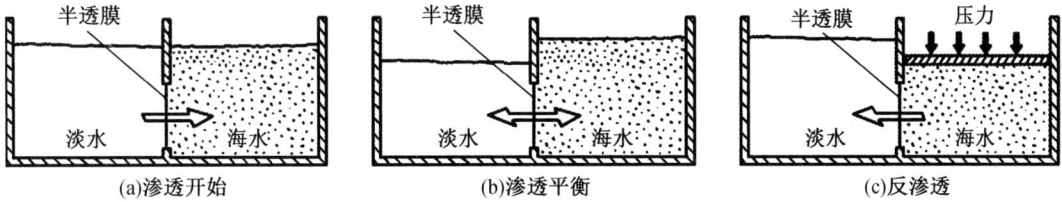

图 8-2 渗透和反渗透示意图

4.冷冻法

冷冻法是根据一定浓度范围的盐溶液,在其降至冰点时,就会析出冰晶来实现海水淡化的。因此,只要取出冰晶,用淡水洗去晶体表面及其间隙的残留海水,然后将其融化,即可获得淡水。

由于冰的融化热较小,约为水的汽化潜热的 1/7,所以冷冻法的能耗比蒸馏法的低。且因操作温度低,结垢和腐蚀程度亦轻。然而,冷冻法操作技术要求较高,冰晶的洗涤也较困难,且需消耗部分淡水,所以在工业上目前还处于实验阶段,尚未能获得大规模的应用。

第二节 船用蒸馏式海水淡化装置的工作原理及影响因素

海水淡化装置的类型有很多,目前在船上应用最为普遍的是蒸馏式海水淡化装置。

一、船用蒸馏式海水淡化装置工作原理

蒸馏式淡化装置的工作是建立在水的蒸发和蒸汽冷凝的理论之上的,故其主要的设备就是各种热交换器。随着具体换热过程的不同,各种蒸馏式淡化装置的工作也就有所差异,并可按海水汽化方式的不同而分为沸腾式和闪发式两种。

1. 真空沸腾式海水淡化装置

沸腾式海水淡化装置主要由蒸发器和冷凝器组成,其中海水的加热和沸腾汽化都在蒸发器内进行,而二次蒸汽的凝结则在冷凝器内完成。根据蒸发器和冷器内工作压力的不同,沸腾式淡化装置又可分为压力式和真空式两种。目前,船上一般都采用真空沸腾式海水淡化装置。

采用真空式装置的原因主要有二：一是为了能够使用低温工质作为热源，以利用船舶动力装置的废热，从而提高整个动力装置的经济性；二是保持较低的工作温度，大大减轻蒸发器换热面上的结垢。

图8-3所示为带竖管蒸发器的真空沸腾式海水淡水装置原理图。蒸馏器1的下部是竖管式蒸发器，加热工质（热水或蒸汽）供入竖管式蒸发器，热的工质在竖管外流过，管内的海水被加热后沸腾汽化。海水汽化产生的蒸汽流经蒸馏器中部的汽水分离器，除去所携带的大部分水滴后被引入蒸馏器顶部的冷凝器。冷凝器的横管中有冷却海水流动，管外的二次蒸汽被冷凝成淡水落入冷凝器底部，然后由凝水泵4抽送至淡水舱（柜）。

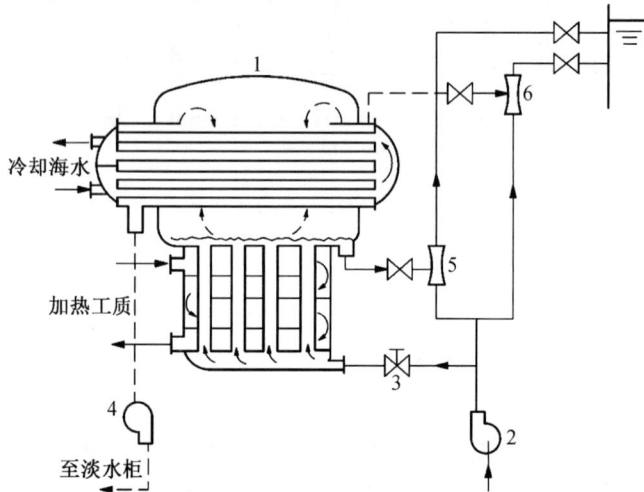

1—蒸馏器；2—造水机海水泵；3—给水调节阀；4—凝水泵；5—排盐泵；6—真空泵。

图8-3　真空沸腾式海水淡化装置原理图

蒸发器中的海水由于不断蒸发而浓缩，其含盐量势必增高，称为盐水。为了控制盐水的浓度，以免影响二次蒸汽的质量，就需由排盐泵5将盐水不断地排出舷外（称为排盐），并由造水机海水泵2向蒸发器内连续地补给海水。蒸发器内水位由排盐泵与海水给水阀联合保持其平衡。海水给水量W_0与产水量W之比称为给水倍率，用μ表示。排盐量W_B与产水量W之比称为排污率。沸腾式海水淡化装置给水倍率取3~4为宜。至于蒸发器和冷凝器内所需的真空，则由射水抽气式真空泵6建立和保持。蒸发器与冷凝器也可采用板式热交换器。

这种蒸发和冷凝在一种压力下进行的简单系统，称为单效（或单级）淡化装置。

目前，船上采用的蒸馏式淡化装置，大多是既可用热水又可用蒸汽来作为加热工质。通常，在柴油机船上，一般都使用主机缸套水作为热源，只有那些淡水耗量很大的客船或渔业加工船等，因动力装置的废热不能满足需要，才使用低压蒸汽。至于汽轮机船，则一般采用主机或辅机使用过的蒸汽来作为热源。

2. 真空闪发式海水淡化装置

闪发式淡化装置是将压力大于蒸发器（闪发室）内压力的海水，预先加热至高于蒸发内压力所对应的饱和温度,然后将其引入蒸发器,以使部分海水因过热而骤然蒸发成汽,故称闪发式。

图8-4所示为真空闪发式海水淡化装置原理图。海水在加热器5中被加热到一定温度,然后经喷雾器6减压喷洒于蒸发器1中,由于器内压力低于海水温度对应的饱和压力,所以一经喷入就处于过热状态,因此,其中的部分海水就会骤然汽化。闪发生成的二次蒸汽,经汽水分离器2进入冷凝器3,被来自海水泵9的舷外海水冷却凝结而成为淡水,再由凝水泵8送往淡水舱。

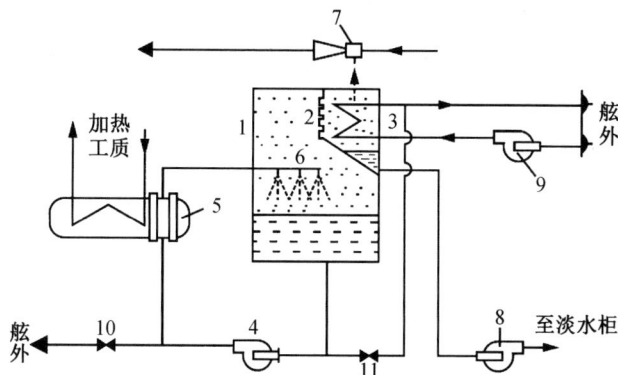

1—蒸发器;2—汽水分离器;3—冷凝器;4—盐水循环泵;5—加热器;6—喷雾器;7—真空泵;
8—凝水泵;9—海水泵;10—排盐调节阀;11—给水调节阀。

图8-4　真空闪发式海水淡化装置原理图

蒸发器内未被汽化的盐水,由盐水循环泵4抽出,其中一部分与新加入的给水一起重返加热器,而另一部分则作为排盐经调节阀10向舷外排出。

装置中因蒸发和排盐所减少的水量,由冷凝器排出的冷却水通过给水调节阀11来补充。闪发所需的真空度,则由真空泵7建立与保持。

这种装置因海水的加热温度不高,在加热器中并不沸腾汽化,而蒸发器中又没有换热表面,因而可使结垢情况大为改善。然而,海水闪发成汽时所需的汽化潜热,完全取自未被汽化的海水降温至饱和温度时所放出的显热,因此,这种装置的海水循环量很大,这就使加热面积和泵的流量都必须相应加大,故在产量相同的情况下,闪发式装置的造价也就要比沸腾式高35~50%。此外,排盐量大,热损失增加,效率亦将随之降低。

为了提高经济性,增大产水比,闪发式装置也可采用多级的型式,即将若干个压力依次降低的蒸发器加以串联。这样,在上一级中没有汽化的海水,就可在下一级中继续闪发汽化,这时,从冷凝器流出的冷却水也就全部作为给水供入加热器,并在加热后依次进入各级蒸发器闪发,而盐水则在最末级由排盐泵排出。

显然,多级闪发式装置因从二次蒸汽中回收了更多的热量,故能减少耗热。理论上,在淡水产量相同的情况下,N级装置的耗热量将只为单级的$1/N$。但是,与多效沸腾式一样,级数也不能太多,船舶装置一般不超过2级,间或也有4至5级者。

与多效沸腾式淡水装置相比,多级闪发式结构紧凑,不易结垢,加热温度可以提高,有利于增加产水比,所以在需水量较多,并以蒸汽作为热源的船舶上,应用较为广泛。

二、影响海水淡化装置工作的主要因素

要维持船用海水淡化装置的正常工作,使之生产出符合水质标准的额定水量,涉及很多因素,其中装置真空度、淡水含盐量和加热面上结垢厚薄是较重要的因素。

1. 真空度的建立和保持

为充分利用废热,必须在蒸发器和冷凝器内建立起适当的真空度。若真空度太低,对应的蒸发温度也高,这样要利用低温的废热将海水加热至沸腾或过热就有一定困难。而真空度太高,则又会导致海水沸腾剧烈,二次蒸汽中所带含盐的水滴增多,影响二次蒸汽的质量。装置一般将真空度维持在 90% ~ 94%(对应的饱和温度为 45 ~ 35 ℃)。要保持蒸发器内足够的真空度,必须做到:

(1)有足以与蒸发量相适应的冷凝能力。如果冷凝能力下降(冷却水温度升高或流量不足、冷却水侧"气塞"、冷凝器换热面脏污、冷凝水位过高),则会使真空度降低。此外,加热介质流量过大或温度过高致使蒸发量过大,也会使真空度降低。主要影响因素是冷却海水温度的扰动。

(2)真空泵应具有足够的抽气能力。水射真空泵的工作水压过低或工作水温过高、排除背压过高(>8 mH₂O)、喷嘴磨损、堵塞、安装不当、吸入止回阀卡死等都会使真空泵的抽气能力下降。

(3)蒸馏装置要有良好的气密性。如果蒸馏装置的密封性不佳,也会因外界的空气漏入过多而无法建立起足够的真空度,从而影响产水量,甚至使装置完全不能工作。

2. 影响淡化含盐量的因素

淡水含盐量的多少,不仅与装置结构有关,还与操作管理有密切的关系。

海水在剧烈沸腾时,会产生许多细小水珠被蒸汽携带进入汽空间。虽然因水的密度比蒸汽大,部分较大的水珠会重新落回盐水中,但比较细小的水珠却会被带到冷凝器中,使凝结的淡水中含有盐分。可见,装置所产淡水的含盐量 S_F(单位是 mg/L)取决于进入冷凝器的二次蒸汽的含水量 d(单位是%)和蒸发器内盐水的含盐量 S_B(单位是 mg/L),即

$$S_F = dS_B \qquad (8-1)$$

从管理角度来讲,淡水含盐量过高的主要原因有:

(1)装置的负荷(蒸发量)过大,沸腾过于剧烈,导致二次蒸汽湿度过高。沸腾过于剧烈的可能原因是加热介质流量过大或温度过高,真空度过高。应采取的措施是减小冷却水流量或稍开真空破坏阀。

(2)蒸发器水位太高。对竖管式蒸发器而言,蒸发器内水位以达到上管板为宜。如设有水位计,则水位指示应在半高处。水位过高应减小给水量。

(3)盐水含盐量太大。应保证足够的排盐量,维持合适的给水倍率。

(4)冷凝器泄漏,使冷却海水漏入凝水侧。

3. 影响淡化产量的因素

蒸馏式海水淡化装置产水量的多少,实际就是蒸发量的多少,其主要取决于加热水向海水传热量的多少。根据传热学原理,传热量与蒸发器的传热系数、换热面积、加热水的平

均温度、海水的沸点及给水温度有关。从管理角度看,造成淡水产量低的原因有:

(1)换热面脏污结垢,使蒸发器的传热系数减小;

(2)加热侧发生"气塞",里面的气体会影响加热介质流动而妨碍换热;

(3)蒸发器水位太低,使加热水与被加热海水间的实际换热面积减小;

(4)真空度不足,导致海水的沸点提高;

(5)加热水流量不足或温度太低,导致加热水平均温度降低;

(6)给水量(给水倍率)增大或给水温度降低,更多的热量被预热消耗或被盐水带走,使蒸发量降低;

(7)凝水回流电磁阀关闭不严,使一部分淡水漏回蒸馏器。

造水机能否造出淡水,以及产水量多少,对其影响最大的是能否建立和保持合适的真空度;而造水机工作日久后产水量逐渐减少,主要原因往往是加热面脏污和结垢。

4.影响加热面结垢的因素

蒸馏装置中水垢的主要成分是 $CaCO_3$、$Mg(OH)_2$ 和 $CaSO_4$。其中,$CaCO_3$、$Mg(OH)_2$ 主要呈泥渣状沉淀,大部分能随盐水一起排走,而 $CaSO_4$ 则会在加热器表面形成难以清除的硬垢,且其热导率很小,因此蒸馏式海水淡化装置使用管理中要尽量避免和减少硫酸钙水垢的生成。加热面上水垢的生成速度和成分与蒸发温度、传热温差、盐水浓度等有关。

(1)蒸发温度

蒸馏器中的真空度越低,蒸发器中海水的蒸发温度就越高,则难溶盐的溶解度下降越多,水垢生成的速度就越快,而且海水温度的高低还决定了水垢的成分。如图8-5所示,当水温不太高时,水垢的主要成分是呈泥状的 $CaCO_3$,而 $Mg(OH)_2$ 主要呈泥渣沉淀。当水温超过75 ℃时,$Mg(OH)_2$ 水垢的比例迅速增加,当水温超过82~83 ℃时,$Mg(OH)_2$ 就会取代 $CaCO_3$ 而成为水垢的主要成分,因此,蒸馏装置不加防垢剂时一般不允许盐水温度超过75 ℃。

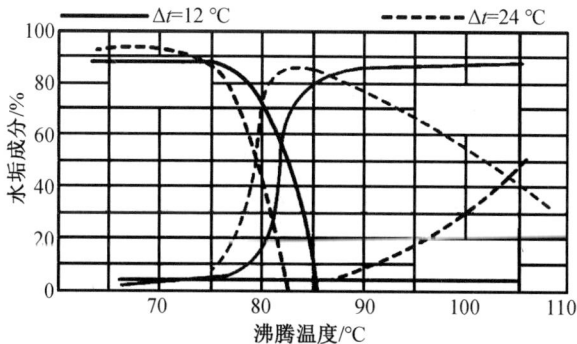

图8-5　水垢成分与加热温度和传热温差的关系

(2)传热温差

加热介质与盐水之间的温差越大,则加热面附近的海水就会因汽化而浓缩严重,导致结垢量增加,易生成 $Mg(OH)_2$ 和 $CaSO_4$ 水垢。因此,通常以蒸汽作为加热介质时,应先用蒸汽加热淡水,再以热的淡水作为淡化装置的加热介质。

（3）盐水浓度

盐水浓度是由给水倍率来控制的,在同样的蒸发温度和传热温差下,盐水的浓度越大,难溶盐的含量也就越大,生成的水垢就越多。盐水浓度大还表明给水倍率小,盐水流经加热器的时间比较长,盐类也就更容易在加热器表面形成水垢;反之,给水倍率大,盐水流经加热器的时间比较短,即使有难溶盐析出也无法沉积到换热器表面形成水垢。水垢的成分与盐水的浓度有直接关系,当盐水的含盐浓度达到海水的 1.5 倍时,$CaSO_4$ 才开始析出,而当盐水的含盐浓度达到海水的 3 倍时,$CaSO_4$ 水垢才会大量生成,因此,船用真空沸腾式海水淡化装置蒸发器中盐水含盐浓度一般不允许超过海水的 1.5 倍。

但需要注意的是,增大给水倍率尽管可减小盐水的浓度,但同时会因排出的热盐水增多,使装置的热量损失和水泵的耗电量增大,产水量下降,因此,一般船用海水淡化装置的给水倍率控制在 3~4。

第三节　海水淡化装置实例

一、带竖管式蒸发器的真空沸腾式海水淡化装置

图 8-6 所示为带竖管式蒸发器的真空沸腾式海水淡化装置系统原理图。造水机海水泵 10 抽吸舷外的海水,经弹簧稳压阀 14 和浮子流量计 13 进入蒸馏器 9,并在直立的蒸发管束内自下而上流动。来自主机缸套的冷却水在管外流动,从而对海水进行加热。由于蒸发器内真空度达到93%,当温度提高到 38.66 ℃ 时,海水便开始蒸发汽化。

蒸发所得的二次蒸汽先经蒸发器上方一拱形的汽水分离挡板,其中盐水在碰撞挡板后即会返落下来,而蒸汽则绕过挡板继续向上流经波纹式汽水分离器,除去所夹带的大部分水珠后进入冷凝器。蒸汽从冷凝器上方进入横置的冷凝管束外侧自上向下流动,被主机海水泵 7 所供给的海水冷却并凝结成淡水,由凝水泵 16 抽出,经淡水流量计 21 排入淡水柜（舱）。一小部分经盐度传感器 19 循环回流,以便盐度计 18 示出所造淡水的含盐量。当淡水含盐量超出限定值时,盐度计即发出报警信号,同时开启回流电磁阀 20,使不符合要求的淡水沿回流管路流回蒸发器中,此时因凝水泵出口与具有真空度的蒸发器接通,故该处压力低于大气压力,淡水即停止送入淡水柜。但因该管装有淡水排出阀 30（为止回阀）,故淡水柜中的淡水或空气也不会倒流入蒸发器。

由于凝水泵从具有真空度的冷凝器中抽水,因此泵的安装位置必须较低,以造成必要的流注高度,并为防止因冷凝器中凝水水位过低而使泵吸入发生气蚀,故有时在吸入口与冷凝器蒸汽空间之间接有一根平衡管 17,以便吸入口处的气体返回冷凝器。未蒸发的盐水由排盐泵 11 连续排至舷外,以保证盐水浓度不致过高而产生大量结垢。

为了简化设备和操作,图示的真空泵 12 和排盐泵 11 均采用射水喷射泵,其工作水由造水机海水泵 10 供给。真空泵 12 负责抽除冷凝器内不凝气体,以保持壳体内必要的真空度。为了防止喷射泵因某些原因（如海水泵压头下降或喷射泵出口背压升高）而失去抽吸力,引起海水由吸入管倒灌入蒸发器和冷凝器,破坏蒸发器的正常工作,所以在喷射泵吸入管中设有止回阀。

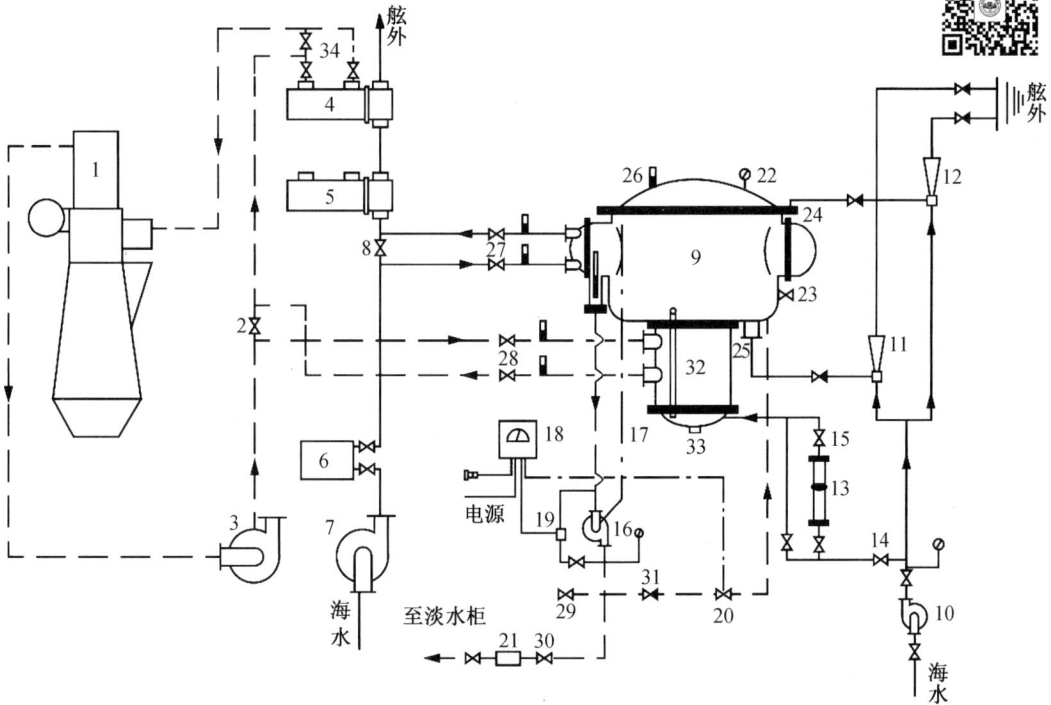

1—主柴油机;2—加热水调节阀;3—主机缸套水泵;4—主机缸套水冷却器;5—主机滑油冷却器;6—主机空气冷却器;
7—主机海水泵;8—海水调节阀;9—蒸馏器;10—造水机海水泵;11—排盐泵;12—真空泵;13—浮子流量计;
14—弹簧稳压阀;15—给水调节阀;16—凝水泵;17—凝水泵平衡管;18—盐度计;19—盐度传感器;20—回流电磁阀;
21—淡水流量计;22—真空流量计;23—真空破坏阀;24—放气旋塞;25—排盐口;26—蒸发温度计;
27—冷却水进、出口阀;28—加热淡水进、出口阀;29—取样阀;30—淡水排出阀;31—止回阀;
32—水位计;33—泄水阀;34—旁通阀。

图 8-6　带竖管式蒸发器的真空沸腾式淡化装置系统原理图

在蒸馏器壳体上装有水位计 32,用以观察冷凝器中的凝水与蒸发器中的盐水水位。由于盐水在工作时充满了气泡,所以蒸发器水位计所反映的水位必然要比真实水位低得多,并随蒸发器的负荷而变化。一般当盐水比蒸发器上管板稍高时,水位计指示的水位大约仅为半高或稍高一点。因此,水位计指示的盐水水位仅供参考。

壳体中部装有真空破坏阀 23,当蒸发器中真空度过高时,可稍开此阀,使少量空气进入,以保持所需的真空度,从而避免盐水沸腾过分剧烈,影响所造淡水的品质。当淡化装置停止使用时,也需打开此阀,以免壳体受压损坏。

加热用的热淡水由主机冷却系统引来,其供入量可由加热水调节阀 2 调节。蒸发器可与主机淡水冷却器串联或并联。

蒸馏器的壳体由钢板焊接而成。为了防止海水腐蚀,尚采用铜合金。如壳体下端盖采用铸造硅黄铜。蒸馏器的管板和管子的材料皆采用锡黄铜和铝黄铜管。喷射泵除喷嘴采用不锈钢外,其余部分均用锰黄铜制造。为保护壳体,在与海水接触空间设置防蚀锌板。某些壳体内还涂有聚三氟氯乙烯等塑料防护层,以防海水腐蚀。

二、带板式换热器的真空沸腾式海水淡化装置

板式热交换器

板式换热器传热系数高,而且易于维修、检查和清洗,故采用板式换热器的真空沸腾式海水淡化装置几乎已取代了采用壳管式换热器的海水淡化装置。远洋船上使用较多的是阿尔伐-拉法尔(ALFA-LAVAL)公司的产品。

图8-7所示为典型的带板式换热器的真空沸腾式海水淡化装置系统原理图。系统的工作参数如下:

蒸发温度	约40 ℃(真空度93%)
加热水温度	55~90 ℃
加热蒸汽压力	0.3 MPa
平均耗热量	767~814 kW·h/m³
淡水含盐量	<1.5 mg/L

热交换工质在蒸发器和冷却器中的流程如图8-7所示。为了使盐水和二次蒸汽能够从蒸发器的上方流出,在蒸发器换热板海水一侧的上部不设密封垫。换热板上的载荷由板上的许多金属触点来支承。

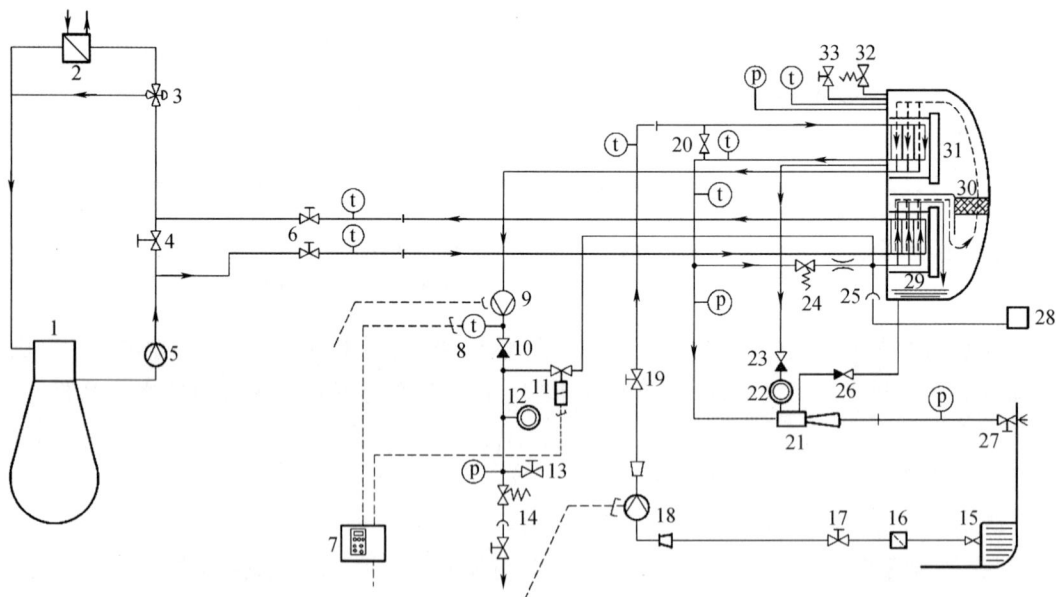

1—主柴油机;2—缸套水冷却器;3—缸套水调节阀;4—加热水旁通阀;5—主机缸套水泵;6—加热水进、出阀;
7—盐度计;8—盐度传感器;9—凝水泵;10、23、26—止回阀;11—回流电磁阀;12—流量计;13—凝水泄放阀;
14、24—弹簧加载阀;15—海底门;16—造水机海水泵吸入过滤器;17—海水泵进口阀;18—造水机海水泵;
19—海水泵出口阀;20—冷却海水旁通阀;21—喷射泵;22—观察镜;25—节流孔板;27—出海阀;
28—加药柜;29—蒸发器;30—汽水分离器;31—冷凝器;32—安全阀;33—真空破坏阀。

图8-7　带板式换热器的真空沸腾式海水淡化装置系统原理图

这种蒸馏器不仅可通过孔板严格控制给水量,而且给水通过蒸发器的时间很短,所以换热面上的结垢也就很轻。

海水自舷外由造水机海水泵 18 从海底门 15 经吸入过滤器 16、进口阀 17 吸入,再经出口阀 19 进入冷凝器 31,作为冷凝器的冷却水。从冷凝器出来的部分海水经弹簧加载阀 24 和节流孔板 25 进入蒸发器 29,供生产淡水用;其余海水经出海阀 27 排至舷外。真空泵的吸入管上设有止回阀 23、26,以防喷射泵因某些原因(例如海水泵排压下降或喷射泵出口背压过高)失去抽力,致使海水向蒸发器中倒灌。

加热介质一般由主机的缸套冷却水系统引至蒸发器,流过各并联的换热板通道,加热流过相间隔的各通道的海水,使之沸腾,汽水混合物从蒸发器上部流出。盐水落到蒸馏器底部,蒸汽则上行,经汽水分离器 30 滤除水滴后,再绕行至冷凝器上方,向下进入各换热板通道,被从各相间隔的通道流过的海水所冷却。产生的淡水由凝水泵 9 抽出,经止回阀 10、流量计 12、弹簧加载阀 14 排至淡水舱。不能凝结的空气由喷射泵抽走。

淡水含盐量监控设备主要由盐度传感器 8、盐度计 7 及回流电磁阀 11 等组成。当所产淡水含盐量超过设定值时,盐度计会给出声光报警,同时通舱底的回流电磁阀开启,将凝水排往舱底,而通淡水舱的弹簧加载阀 14 自动关闭,停止向淡水舱送水。

习　　题

1. 真空闪发式海水淡化装置与真空沸腾式海水淡化装置相比有哪些优缺点?
2. 船舶海水淡化装置工作系统由哪几个方面组成?
3. 使海水淡化装置保持足够真空度的条件有哪些?
4. 当蒸发压力一定时,海水淡化装置的产水量与加热水的流量和温度的关系是怎样的?

第五篇　船舶辅助装置

　　船舶辅助装置是船舶动力装置的主要组成部分，是指除推进装置以外的其他产生能量的装置。船舶辅助装置包括船舶电站、船舶锅炉、液压泵站和压缩空气系统，它们分别产生电能、蒸汽热能、液压能和压缩空气，供全船使用。船舶锅炉分为船舶主锅炉和船舶辅锅炉两类。本篇主要介绍船舶辅锅炉。

第九章　船舶辅锅炉装置

锅炉是船舶动力装置的重要组成部分。它的作用随船舶主机的型式和种类的不同而有所差异。在蒸汽轮机动力装置的船舶上,锅炉产生的高温高压过热蒸汽用于驱动主蒸汽轮机,以推动船舶前进,这种锅炉称为主锅炉。在柴油机动力装置的船舶上,锅炉产生的饱和蒸汽仅用于驱动蒸汽辅机、加热燃油、滑油及满足日常生活的需要,这种锅炉称为辅锅炉。

第一节　船舶辅锅炉的分类及主要性能指标

在柴油机干货船上,一般装设一台压力为 0.5~1.0 MPa,产生饱和蒸汽的辅锅炉,蒸发量为 0.4~2.5 t/h。在柴油机油船上,因为加热货油、驱动油轮货油泵等蒸汽机械以及洗货油舱等需要大量蒸汽,所以一般都装设两台辅锅炉,蒸发量常在 20 t/h 上。在大型柴油机客轮上,一般也装设两台辅锅炉以满足日常生活所需的大量蒸汽。

一、锅炉的分类

1. 按锅炉的结构分

若燃烧产生的高温烟气在受热管内流动,管外是水,这种锅炉称为烟管锅炉或火管锅炉;若受热管内流动的是水或者是汽水混合物,烟气在管流过,这种锅炉称为水管锅炉;此外,一部分受热管按烟管锅炉方式产生蒸汽,而其余管子则按水管锅炉方式工作,这种锅炉称为混合式锅炉;废气锅炉是利用柴油机高温排气的热量来产生蒸汽的锅炉。

2. 按水循环方式分

在水管锅炉中,为使受热管不被烧坏,管子中的水必须沿着一定的方向流动。若管子中水的流动是由于汽水混合物的密度差而产生的,这种锅炉称为自然循环锅炉。若管子中水的流动是借助泵来实现的,这种锅炉称为强制循环锅炉。

3. 按锅炉的压力大小来分

按锅炉的工作压力大小可分为高压锅炉、中高压锅炉、中压锅炉和低压锅炉。根据目前的发展水平,高压锅炉的蒸汽工作压力大于 6 MPa;中高压锅炉的蒸汽工作压力为 4~6 MPa;中压锅炉的蒸汽工作压力为 2~4 MPa;低压锅炉的蒸汽工作压力小于 2 MPa。辅助锅炉一般为低压锅炉。

此外,按锅炉的热量来源可分为燃煤锅炉、燃油锅炉和废气锅炉。

二、主要性能指标

锅炉的主要性能指标有蒸发量、蒸汽参数、锅炉效率、受热面积、蒸发率和炉膛容积热负荷等。选择燃油锅炉的依据主要是蒸发量和蒸汽参数,选择废气锅炉的依据则是受热面积和蒸汽工作压力。

1. 蒸发量(产汽量)

在设计状态下,锅炉每小时产生的蒸汽量称为蒸发量,用 D 表示,单位是 kg/h 或 t/h。

2. 蒸汽参数

蒸发量相同的锅炉,当蒸汽参数不同时,蒸汽所具有的能量并不同。因此,除用蒸发量表示锅炉容量外,还必须同时标明锅炉蒸汽的参数。当锅炉供应饱和蒸汽时,蒸汽参数用蒸汽的工作压力(单位是 MPa)来表示;当锅炉向外供应过热蒸汽时,蒸汽参数用蒸汽的工作压力和蒸汽温度来表示。锅炉一般标注名义工作压力,使用的工作压力可以超过一些,但不能超过设计压力。

3. 锅炉效率

在锅炉中,给水变为蒸汽所获得的有效热量与向锅炉所供热量之比称为锅炉效率,用符号 η 表示。锅炉效率可用下式表示:

$$\eta = \frac{\sum D(h_q - h_g)}{BQ_D} \tag{9-1}$$

式中 $\sum D$——锅炉供应的各种参数蒸汽的蒸发量,kg/h;

B——单位时间内的燃料消耗量,kg/h;

Q_D——燃料的低发热值,kJ/kg;

h_q——蒸汽比焓,kJ/kg;

h_g——给水比焓,kJ/kg。

4. 受热面积

锅炉的受热面积除蒸发受热面积(炉水被加热产生饱和蒸汽的受热面积)外,还可能包括过热器、空气预热器、经济器(预热给水)等附加设备的受热面积,用 A 表示,单位是 m²。辅锅炉通常没有上述附加设备,其受热面积即为蒸发受热面积。

5. 蒸发率(产汽率)

锅炉的蒸发率就是单位蒸发受热面积上在单位时间所产生的蒸汽量,单位是 kg/(m²·h)。蒸发率用于评价锅炉蒸发受热面的平均传热强度。蒸发率越高,锅炉结构越紧凑。

6. 炉膛容积热负荷

炉膛容积热负荷是指每单位炉膛容积在单位时间内燃料燃烧放出的热量,用符号 q_V 表示。

$$q_V = \frac{BQ_D}{3\,600V_1} \tag{9-2}$$

式中 V_1——炉膛容积,m³。

燃油锅炉在燃油耗量和热值一定的条件下,q_v 值越大,意味着炉膛相对容积越小,因而燃油在炉膛内燃烧停留时间越短,炉膛内的烟气平均温度也越高。q_v 是影响燃烧质量、锅炉效率、工作可靠性以及锅炉尺寸和质量的一个重要参数。

第二节　锅炉的结构与附件

一、燃油锅炉

在柴油机动力装置的货船上,辅锅炉应以结构简单、维护操作方便为选型的主要原则,当然也要考虑质量和尺寸应尽可能小些。立式横烟管锅炉和立式直水管锅炉是常见的燃油辅锅炉的型式。在油船上,由于要求辅锅炉的蒸发量较大,故采用 D 型水管锅炉较多。下面介绍这三种燃油锅炉的一般结构。

1. 立式横烟管锅炉

图 9-1 所示是一种曾普遍使用的立式横烟管锅炉。不同型号的蒸发量为 1~4.5 t/h,最大工作汽压为 1.0~1.7 MPa。

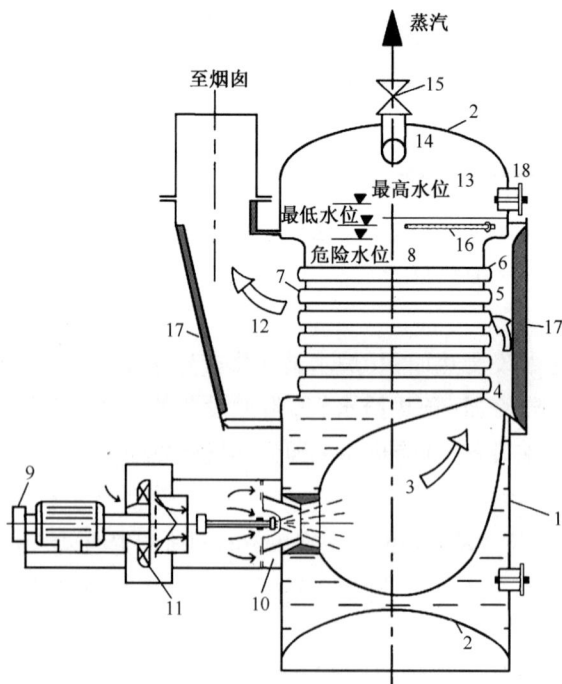

1—锅壳;2—封头;3—炉胆;4—出烟口;5—燃烧室;6—后管板;7—前管板;8—烟管;9—电动油泵;10—燃烧器;
11—鼓风机;12—烟箱;13—汽空间;14—集汽管;15—停汽阀;16—内给水管;17—检查门;18—人孔门。

图 9-1　立式横烟管锅炉

此锅炉有一个直立的圆筒形锅壳 1,其直径为 1 500~2 600 mm,由锅炉钢板(20 号或 15

号钢)卷制焊接而成。为能较好地承受内部蒸汽压力,其顶部和底部均为椭圆形封头2。整个锅炉的高度为3.7~6.3 m。

在锅壳中的下部设有由钢板压成的球形炉胆3,这就是燃油的炉膛。炉胆顶部靠后有圆形出烟口4,与上面的燃烧室5相通。燃烧室与烟箱12之间设有管板6和7,两管板之间装有数百根水平烟管8。管与管板可以扩接或焊接相连。锅壳内部分成两个互相隔绝的空间,炉胆和烟管里面是烟气,外面是水。

设在炉前的电动油泵9通过燃烧器10的喷油嘴向炉胆内喷油,同时由鼓风机11经风门将空气送入炉内助燃。油被点燃后,在炉胆内燃烧,高温火焰与烟气中的热量主要通过辐射方式经炉胆壁传给炉水。未燃烧完的油和烟气经出烟口向上流至燃烧室继续燃烧,然后顺烟管流至烟箱,最后从烟囱排入大气。烟气在烟管中的流速越高和扰动越强烈,它对管壁的对流放热能力就越强,因此在烟管中常设有加强烟气扰动的长条螺旋片。由上述可见,烟管锅炉中的炉胆、燃烧室和烟管都是蒸发受热面,由炉水所包围,而烟气在其中流过。

锅壳中水位高出蒸发受热面,在水面以上为汽空间13。炉水由于吸热沸腾而汽化,在水中产生大量蒸汽泡。蒸汽逸出水面后聚集在汽空间中,经顶部的集汽管14和停汽阀15输出,由蒸汽管道送至各处使用。炉内的水不断蒸发成汽,水量便会减少,致使水位下降。当水位下降至最低工作水位时,水位自动调节器动作,起动给水泵,给水就经给水阀和内给水管16补入。因给水泵的给水量大于蒸发量,故给水泵起动后水位就开始上升。当水位升到最高工作水位时,调节器又发生作用,停给水泵。

在燃烧室背后和烟箱前面都有可开启的检查门17,以便于清除积存在烟管中的烟垢或维修损坏的烟管。在锅壳上部设有人孔门18,以便工作人员进入锅壳内部进行维修和清扫积存的污垢。在锅炉下部则设有手孔门。

为了减少锅炉的散热损失和降低周围环境温度,并防止工作人员烫伤,锅壳外面包有隔热材料层,最外面是一层薄铁皮外罩。不包隔热材料的锅炉是不允许工作的,因为冷空气吹到锅壳上会使锅炉受到损伤。

烟管锅炉受热面的布置方法,决定了它有以下特点:

(1)蒸发率和热效率低。以上述立式横烟管锅炉为例,虽然炉胆和燃烧室仅占整个锅炉受热面的10%左右,这部分受热面受中心处温度为1 300~1 400 ℃的火焰直接照射,属于辐射受热面,蒸发率甚大。而烟管的传热方式以对流为主,属于对流受热面。烟气在烟管中流动时,其温度在进口处为600~700 ℃,流入烟箱时已降为300 ℃左右,以致烟气与炉水之间的温差不是很大,又由于烟气在烟管内纵向流动,流速也小,故对流换热效果不佳。虽然烟管面积占整个锅炉受热面积约90%,但传热量却不到一半,致使整个锅炉的受热面蒸发率不高,一般烟管锅炉蒸发率仅为25 kg/(m²·h)左右。图9-1所示锅炉虽使用了悬空式球形炉胆,并在烟管中嵌入螺旋条,但蒸发率也不过40 kg/(m²·h)左右。烟管锅炉排烟热损失较大,热效率只能达到72%左右。

(2)相对体积和质量较大,适用工作压力较低,蒸发量较小。烟管锅炉的蒸发率低,所以蒸发量既定时需要较大的受热面,又必须有厚壁的锅壳包围全部受热面,锅炉的蓄水量多,相当于蒸发量的3~4倍,所以比较笨重,质量(包括水量)往往达蒸发量的6~8倍。上述特点使烟管锅炉的工作压力和蒸发量受限,工作压力不大于 2 MPa,蒸发量不大于 10 t/h。

(3)点火和升汽的时间长;汽压和水位变动慢,容易调节;对水质要求低。虽然炉胆部分传热强度高,但其外壁的水垢容易清除;烟管间的水垢虽难除,但该处烟气温度低,传热又差,故运行时管壁温度不高,因此,烟管锅炉对炉水质量的要求不如水管锅炉的高。

2. D 型水管锅炉

D 型锅炉以其本体形状类似英文字母 D 而得名。图 9-2 所示为油船上用得较多的一种 D 型水管锅炉的结构简图。其本体由汽包 1(又称上锅筒)、水筒 2(又称下锅筒)、联箱 3、炉膛 4、水冷壁 5、蒸发管束(又称沸水管束)6 和 7、过热器 11、经济器 12 及空气预热器(位于经济器后面的烟道中,图中未示出)等部件组成。现将其主要部件介绍如下:

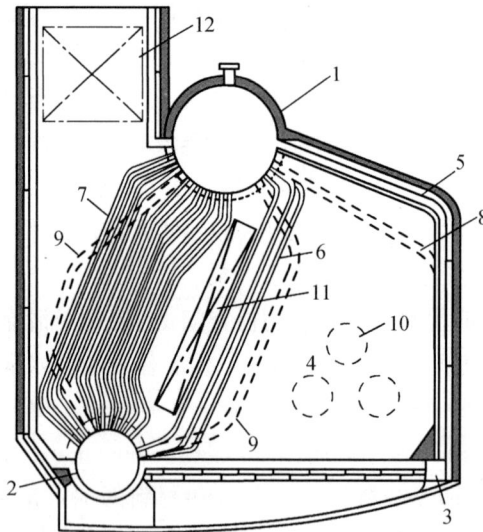

1—汽包;2—水筒;3—联箱;4—炉膛;5—水冷壁;6、7—蒸发管束;8—联箱供水管;
9—水筒供水管;10—燃烧器;11—过热器;12—经济器。

图 9-2　D 型水管锅炉结构简图

(1)炉膛、炉墙和炉衣

如图 9-2 所示,汽包和水筒由锅炉钢板卷制焊接而成。联箱是钢制成的方形钢筒或圆钢管,水冷壁和沸水管束是由无缝钢管组成的,用扩接或焊接法与汽包、水筒和联箱相连。

由水冷壁与第一排沸水管束围成的燃料燃烧空间称为炉膛(或称燃烧室)。炉膛是燃油燃烧的场所,燃油在炉膛内一面进行燃烧、释放热量、产生高温烟气,一面以辐射传热的方式把热量传递给靠近炉膛的沸水管和水冷壁受热面。如果燃油燃烧释放出来的热量全部用于加热燃烧产生的烟气,那么烟气能达到的最高温度称为理论燃烧温度(约为 1 700 ℃)。事实上在炉膛内由于存在辐射传热,烟气在炉炉膛出口处的温度已降为 1 100 ℃左右。烟气自炉膛出来后,主要以对流放热的方式把热量依次传递给沸水管束、省煤器和空气预热器等受热面,然后经烟囱排入大气,排烟温度通常为 150~350 ℃。

炉膛中的水冷壁和前几排沸水管束称为辐射受热面。后面的沸水管束、省煤器和空气预热器称为对流受热面。

炉墙由耐火材料、隔热材料和密封钢板组成,起密封和保温作用。中国船级社《钢质海船入级规范》规定炉墙和炉衣外表面温度不应大于 60 ℃,以免烫伤工作人员,同时避免散热损失过大。

(2)水冷壁、沸水管和下降管

在汽包的下部空间及水冷壁、沸水管束、水筒和联箱内部充满炉水。水冷壁是垂直布置在炉膛壁面上的密集管排,组成水循环回路的上升管。它是锅炉的主要辐射受热面,吸收的辐射热约占全部受热面传递热量的 1/3;同时起到保护炉墙,避免炉墙过热烧坏的作用。为防止在水冷壁管子中发生汽水分层现象,水冷壁管子水平倾角应大于 30°,不得小于 15°。水冷壁在汽包处吊挂,可自由向下膨胀。

沸水管束是连接上、下锅筒的管束,也称蒸发管束,布置在炉膛出口侧。除前排受火焰直接照射的属于辐射换热外,后面的沸水管束与烟气的换热方式主要是对流。

汽包与联箱、水筒之间还连有不受热的各自独立的供水管 8 和 9,作为自然水循环的下降管。

(3)尾部受热面

在 D 型水管锅炉烟道的后部,有的在蒸发受热面之后安装有经济器(加热给水)和空气预热器。由于它们能回收锅炉排烟的余热,减少排烟所带走的热量,因而使锅炉效率得以提高。研究表明,锅炉效率随着排烟温度的降低而提高。由于尾部受热面使锅炉装置的尺寸、造价增加,管理工作(吹灰、防低温腐蚀等)也增加,所以一般只用于蒸发量较大、蒸汽参数较高的大中型锅炉。

水管锅炉相对于烟管锅炉有以下特点:

一是由于水冷壁构成的辐射受热面所占比例大,而且烟气在沸水管束中是横向流动,流速较大,故蒸发率较高,一般为 30~50 kg/(m^2·h),设计紧凑的辅锅炉可超过 70 kg/(m^2·h),而强制循环的水管锅炉可达 90~120 kg/(m^2·h)。水管锅炉的效率较高,一般辅锅炉可达 80%~85%,有些带尾部受热面的可高达 92%以上。

二是没有又厚又大的锅壳,蓄水量小,单位蒸发量的相对体积、质量较小。蒸发量最大可达 100 t/h,工作汽压可高达 10 MPa。

三是因为水管锅炉炉水有一定的循环路线,加之蓄水量少,结构刚性又小,故点火升汽时间较短,一般为十几分钟到几十分钟。

3. 立式短直水管锅炉

图 9-3 所示为立式短直水管锅炉结构简图,它是我国海船上普遍采用的一种型式。锅炉外形是立式圆筒形锅炉,本体由三部分组成。锅筒有上下两个,用锅炉钢板卷制而成,上锅筒顶部是椭圆形封头,下面是平形炉膛,在炉膛顶部和上锅筒的侧面开有两个人孔,便于人员进入锅筒进行检修。上下锅筒之间用 44.5 mm(外径)×3.5 mm(壁厚)的直立管子连接,其中一部是牵条管,采用 44.5 mm(外径)×6 mm(壁厚)的管子。管子与封头用焊接或扩装,管子内充满水,烟气在管外横向冲刷水管。

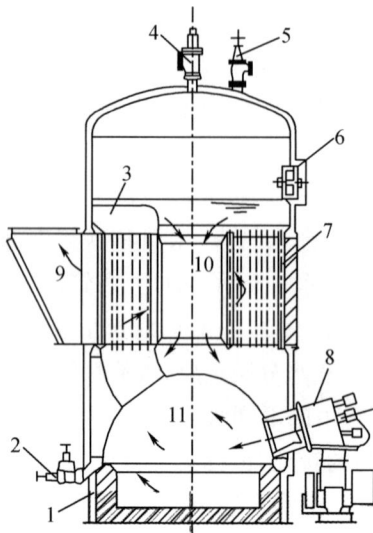

1—空气隔层;2—下排污阀;3—加强筋;4—安全阀;5—主蒸汽阀;6—人孔;

7—水管;8—燃烧器;9—烟箱;10—中部下降管;11—燃烧室。

图9-3　立式短直水管锅炉

燃油和空气混合在炉膛里燃烧,产生的高温烟气对炉膛四周辐射放热,烟气温度降低以后从炉膛出口,进入管群,在进口边缘处的几根管子上焊有隔板,使烟气充分冲刷蒸发管群,提高了烟气流速和冲刷系数,从而提高了锅炉效率。烟气流程如图9-3所示。由于烟气横向冲刷管束,又采用了较细的管子,受热面蒸发率比立式火管锅炉高,一般可达到$35\ kg/(m^2 \cdot h)$。烟气在对流束中放热以后,进入烟箱,然后经烟囱排入大气。

此类锅炉都有大直径的下降管。当炉水受热产生蒸汽上升以后,由大直径下降管向下锅筒补充炉水,形成了良好的水循环,提高了锅炉的工作可靠性。管理和维修方便,万一有个别管子烧坏时可采取应急措施,堵塞以后可以继续运行。

二、废气锅炉

在柴油机动力装置的船舶中,一般大型低速二冲程柴油机的排气温度为$250\sim380\ ℃$,四冲程中速柴油机可达$400\ ℃$。而水蒸气压力为$0.5\ MPa$时,其饱和蒸汽的温度为$165\ ℃$;压力为$1.3\ MPa$时也仅为$194\ ℃$,所以装设一台用柴油机排气的余热来产生水蒸气的废气锅炉,不仅能节省燃油,还可以起到柴油机排气消音器的作用。一艘万吨级油轮,利用废气锅炉产生的水蒸气来加热货油舱,平均每月可节省燃油50 t左右。废气锅炉产生的蒸汽不仅能满足加热和日常生活之用,而且往往还有剩余。因此有的船舶还将多余蒸汽用于驱动一台辅汽轮发电机。

1.废气锅炉的结构形式

(1)立式烟管废气锅炉

图9-4所示为海船上常用的立式烟管废气锅炉结构简图。由图可见,在圆筒形锅壳中

贯穿着数百根烟管,锅筒两端的封头兼作管板。为了使封头不致变形和减少一般烟管所承受的拉力,管群中有少量厚壁管子与封头强固连接,这些管子称为牵条管。此锅炉的上下两端还装有出口和进口联箱。柴油机排气自下烟箱流经烟管,然后从上烟箱排出。当主机为双机时,一般在进口联箱中加一隔板,有两个进气口,形成双路进气。

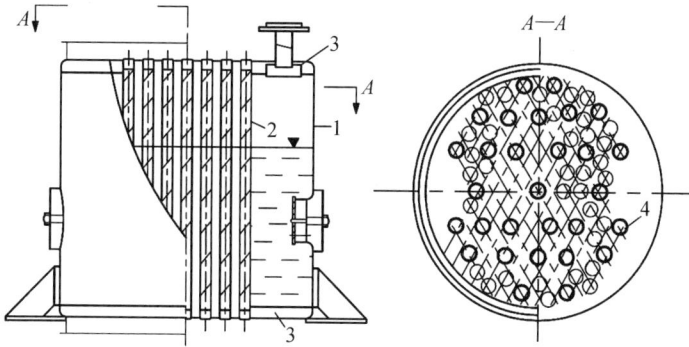

1—锅壳;2—烟管;3—封头;4—牵条管。

图9-4 立式烟管废气锅炉结构简图

(2)强制循环盘香管式废气锅炉

图9-5所示为强制循环盘香管式废气锅炉结构简图。整台锅炉由许多水平放置的盘香管组成,每一根盘香管的进出口分别与两个直立的联箱相连。柴油机排气在管子外侧流过,炉水由专门的循环水泵从汽水分离筒吸入,压送到进口分配联箱3,再进入各盘香管被加热,然后进入出口联箱4,汇集后流回汽水分离筒进行汽水分离。

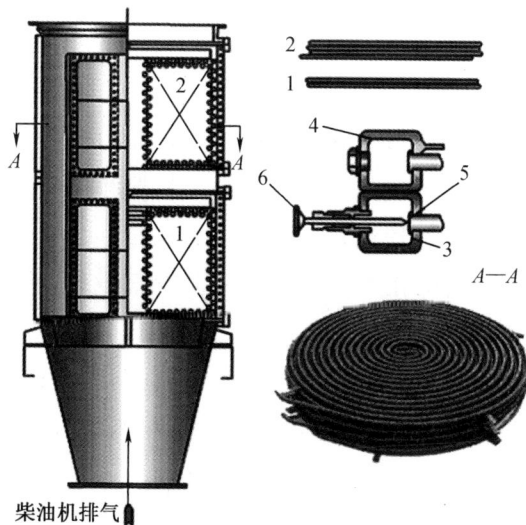

柴油机排气

1—单层盘香管;2—双层盘香管;3—进口分配联箱;4—出口联箱;5—节流孔板;6—调节阀。

图9-5 强制循环盘香管式废气锅炉结构简图

烟气流过盘香管时温度逐渐降低,故上下各层盘香管的吸热量相差甚大,炉水的气化程度不同,致使流阻相差很大,会产生偏流(下层吸热多的进水少),甚至进水量发生脉动。因此,各盘香管进口设有口径分几挡的节流孔板 5 及调节阀 6,使靠上层的盘管进口节流程度大,进水量少,调节各层进水量至出口湿蒸汽干度均为 0.1 左右为宜。

这种锅炉盘香管中的水是强迫流动,蒸发率大,体积紧凑,但是其受热面管内的水垢清除比较困难。

(3)热管式废气锅炉

热管式废气锅炉结构简图如图 9-6 所示。热管是一种新型高效的,按较精确的定义应称之为"封闭的两相传热系统",即在一个抽成真空的封闭的体系内,依赖装入内部的流体的相态变化(液态变为气态和气态变为液态)来传递热量的装置。

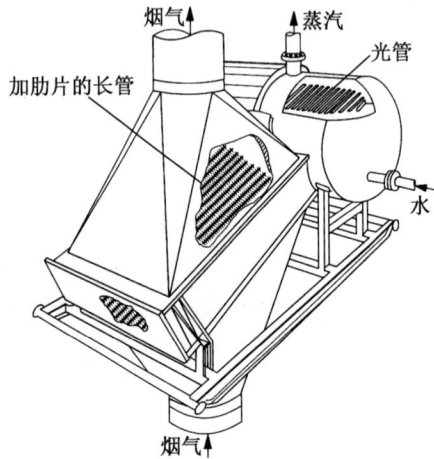

图 9-6　热管式废气锅炉结构简图

热管放在热源部分的称为蒸发段(热端),放在冷却部分的称为冷凝段(冷端)。当蒸发段吸热把热量传递给工质后,工质吸热由液体变成气体,发生相变,吸收汽化潜热。在管内压差作用下,气体携带潜热由蒸发段流到冷凝段,把热量传递给管外的冷流体,放出凝结潜热,管内工质又由气体凝为液体,在重力作用下,又回到蒸发段,继续吸热汽化。如此周而复始,将热量不断地由热流体传给冷流体。

与烟管和水管废气锅炉比较,热管式废气锅炉的优点是:不存在水管锅炉因受热面负荷变化而引起的水循环不稳定;传热强度高,这是由于在热管的加热段外侧可以充分地肋片化并受烟气横向冲刷;每根热管均为独立的小换热面,不存在管束与锅壳或联箱连接的麻烦,且热管元件在安装时,只有一个固定连接点,两端可以自由膨胀,因而有效地减少了热应力;蒸汽与烟气双重管壁隔离,如果某一热管泄漏,则仅此元件失效,整台锅炉仍可正常运行,并可将单管撤换进行检修;装置紧凑性好,烟侧阻力小,并便于吹灰。

2.废气锅炉蒸发量调节

废气锅炉的蒸发量取决于主机的排气量和排气温度,亦即主机的功率。

在正常航行时,主机功率是稳定的,而船舶对蒸汽的需求量却随着航区和季节的不同而变化,因此对废气锅炉的蒸发量就需加以调节。

(1)烟气旁通法

船舶早期普遍应用的烟气旁通调节装置如图9-7所示。在废气锅炉进出口间加设一个旁通烟道,并在废气锅炉入口和旁通烟道入口处安装开、闭相互联动的两个调节挡板。当汽压升高时,手动或用伺服电机转动挡板使排气经旁通烟道的流量增加,限制汽压上升;反之当汽压降低时,改变挡板开度使通过废气锅炉的排气流量增加,限制汽压下降。

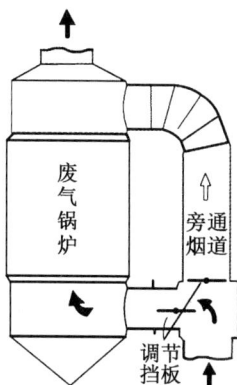

图 9-7　烟气旁通调节装置

(2)改变有效受热面积法

为了适应不同蒸发量的需要,立式烟管废气锅炉可以选择不同的工作水位以改变有效受热面积。对于可上下分组的盘香管式废气锅炉,需减小蒸发量时可停止上面1~2组的供水,只让下面的盘香管工作。

废气锅炉一般也不宜完全无水"空炉"工作,以防烟管受热面上积存的烟灰着火烧坏管子。如果给水系统故障不得已"空炉"工作,应注意以下事项:

①开启废气锅炉的泄放阀和空气阀;

②用吹灰器将烟管表面积灰吹除干净;

③烟气温度必须低于 350 ℃;

④重新通水时应避免"热冲击",即先降低主机负荷以减小传热温差,循环水必须逐渐引入,并检查阀和接头的连接有否松动。

三、废气锅炉与燃油锅炉的联系

燃油锅炉与废气锅炉在船上的安装位置不一定相同,但二者的蒸汽和给水管路却存在一定的联系。它们之间的联系方式有以下三种。

1.二者独立

如图 9-8(a)所示,燃油锅炉 1 和废气锅炉 2 均有各自的给水管路,有给水泵 3 分别从热水井供水。所产生的蒸汽由各自的蒸汽管路输出,至总分配联箱才汇集一起。这种方案运行管理比较方便,所以应用较多。缺点是当废气锅炉水位调节失灵时,因其位置较高,航行时的管理比较麻烦。

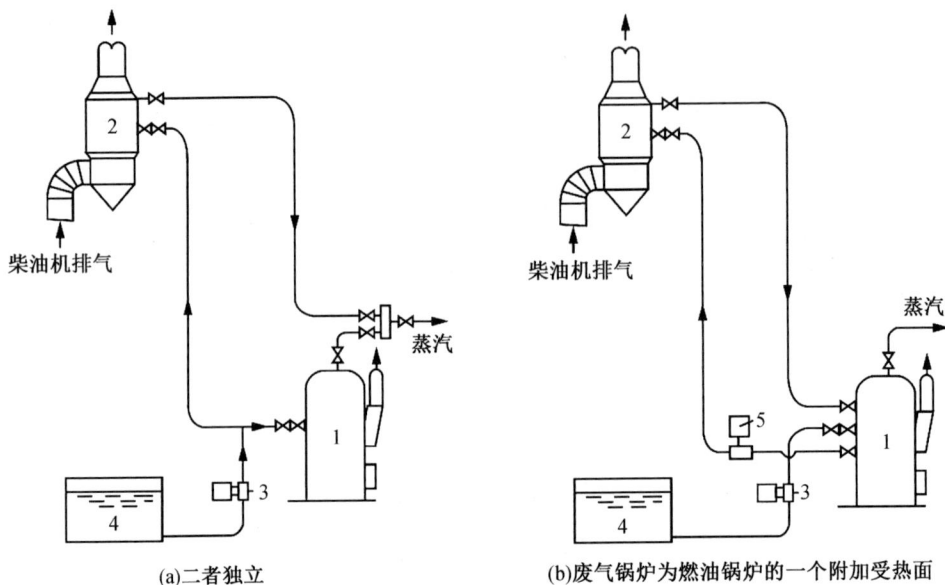

1—燃油锅炉;2—废气锅炉;3—给水泵;4—热水井;5—热水循环泵。

图 9-8 燃油锅炉与废气锅炉的联系

2.废气锅炉为燃油锅炉的一个附加受热面

在这种情况下,给水仅送至燃油锅炉,由强制循环水泵将燃油锅炉的炉水抽送至废气锅炉使之加热蒸发,并将汽水混合物压回燃油锅炉。经汽水分离后,蒸汽由燃油锅炉的蒸汽管输出。这种废气锅炉是强制循环式,其系统如图 9-8(b)所示。当废气锅炉的蒸发量满足不了航行用汽需求时,可与燃油锅炉合作向外供汽,油船即采用此种方式。这种废气锅炉的水位不需调节,但至少设置两台热水循环泵。

3.组合式锅炉

组合式锅炉是将燃油锅炉与废气锅炉组合为一体的锅炉。但其安放位置只能放在机舱顶部。因此要求有可靠的远距离水位指示和完善的自动调节设备。目前我国远洋船舶上应用的组合式锅炉大致有两种,如图 9-9 所示。其中图(a)为联合式,它既可在航行或停泊时分别用废气或燃油作热源,又可在航行中仅靠排气余热蒸发量不足时同时以燃油和废气作热源;图(b)为交替式,它不能同时以燃油和废气作热源使用。

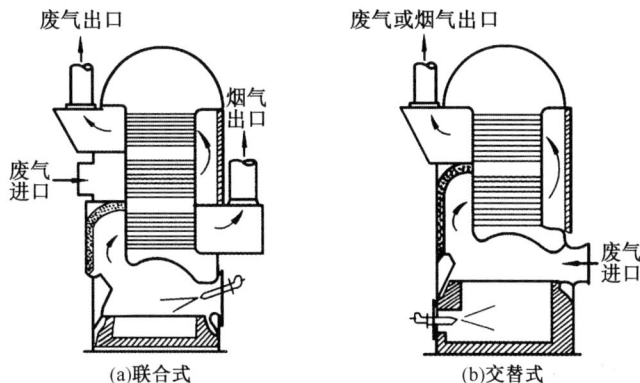

图 9-9　组合式锅炉

四、锅炉附件

为了保证锅炉正常工作,锅炉本体上装有各种阀件、压力表、水位表和安全阀等,它们是锅炉装置不可缺少的组成部分,统称为锅炉附件。

1. 水位计

锅炉正常运行时,允许水位在最高工作水位与最低工作水位之间波动。当水位到达最低工作水位时,水位自动调节装置将起动给水泵向锅炉供水;当到达最高水位时,给水泵自动停止。如果自动控制失灵,水位降至危险水位时,给水泵还不给水,则应由警报器发出断水信号,并自动关闭燃油电磁阀,使锅炉熄火。

锅炉水位低于最低工作水位时,称为失水,这是锅炉的一种严重事故。当水位高于最高工作水位时,称为满水,也应注意防止。

锅炉上装有玻璃水位计,最高和最低工作水位都在指示范围之内,正常工作水位在水位表的中间。一般在锅炉上装有两只水位计,分布在锅炉的左右两侧,一方面互为备用,另一方面在船舶摇摆时可判断炉内水位情况。

水位计有管式和板式两种,在辅助锅炉上都有采用。管式水位计用于压力低的锅炉。两根水平接管分别与锅炉的汽水空间相连,钢化玻璃管垂直装于两接管之间,玻璃管中水位就为炉水水位。

对于压力较高的锅炉,一般采用玻璃板式水位计,如图 9-10 所示。它是把一块平板玻璃装在一个金属匣里,在玻璃板与汽水接触的一面刻有纵向的锯齿形槽,在水位计的背面一般设有电灯,在灯光的照射下,水位显示更加明显。

在安装玻璃管式水位计时,应注意勿将插入玻璃管处的填料压盖拧得过紧,否则玻璃管容易被压碎。对于玻璃板式水位计,玻璃板与金属框架之间的接触面应研磨得很平,以保证水密和汽密。在上框架螺钉时,要交叉均匀拧紧,否则会压碎或受热时碎裂。为了防止玻璃板爆破时高温

玻璃管水位计

炉水大量冲出,在下接管和玻璃板处装有止回装置(图中止回钢球8)。

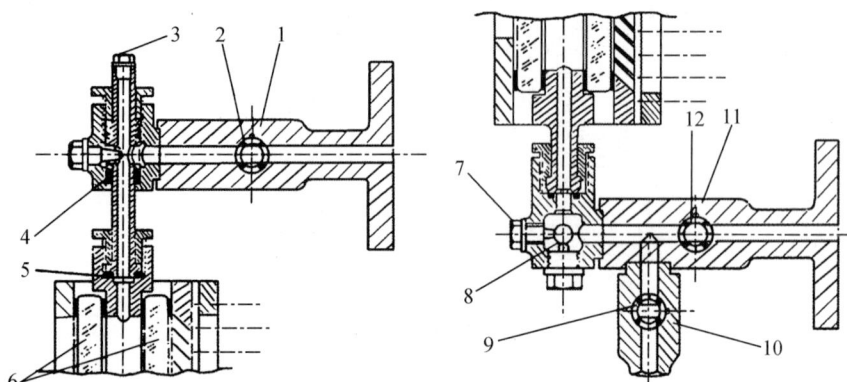

1—汽连通管;2—通汽阀;3、7—清扫塞;4—密封热圈;5—垫圈;6—玻璃板;8—止回钢球;

9—冲洗阀;10—泄放管;11—水连通管;12—通水阀。

图 9-10　双面玻璃板式水位计

2. 安全阀

安全阀对保证锅炉的安全运行起重要作用。当压力超过一定限度时,将安全阀自动顶开,放走大量蒸汽,汽压就下降。当压力下降到一定程度时,安全阀又自动关闭,从而保证了锅炉的安全运行。

安全阀

每台锅炉本体上应装设两个安全阀,通常组装在一个阀体内,即使在一个失灵的情况下,仍能保证安全。蒸发量小于 1 t/h 的辅锅炉可仅装一只,装有过热器的锅炉,过热器上亦应至少装一只安全阀。船舶锅炉一般采用弹簧式安全阀,安全阀的开启压力比额定工作压力稍高一些,但不应超过锅炉设计压力。过热器安全阀的开启压力应低于锅炉安全阀的开启压力。

安全阀开启时应能通畅地排汽,以保证在开启后即使炉内燃烧一直处于强烈状态,在蒸汽阀全关的情况下,水管锅炉在 7 min 或火管锅炉在 15 min 内的汽压上升量也不得超过工作压力的 10%,所以安全阀开启后不但要稳定,而且要有较大的提升量。安全阀排气管的通路面积对升程在安全阀直径的 1/4 以上者,应不小于安全阀总面积的 2 倍,对其他安全阀应不小于 1.1 倍。

安全阀动作要准确,并且平时要保持严密不漏气。为了在必要时用人力强行开启安全阀,在它的顶部设有手动强开机构,并用钢丝绳通至机舱底层及上甲板,以便由此二处可强行打开安全阀放气。

安全阀都是经过船舶检验局调定后铅封的,除非经过船检局特许,船员不能随意重调。

第三节　船舶辅锅炉的燃烧及燃油系统

一、燃油在锅炉中的燃烧情况

对于蒸发量 2 t/h 以下的辅锅炉不单独设立燃油舱,一般与主机或辅机使用相同的燃料。由于主机的类型繁多,如高速柴油机只能燃用轻柴油,中速和低速机则可燃用质量较差的重柴油或燃料油,因此辅助锅炉也分别用轻柴油、重柴油和燃料油作为燃料。

1. 燃油燃烧的特点

燃油的沸点低于它的燃点,所以实际上燃烧的不是液态的"油",而是"油气"。燃油燃烧的实质是油气与空气混合后所形成的可燃气的一种剧烈的氧化过程。因此油在炉内燃烧的速度取决于油滴蒸发速度、油气与空气相互扩散速度及油气氧化速度。

(1)油滴蒸发速度

油的蒸发速度与油滴的蒸发表面积、油滴周围介质中油气的分压力及油的成分等有关。

(2)油气与空气相互扩散速度

油气从油滴周围向四周扩散。为提高油气与空气相互间的扩散速度,就需提高助燃空气的速度,并增加空气流的扰动,同时提高油的雾化质量。即提高雾化油滴的细度和油滴分布的均匀程度。

(3)油气氧化速度

环境温度越高,氧化速度越快。因此,炉膛内烟气温度越高,燃烧就越剧烈,当炉膛内烟气温度较低时,燃烧进行得就比较缓慢,甚至不能保证稳定燃烧而熄火。所以要求锅炉在低负荷时,炉膛出口的烟气温度不低于 1 000 ℃。

2. 空气过剩系数

1 kg 燃油的可燃物质恰好与空气中的氧全部发生氧化反应,所需的理论空气量用 V_0(单位是 m³/kg)表示(以标准状况计,约为 11 m³)。实际上,燃油在炉膛内燃烧时由于与空气混合不均匀,空气中的氧分子不可能都有机会与燃油中的可燃成分接触,因此就会有部分可燃成分没有机会完全燃烧。为了使燃油完全燃烧,就要向炉膛内多送入一部分空气,使燃烧在有多余氧的情况下进行。1 kg 燃油燃烧所用的实际空气量 V_K 与所需的理论空气量 V_0 之比称为空气过剩系数,用 α 表示,即

$$\alpha = \frac{V_K}{V_0} \tag{9-3}$$

空气过剩系数 α 是保持锅炉经济运行的重要指标。α 越大,风机的耗能越多,锅炉的排烟损失也越大;但 α 太小,锅炉的不完全燃烧损失又可能太大。燃油锅炉合适的空气过剩系数一般为 1.05~1.2。

3. 燃油在炉膛中的燃烧过程

燃油在炉膛中的燃烧是以火炬的方式进行的。燃烧过程分为两个阶段：

(1)准备阶段。雾化的油滴被迅速加热、气化、与空气相混合，同时进行热分解。

(2)燃烧阶段。油气与空气的混合气体的浓度达到一定数值，并被加热到一定温度，遇明火着火燃烧。

燃烧器由喷油器、配风器和电点火器等组成，一般装在锅炉前墙或顶部。喷油器将油雾化成细小油滴，并使油雾以一定的旋转速度从喷油嘴的喷孔中喷入炉内，形成有一定锥角的空心圆锥。油雾在前进中不断与空气掺混，离喷嘴越远，油雾层厚度越大，而浓度越小。

空气经配风器进入炉膛，它被挡风罩或挡风板分为两部分：一部分紧贴喷油器吹出，称为一次风(根部风)，它的作用是保证油雾一离开喷油器就有一定量的空气与之混合，从而减少产生炭黑的可能性；另一部分风沿炉墙喷火口外围进入炉膛，称为二次风，其作用主要是供给燃烧所需的大部分空气。

空气可经配风器的斜向叶片形成与油雾反向旋转的气流，以利于油的蒸发和与空气的混合。旋转气流在离心力作用下向外扩张，形成一定的扩张角。气流旋转越强烈，扩张角越大。这样气流中心便形成低压，吸引炉膛内高温烟气回流，形成回流区。也有的燃烧器采用圆环形挡风板分隔一、二次风，气流并不旋转，只靠挡风板后形成的低压区造成回流。回流区内高温烟气加速了油雾的升温、蒸发、分解和与空气混合，进而着火燃烧。

油气和空气混合形成的可燃气被点燃后形成的燃烧带称为着火前沿。它一方面要向燃烧器方向扩展，另一方面又随气流向炉膛内流动，当两者速度相等时，着火前沿便稳定在一定位置。可见，喷油火炬可分为两个区域：准备区和燃烧区。在准备区内进行油雾与空气混合物的加热、气化和分解。

4. 保证燃烧质量的主要因素

综上所述，要使燃油在炉内燃烧良好主要取决于以下因素：

(1)良好的雾化质量。油滴雾化得越细，分布均匀性越好，则油滴的蒸发速度越快，与空气混合也越好。

(2)适量的一次风和二次风。一次风量占总风量的 10%～30%、风速在 10～40 m/s 为宜。太少则油雾在着火前就会在高温缺氧条件下裂解，产生大量炭黑，烟囱冒黑烟；太多又会因火炬根部风速过高而着火困难，甚至将火炬吹灭。二次风量大小关系到过剩空气系数合适与否，直接影响不完全燃烧损失和排烟损失。

(3)油雾和空气混合均匀，形成适宜的回流区，着火前沿的位置和长度应合适。着火前沿如离燃烧器太近，则可能使喷火口和燃烧器过热烧坏；太远又会因气流速度衰减，与油气混合的强烈程度减弱，以至于火炬拖长，燃烧不良。

(4)炉膛容积热负荷要适合。太高会使油在炉膛停留时间太短来不及完全燃烧；太低又不能保证足够高的炉膛烟气温度，也不利于完全燃烧。

二、燃烧器

1. 喷油器

燃油是通过喷油器(俗称油枪)喷进炉内的。喷油器有两个作用:一是控制喷入炉内燃油的数量;二是将燃油雾化,保证在炉膛内的燃烧质量。

喷油器的型式很多。对其主要要求是:

①有较大的调节比(最大喷油量与最小喷油量之比),以适应不同蒸发量的需要。

②获得尽可能细的油滴。油雾中油滴大小是不均匀的。从有利于燃烧出发,希望直径为 50 μm 的油滴能占 85% 以上,并且不要出现 200 μm 以上的大油滴。

③油雾的分布要有一个适当的雾化角。油雾离开喷油器后,燃油一方面向前喷射,有轴向速度;同时还旋转,有切向速度。所以油雾离开喷油器后立即扩张,形成空心的圆锥形,其圆锥的顶角叫作雾化角。雾化角应稍大于经配风器出口空气流的扩张角,使供入的油雾能与空气均匀混合;雾化角也应与喷火口配合恰当,过大油雾会喷在喷火口上产生结炭,过小则从油雾锥体外漏入的空气不能与油雾很好地混合。

④油雾流的流量密度分布要合适。流量密度沿着圆周方向的分布应当均匀,并避免在油雾流中心部分有较大的流量密度,因为中心部分是回流区,过多的油喷入回流区对燃烧不利。

常用的喷油器有以下几种:

(1)压力式喷油器

压力式喷油器的结构如图 9-11 所示。在喷油器的后端有一个接管 5 与输油管相连,其中装有过滤器 6,管接头用螺纹连接于空心的喷油器本体 4 上。后者前端以螺纹连接喷嘴体 3,雾化片 2 被喷嘴帽 1 用螺纹拧紧在喷嘴体上。喷油器头部的喷嘴(喷嘴体、雾化片和喷嘴帽)对喷油量的大小和雾化质量的好坏起着决定性作用。

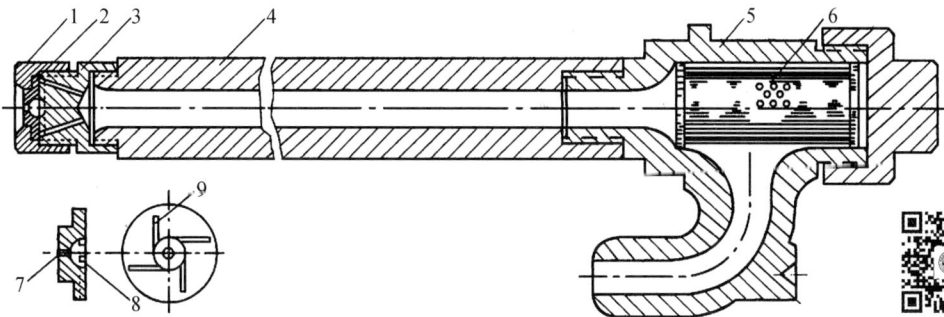

1—喷嘴帽;2—雾化片;3—喷嘴体;4—喷油器本体;5—接管;6—过滤器;7—喷孔;8—旋涡室;9—切向槽。

图 9-11　压力式喷油器

油泵把燃油升压送入喷油器,使油经喷嘴体上 6~8 个通孔到达前端面的环形槽,然后沿雾化片的 4 条切向槽进入锥形的旋涡室,产生强烈的旋转。随着旋转半径不断缩小,切向速度迅速增加,在中心处形成低压,将喷孔外的气体吸入,使中心形成一个气体旋涡,最后油从前端喷孔喷出,呈空心圆锥形。旋转越强烈,则雾化角越大。

油从喷油器喷出后,由于油流本身的紊流脉动以及与空气的相互撞击,雾化成细小的油滴。影响压力式喷油器雾化质量的主要因素有:

①油压。油压越高,则油的喷出速度越快,紊流脉动越强烈,雾化质量就越好。但油压超过 2 MPa 后雾化质量的改善并不明显,耗能却增加,因此一般船用燃油锅炉燃油系统的最高压力多不超过 2~3 MPa。保证良好雾化的最低压力是 0.7 MPa 左右。

②喷孔直径。直径越小,形成的油膜越薄,雾化质量越好,故喷嘴的喷油量不宜过大。

③油旋转的速度。在旋涡室旋转越快,喷出的圆锥体可达到的直径就越大,能形成的油膜也越薄,同时油流中的紊流脉动也越强烈,因而有利于雾化。

④油的黏度。黏度越小,油流分子间的摩擦力越小,在旋涡室和雾化片内的速度衰减就小,油膜就越容易破碎,雾化质量就越好。最佳黏度为 R. W. No.1(38 ℃)60 s 左右(约相当于 13 mm^2/s)。

船舶对蒸汽的需要量会有很大的变化,变化幅度可从 100% 至 10%,为了避免燃油系统频繁启停点火,要求喷油器的喷油量也能随之改变。压力式喷油器调节喷油量的方法有:

①改变喷油压力。压力式喷油器的喷油量与油压的平方根成正比。喷油器的油压最高为 2~3 MPa,而为了保证雾化质量,最低油压为 0.7 MPa 左右,因此改变油压调节油量时,其调节比不宜超过 2,否则不能适应锅炉负荷的变化幅度,燃烧器启停会较频繁。

②改变工作的喷嘴(或喷油器)数目,或换用喷孔直径不同的喷嘴(或喷油器)。压力式喷油器的喷油量与喷孔的截面积成正比。一台锅炉常配备有不同规格的雾化片,喷孔直径在 0.5~1.2 mm 范围内分为几挡,可根据燃油品种或一段时间内船舶对蒸汽量的需要而选用。也可在锅炉燃烧器中采用多喷嘴喷油器或设多个喷油器,根据锅炉负荷变换喷嘴或喷油器,属于有级调节。

新式的压力式喷油器带有喷油阀,可防止油压不足时喷油;并带有 1~3 个喷嘴,可实现分级燃烧。

(2)回油式喷油器

回油式喷油器是由压力式喷油器改进而成的,其结构如图 9-12 所示。它主要由雾化片 2、旋流片 3(相当于压力式的雾化片)、分油嘴 4 和喷嘴座 5(相当于压力式的喷嘴体)、外周的进油管 6 和中间的回油管 7 组成。

工作时,供油压力在任何负荷下基本上保持不变,使送进喷油器的油量也大致不变。但是燃油由旋流片的切向槽流至旋涡室后,一部分油从分油嘴中部的回油管经回油阀被引回油柜,实际喷入炉内的燃油仅为剩余那部分。

回油式喷油器的雾化原理与压力式喷油器相同。随着回油阀开度加大,回油背压变低,则回油量增加,喷油量减少;但是因进油量几乎不变,油在切向槽内的速度也不变,故喷油量虽然变了,但油的旋转速度不变,不影响油的雾化质量。但喷油少时回油热量增多,其调节比一般不超过 3。通常,自动化锅炉的回油阀与燃烧器风门有联动机构(风油比例调节器)控制,以保持合适的风油比例。

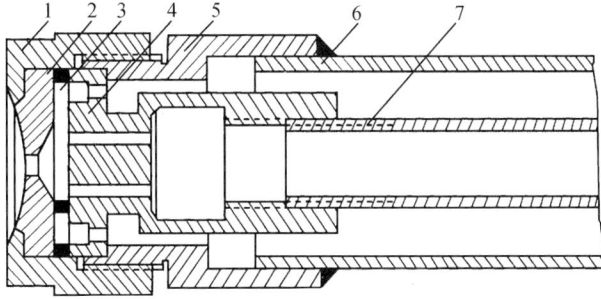

1—喷嘴帽；2—雾化片；3—旋流片；4—分油嘴；5—喷嘴座；6—进油管；7—回油管。

图 9-12　回油式喷油器结构简图

（3）蒸汽式喷油器

蒸汽式喷油器也称 Y 型喷油器，其结构如图 9-13 所示。油和蒸汽在喷油器头部的 Y 型混合孔处相遇，属于中间混合式喷油器（蒸汽式喷燃器本体由两根套筒组成。油和蒸汽在喷燃器端部的内腔或外部混合，前者称为内混合式，后者称为外混合式。而 Y 型喷油器中油和蒸汽在即将出口处混合，所以称为中间混合式。），蒸汽流从内套管进入，作雾化剂，油从外套管流入。

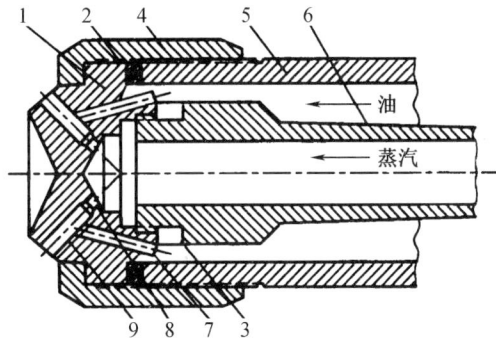

1—喷嘴头部；2、3—垫圈；3—喷嘴体；4—螺帽；5—外管；6—内管；7—油孔；8—蒸汽孔；9—混合孔。

图 9-13　蒸汽式喷油器结构简图

工作时 0.6~1 MPa 的蒸汽（或空气）从蒸汽孔 8 中高速喷出，被加压至 0.5~2 MPa 的燃油从油孔 7 中流出时被"吹"碎。单个喷油器最大喷油量可高达 10 t/h，船用锅炉通常所用的为 1~1.5 t/h，油压一般为 0.5~2.0 MPa，—般每 1 kg 油耗汽 0.01~0.03 kg。冷炉点火时可用压缩空气代替蒸汽帮助雾化。在清洗时要特别注意保持每个油孔和气孔畅通。这种喷油器结构简单，雾化质量较好，平均雾化粒度可达 50 μm；喷油量改变时，不影响雾化质量和雾化角，调节比可达 20；缺点是要耗汽，工作时噪声较大。

（4）旋杯式喷油器

图 9-14 所示为采用旋杯式喷油器的燃烧器结构简图。旋杯式燃烧器的主要部件有高速电动机 6、旋转杯 1 和雾化风机 5。压力为 0.5~1.5 kgf/cm²（1 kgf/cm² ≈ 98 kPa）的燃油沿着空心传动轴 9 中的供油管 2 送至一个高速旋转的旋转杯 1 中，旋转杯 1 由电动机 6 带

动,转速 3 000～6 000 r/min。在离心力的作用下,进入的燃油在杯的内壁形成一层均匀的油膜。为了有利于油膜向炉膛方向自动前进,将油杯内壁做成一定的锥度。同时,在空心传动轴 9 上还配有雾化风机 5,靠风机叶片的高速旋转引进低压风(一次风),从转杯边缘的环形缝隙 3 吹过,风的旋转方向与转杯旋转方向相反。油流向转杯边缘时靠离心力甩出,并受到从杯边缘吹进一次风(风速为 60～80 m/s)的作用,油膜被粉碎成雾状。由于燃油形成的油膜与空气流相互冲击,加速了油膜的粉碎,使雾化质量得到了改善,燃料与空气的混合也趋向均匀,使燃料能燃烧完全。

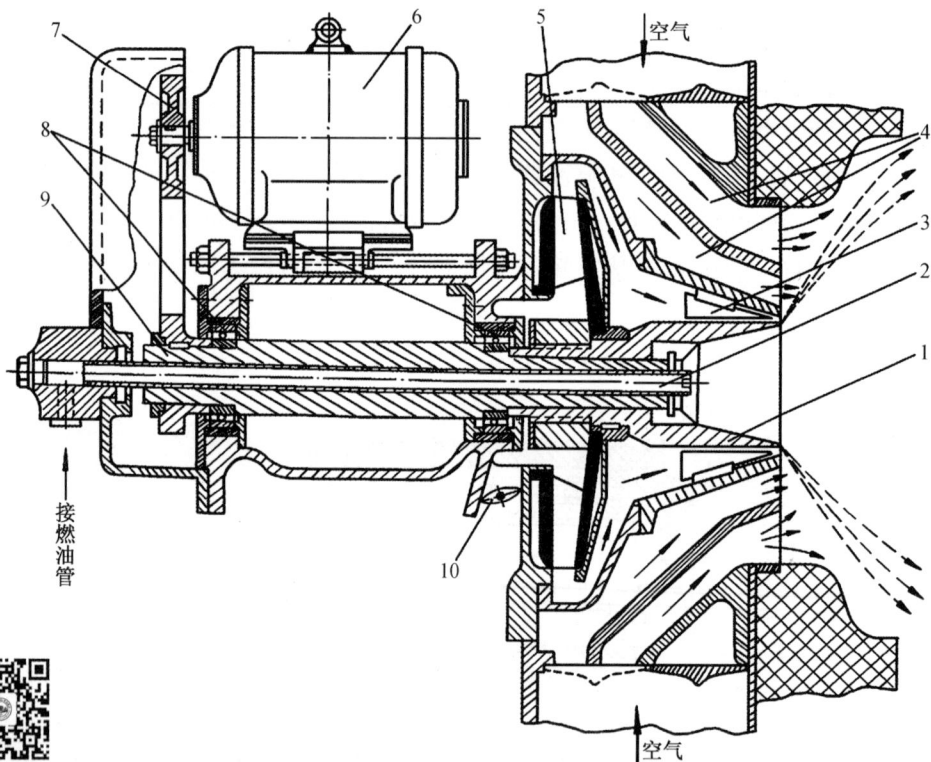

1—旋转杯;2—供油管;3—一次风风道;4—二次风风道;5—雾化风机;6—电动机;

7—皮带传动轮;8—前后滚动轴承;9—空心传动轴;10—调风闸门。

图 9-14 采用旋杯式喷油器的燃烧器结构简图

用以雾化燃油的一次风量,一般占燃烧所需空气量的 15%～20%。二次风依靠自然通风或强制通风从转杯周围的二次风风道 4 送入。

这种燃烧器的优点是:供油压力低(也可以使用高位油箱);调节幅度大,可达 10∶1;调节简便,只要控制进油阀的开启度即可,并且不会影响雾质量;油路上无狭小缝隙,不易产生堵塞现象。但整个燃烧器结构复杂是它的不足之处。

2. 配风器

配风器的作用是分配一次风和二次风的风量,创造条件使助燃空气与油雾充分混合,促使油雾迅速汽化和受热分解,以利于稳定和充分地燃烧。好的配风器除了能调节和分配

风量外,还应具备下述能力:

①在喷燃器前方产生一个适当的回流区,以保证及时着火和火焰稳定。

回流太强则着火前沿太靠近喷燃器头部,不仅容易烧坏喷火口和喷燃器,而且喷出的油雾来不及先与一次风混合,燃烧预备期太短,燃烧恶化;回流太弱也会使燃烧不良。合适的回流区要靠配风机构设计合理和风速适当才能保证。

②使油雾在燃烧器出口与空气的早期混合良好。

离燃烧器出口约 1 m 以内是燃烧燃油最多的地方,易发生不完全燃烧。为了使早期混合良好,要使气流扩张角小于燃油雾化角,这样空气才能以较高速度进入油雾中去;空气的旋转方向应与油雾相反。燃烧器在喷火口的位置要保证油雾的外缘与喷火口相切,这样油雾在喷火口内就与气流外交而混合,由于此时气流速度高,混合较充分。如果喷嘴位置太靠前,油雾在离喷火口较远时才能与空气混合,使火炬拉长。如果喷嘴位置太靠后,油雾会喷在火口上,引起喷火口结炭。

③要有足够大的风速,使燃烧后期也有良好的混合作用。

燃烧器喷出的油雾集中在环形截面上,进入高温的炉膛后很快就蒸发,产生大量油气,起着排挤空气的作用,因此在喷油嘴出口区域,油雾与空气的混合不可能很均匀,在油雾密集或大油滴集中的地方就容易在缺氧的条件下产生热分解。这就要求后期混合作用也要强烈,否则,火焰尾部地区会使未完全燃烧的气体和炭黑不能继续燃烧。

使气流旋转可以加强燃烧早期的混合,但由于气流旋转造成的扰动很快就会衰减,因此,要使燃烧后期的混合作用能得到加强,需要提高气流的轴向速度。大、中型锅炉该速度要求提高到 35~60 m/s,这就需要降低配风器的阻力。提高气流速度也是提高炉膛容积热负荷和采用低过剩空气系数燃烧的需要。

配风器根据二次风旋转与否可分为旋流式和平流式。

(1)旋流式配风器

图 9-15 所示为叶片固定型旋流式配风器结构示意图。它安装在炉膛前面,与耐火砖砌成的喉口(风口)同心,喷油器装在配风器的中心轴线上。配风器外面与风箱相连,风机送入风箱的空气,经过配风器叶片后从喷油器周围进入炉膛。空气进入时不但有一定的前进速度,还有一定的旋转速度,能与油雾形成良好的混合。在喷油器中心管架的前端,有一个挡风罩 3,罩上开有槽孔,能让少量一次风通过此罩入炉内。用拉杆 7 移动挡风罩的轴向位置则可调节一次风的风量。其余的风称为二次风,经固定的斜向叶片 1 旋转供入。二次风的作用有两个:首先是提供燃烧需要的大部分空气,并使其与油雾强烈混合达到完全燃烧的目的,风速较高(25~60 m/s);其次是用来建立回流区,由于在斜向叶片的作用下,在配风器内形成旋转的空气流,进入炉膛后形成辐射状的环形气流,因而在气流中心区域形成低压,使炉膛内的高温烟气流回火焰根部,形成回流区。在配风器内装有电点火器 4、火焰监视器 5 和人工点火孔 6。

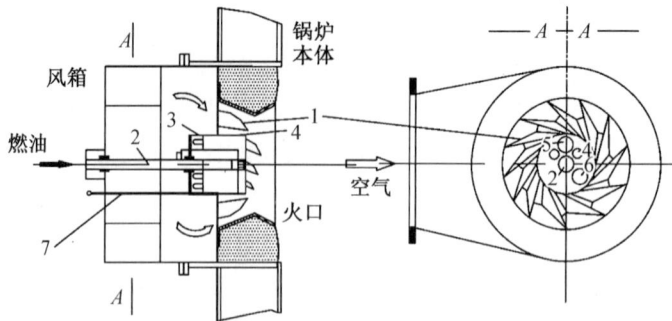

1—斜向叶片;2—喷油器管架;3—挡风罩;4—电点火器;5—火焰监视器;6—人工点火孔;7—拉杆。

图9-15 叶片固定型旋流式配风器结构示意图

旋流式配风器也可设计成叶片可调式,其二次风经可调叶片切向旋转供入,调节叶片角度改变流通面积即可改变二次风量。而一次风却是经固定叶片轴向旋转供入。

(2)平流式配风器

图9-16所示为小型平流式配风器结构示意图。它的二次风不加旋转直接送入,燃烧室有两个喷油嘴,可实现二级燃烧。由通风机送入风道的空气,少部分从挡风板7的中央圆孔吹出,形成一次风;其余大部分从挡风板外缘与调风器罩筒之间的缝隙吹出,形成二次风。挡风板后的低压区形成回流,使着火前沿位置合适。有的挡风板上也适当地开有小孔和径向的缝隙,允许少量空气漏入。

有的平流式配风器在火焰根部即喷嘴出口处装有稳焰器,它是一个轴向叶轮,通过一定量的旋流风作为根部风,可改善风油的早期混合,同时产生一个大小和位置合适的回流区,以保持着火前沿稳定。

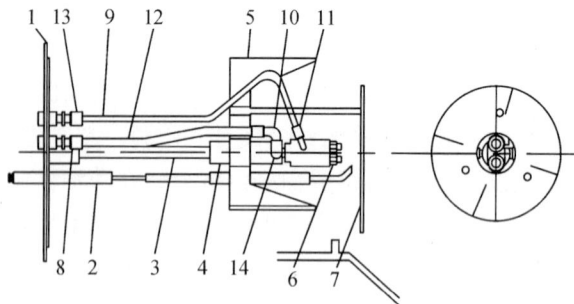

1—燃烧器端板;2—点火电极;3—漏油管;4—喷油器;5—整流格栅;6—喷油嘴;7—挡风板;

8、13—直通接头;9—高压供油管;10、11—L形接头;12—循环油管;14—弯头。

图9-16 小型平流式配风器结构示意图

3. 电点火器与火焰感受器

电点火器是一个电火花发生器,它是由两根耐热铬镁金属丝电极组成,两电极端部距离3.5～4 mm。电压越高或铬镁丝直径越细,则两电极的间距越大。由点火变压器供给5 000～10 000 V的高压电,电极间隙处便产生电火花,即能将油点燃。电极顶端伸至喷油器前方稍偏离中心 2～4 mm,应防止油雾喷到电极上,同时也应防止电火花跳到喷油器和挡风罩上。

火焰感受器是用于监视锅炉火焰的自动化原件,在锅炉点火过程或正常燃烧过程中,一旦出现点火失败或中途熄火,立即停止向锅炉喷油并发出声光报警。光敏电阻是锅炉上最常使用的火焰感受元件。光敏电阻是由涂在透明底板上的光敏层,经金属电极引出线构成的。光敏电阻在接受光照时阻值减小,在光敏电阻两端所加电压不变的情况下,流过光敏电阻的电流加大。光敏电阻不能承受高温,否则会影响使用寿命。因此光敏电阻火焰感受器装有散热片并用空气进行冷却。

三、锅炉燃油系统

现在船用辅锅炉日常工作时多使用与主柴油机相同的重油(燃料油),只有冷炉起动或准备停炉前才使用柴油。锅炉燃油系统包括从锅炉日用油柜至锅炉燃烧器的管系及管系中的各种设备。图 9-17 所示为采用回油式喷油器的锅炉燃油系统。

日用油柜 1 有油蒸汽加热管,可使燃油预热。油柜底部还有泄放口和承接漏斗,以便及时检查沉淀出来的水和杂质,将其泄放至污油柜。燃油泵 2(常用齿轮泵)将燃油从日用油柜 1 经过滤器 3 吸出后送至燃油加热器 4 加热,加热温度由直接作用式燃油温度调节器 16 控制蒸汽流量来调节(用柴油时可不加热)。当主电磁三通阀断电时,加热后的燃油经旁通管道 11 返回油泵进口(或日用油柜)。当燃油温度加热至符合要求时,主电磁阀即可通电,使燃油经过手动速闭阀 5 送往主喷油器 6 点火燃烧。在紧急情况下可用速闭阀迅速切断供油,该阀也可用钢丝绳在甲板上远距离切断燃油。

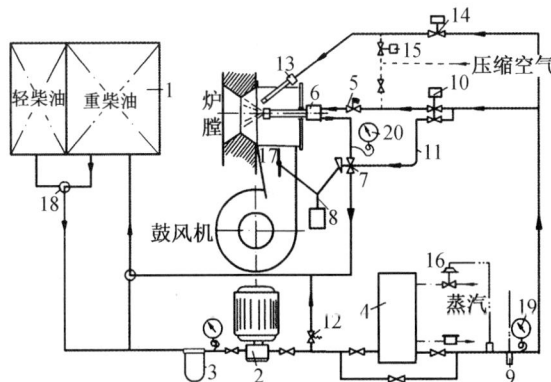

1—日用油柜;2—燃油泵;3—油滤器;4—燃油加热器;5—手动速闭阀;6—主喷油器;7—回油调节阀;8—比例调节器;
9—燃油温度继电器的感温包;10—主电磁阀;11—旁通管道;12—安全阀;13—点火喷油器;14—辅电磁阀;
15—压缩空气电磁阀;16—燃油温度调节器;17—风道挡板;18—换油旋塞;19—燃油压力表;20—回油压力表。

图 9-17　锅炉燃油系统

回油式喷油器的喷油量可通过回油调节阀 7 的开度调节。该阀由比例调节器 8 根据蒸汽压力自动控制。当蒸汽压力超过额定工作压力时,自动使回油调节阀 7 开大,回油压力(由回油压力表 20 显示)降低,喷油量即可减少;同时联动操作使风道挡板 17 关小,以保证过剩空气系数合适。当汽压到达上限,或水位过低、油压过低、风压过低(有的锅炉包括油温过低)以及运行时突然熄火或点火失败时,都可通过安全保护系统使主电磁阀断电,使燃油不能继续喷入炉内。当燃油系统由于某种原因造成油压过高时,燃油即能顶开安全阀 12 溢流至油柜。

在冷炉点火时,重油因无蒸汽而无法预热,这时只得燃用柴油,应转换换油旋塞 18,使锅炉燃油泵与柴油柜接通,只有当重油预热至要求温度时才予以转换。此外,在长时间停炉之前也需要烧柴油,以防停炉后重油在燃油管道内凝结,造成下次起动困难。

此燃油系统中还设有吹扫喷油嘴的压缩空气管,用来在停止喷油时自动吹扫,防止喷油嘴因有残油而结焦堵塞。

在主喷油器旁另设一喷油量极少的压力式点火喷油器 13,其每小时喷油量与最低蒸汽用量相适应。当蒸汽用量少,汽压达到上限时,辅电磁阀 14 开启,点火喷油器开始喷油,由炉内火焰点燃,然后主电磁阀断电,这样炉内可维持不断火。当用汽量增加,汽压降到下限时,主电磁阀通电,主喷油器就靠点火喷油器的火焰点燃,然后辅电磁阀 14 关闭,点火喷油器停止工作。只有在完全停炉后重新点火时,才由电火花使点火喷油器用柴油点火。

第四节　船舶辅锅炉的汽水系统

在水管锅炉中,水和汽水混合物连续不断地通过蒸发受热面循环流动。水管锅炉的水循环可采用两种方式:一种是利用水与汽水混合物的密度差使它们经蒸发受热面循环流动,叫作自然循环;另一种是利用泵使水和汽水混合物经受热面强制循环。自然循环无需专门的循环泵,设备和管理都比较简单,目前大多数船用锅炉采用自然循环。

一、炉水的自然循环

1. 自然循环的基本原理

水管锅炉的自然循环回路由汽包、水筒(或联箱)、下降管及上升管(蒸发受热面)组成,其循环回路如图 9-18 所示。

上升管由水冷壁和蒸发管束组成,其中的炉水接受烟气传递给它的热量之后,变成汽水混合物,其平均密度为 ρ_s。下降管位于炉墙外或蒸发管束的后排,不受热或受热很少,其中的炉水密度为 ρ_w。在水筒(或下联箱)中,由于下降管的水产生的静压头大于上升管中汽水混合物产生的静压头,水就沿下降管向下流动,汽水混合物则沿着上升管向上流动,进入汽包,在汽包内进行汽水分离,分离出来的蒸汽供应外界。同时向汽包内补充同蒸发量等量的水,补充进来的水和分离出来的水又混合在一起沿下降管流向水筒,形成自然水循环。

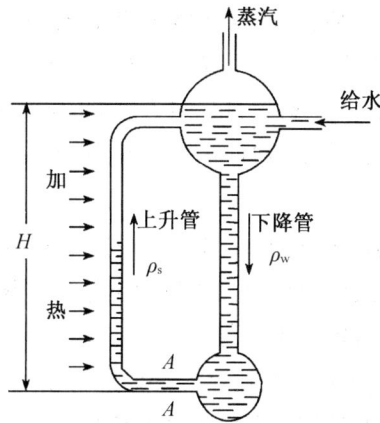

图9-18　水管锅炉炉水自然循环回路示意图

产生自然水循环的循环动力是下降管与上升管的水和汽水混合物的压力之差,以符号 Δp 表示,即

$$\Delta p = H(\rho_w - \rho_s)g \tag{9-4}$$

式中　H——从上升管出口中心到水包中心的高度,m;

　　　ρ_w——下降管内水的密度,kg/m^3;

　　　ρ_s——上升管内汽水混合物的平均密度,kg/m^3;

　　　g——重力加速度,m/s^2。

2. 保证自然水循环良好的措施

为了防止蒸发受热面过热烧坏,除了避免受热面热负荷过大和结垢严重外,主要是保证水循环良好,即要求上升管有足够的循环倍率。循环倍率以符号 K 表示,即

$$K = G/D \tag{9-5}$$

式中　G——上升管入口处进水流量,kg/h;

　　　D——上升管出口处蒸汽流量,kg/h。

循环倍率 K 越大,则上升管出口的蒸汽干度($x = D/G = 1/K$)即越小。当 $x<0.5$ 时,管壁有完整的水膜,管内壁的放热系数较大,管壁温升较小。而当 $x \geq 0.5$ 时,管壁很薄的水膜随时可能被中心的气流撕破,形成细微水滴被带走,称为雾状流动。这时放热系数下降,管内壁温升高,一般船用锅炉蒸发受热面大多采用低碳钢,允许工作温度约为 450 ℃,为了安全起见,应保证循环倍率 $K>4$($x<0.25$)。

不同位置的上升管热负荷是不同的。热负荷的上升管(如水冷壁、前排沸水管)含汽量多,由式(9-4)可知,循环动力也大,故进水流量和循环流速也大,这种现象称为自然循环的自补偿能力。热负荷小的上升管循环流速也小,换热特别弱的(例如管外积灰或管内结垢严重)可能出现循环停滞(一般认为 $K=1$ 即属循环停滞)甚至循环倒流的情况,这样的管子会因冷却不良而烧坏。

为了保证良好的水循环,在设计和管理上应注意以下几个方面:

(1)尽量减少或避免下降管带汽。下降管带汽多会增加流动阻力,减小循环动力。因此,最好采用不受热的下降管。某些小型水管辅锅炉也有在烟气温度较低处用一些管径较大(水受热相对较少)的管作下降管的。下降管处水位高度要大于 150~200 mm(大于 4 倍管子内径);入口水速应小于 3 m/s,避免进口阻力太大;与上升管出口间距应大于 250 mm,或两者之间设隔板,防止串汽;给水管应布置在下降管进口附近,使其进水有较大的过冷度。

(2)避免上升管受热不均现象加重。为此,应保持燃油雾化良好,防止残油进入蒸发管束区后继续燃烧造成局部过热;应防止部分受热面上结存灰渣严重,要及时除灰;设多个燃烧器的炉膛,增减使用时应按规定顺序进行。

(3)避免上升管流动阻力过大。上升管的管径选得小虽可加大换热面积,但为避免流阻过大亦不宜选得太小;在上升管高度既定条件下管长应尽量短;使用中应避免结垢严重。

(4)尽量避免用汽量突然增大或减小,引起工作汽压急剧降低或升高。前者会使下降管中炉水闪发成汽,后者会使上升管中蒸汽凝结,这都会使循环动力突然降低。

(5)运行中不宜在下锅筒进行下排污,这会破坏水循环。

二、影响蒸汽带水的因素和汽水分离设备

由汽包引出的饱和蒸汽带水过多,就会使蒸汽品质下降。蒸汽携带的炉水含有的盐分,可能腐蚀汽、水管路和设备;若饱和蒸汽用于驱动蒸汽辅机,带水过多也会引起这些机械的水击;对于装有过热器的锅炉,如蒸汽带水会在过热器中汽化,水中的盐分沉积在过热器的内壁上,会使过热器管子烧坏。

1.影响蒸汽带水的因素

图 9-19 所示为锅炉汽包结构简图。汽包下部充满炉水,从上升管束中流出的汽要穿透这一水层进入汽包的蒸汽空间。水汽分界面到集汽设备之间的距离叫作分离高度,用 H 表示。

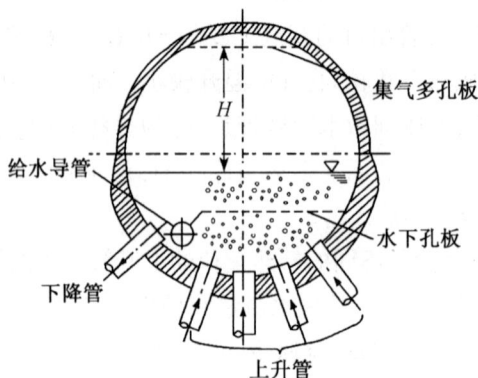

图 9-19　锅炉汽包结构简图

影响蒸汽带水量的主要因素有:

(1)分离高度。分离高度越大,重力分离作用越强。然而分离高度超过 0.5~0.6 m 后,

对蒸汽的干度的影响很小。

（2）锅炉负荷（蒸汽用量）。蒸汽用量增加时，需加强燃烧，汽中水的含汽量增加，蒸发平面升高，分离高度降低；同时上升管流出的汽水混合物冲击水面使炉水飞溅数量增加；再加上蒸汽流速也增大；故蒸汽带水量增加。每台锅炉都有其临界负荷，超过临界负荷时上述因素使本可分离的较大直径水滴也被蒸汽携出，蒸汽携水量剧增。

（3）炉水含盐量。当炉水含盐量达到某一极限值时，炉水表面就会形成很厚的泡沫层，即所谓汽水共腾，这极限值称为临界含盐量。临界含盐量随锅炉工作压力升高而降低，这是因为压力升高时泡沫的体积变小，泡膜变厚，汽沫寿命得以延长，更容易产生汽水共腾。临界含盐量如表9-1所示。

表9-1　锅炉的临界含盐量

锅炉工作压力/MPa	≤1	1~2.5	2.5~4.9	4.9~6
临界含盐量(NaCl)/(mg/L)	1 000	700	400	350

2. 汽水分离设备

由于在汽包内借助分离高度对蒸汽携水进行重力分离有一定的局限，故需要在汽包内装设一些汽水分离设备以提高分离效果。

（1）水下孔板

当汽水混合物由水空间引入汽包时，可利用水下孔板来均衡蒸发平面负荷，如图9-19所示。水下孔板使蒸汽在上升过程中受到一定的阻力，在孔板下形成汽垫，因而蒸汽能比较均匀地从孔板的各个小孔中穿出，并降低了汽水混合物的动能。孔板放置在汽包水空间，一般在最低水位以下100~150 mm。为避免蒸汽进入下降管中，孔板距下降管进口的距离应大于300~500 mm。

（2）集汽管

聚集在汽包顶部的蒸汽一般通过集汽管引出，其结构实例如图9-20所示。

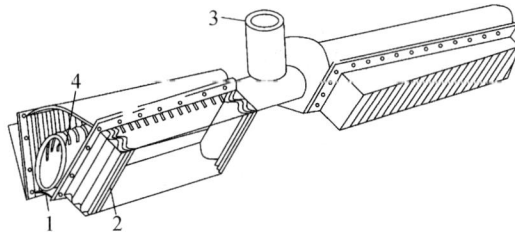

1—集汽管；2—波形百叶窗式挡汽板；3—蒸汽出汽口；4—进汽缺口。

图9-20　带波形挡板的集汽管

集汽管1沿汽包纵向布置，且尽可能提高其位置，以便增加分离高度。集汽管顶部开有许多进汽缺口4，两端封死。饱和蒸汽出汽口3可在集汽管中部或一端。为了沿汽包长度方向均匀地收集蒸汽，进汽缺口离出汽口较远处较密，近处较稀。有的集汽管两侧装有波形百叶窗式挡板2,以增加汽水分离作用。

(3)集汽板

可用集汽板代替集汽管,如图9-19所示。它结构简单,加工方便,流动阻力较小,而且可以比集汽管距蒸发平面更高,板上开孔的数目较多,使板上的蒸汽流速远远小于集汽管中的流速,这些都有利于减少蒸汽携带细小水滴的数量,但其惯性分离的效果不如集汽管。

3. 防止蒸汽品质恶化的措施

锅炉运行时为了防止供应的蒸汽湿度过大,管理上必须注意如下几点:

(1)防止水位过高。尤其不宜在高负荷下高水位运行,因为高负荷时水位表中指示的水位要比汽包内实际水位低得多;并且高负荷时蒸发平面上蒸汽逸出的平均速度增大,更易携带出较大的水滴。

(2)严格控制水质,避免含盐量高引起汽水共腾。

(3)锅炉供汽量不宜增加过快,以防汽包内压力骤降,炉水产生"自蒸发"现象,从而导致气泡急剧增多,水位上升,分离高度减小。

三、蒸汽、给水、凝水和排污系统

辅助锅炉和废气锅炉所产生的蒸汽,通过管道输送到各用汽处所,供驱动蒸汽辅机和燃油、滑油加热,以及供空调装置、热水压力柜和厨房等用汽。大部分蒸汽在放热后变成凝水,由凝水系统流回热水井,再由给水泵经给水系统送至锅炉水腔。由于少量的蒸汽被直接消耗,以及部分不可避免地泄漏,流回热水井的凝水将少于锅炉向外界提供的蒸汽量,再加上因锅炉排污而损失部分炉水,所以要经常向热水井补水。

蒸汽、给水、凝水
和排污系统

图9-21所示为辅锅炉与废气锅炉的蒸汽、凝水、给水和排污系统图。下面分别说明其组成和工作情况。

1. 蒸汽系统

蒸汽系统的任务是将锅炉产生的蒸汽按照不同的压力需求,送至各用汽设备。辅锅炉和废气锅炉所产生的蒸汽通过各自顶部的停汽阀8沿主蒸汽管1和5汇集于总蒸汽分配联箱2。由此,一部分蒸汽送至油舱(柜)的加热蒸汽分配箱,然后分别送至各油舱(柜)供加热之用;另一部分蒸汽经减压阀3减压后送至低压蒸汽分配联箱4,然后送至空调装置等供加热及生活杂用。

在废气锅炉与总蒸汽分配联箱之间的蒸汽管5上,设有蒸汽压力调节阀6,在废气锅炉产汽量供大于求时,会经其向冷凝器泄放多余蒸汽。在总蒸汽分配联箱2上还接有接岸供汽管7,分别通至上甲板的左右舷。当船上锅炉停用时,可由岸上或其他船舶供汽。在联箱的底部装有泄水管,用以放去凝结水,以免在通汽时产生水击。

2. 凝水系统

凝水系统的任务在于回收各处的蒸汽凝水,并防止混入水中的油污进入锅炉。供各处加热油、水、空气的蒸汽在加热管中放出热量以后变为凝水,并经各加热设备回水管上的阻汽器17流回热水井。因阻汽器总会有一

大气冷凝器

部分蒸汽漏过,并且当凝水流出阻汽器时,因压力降低而产生二次蒸汽,所以某些温度较高的凝水在进入热水井以前,先经大气冷凝器冷却,使其中的蒸汽凝结,然后才流回热水井。

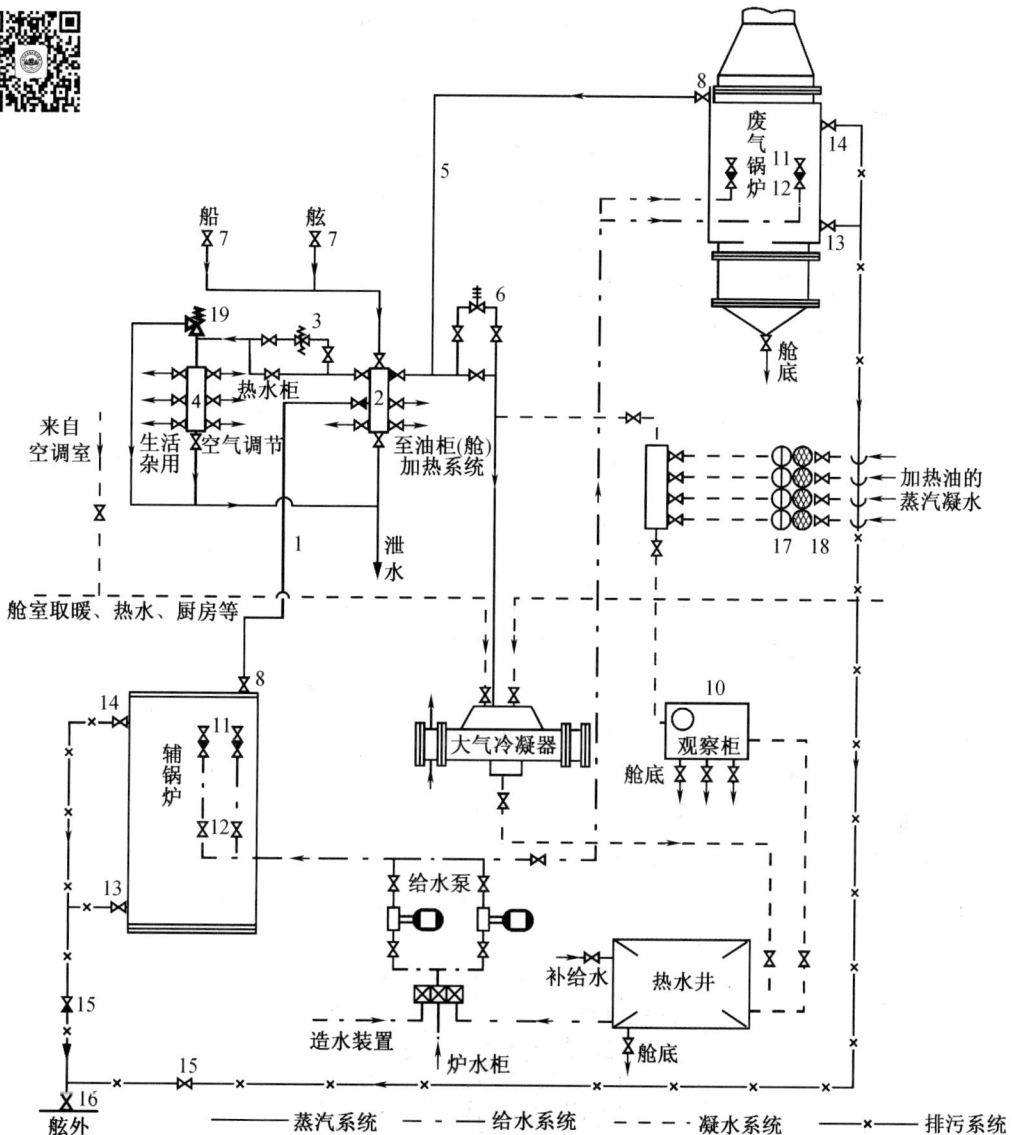

图9-21　辅锅炉与废气锅炉的蒸汽、凝水、给水和排污系统图

1—辅锅炉主蒸汽管;2—总蒸汽分配联箱;3—减压阀;4—低压蒸汽分配联箱;5—废气锅炉蒸汽管;6—蒸汽压力调节阀;7—接岸供汽管;8—停汽阀;9—凝水回流联箱;10—凝水观察柜;11—给水截止阀;12—给水止回阀;13—底部排污阀;14—表面排污阀;15—止回阀;16—舷旁排污阀;17—阻汽器;18—滤器;19—安全阀。

　　加热油的凝水中可能因加热管或接头不严而有油漏入,从而有可能把油带入锅炉中。炉水中有油对锅炉来说是非常危险的,它会使受热面传热急剧恶化,导致管子破裂或炉胆烧塌。因此,为了尽量减少油进入锅炉,让可能带油的凝水首先进入观察柜10,加以过滤和观察。如果发现凝水中有油时,先将油舱(柜)回水放至舱底,待查明原因并排除故障后,才允许该路回水进入热水井。

3. 给水系统

给水系统的任务在于向锅炉供给足够数量和品质符合要求的给水。为了保证安全,每台锅炉必须有两台给水泵和两条给水管路,其一作为备用。每条给水管紧靠锅炉处有一个截止阀 11 和一个止回阀 12。截止阀用来连通或切断管路,安装在锅炉与止回阀之间,以便在修理给水管路和设备时将锅炉隔断。其安装方向应能在必要时将其关闭更换阀杆填料,而炉水不至溢出。不允许用此阀对给水量进行节流调节,以防阀盘遭受水流冲蚀而破坏其水密性。安装止回阀的目的是防止给水泵不工作时,炉水沿给水管倒流。

给水温度较低,若进入锅炉后聚集在一角或直接与受热面接触,则会使该处产生较大热应力,所以一般在锅筒内设有内给水管。内给水管的下半部分开有许多小孔,水平安装在锅炉工作水面以下,给水从小孔流出时,既分布均匀,又被周围的炉水加热。

锅炉的给水泵从热水井吸水,通过给水管路既可向辅锅炉供水,又可向废气锅炉供水。给水泵一般设两台,也有设三台的,其中一台使用,其余备用。由于内燃机干货船辅锅炉的蒸发量很小,多采用电动旋涡泵作给水泵,而且多采用间歇供水的方式。蒸发量大的锅炉可选多级离心泵用作给水泵,可节流调节、连续供水。不论采用哪种供水方式,每小时供入炉内的给水量和从各处汇集的凝水量也是不能平衡的,因此在凝水与给水管路之间要有热水井作缓冲器。热水井还有过滤水中污物和油污的作用,也供加入补给水和投放水处理药剂之用。

图 9-22 为热水井示意图。水的流动方向用箭头表示。水经过过滤匣 1(内装丝瓜筋)、过滤篮 2(装丝瓜筋或焦炭)和裹以毛巾布的许多过滤筒 3 等三道过滤吸附设备。水均从前一道的底部流入下一道,使漂在水面的油污尽量少带入下一道。一部分浮在水中的油滴和污物则黏附在丝瓜筋和毛巾布上,从而达到过滤的目的。丝瓜筋和毛巾布的吸附能力有限,当吸附一定数量油污以后便失去过滤吸附作用,故需要定期清洗和更换。

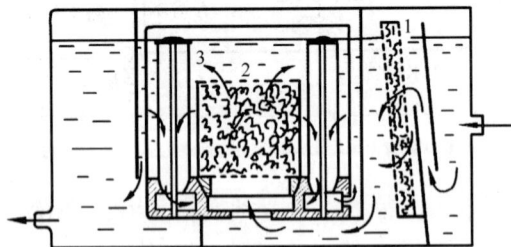

1—过滤匣;2—过滤篮;3—过滤筒。

图 9-22　热水井示意图

在蒸汽仅供加热而不驱动蒸汽辅机的船上,由于不存在凝水经常带进油的可能,有的热水井已取消了过滤吸附材料,但仍分隔为多个部分,以供观察、监视漏油事故。

4. 排污系统

锅炉工作一定时间后,炉水中的含盐量增加,底部泥渣积聚,投放除垢药物后也会产生沉淀物,因此在锅炉底部需装排污阀13(见图9-21),以便在锅炉停止工作时能排去泥渣。至于水中的盐分及漂浮在水面的油污和泡沫等,则通过锅炉的表面排污阀14,用定期放掉大量炉水的方法来排除。

排污系统

为了有效地收集漂浮在水面的油污和泡沫,在高于锅炉最低水位25 mm处装有排污漏斗,打开上部排污阀时,炉水和污物经排污漏斗和排污管排出炉外。在进行表面排污时,先将炉水提高到最高水位附近,以免排污时给水泵供不应求而造成失水。当水位下降至排污漏斗位置(一般在炉外做有记号)时,则应停止排污。如认为一次排污水量不够时,可以再重复一次。在排污时,应严格监视水位表上的水位变化。表面排污可在锅炉工作时进行,但一般应在投药前进行,以免药物在起作用前损失。每天排污的水量和次数视水质化验结果而定。当含盐量太高靠表面排污难以降到符合要求时,必须停炉换水。

底部排污通常在投放除垢药物后过一段时间进行。通常要求在熄火停炉后或锅炉低负荷运行时进行。因为在这种场合下炉水平静,有更多的泥渣沉积在底部,能有效地排除。另外,对于水管锅炉来说,由于从底部放走大量炉水会破坏水循环,故不允许在锅炉工作时进行下部排污。

废气锅炉也同样要排污。但是对于强制循环锅炉来说,由于炉水在不断循环,不需要排污,其底部的放水阀,主要供停炉后放水使用。

排污阀的直径一般为20~40 mm,最好不用它来调节排污水量,而应在管道上另装一只调节阀。在开阀时,应先开排污阀,并全部打开,然后再开调节阀。关闭时,先关调节阀,再关排污阀,以防止排污阀遭水流冲蚀而失去水密。

各处的排污管均汇集到排污总管,经舷旁通海阀通至舷外。在排污总管上装有止回阀15,以防止锅炉无压力时海水倒灌入锅炉中。排污时,应先打开舷旁排污阀16,以防开启排污阀时管内产生水击。

四、辅锅炉的自动控制简介

目前,在以柴油机为动力的干货船上,由于辅锅炉的蒸发量少,对其蒸汽品质的要求也不高,所以大多数都采用有差调节。这种锅炉的自动控制包括:自动点火、燃烧过程控制、给水控制、自动停炉及有关安全运行的各种保护,如熄火保护、极限低水位保护、低风压保护等。

1. 燃烧过程控制

(1)起动前,先对锅炉炉膛进行预扫风,防止炉膛内积存可燃性气体而发生爆炸事故,其时间一般超过30 s。

锅炉启
动程序

(2)扫风结束后,高压电点火器产生电火花,电火花发火时间一般为5~10 s。

(3)产生电火花后,燃油管路上的电磁阀打开,燃油从喷油嘴喷出点火。

(4)燃烧过程的自动调节是由控制系统根据蒸汽压力的波动方向和幅度,自动调节燃烧的强度来实现的。通常对送入炉膛的燃油和空气进行双位调节或比例调节,使蒸汽压力保持在一定的范围内。

采用双位调节,当蒸汽压力上升到设定值的上限时,切断燃油和空气,燃烧停止。当蒸汽压力下降到设定值的下限时,燃烧系统自动起动,直至正常燃烧。

电动比例
调风系统

采用比例调节,当蒸汽压力波动一个数值时,燃烧系统将会通过调节喷油量和与之对应的空气量来调节燃烧强度,从而阻止蒸汽压力继续向某个方向滑动。当采用这种调节方式时,即使蒸汽压力仍超过设定值上限,燃烧也会停止。当蒸汽压力降到设定值的下限时,燃烧系统同样会自动起动。

2. 给水过程控制

锅炉工作水位在极限低水位以上是点火、燃烧过程自动起动的必备条件。一般水位都采用独立的控制系统。给水过程的自动调节也有双位调节和比例调节两种。小型锅炉常采用双位调节,当水位达到下限水位时,给水泵起动向锅炉供水;当水位上升到上限水位时,给水泵停止向锅炉供水。水位的波动范围是 60~120 mm。

给水过程控制

3. 锅炉控制系统中的常设安全保护措施

(1)点不着火或运行中熄火保护

发生此类现象时,火燃监视器起作用,发出声光报警的同时切断燃油电磁阀、停止燃油泵的运转,鼓风机完成扫风任务后(通常称为后扫风)也停止运转。

双位调节

(2)极限低水位保护

在起动时,若出现工作水位低于极限低水位的情况,由于设有联锁保护,点火不能进行。在运行过程中,如果出现低于极限低水位的情况,立即切断供油电磁阀,停止油泵运转,后扫风后,停止风机。上述两种情况都要发出声光报警。

双脉冲水位
调节原理

(3)燃烧器前低风压保护

起动时,风压过低,不能点火。运行中燃烧器风压过低,意味着燃烧用的空气量严重不足,燃烧过程大大恶化,烟囱冒黑烟。此时也要切断燃油电磁阀,停止油泵,后扫风后,停止风机。

(4)低油温保护

起动时,待油温达到规定值后,才能把轻柴油切换为重柴油。在运行过程中,若出现重柴油油温低于规定值的情况,立即切换到轻柴油燃烧,并同时发出声光报警。

(5)超压保护

当外界用气量甚少时,控制系统已经将喷油量和空气量调节到最小值,如再减小则将引起雾化不良或燃烧不稳定。当蒸汽压力升高到上限值时,燃烧系统将自动停止喷油、停止油泵运转,后扫风后,停止风机。若蒸汽压力超过上限值后,燃烧系统不能停止燃烧,当蒸汽压力达到超压保护值后,超压保护动作,使喷油停止,油泵停转,同时发出声光报警,后扫风后,停止风机。

（6）油压过低保护

起动时,油压过低不能进行点火。运行中,油压过低,立即停止燃烧,并发出声光报警,后扫风后,停止风机。

习　题

1. 辅助锅炉有哪些主要性能参数？其含义分别是什么？

2. 废气锅炉与燃油辅锅炉的联系有哪几种方式？

3. 锅炉燃烧器包括哪些部分？各起什么作用？

4. 压力式喷油嘴是怎样工作的？其性能有何特点？

5. 水管锅炉蒸发受热面管外壁温度与哪些因素有关？限制壁温过高的条件是什么？

6. 防止锅炉蒸汽品质恶化的措施有哪些？

参 考 文 献

[1] 姚寿广.船舶辅机[M].2版.哈尔滨:哈尔滨工程大学出版社,2007.

[2] 陈海泉.船舶辅机[M].大连:大连海事大学出版社,2016.

[3] 费千.船舶辅机[M].4版.大连:大连海事大学出版社,2010.

[4] 向阳,王克.船舶辅机[M].武汉:武汉理工大学出版社,2015.

[5] 谭仁臣.船舶辅机与轴系[M].哈尔滨:哈尔滨工程大学出版社,2017.

[6] 李之义,胡国梁,胡甫才.船舶辅助机械[M].北京:人民交通出版社,2002.

[7] SMITH D W, ENG C. Marine auxiliary machinery[M]. 6th ed. Oxford(Uk):Butterworth-
     Heinemann,1987.

[8] 中国船舶工业集团公司,中国船舶重工集团公司,中国造船工程学会.船舶设计使用
     手册[S].北京:国防工业出版社,2013.

习 题 答 案

第一章 船 用 泵

1. 何谓泵的性能参数？主要的性能参数有哪些？说明其含义。

答:泵的性能参数是指表征泵性能及完善程度,以便选用和比较的工作参数,主要有流量或排量,压头或压力,输出功率与输入功率,允许吸上真空高度等。

流量 $Q(G)$:泵在单位时间内所输送的液体量,分为质量流量 G 和体积流量 Q。

排量 q:泵每转所能输送的液体体积。

压头 H:单位质量的液体通过泵后所增加的压力能。

压力 p:单位体积液体通过泵后所增加的机械能。

转速 n:泵轴每分钟的回转数(往复泵:每分钟活塞的双行程数)。

输入功率 P:原动机传给泵轴的功率。

输出功率 P_e:泵在单位时间内实际传给排出液体的能量。

效率 η:泵的有效功率与输入功率之比。

允许吸上真空度 H_s:泵工作时所允许的最大吸入真空度。

2. 影响往复泵正常吸入的因素有哪些?

答:(1)被输送液体的温度;

(2)吸入液面的作用压力;

(3)吸高;

(4)活塞运动速度;

(5)吸入管阻力;

(6)吸入阀阻力;

(7)惯性阻力。

3. 影响齿轮泵容积效率的主要因素有哪些?怎样提高齿轮泵的容积效率?

答:主要因素有密封间隙、排出压力、吸入压力、油液温度与黏度、转速。

提高容积效率的措施有:

(1)保持齿侧、齿顶、端面等间隙在规定范围内,尤其是端面间隙;

(2)保持轴封工作正常(仅有微小渗漏);

(3)防止超压工作;

（4）防止吸入压力过低；

（5）保持油温与黏度在适宜范围内；

（6）转速应控制在 1 000~1 500 r/min，不宜过高，也不宜过低。

4. 齿轮泵困油现象是怎样形成的？有何危害？如何消除？

答：为保证齿轮转动的连续和平稳，齿轮泵总有两对轮齿同时处于啮合状态。这两对轮齿与侧盖之间就形成了一个封闭的空间，这就是齿封现象。随着轮齿的转动，此封闭空间容积会发生由大变小再变大的变化。当容积由大变小时，油液受到挤压，造成油液发热，产生振动噪声，功耗增大，轴与轴承受到一附加负荷。当容积由小变大时，封闭空间的压力降低，造成气穴或气蚀，并使容积效率下降。

可采用开卸压槽、卸压孔或修正齿形等方法来消除。

5. 简述螺杆泵的优缺点。

答：流量均匀，压力稳定，无脉动，无困油现象，振动噪声小，对液体扰动小，吸入性能较好，黏度适用范围大，但转子刚性差，易变形，且转子加工较困难。

6. 叶片泵配油盘上的三角槽有何功用？

答：可使相邻两叶片间的工作空间由吸油区进入压油区，逐渐地与排油口相通，防止压力骤增，造成液击、噪声和瞬时流量的脉动。

7. 叶片泵叶片端部与定子内壁的可靠密封，常采用哪些方法？

答：叶片端部与定子内壁的密封，是靠转子转动时的离心力和叶片底部油压力来保证的。对高压叶片泵，为避免叶片底部油压过高造成端部与内壁的过度磨损，可采用减小叶厚的方法，或采用子母叶片（复合式叶片）、双叶片、带弹簧的叶片等，既减少了磨损，又保证了可靠密封。

8. 离心泵气蚀的原因是什么？说出几种减小离心泵气蚀的措施？

答：当泵内最低吸入压力低于液温所对应的饱和压力时，液体会汽化，此气体与从液体中逸出的空气形成气穴，随液流流至高压区后，气体会重新溶入液体，气体也重新凝结，气穴消失，出现局部真空，四周的液体以极高的速度向真空中心冲击，引起振动与噪声，若真空中心发生在金属表面，则金属表面会因疲劳破坏而剥蚀，气体中的氧会借助气体凝结时放出的热量，使金属产生化学腐蚀，这就是气蚀。

减小气蚀危害的措施是：降低泵的流量，降低液温，减小吸入阻力；改善叶轮材料及表面光洁程度和材料的性能，来提高泵的抗气蚀能力。

9. 离心泵的轴向推力是怎样产生的？与哪些因素有关？有哪几种平衡方法？

答：单吸式叶轮因一侧有吸入口，使得两侧盖板面积不等，叶轮两侧的压力分布不对称，产生指向吸入口的轴向推力。

泵的扬程越高，级数越多，输送液体的密度越大，面积不对称程度越大，而轴向推力越大。

平衡方法有：

（1）设止推轴承；

（2）采用平衡孔；

（3）采用双吸叶轮或叶轮对称布置；

（4）采用液力自动平衡装置。

10. 离心泵的定速特性曲线如何测定？测定哪些内容？

答：在恒定的转速下，通过改变排出阀开度的方法，分别测出泵在不同工况下的流量 Q、压头 H、输入功率 P 和必需气蚀余量 Δh，并算出不同工况下的有效功率和总效率下，再将所得的对应点用光滑曲线加以连接而成，一般应测取 Q-H、Q-P、Q-η、Q-Δh 等曲线。

11. 为什么两台性能相同的离心泵，并联输出时其流量并不等于单泵工作时流量的两倍，串联输出时其扬程也不等于单泵工作时压头的两倍？

答：并联使用时，管路中的流量必然是增加的，在管径不变的情况下，流量增加，流速增加，流阻也增加，使泵必须提供更高一些的扬程来克服其水头损失，根据泵扬程增加其流量减小，所以并联时的流量应比单泵单独工作时流量的两倍要小。串联使用时泵的流量增加，每台泵可在较低的扬程下工作，所以串联后的扬程比单泵工作时扬程的两倍要小。

12. 旋涡泵有何特点？

答：（1）结构简单，质量轻，体积小，维护管理方便；

（2）小流量，高扬程；

（3）闭式旋涡泵不具有自吸能力，开式旋涡泵有自吸能力；

（4）抗气蚀性能较差，效率较低；

（5）不宜输送含杂质或黏度较大的液体；

（6）具有陡降的 Q-H 曲线，且功率随流量的增加而减小，所以不能采用节流调节与封闭起动，流量调节应采用回流或变速调节法。

13. 喷射泵有何特点？它存在哪些能量损失？

答：（1）效率较低；

（2）结构简单，体积小，价廉；

（3）没有运动部件，工作可靠，噪声小，使用寿命长；

（4）吸入能力很强；

（5）可输送含杂质流体。

能量损失有喷嘴损失、混合室进口损失、混合损失、混合室摩擦损失和扩压损失。

第二章　活塞式空气压缩机

1. 与活塞式空气压缩机理论循环相比较，阐述其实际工作循环的特点。

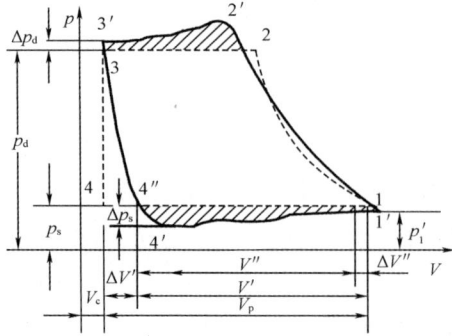

题 1 图

答:与理论循环比较,实际工作循环的特点是:

(1)压缩终了时,气缸内残存有高压气体;

(2)在吸气行程的初始阶段,存在气体膨胀线 3—4′;

(3)吸气过程线 4′—1′低于名义吸气压力线 P_s,排气过程线 2′—3′高于名义排气压力线 P_d,且吸、排气过程线的实际循环指示图呈波浪形;

(4)压缩、膨胀过程线的指数是变化的,压缩过程非绝热压缩。

2. 活塞式空气压缩机气阀泄漏有哪些主要迹象?

答:(1)该阀的温度异常升高,阀盖比通常烫手;

(2)级间气压偏高(后级气阀漏)或偏低(前级气阀漏);

(3)排气量降低;

(4)该缸排气温度升高。

3. 影响空气压缩机排气量的因素有哪些?

答:(1)余隙;

(2)吸、排气阀的阻力、升程和弹簧状况;

(3)活塞环及阀片的泄漏;

(4)吸气滤器阻力;

(5)冷却情况;

(6)排压;

(7)转速。

第三章 液压元件

1. 为什么串联式调速阀较适用于负荷变化大、流量稳定性要求高的场合?

答:串联式调速阀是节流阀前串接一定差减压阀而成的组合阀,它具有压力补偿功能,当负载变化时,节流阀后压力变化,减压阀的开度也会变化,使节流阀前压力随之变化,从而保证节流间前后压差基本不变,使供入执行元件的流量基本不变,则执行元件仍可保持一较稳定的运动速度。由于其定差减压阀弹簧的弹力与液动力方向相同,故弹簧较软,压力变化量小,流量稳定性好。

2. 简述径向泵、轴向泵实现变量的方法。

答:径向泵是通过移动或摆动浮动环,使浮动环与泵缸产生一偏心距 e 来实现变量的,e 越大,则泵的排量越大;e 的方向相反,则泵的吸排方向相反;e 为零时,排量为零;轴向泵是通过改变倾斜角度 β 来实现变量的,倾斜角度 β 越大,则泵的排量越大;角度 β 的方向相反,则吸排方向相反;β 为零,排量为零。

第四章　液压舵机系统

1. 液压舵机储能弹簧有何作用？其刚度大小对操舵有何影响？

答:储能弹簧可保证大舵角操纵能连续、顺畅地一次性完成,泵能在部分时间内全排量工作,以缩短转舵时间。

若弹簧太弱,操舵时会先压缩弹簧,而主泵变量机构控制杆不被推动,使操舵难以进行;弹簧太硬,则弹簧成为一刚性杆,使操大舵角难以一次到位。

2. 液压舵机的防浪阀是如何工作的？

答:当舵叶受到冲击以致某侧油管油压高于安全阀调定值时,则安全阀开启,油泵两侧高低压油管旁通,舵叶发生偏转,同时带动浮动杆的 B 点,使 C 点离开中位,油泵因而排油。当舵上的冲击负荷消失后,安全阀关闭,舵叶在油泵的作用下,又会返回,并将 B 点带回原位。

3. 分析滑式转舵机构的转舵力矩。

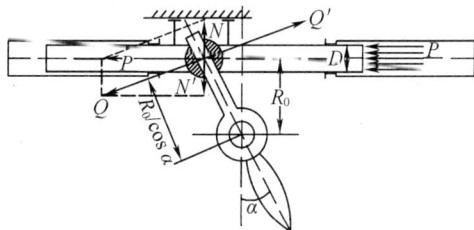

题 3 图

答:当舵转至任意舵角 α 时,为克服水动力矩所造成的力 Q'(与舵柄方向垂直),在十字头上将受到撞杆两端油压差的作用力 p。由于 p 与 Q' 作用方向不在同一直线上,导板必将产生反作用力 N,以使 p 和 N 的合力 Q 恰与力 Q' 方向相反,从而产生转舵扭矩以克服水动力矩和摩擦扭矩。

与舵柄方向始终垂直的力为

$$Q = \frac{p}{\cos \alpha} = \frac{\pi D^2 p}{4 \cos \alpha}$$

转舵力矩为

$$M = z Q R \eta_m = z \frac{p}{\cos \alpha} \cdot \frac{R_0}{\cos \alpha} \eta_m = \frac{\pi D^2 z p R_0 \eta_m}{4 \cos^2 \alpha}$$

4. 液压舵机系统设置辅泵的作用有哪些？

答：液压舵机系统设置辅泵的作用有：

(1)给主油路自动补油；

(2)为主泵伺服变量机构供油；

(3)有的系统还可以冷却主泵；

(4)为伺服缸式遥控机构或电液换向阀提供控制油等。

第五章　液压甲板机械系统

1. 对起货机有哪些基本要求？

答：对起货机的基本要求是：

(1)能以额定的起吊速度，吊起额定的货重；

(2)能方便灵活地起落货物；

(3)能根据不同工况，在较大范围内调节运动速度；

(4)在起、落货过程中，能将货物停留在任意位置上；

(5)安全可靠，操纵方便。

2. 在液压起货机系统中，防止重物突然下落的方法有哪些？

答：在开式系统中，可在落货的回油路上，设单向节流阀、平衡阀、液控单向阀等来防止重物突然下落。在闭式系统中，采用变向泵限速或制动的方法也可防止重物下跌；若闭式系统设有中位旁通阀，则往往需在其回路上串接单向节流阀来限速。为防止液压限速制动元件发生故障，在系统中都应设置机械制动器，这是最有效防止货物下落的办法。

3. 对锚机有哪些要求？

答：对锚机的要求如下：

(1)必须由独立的原动机或电动机驱动。对于液压锚机，其液压管路如果与其他甲板机械的管路连接时，应保证锚机的正常工作不受影响。

(2)在船上试验时，锚机应能以平均速度不小于 9 m/min 将一只锚从水深 82.5 m 处(三节锚链入水处)拉起至 27.5 m(一节锚链入水处)。

(3)在满足规定的平均速度和工作负载时，应能连续工作 30 min，应能在过载拉力(不小于工作负载的 1.5 倍)作用下连续工作 2 min，此时不要求速度。

（4）所有动力操纵的锚机均应能倒转。

（5）链轮与驱动轴之间应装有离合器,离合器应有可靠的锁紧装置,链轮或卷筒应装有可靠的制动器,制动器刹紧后应能承受锚链断裂负荷45%的静拉力;锚链必须装设有效的掣链器。

4. 船停泊期间采用自动系缆机有哪些好处？

答:船停泊期间采用自动系缆机的好处是:当缆绳上张力增加时,它会自动放出缆绳,避免了因船舶吃水变化、潮汐涨落使缆绳张力过大而崩断;而当缆绳松弛时又能自动收紧。既保护了船舶的安全,又省去了专人照看的种种麻烦。

第六章　船舶制冷装置

1. 试述压缩式制冷装置的基本组成和工作原理。

答:压缩式制冷装置由压缩机、冷凝器、节流阀、蒸发器四大基本部分组成,制冷剂工质在以上四个基本部件所组成的装置中循环。压缩机抽吸由蒸发器出来的气态制冷剂,压缩成高温高压气态,并送到冷凝器冷凝,移出热量后呈液态,再经节流阀节流降压降温后送至蒸发器汽化吸热,使被冷物温度下降,最后气态制冷剂被抽吸进压缩机,以此构成一个制冷循环。

2. 何谓制冷压缩机的奔油现象？有何危害？

答:压缩机起动时,因曲轴箱压力骤然下降,原溶于滑油中的制冷剂逸出,产生大量泡沫,使油位迅速上升的现象称奔油。

奔油的危害是:

（1）可能将滑油吸入气缸造成液击;

（2）会使滑油泵失压。

3. 如何正确选用热力膨胀阀？

答:热力膨胀阀选用时应:

（1）根据蒸发器流阻大小决定选外平衡式还是内平衡式,流阻大应选用外平衡式;

（2）根据蒸发器制冷量选择膨胀阀的容量,膨胀阀容量一般应比蒸发器制冷量大20%～30%,最多不超过蒸发器制冷量的2倍;

（3）应注意膨胀阀所适用的蒸发温度范围及所适用的制冷剂,此外,还要注意选用毛细管长度和进出口连接方式。

4. 氟利昂制冷装置有哪些主要自动化元件？各起什么作用？

答:氟利昂制冷装置设有下列自动化元件:

(1)热力膨胀阀,其作用是节流降压、自动调节流量,保证蒸发器出口过热度稳定。

(2)温度继电器,其作用是根据库温上下限,接通与切断控制电路,从而启、闭供液电磁阀或起停压缩机。

(3)供液电磁阀,其作用是与温度继电器配合,实现对蒸发器供制冷剂液体与否的控制。

(4)低压继电器,其作用是以吸入压力为信号,当吸压达低限时停车,达高限时起动,自动控制压缩机工作及防止系统内出现真空。

(5)高压继电器,其作用是以排压为信号,当排压过高时,实现保护性停车。

(6)背压阀,其作用是以蒸发压力为信号调节开度,保证高温库的蒸发温度在合适范围内;兼有蒸发器停止工作时,自动关闭出口,防止制冷剂倒流的作用。

(7)冷凝压力调节阀,其作用是以排压为信号,控制冷却水量,保证冷凝压力在合适的范围内。

(8)压差继电器,其作用是以油压差为信号,当压差小于调定值时,经延时后实现保护性停车。

第七章　船舶空气调节装置

1. 船用集中式空调器主要有哪些作用?分别运用于何种工况?

答:船用集中式空调器的作用是:

(1)空气的吸入、过滤和消音,用于取暖、降温和通风工况;

(2)空气的冷却和除湿,用于降温工况;

(3)空气的加热与加湿,用于取暖工况。

2. 空调布风器应满足哪些基本要求?按工作特点可分为哪两种?

答:对空调布风器的要求有:

(1)应使室内温度分布均匀;

(2)应使室内风速适宜;

(3)室内温度能个别调节;

(4)噪声、阻力要小;

(5)紧凑、美观、价廉。

按其工作特点可分为直布式布风器与诱导式布风器两种。

3. 空调装置的自动调节包括哪些内容?

答:空调装置的自动调节包括:

(1)空气温度自动调节;

(2)相对湿度自动调节;

(3)静压(风量)的自动调节。

4. 集中式空调装置送风静压自动控制有哪些方法?

答:集中式空调装置送风静压自动控制的方法有:

(1)风机进口导向叶片节流;

(2)风机出口风门节流;

(3)风机多余空气泄放;

(4)风机多余空气回流;

(5)主风管节流;

(6)通风支管泄放。

其中后两种方法较为简单可行。

第八章 船用海水淡化装置

1.真空闪发式海水淡化装置与真空沸腾式海水淡化装置相比有哪些优缺点?

答:真空闪发式海水淡化装置的蒸发与加热是在两个不同压力的容器中进行的,进入闪发室的海水已成过热状态,以喷雾状态汽化,所以加热面上结垢更少,但蒸汽携水多,为了减少凝水含盐量,要求盐水浓缩率低,故给水倍率高,海水循环量增大,使加热面积、泵的流量均增加,热量损失大,效率降低。

2.船舶海水淡化装置工作系统由哪几个方面组成?

答:船舶海水淡化装置工作系统包括6个方面:给水、加热水、冷却水、凝水、排盐、抽真空系统。

3.使海水淡化装置保持足够真空度的条件有哪些?

答:(1)有足以与蒸发量相适应的冷凝能力;

(2)真空泵应具有足够的抽气能力;

(3)蒸馏装置要有良好的气密性。

4. 当蒸发压力一定时,海水淡化装置的产水量与加热水的流量和温度的关系是怎样的?

答:蒸发压力一定时,则加热水流量增加;产水量增加,反之减少。在保持加热水流量不变时,加热水进口温度升高,产水量增加;反之,产水量减少。

第九章 船舶辅锅炉装置

1.辅助锅炉有哪些主要性能参数?其含义分别是什么?

答:辅助锅炉的主要性能参数有:

(1)蒸发量 D:在设计状态下,锅炉每小时产生的蒸汽量。

(2)蒸汽工作压力 p:向外供出的蒸汽的压力。

（3）蒸汽温度 t：向外供出的蒸汽的温度。

（4）蒸发率：单位蒸发受热面积上在单位时间所产生的蒸汽量。

（5）受热面积 A：燃料燃烧所产生的热量传递给锅炉中的水或蒸汽的烟气侧表面积。

（6）效率 η：在锅炉中，给水变为蒸汽所获得的有效热量与向锅炉所供热量之比。

2. 废气锅炉与燃油辅锅炉的联系有哪几种方式？

答：废气锅炉与燃油辅锅炉有三种联系方式：

（1）二者相互独立；

（2）废气锅炉为辅助锅炉的一个附加受热面；

（3）组合式锅炉。

3. 锅炉燃烧器包括哪些部分？各起什么作用？

答：锅炉燃烧器主要是由喷油器、配风器和点火器等部件组成的。

喷油器的作用有二：一是控制喷火炉内燃油的数量；二是将燃油雾化，保证在炉膛内的燃烧质量。

配风器的作用是控制一次风量和二次风量，创造条件使助燃空气与油雾充分混合，促使油雾迅速汽化和分解，以利于稳定和充分燃烧。

点火器是一个电火花发生器，用来点燃油雾。此外，还有火焰感受器和人工点火孔等。

4. 压力式喷油嘴是怎样工作的？其性能有何特点？

答：由油泵送出的具有一定压力的燃油经筒身、喷嘴流至雾化片切向槽，沿切线方向流至雾化片中央的旋涡室，形成紧贴在旋涡室的油膜，并通过喷孔进火炉膛，油膜在推动力作用下摆脱旋涡室内壁对其的约束，在炉内气流的撞击下，形成油雾。因为雾化质量与油压直接相关，而油压又影响了喷油量，所以压力式喷油嘴的调节范围小，在低负荷时，点火和熄火就较频繁，易造成故障。

5. 水管锅炉蒸发受热面管外壁温度与哪些因素有关？限制壁温过高的条件是什么？

答：根据传热学，水管锅炉蒸发受热面管外壁温度与管内工质温度、管内壁对流放热系数，管内水垢和管壁金属的导热热阻及单位受热面热负荷有关。

限制壁温过高的条件是防止受热面热负荷过大和结垢严重以及保证水循环良好。

6. 防止锅炉蒸汽品质恶化的措施有哪些？

答：防止锅炉蒸汽品质恶化的措施主要有：

（1）防止水位过高。尤其不宜在高负荷下高水位运行，因为高负荷时水位表中指示的水位要比汽包内实际水位低得多，并且高负荷时蒸发平面上蒸汽逸出的平均速度增大，更易携带出较大的水滴。

（2）严格控制水质。避免含盐量高引起汽水共腾。

（3）锅炉供汽量不宜增加过快。以防汽包内压力急降，炉水产生"自蒸发"现象，而导致气泡急剧增多，水位上升，分离高度减小。